CONSENSUALIDADE NA ADMINISTRAÇÃO PÚBLICA

ELISA BERTON EIDT
JULIANA RIBEIRO GOULART
PATRÍCIA DORNELLES SCHNEIDER
RAFAEL RAMOS
Coordenadores

Egon Bockmann Moreira
Prefácio

CONSENSUALIDADE NA ADMINISTRAÇÃO PÚBLICA

2ª edição

Belo Horizonte
FORUM
CONHECIMENTO JURÍDICO
2024

FÓRUM
CONHECIMENTO JURÍDICO

Luís Cláudio Rodrigues Ferreira
Presidente e Editor

Coordenação editorial: Leonardo Eustáquio Siqueira Araújo / Aline Sobreira de Oliveira
Revisão: Vanessa Leão
Capa e projeto gráfico: Walter Santos
Diagramação: Derval Braga

Rua Paulo Ribeiro Bastos, 211 – Jardim Atlântico – CEP 31710-430
Belo Horizonte – Minas Gerais – Tel.: (31) 99412.0131
www.editoraforum.com.br – editoraforum@editoraforum.com.br

Técnica. Empenho. Zelo. Esses foram alguns dos cuidados aplicados na edição desta obra. No entanto, podem ocorrer erros de impressão, digitação ou mesmo restar alguma dúvida conceitual. Caso se constate algo assim, solicitamos a gentileza de nos comunicar através do *e-mail* editorial@editoraforum.com.br para que possamos esclarecer, no que couber. A sua contribuição é muito importante para mantermos a excelência editorial. A Editora Fórum agradece a sua contribuição.

Dados Internacionais de Catalogação na Publicação (CIP) de acordo com ISBD

C755 Consensualidade na Administração Pública -- 2. ed. -- / Elisa Berton Eidt, Juliana Ribeiro Goulart, Patrícia Dornelles Schneider, Rafael Ramos. Belo Horizonte: Fórum, 2024.

318p. 14,5x21,5cm
ISBN impresso 978-65-5518-800-4
ISBN digital 978-65-5518-797-7

1. Meios consensuais de resolução de disputas. 2. Mediação. 3. Conciliação. 4. Arbitragem. 5. *Dispute boards*. I. Berton Eidt, Elisa. II. Goulart, Juliana Ribeiro. III. Schneider, Patrícia Dornelles. IV. Ramos, Rafael. V. Título.

CDD 342
CDU 342

Ficha catalográfica elaborada por Lissandra Ruas Lima – CRB/6 – 2851

Informação bibliográfica deste livro, conforme a NBR 6023:2018 da Associação Brasileira de Normas Técnicas (ABNT):

EIDT, Elisa Berton; GOULART, Juliana Ribeiro; SCHNEIDER, Patrícia Dornelles; RAMOS, Rafael (coord.). *Consensualidade na Administração Pública*. 2. ed. Belo Horizonte: Fórum, 2024. 318p.

SUMÁRIO

A EXPERIÊNCIA DE PORTO ALEGRE COM A IMPLEMENTAÇÃO DAS CÂMARAS DE MEDIAÇÃO: REALIZAÇÕES E AVANÇOS

RESOLUÇÃO ADEQUADA DE CONFLITOS TRANSINDIVIDUAIS E A EXPERIÊNCIA DE PORTO ALEGRE COM A MEDIAÇÃO TRIBUTÁRIA

O DEVER LEGAL DE PRESTÍGIO ATIVO À CONSENSUALIDADE NO DIREITO ADMINISTRATIVO BRASILEIRO

Durante muito tempo, o Direito Administrativo brasileiro foi estudado, lecionado e aplicado segundo a lógica do ato administrativo. Essa era a categoria central, que dava identidade à disciplina. Ocorre que tais atos unilaterais repudiavam as pessoas privadas, eis que gerados *interna corporis* e repletos de atributos extraordinários (imperativos, auto executórios, com presunção de legitimidade etc.). Nem mesmo o processo administrativo ocupava espaço relevante nesse mundo da supremacia e indisponibilidade do interesse público. Isso fez com que boa parte do sistema administrativo brasileiro pressupusesse essa exclusão, a implicar a ideia de não se negociar com a Administração Pública, mas se obedece ao que ela decide sozinha.

Todavia, e muito embora nem sempre nos apercebamos disso, fato é que os relacionamentos com autoridades públicas expressam séries intermináveis de negociações. Negociamos todos os dias, nos mais variados cenários e com inúmeros agentes públicos. Isso se dá desde débitos tributários até termos de ajustes de conduta, passando pelos procedimentos de manifestação de interesse. Também os leilões em licitações são negociações plurissubjetivas, nas quais a Administração faz com que os interessados concorram entre si, uns a pautar as propostas dos outros. Igualmente, o momento das férias dos servidores distribui benefícios que não podem ser livremente concedidos. Termos aditivos a contratos administrativos formalizam o resultado de negociações. Se pensarmos nos acordos de leniência, estamos a cogitar de técnicas para obter informações que ancorem a discussão e permitam alavancar acordos. Enfim, a negociação administrativa faz parte do nosso cotidiano, de forma intensa e ocupando espaços – práticos e dogmáticos – cada vez mais relevantes.

A questão que se põe é a seguinte: será que os cursos e manuais que privilegiam o estudo do ato administrativo, com lastro na supremacia e indisponibilidade, estão a tratar do que efetivamente se passa na Administração Pública brasileira? Ou só de parte do que nela acontece? Será que vale a pena insistir na lógica estrutural de um mundo que não mais existe de forma tão fechada e monolítica? Ou está na hora de aprofundarmos o estudo das negociações e suas técnicas aplicativas?

Como comprova este *Consensualidade na Administração Pública,* organizado com maestria por Elisa Eidt, Juliana Goulart, Patrícia Schneider e Rafael Ramos, que congrega artigos de elevado valor teórico e prático, os tempos mudaram – e bastante. Os 14 textos componentes deste livro têm como fio condutor a autocomposição de conflitos e suas técnicas mais prestigiadas dentro de um sistema multiportas de solução de conflitos, tanto para acordos entre órgãos e entidades da Administração Pública quanto para aqueles celebrados com pessoas privadas.

O livro que li com muito gosto e agora tenho a honra de prefaciar demonstra que quem deixa de lado as negociações – inclusive, e especialmente, os professores de direito – está ignorando algo de muito sensível, que pode harmonizar as relações e permitir a participação democrática das pessoas privadas no funcionamento da Administração Pública brasileira. Quem negocia e faz acordos participa da decisão e tende a ficar em harmonia com os demais. Logo, está mais do que na hora de nos esforçarmos a aprender a negociar em Direito Administrativo. Precisamos desenvolver técnicas que permitam acomodar os interesses das autoridades com os das pessoas privadas. Não basta aprendermos os requisitos legais, objetivos e subjetivos, dos atos e negócios jurídicos, tal como positivados pelos códigos; é indispensável adquirir habilidade prática para negociar os próprios interesses.

Como previsto nos vários diplomas legais analisados neste *Consensualidade na Administração Pública,* as autoridades públicas brasileiras são hoje titulares de competência discricionária privativa em determinados assuntos: a discricionariedade negocial, que lhes permite transacionar e pactuar acordos de ganha-ganha, muitas vezes dinâmicos e prospectivos. Atualmente, as negociações com as autoridades públicas são essenciais para o eficiente atendimento do interesse público. São técnicas, desenvolvidas à luz do direito, que permitem o seu cumprimento.

O que importa dizer que, como bem tratado neste *Consensualidade na Administração Pública,* precisamos igualmente refletir a propósito do papel dos advogados, públicos e privados, na contemporaneidade e da necessidade de atualização e aperfeiçoamento continuado (sem se falar nos órgãos de controle). Isso não apenas no que se refere ao conteúdo das matérias com as quais trabalha, mas especialmente no que concerne à natureza de seu *múnus,* que não é mais a mesma. Além de formação sólida e contínua, o profissional do direito tem o dever de ir além, transformando-se em gestor de riscos e conflitos, em arquiteto de processos dinâmicos, responsável pela busca da prevenção, da detecção da melhor solução e da melhor forma de se chegar a tal solução. Hoje, os advogados são responsáveis pela aplicação do método mais adequado para a solução do conflito, com os menores custos para as partes envolvidas.

Inclusive, essa compreensão requer o estudo de técnicas de negociação integrativas e cooperativas, tratadas também neste *Consensualidade na Administração Pública,* por meio das quais as soluções de conflitos não visam gerar apenas um "vencedor" e outro "perdedor". A ideia é transformar seu oponente em aliado e construir desenlaces prospectivos, que gerem vantagens para ambas as partes. O que eleva de importância em vista do dever de prestígio aos direitos fundamentais que deve pautar o estudo e a aplicação do Direito Administrativo brasileiro. Já não estamos mais diante do Imperador a reger unilateralmente o comportamento do súdito, mas sim diante de um Direito Administrativo destinado a dar a máxima eficácia aos direitos fundamentais, pautado pela igualdade e pela necessidade de se atenuar os conflitos e consolidar a paz social.

Curitiba, outubro de 2023

Egon Bockmann Moreira

Professor de Direito Econômico da Faculdade de Direito da Universidade Federal do Paraná. Professor de Direito Administrativo brasileiro da Faculdade de Direito da Universidade de Coimbra. Mestre e Doutor em Direito do Estado (UFPR). Pós-Doutor em Direito do Estado (FDUC). Advogado, árbitro e parecerista.

APRESENTAÇÃO

No que diz respeito à consensualidade aplicada à solução dos conflitos da Administração Pública, passados oito anos da Lei de Mediação, ainda precisamos avançar. A virada cultural proposta pelo marco legal pretende modificar a mentalidade litigante da advocacia pública para outra, consensual. Se antes falavam em nome do Estado e na defesa dos atos praticados por seus agentes, agora os advogados públicos devem empregar a linguagem não para persuadir e convencer, nos casos em que utilizados meios consensuais, mas para tornar mais disposta a outra parte a dialogar e a construir soluções conjuntas. Como por muito tempo foi sonegado aos juristas o conhecimento (teórico e prático) de habilidades e competências necessárias para dialogar e negociar, desejamos que os praticantes da advocacia consensual, especialmente no âmbito da Administração Pública, sejam eles advogados públicos ou privados, contem com um guia que traga diretrizes a respeito do tema da consensualidade e sobre meios adequados de solução de conflitos.

Para além da graduação é preciso investir permanentemente na capacidade do jurista de se comunicar com precisão; desenvolver a cultura do diálogo e o uso de vários meios de solução de conflitos, utilizar corretamente as categorias jurídicas e não jurídicas; desenvolver a argumentação jurídica com o objetivo de propor soluções e decidir questões no âmbito do direito; desenvolver a capacidade de trabalhar em grupos formados por profissionais do Direito ou de caráter interdisciplinar, aceitar a diversidade e o pluralismo cultural; aplicar corretamente a utilização da doutrina e da lei; aprender conceitos deontológico-profissionais; desenvolver perspectivas transversais sobre direitos humanos entre outros.

Aqui você conhecerá as diferenças fundamentais entre os meios de solução de conflitos, aspectos legais dos meios adequados na Administração Pública no Brasil, bem como conceitos operacionais elementares necessários para que as tentativas de diálogo não sejam perda de tempo, mas sirvam para criar possíveis soluções de ganhos mútuos. Sem o propósito de esgotar o tema, esperamos que este trabalho encontre acolhida entre os profissionais que atuam no tema da consensualidade na Administração Pública.

Por fim, agradecemos aos autores e autoras pelo envio dos artigos, assim como ao competente trabalho da Residente Jurídica da PGM Porto Alegre, Milene Borges Martins, responsável pela revisão e uniformização da formatação dos artigos.

Os Coordenadores

INTRODUÇÃO AOS MEIOS DISPONÍVEIS PARA TRATAR CONFLITOS QUANDO ENVOLVIDA A ADMINISTRAÇÃO PÚBLICA: NEGOCIAÇÃO, CONCILIAÇÃO, MEDIAÇÃO, ARBITRAGEM E *DISPUTE BOARDS*

JULIANA RIBEIRO GOULART

ELISA BERTON EIDT

1 Introdução

A Administração Pública se envolve todos os dias em diversos conflitos, uma condição absolutamente compatível com suas diversas responsabilidades. Portanto, assim como a natureza humana, o conflito é inerente à Administração Pública. A doutrina aponta que, no Brasil, a preferência da Administração Pública é por resolvê-los por meio do Poder Judiciário, sendo a estrutura interna da Administração Pública mais preparada para o litígio do que para o consenso. O resultado disso é o alto índice de demandas e congestionamento processual, o que causa prejuízos à sociedade, além de diminuir a eficiência das atividades da Administração, inclusive quanto à reputação da Administração Pública no que diz respeito à eficiência.

Depois de apurada a existência de um contexto de crise do Poder Judiciário, revelado pelo fenômeno da judicialização, o Conselho Nacional de Justiça, por meio da Resolução nº 125/2010, passou a incentivar e a promover uma política pública de tratamento de conflitos que contasse também com o uso dos meios consensuais. Posteriormente, foram editados o CPC e a Lei de Mediação, que reafirmaram esse compromisso, também endereçado à Administração Pública.

Para trabalharmos na prática com os meios de solução de conflitos na Administração Pública, não encontramos nos diversos instrumentos normativos disponíveis a resposta para prontamente endereçar a solução desses conflitos. Eles exigem outros instrumentos, como portarias, resoluções, elaboração de políticas públicas voltadas à desjudicialização, além de treinamento, capacitação e pessoal. A prática, para além do processo judicial, envolve uma outra proposta. Essa mudança revoluciona a prática da advocacia pública e privada dos que se dedicam ao Direito Público, trazendo diversos desafios para elaborar o percurso administrativo rumo à solução dos conflitos.

2 Negociação

Segundo William Ury, a negociação é "uma verdade da vida", pois todos os seres humanos são negociadores.[1] Trata-se de uma realidade também na Administração Pública. A negociação é uma forma de autocomposição direta, porque a solução do conflito é negociada direta e exclusivamente pelas partes, sem o apoio de terceiros externos ao conflito.

Pesquisadores da Escola de Harvard desenvolveram um método chamado "negociação baseada em princípios", que sugere que o negociador deve procurar benefícios mútuos sempre que possível e, quando seus interesses entrarem em choque, o resultado deve ser baseado em padrões justos e independentes da vontade de qualquer das partes.[2]

A doutrina costuma apresentar dois tipos principais de negociação: a distributiva e a integrativa. A negociação distributiva é "aquela em que as partes competem pela distribuição de uma soma fixa de valor. A pergunta-chave em uma negociação assim é: 'Quem vai exigir o maior valor'? Em negociações distributivas, um lado ganha à custa do outro". Já a negociação integrativa é "aquela em que as partes cooperam

---

[1] FISHER, Roger; URY, William; PANTTON, Bruce. *Como chegar ao sim: negociação de acordos sem concessões.* (Trad. Vera Ribeiro e Ana Luiza Borgers). 2. ed. rev. e ampl. Rio de Janeiro: Imago, 1994. p. 15.

[2] FISHER, Roger; URY, William; PANTTON, Bruce. *Como chegar ao sim: negociação de acordos sem concessões.* (Trad. Vera Ribeiro e Ana Luiza Borgers). 2. ed. rev. e ampl. Rio de Janeiro: Imago, 1994. p. 16.

entre si para obter o máximo possível de benefícios, conjugando seus interesses em um acordo. Tais casos implicam a criação e a reivindicação de valor".[3]

A valorização da negociação como forma de tratamento de conflitos modifica o enfoque "ganha-perde" para o enfoque cooperativo do "ganha-ganha", ou seja, revela-se uma forma apropriada de solução de conflitos para a Administração Pública. Como adverte Maurício Tonin, a Fazenda Pública perde todos os dias milhares de processos, "pois o interesse da Administração defendido no processo sucumbe ao interesse da outra parte por ser ilegal ou, até mesmo, contrário ao interesse público".[4] A proposta dos meios consensuais, nela inserida a negociação, muda completamente essa lógica, preconizando uma nova forma de lidar com o conflito, sem hostilidades, desobstruindo os canais de comunicação entre autoridades públicas e o cidadão.

Segundo Egon Bockmann Moreira, negociar com as autoridades públicas é essencial para atender de modo eficiente o interesse público, sendo a negociação um conjunto de técnicas desenvolvidas à luz do direito.[5]

No âmbito da AGU,[6] a Portaria nº 11, de 8 de junho de 2020, regulamenta o procedimento de celebração de acordos destinados a encerrar, mediante negociação, ações judiciais ou a prevenir a propositura destas, relativamente a débitos da União.

Como exemplos de conflitos que podem ser administrados pela negociação, citem-se a dispensa de licitação, em que foi possível negociar o preço para compra de itens durante a pandemia do Covid-19,[7] e um acordo com pagamento à vista com desconto ou pagamento

---

3 WATKINS, Michael (Org.). *Negociação*: seu mentor e guia para gerenciamento. (Trad. Cristiana de Assis Serra). 8. ed. Rio de Janeiro: Record, 2010. p. 14.

4 TONIN, Maurício Morais. *Arbitragem, mediação e outros métodos de solução de conflitos envolvendo o Poder Público*. São Paulo: Almedina, 2019. p. 133.

5 MOREIRA, Egon Bockmann. Sentando-se à mesa de negociação com autoridades públicas. *In*: CUÉLLAR, Leila *et al*. *Direito Administrativo e alternative dispute resolution*: arbitragem, dispute board, mediação e negociação. Belo Horizonte: Fórum, 2020. p. 27.

6 Para saber mais sobre a Portaria, consultar: BRASIL. Portaria nº 11, de 8 de junho de 2020. Regulamenta, no âmbito da Procuradoria-Geral da União e de seus órgãos de execução, o procedimento de celebração de acordos destinados a encerrar, mediante negociação, ações judiciais ou a prevenir a propositura destas, relativamente a débitos da União. *Diário Oficial da União*, 12 jun. 2020. Disponível em: https://www.in.gov.br/en/web/dou/-/portaria-n-11-de-8-de-junho-de-2020-261278373. Acesso em 14 mar. 2024.

7 GONÇALVES, Jéssica; GOULART, Juliana. *Negociação, conciliação e mediação*: impactos da pandemia na cultura do consenso e na educação jurídica. Florianópolis: Emais, 2020. p. 16.

parcelado, decorrente de mora contratual.[8] Neste caso, a Administração recebe mais rápido e tem recursos para investir e o cidadão paga um menor valor ou parcela, mantendo as atividades de sua empresa sem que haja prejuízo à manutenção do negócio.

3 Conciliação

Por meio da técnica da conciliação, um profissional imparcial (conciliador) auxilia os envolvidos no conflito a encontrarem saídas úteis, por meio de sugestões e opiniões.

Há divergência doutrinária se mediação e conciliação são sinônimas. O CPC, em seu art. 165, §2º, destaca que o conciliador atua preferencialmente nos casos em que não há vínculo anterior entre as partes e pode sugerir soluções para o litígio, sendo vedada a utilização de qualquer tipo de constrangimento ou intimidação para que elas conciliem.

Portanto, é possível perceber a opção feita pelo legislador, em razão da distinção entre os dois meios de solução, mediação ou conciliação, "aplicando os critérios do maior grau de intervenção do terceiro imparcial e o do tipo de conflito cabível a cada uma delas, entendendo, neste caso, conflitos episódicos, para a conciliação, e conflitos duradouros, para a mediação".[9]

É na figura do conciliador e no tipo de relação que se percebe a diferença da conciliação em relação à mediação, porquanto o conciliador, terceiro que se coloca entre as partes, auxiliando-as, também pode fazer sugestões para que os participantes cheguem ao consenso. Significa dizer que o conciliador tem participação ativa na condução do processo e pode fazer interferências no conflito, não apenas equilibrando as partes, mas propondo ponderações aplicáveis ao caso concreto, para que os litigantes, querendo, acolham.[10]

Na conciliação, o processo pode ser conduzido pelo juiz; na mediação, não. Ainda que conheça as técnicas da mediação, o juiz não pode atuar como mediador, pois seu lugar é estranho à horizontalidade.[11]

---

[8] Em Santa Catarina, há dispositivo nesse sentido, conforme Lei nº 18.302/2021, que "Institui o Programa de Incentivo à Desjudicialização e ao Êxito Processual (PRODEX), no âmbito do Poder Executivo, e estabelece outras providências".

[9] RODRIGUES, Silvana Yara de Castro. *A mediação judicial no Brasil*: avanços e desafios a partir do novo Código de Processo Civil e da Lei de Mediação. Rio de Janeiro: Lumen Juris, 2017. p. 22.

[10] GONÇALVES, Jéssica; GOULART, Juliana. *Mediação de conflitos*: teoria e prática. Florianópolis: Empório Modara, 2018. p. 49.

[11] MORAIS DA ROSA, Alexandre. Prefácio. *In*: GONÇALVES, Jéssica; GOULART, Juliana. *Mediação de conflitos*: teoria e prática. Florianópolis: Empório Modara, 2018. p. 12.

Diferentemente da mediação, "não há escolas teóricas, com técnicas e instrumentos, para nortear o trabalho do conciliador. Porém, a doutrina diz ser possível aplicar algumas técnicas de negociação e de mediação, se cabível".[12]

Santa Catarina traz a conciliação como um meio possível para a Administração Pública na Resolução Consup nº 4/2022,[13] que dispõe sobre a estrutura organizacional, a composição, o funcionamento e os procedimentos da Câmara Administrativa de Gestão e Solução de Conflitos (CASC/PGE/SC).

Como exemplo de conflito que pode ser administrado pela conciliação: estabelecer preço de tarifa em litígio entre concessionária de serviços públicos (pedágio) e uma Prefeitura, a exemplo do que aconteceu no âmbito do STF em conflito judicializado e encaminhado para o Centro de Mediação e Conciliação (CMC/STF).[14]

4 Mediação

Embora seja vista como um novo paradigma para tratar disputas, a mediação vem sendo utilizada desde os tempos mais remotos e pelas mais diversas culturas.[15] Ela teve um maior incremento no início dos anos 70, especialmente nos EUA, tendo se difundindo nos mais diversos países em razão da globalização.[16]

A mediação é um procedimento não adversarial em que um terceiro imparcial denominado mediador, por meio da utilização de determinadas técnicas e habilidades, aproxima e facilita a comunicação interrompida entre dois ou mais indivíduos, com o intuito de que eles próprios busquem saídas úteis (não necessariamente um acordo escrito) para seus impasses, de maneira consciente e voluntária.

---

[12] RODRIGUES, Silvana Yara de Castro. *A mediação judicial no Brasil*: avanços e desafios a partir do novo Código de Processo Civil e da Lei de Mediação. Rio de Janeiro: Lumen Juris, 2017. p. 22-24.

[13] Para saber mais, consultar: BRASIL. Estado de Santa Catarina Procuradoria-Geral do Estado Conselho Superior. *Resolução Consup nº 4/2022*. Dispõe sobre a estrutura organizacional, a composição, o funcionamento e os procedimentos da Câmara Administrativa de Gestão e Solução de Conflitos (CASC/PGE). Florianópolis, 22 abr. 2022. Disponível em: https://www.pge.sc.gov.br/wp-content/uploads/2022/07/Resolucao-Consup-4-2022.pdf. Acesso em 14 mar. 2024.

[14] GONÇALVES, Jéssica; GOULART, Juliana. *Negociação, conciliação e mediação*: impactos da pandemia na cultura do consenso e na educação jurídica. Florianópolis: Emais, 2020.

[15] MOORE, Christopher W. *O processo de mediação*: estratégias práticas para resolução dos conflitos. (Trad. Magda França Lopes). 2. ed. Porto Alegre: Artmed, 1998. p. 32.

[16] EGGER, Ildemar. O papel do mediador. *II Curso Semipresencial de Capacitação de Multiplicadores em Mediação e Arbitragem*, Brasília, 2005. Disponível em: http://www.egger.com.br/ie/mediacao.htm. Acesso em 30 jan. 2018.

A distinção mais importante entre a mediação e as demais formas de tratamento dos conflitos se dá pelo constante diálogo durante as sessões, pois esse procedimento se preocupa, sobretudo, com a lide sociológica.[17]

A composição, na mediação de conflitos, pode ocorrer de forma célere, até mesmo já na primeira sessão. Na Justiça adjudicada, por outro lado, o prazo de duração de um processo percorre um caminho muito mais longo. No processo há que se considerar o risco de as partes lidarem com as reviravoltas dos recursos e com os mecanismos cada vez mais exigentes para que eles subam aos Tribunais Superiores.[18] Na mediação, ao contrário, há a supressão dos riscos de modificação das decisões, pois elas são construídas pelas próprias partes, o que, inclusive, favorece o cumprimento do acordado.[19]

A escolha dos mediadores é tema bastante discutido na doutrina no que diz respeito à Administração Pública. Há quem defenda a necessidade de que seja advogado público; outros defendem que pode existir um quadro de servidores públicos aptos ou mediadores de fora da Administração Pública; outros que servidores do quadro civil possam apenas atuar na condição de comediadores, acompanhados do mediador advogado público, especialmente em razão do regime jurídico administrativo ser permeado de diferenças em relação ao direito privado.

Uma questão que, em geral, preocupa a advocacia pública é o conteúdo que deve permanecer em sigilo e o que deve ser publicizado, em razão das regras da confidencialidade (prevista na Lei de Mediação) e da publicidade (prevista na CF/88), que devem ser conjugadas.[20] Ficará em sigilo, por exemplo, o balanço de uma empresa, que pode ser útil para a parte interessada mostrar dificuldades financeiras ao solicitar algum parcelamento de dívida; outro caso seria o de documentos

---

[17] GONÇALVES, Jéssica; GOULART, Juliana. *Mediação de conflitos*: teoria e prática. Florianópolis: Empório Modara, 2018. p. 47.

[18] É o caso da recente Emenda Constitucional nº 125/2022, que introduziu o requisito da relevância da questão federal como critério de admissibilidade do recurso especial.

[19] MOTA, Sílvia Ventura. *A representação pelo advogado na mediação*. Dissertação (Mestrado em Direito)–Faculdade de Direito, Universidade de Coimbra, Coimbra, 2016. p. 24. Disponível em: https://estudogeral.sib.uc.pt/bitstream/10316/35018/1/A%20Representacao%20pelo%20Advogado%20na%20Mediacao.pdf. Acesso em 01 ago. 2022.

[20] Para mais, ver: GOULART, Juliana Ribeiro; CADEMARTORI, L. H. U. A virada consensual na solução de controvérsias no âmbito da Administração Pública democrática no Brasil e suas implicações no regime jurídico administrativo: a conjugação entre publicidade e confidencialidade na mediação de conflitos. *Revista Justiça do Direito*, v. 34, n. 3, p. 111-136, 29 dez. 2020.

protegidos pelo segredo de justiça já anexados ao processo judicializado, que ao serem eventualmente inseridos no processo administrativo serão igualmente mantidos em sigilo.

Um exemplo de conflito que pode ser administrado pela mediação: segundo a Lei nº 13.867/19, é possível utilizar mediação na Desapropriação na Administração Pública.[21] Seria o caso em que fosse necessário remover uma família já pertencente a uma comunidade pesqueira específica, utilizando-se de escuta especializada típica da mediação de conflitos, para uma remoção célere e sem litígio.

5 Arbitragem

Em primeiro lugar, o estabelecimento de uma cláusula de solução de conflitos por meio da arbitragem é feito por meio de consenso entre as partes. Em caso de conflito, fica decidido por elas que a solução se dará por meio de um árbitro. Quanto ao procedimento, trata-se de um meio heterocompositivo de solução de conflitos em que um terceiro privado, denominado árbitro, resolve o conflito e profere a sentença arbitral. No Brasil, a previsão do procedimento arbitral está prevista na Lei nº 9.307/1996.

É um meio de solução "muito comum na área dos negócios, na qual as próprias partes envolvidas no litígio atribuem a uma ou mais pessoas (os árbitros) o poder de decidir o conflito entre elas. Fazem isso através de um acordo de vontades denominado de 'convenção de arbitragem'".[22]

A arbitragem também se aplica à Administração Pública. A Lei nº 13.129/201 foi responsável por introduzir a expressa previsão dessa possibilidade. O art. 3º, §1º do CPC é igualmente relevante em termos de novas concepções de resolução de litígios, já que autoriza o uso da arbitragem de forma expressa. Ainda que se trate de método heterocompositivo, a autorização do uso da arbitragem reforça a concepção de uma justiça multiportas acolhida pelo CPC, em que a porta do Poder Judiciário pode ser encarada como uma das opções possíveis para tentativa de solução, mas não a única.

Diferentemente da mediação, na arbitragem, as partes não possuem o poder de decisão, posto que ele se encontra com o árbitro, que é quem encerra o caso por meio de sentença arbitral.

---

[21] GONÇALVES, Jéssica; GOULART, Juliana. *Negociação, conciliação e mediação*: impactos da pandemia na cultura do consenso e na educação jurídica. Florianópolis: Emais, 2020.

[22] GABBAY, Daniela; FALECK, Diego; TARTUCE, Fernanda. *Meios alternativos de solução de conflitos*. Rio de Janeiro: FGV, 2013. p. 75.

Podem levar casos à arbitragem "pessoas físicas e jurídicas. No caso das pessoas físicas, devem ser maiores de 18 anos e com capacidade/discernimento para fazer suas escolhas e demonstrar sua livre vontade".[23]

Os conflitos que podem ser resolvidos por arbitragem são os conflitos patrimoniais disponíveis, "ou seja, conflitos com valor econômico e que as partes possam dispor".[24]

Pode ser árbitro qualquer um capaz e que tenha a confiança das partes. Alguém de quem não haja suspeição ou impedimento, nos termos da Lei de Arbitragem.[25]

Gabbay, Faleck e Tartuce apontam que o árbitro é escolhido, em regra, por seu conhecimento técnico e sua experiência na matéria, ou seja, pode ser engenheiro, advogado, médico, a depender do tipo de conflito que as partes possuem e a ele desejem submeter.[26]

Cooley explica que existem muitas diferenças entre mediação e arbitragem. A mais básica é que a arbitragem envolve a decisão de um árbitro, terceiro que intervém no processo depois de uma audiência probatória, enquanto na mediação isso não ocorre. Comparando os dois métodos, Cooley explica que "o árbitro normalmente é um participante passivo cujo papel é determinar o que está certo ou errado; o mediador, ao contrário, normalmente é um participante ativo que tenta levar as partes à reconciliação e ao acordo, independente[mente] de quem ou o que está certo ou errado".[27]

Portanto, a arbitragem se configura como um importante meio de resolver conflitos também para a Administração Pública, pois incentiva a procura por outras formas de decisão, que não pela via jurisdicional, contribuindo para a formação de uma cultura que procure diversas portas de acesso à justiça.

Como exemplo de conflito que pode ser administrado pela arbitragem, cite-se uma cláusula em contratação pública estabelecendo que os conflitos que dali surgirem, como é o caso de inadimplemento de obrigações, possam ser resolvidos pela arbitragem, nos termos do art. 151 a 154 da Lei nº 14.133/2021.

---

[23] GABBAY, Daniela; FALECK, Diego; TARTUCE, Fernanda. *Meios alternativos de solução de conflitos*. Rio de Janeiro: FGV, 2013. p. 79.

[24] GABBAY, Daniela; FALECK, Diego; TARTUCE, Fernanda. *Meios alternativos de solução de conflitos*. Rio de Janeiro: FGV, 2013. p. 79.

[25] GABBAY, Daniela; FALECK, Diego; TARTUCE, Fernanda. *Meios alternativos de solução de conflitos*. Rio de Janeiro: FGV, 2013. p. 85.

[26] GABBAY, Daniela; FALECK, Diego; TARTUCE, Fernanda. *Meios alternativos de solução de conflitos*. Rio de Janeiro: FGV, 2013. p. 86.

[27] COOLEY, John W. A advocacia na mediação. (Trad. René Loncan). Brasília: Ed. da UnB, 2001. p. 26-27.

Lembre-se que a Lei nº 13.129/2015, que expressamente autorizou a utilização da arbitragem pela Administração Pública direta e indireta, delimitou a sua aplicação aos conflitos que versem sobre direitos patrimoniais disponíveis (art. 1º, §1º da Lei nº 9.307/1996). A exemplificação legal do que consiste direitos patrimoniais disponíveis pode ser encontrada na Lei nº 13.448/2017, a qual estabelece diretrizes gerais para prorrogação e relicitação dos contratos de parceria nos setores rodoviário, ferroviário e aeroportuário da administração pública federal. Em seu art. 31, consta expressamente que controvérsias decorrentes dos contratos de que trata a lei, no que se refere aos direitos patrimoniais disponíveis, podem ser submetidas à arbitragem ou a outros mecanismos alternativos de solução de controvérsias. E, no §4º do referido artigo, estão expostas a que se refere tais controvérsias, a saber: I – as questões relacionadas à recomposição do equilíbrio econômico-financeiro dos contratos; II – o cálculo de indenizações decorrentes de extinção ou de transferência do contrato de concessão; e III – o inadimplemento de obrigações contratuais por qualquer das partes.

Em estudo sobre a arbitragem na Administração Pública, Bruno Megna propõe certos critérios para definição do que pode ser objeto na arbitragem quando envolvida a Administração, qual seja, o conteúdo dos direitos patrimoniais disponíveis. Conforme explica, a delimitação da arbitrabilidade objetiva inicia pela jurisdicionalidade da matéria, no sentido de que somente podem ser submetidos ao procedimento arbitral assuntos que escapam da esfera discricionária do agente administrativo e que, portanto, podem sofrer a sindicabilidade jurisdicional, seja estatal ou arbitral. Em seguida, a questão da patrimonialidade, devendo ser possível extrair do objeto controverso o seu conteúdo patrimonial. Sobre a possibilidade de a Administração negociar e de dispor do objeto submetido ao procedimento arbitral, o autor remete à distinção entre os atos de império e de gestão, com a ressalva de que somente esta distinção não é suficiente: existem atos de gestão que não são arbitráveis, assim como atos negociáveis que não necessariamente são arbitráveis.[28] Por fim, o objeto deve obviamente ser lícito, não podendo o procedimento arbitral servir para fraudar a lei.

---

[28] Na exemplificação dada por Bruno Megna, "a Administração tem direitos e deveres que decorrem de gestão, mas não são arbitráveis (e.g. adjudicação do contrato ao vencedor da licitação), pois não negociáveis, e há direitos e deveres que decorrem de negociação, mas que não são arbitráveis, pois envolvem poder de império (e.g. acordos substitutivos de sanção administrativa), os quais, em si, não guardam patrimonialidade". (MEGNA, Bruno. *Arbitragem e Administração Pública*: fundamentos teóricos e soluções práticas. Belo Horizonte: Fórum, 2019. (fls. 159-163)).

6 *Dispute Board*

Na linha de exposição dos meios consensuais de solução de conflitos, não se poderia deixar de mencionar os Comitês de Resolução de Disputas, conhecidos no exterior como *Dispute Resolution Boards*, método com previsão mais recente no direito brasileiro e ainda pouco utilizado pela Administração Pública em geral. A sua compreensão é relevante para o presente trabalho, vez que, no Brasil, a utilização dos *dispute boards* vem ocorrendo nos contratos firmados com o poder público, não havendo notícias de sua utilização no setor privado.[29]

Na definição de Cairns e Madalena, os comitês consistem em

> un órgano generalmente compuesto por tres profesionales imparciales, designados al inicio de la ejecución del contrato, para asistir a las partes en la resolución de disputas que puedan surgir durante la ejecución del proyecto, mediante la emisión de recomendaciones o decisiones vinculantes para las partes en relación con una determinada controversia. De este modo, el DB se configura como un método especializado y técnico de resolución de controversias mediante la decisión neutral de un experto en la materia.[30]

O escopo maior de um DB, portanto, está na prevenção e na resolução de conflitos oriundos de uma relação contratual. A função do órgão é definida no próprio contrato, podendo a ele serem submetidas questões técnicas referentes ao contrato ou qualquer outra questão contratual, sejam técnicas, jurídicas ou econômicas.[31] De origem estrangeira, o DB foi inicialmente concebido para os contratos de construção e engenharia, cuja duração no tempo é em geral prolongada e cujo objeto abrange questões técnicas e complexas.[32]

---

29 RIBEIRO, Ana Paula Brandão; RODRIGUES, Isabella Carolina Miranda. Os Dispute Boards no direito brasileiro. *Revista de Direito Mackenzie*, v. 9, n. 2, p. 129-159, 2015. p. 149.

30 CAIRNS, David J.; MADALENA, Ignacio. El Reglamento de la ICC relativo a los dispute boards. *Revista de Arbitragem e Mediação*, São Paulo, v. 10, p. 179-189, jul./set. 2006.

31 WALD, Arnoldo. Dispute Resolution Boards: evolução recente. *Revista de Arbitragem e Mediação*, v. 8, n. 30, p. 139-151, jul./set. 2011.

32 A primeira utilização de um DB ocorreu no âmbito da construção da segunda parte do Túnel Eisenhower, no estado de Colorado, Estados Unidos, em 1975. A partir daí houve a utilização em diversos contratos de grandes projetos de construção, em países como Japão, Equador e Chile. Além das vantagens próprias de um mecanismo extrajudicial de solução de controvérsias, outro fator que vem contribuindo para a expansão da atuação do DB é "a exigência, cada vez mais crescente, que os investidores mundiais de projetos de construção e infraestrutura vêm impondo para viabilizar o aporte de recursos financeiros para o fluxo de caixa de grandes empreendimentos: a introdução de cláusulas contratuais que prevejam métodos extrajudiciais para a solução de controvérsias durante a administração

A natureza de um DB é classificada de acordo com o caráter de sua decisão, se vinculante ou não. O regulamento da Câmara de Comércio Internacional (CCI) relativo aos *dispute boards*, disponível desde setembro de 2004, estabelece três tipos de DB: (a) *Dispute Review Board (DRB); Dispute Adjudication Board (DAB)* e *Combined Dispute Board (CDB).* Na modalidade DRB, o painel é responsável por emitir apenas recomendações, enquanto no DAB serão proferidas decisões, com caráter vinculante e cujo cumprimento deve ser de imediato pelas partes. As recomendações, por outro lado, somente vinculam os contratantes caso não tenha havido oposição por nenhuma das partes, em determinado período de tempo.[33]

A partir desta diferenciação, Cairns e Madalena concluem que o DAB assume uma função "quase-arbitral", vez que a decisão do *board* tem capacidade de colocar fim ao litígio entre os contratantes e se converter em uma obrigação de cumprimento, a depender de seu teor.[34] Outra modalidade possível é uma combinação entre as possibilidades, podendo o DB emitir uma decisão caso uma das partes solicite e a outra não manifeste oposição. Se houver oposição quanto à emissão de decisão, tem o DB a competência para definir se emitirá recomendação ou proferirá a decisão, levando em conta fatores como urgência e preservação do contrato.[35]

É interessante destacar que, além da função de recomendação ou de decisão, o DB também funciona como órgão capaz de promover a produção de consenso entre os contratantes, a fim de evitar a geração do conflito. Da leitura do *Dispute Board Manual,*[36] em seu capítulo 13, consta a relevância de uma postura proativa dos membros do DB, de forma a identificar prematuramente questões relativas ao objeto

do contrato". (RIBEIRO, Ana Paula Brandão; RODRIGUES, Isabella Carolina Miranda. Os Dispute Boards no direito brasileiro. *Revista de Direito Mackenzie*, v. 9, n. 2, p. 129-159, 2015. p. 139-140).

33 Arts. 4 e 5 do Regulamento. Disponível em: *Dispute Board Rules* – ICC – International Chamber of Commerce (iccwbo.org). Acesso em 04 jul. 2022.

34 CAIRNS, David J.; MADALENA, Ignacio. El Reglamento de la ICC relativo a los dispute boards. *Revista de Arbitragem e Mediação*, São Paulo, v. 10, p. 179-189, jul./set. 2006.

35 Art. 6 (3) do Regulamento. Disponível em: *Dispute Board Rules* – ICC – International Chamber of Commerce (iccwbo.org). Acesso em 04 jul. 2022.

36 Trata-se de manual elaborado pela *Dispute Resolution Board Foundation*, uma organização sem fins lucrativos criada nos Estados Unidos e dedicada a promover a prevenção e a resolução de disputas por meio do "Dispute Board (DB) method", em nível mundial. É formada por mais de 1000 membros, entre engenheiros, advogados, arquitetos, com representação em mais de 65 países, inclusive no Brasil. Informações disponíveis em: Home (drb.org). Acesso em 04 jul. 2022.

do contrato e, a partir disso, facilitar a comunicação entre as partes e encorajá-las a adotarem soluções cooperativas.[37] Como resultado, é possível que o papel do DB se concentre muito mais na gestão de pontos em fase preliminar a um conflito do que propriamente à resolução de uma disputa já instaurada.

Ao promover encontros regulares com as partes contratantes, em especial com os gerentes do projeto da obra, o DB permite, de modo mais informal, que a performance de cada parte seja analisada e revista, que sejam identificados atuais e futuros problemas na execução, que entraves sejam removidos o quanto antes e, como já dito, que uma atmosfera cooperativa seja instalada ao longo de toda a relação contratual. Por outro lado, é necessário que os membros do DB mantenham uma respeitável distância das partes, a fim de não prejudicar a sua imparcialidade e objetividade na condução dos trabalhos. Desta atuação mais ativa e informal pode resultar o que o *Dispute Board Manual* denomina de opinião consultiva (*advisory opinion*), em que as partes de comum acordo solicitam ao DB a emissão de uma consulta informal e não vinculativa sobre determinada questão, que então receberá o olhar experiente e profissional dos membros que compõem o painel.

Conforme explica Arnold Wald, a composição de um DB pode variar de acordo com a natureza do contrato, com os potenciais conflitos que podem a ele ser submetidos e com os valores envolvidos.[38] Os profissionais que comporão o painel podem ser de diferentes áreas, como direito, economia, engenharia etc., sempre em número ímpar.[39] Também há a possibilidade de composição por apenas um membro, recomendada para os contratos de menor complexidade. Ainda sobre

---

[37] DRBF. *Dispute Board Manual*: a guide to Best Practices and Procedures – Sections 4. SPARK Publications, Charlotte, North Carolina, USA, 2019.

[38] WALD, Arnoldo. Dispute Resolution Boards: evolução recente. *Revista de Arbitragem e Mediação*, v. 8, n. 30, p. 139-151, jul./set. 2011.

[39] Existe uma reflexão sobre qual seja a composição mais adequada de um board: se deve predominar a presença de engenheiros ou se se deve contar com a expertise de advogados. Sobre o entendimento de que advogados não contribuem para a formação de soluções rápidas e eficientes no âmbito de um contrato, ver: FARRER, Robert. Composição do CRD: Advogados ou Engenheiros? *In*: TRINDADE, Bernardo Ramos (Coord.). *CRD – Comitê de Resolução de Disputas nos Contratos de Construção e Infraestrutura*: Dispute Resolution Board: São Paulo: Editora PINI, 2016. p. 75-84. De qualquer forma, caso os membros do comitê não possuam formação jurídica, é comum que o próprio comitê proceda à contratação de assessoria jurídica especializada, o que implica, inevitavelmente, em maior custo. Neste sentido: TRINDADE, Bernardo Ramos *et al*. Conhecimento e Aplicabilidades do Comitê de Resolução de Disputas – CRD em Obras de Médio e Grande Portes. *In*: TRINDADE, Bernardo Ramos (Coord.). *CRD – Comitê de Resolução de Disputas nos Contratos de Construção e Infraestrutura*: Dispute Resolution Board: São Paulo: Editora PINI, 2016. p. 33-58.

a composição, ela pode ocorrer previamente à execução do contrato ou já durante a sua execução, sendo recomendada a formação prévia para melhor atuação na prevenção do litígio.[40]

A respeito da conduta ética dos profissionais que participam do DB, o código de ética é encontrado[41] no *Dispute Board Manual*, em seu capítulo 6, o qual visa estabelecer aspectos chaves tanto em relação à conduta pessoal quanto profissional dos membros de um DB. A independência e a imparcialidade são os valores essenciais, de modo que seus membros devem agir e serem percebidos como neutros e imparciais durante toda a sua atuação. Em havendo conflito de interesses, tal deve ser revelado antes ou durante o procedimento, da maneira mais rápida possível. Se houver dúvida quanto ao fato ou circunstância que enseja o conflito, a revelação deve ser privilegiada. Se o conflito de interesses já existe, deve o membro indicado declinar do convite para compor o board. Se o conflito emergir ao longo do procedimento, após o dever de revelação, o membro pode ser convidado a se retirar ou o fazer por vontade própria.

A confidencialidade é outro aspecto primordial na atuação dos membros do DB, de forma a promover a confiança e a segurança entre as partes contratantes. Qualquer informação revelada ao DB deve permanecer confidencial, assim como os dados referentes ao contrato e outros detalhes do projeto, a não ser que haja permissão das partes em sentido contrário. As recomendações e decisões do DB também devem

---

40 Segundo Marcia Ribeiro e Caroline Sampaio Almeida, a eficácia da nomeação do DB desde o início do contrato decorre da íntima relação que se estabelece entre os membros do DB e a documentação do contrato, suas condições e programas (RIBEIRO, Marcia Carla Pereira; DE ALMEIDA, Caroline Sampaio. Análise crítica das cláusulas Dispute Board: eficiência e casos práticos. *Novos Estudos Jurídicos*, v. 18, n. 2, p. 224-239, 2013). Por outro lado, a margem para o estabelecimento do DB pode ser um pouco afastada do início do contrato e ainda assim não prejudicar a eficácia do instituto. No caso da Linha Amarela do Metrô de São Paulo, o DB teve a aprovação de seus membros dez meses após a assinatura do contrato e tal não impactou o trabalho de prevenção, conforme alegaram os próprios profissionais que atuaram no conselho: "A constituição do Comitê, ainda na fase inicial dos contratos, permitiu-lhe inteirar-se de todos os detalhes do Projeto, desde a documentação relativa às licitações, aos contratos, aos projetos e métodos construtivos, às especificações, aos cronogramas físico e financeiro, e até a realização de visitas aos diferentes locais de obras, ou seja, o Comitê pôde inteirar-se adequadamente sobre o Projeto, para exercer sua missão como conciliador e propositor de soluções para os litígios que viriam a ocorrer no transcurso do empreendimento". (JOBIM, Jorge Pinheiro; RICARDINO, Roberto; CAMARGO, Rui Arruda. A Experiência Brasileira em CRD: O Caso do Metrô de São Paulo. *In*: TRINDADE, Bernardo Ramos (Coord.). *CRD – Comitê de Resolução de Disputas nos Contratos de Construção e Infraestrutura*: dispute resolution board: São Paulo: Editora PINI, 2016. p. 172).

41 DISPUTE BOARDS PRACTICE & PROCEDURES MANUAL | DRBF_Disponível em: https://www.drb.org/dispute-board-manual. Acesso em 10 jul. 2022.

permanecer, no geral, confidenciais, a não ser que haja concordância das partes na divulgação ou, então, em razão de determinação legal.

Em relação à conduta, os membros devem atuar de forma célere, diligente, ordenada e imparcial, e as reuniões devem ser conduzidas de modo similar a uma reunião de negócios. Em relação à comunicação dos membros do DB com os contratantes, esta deve se dar por meio da presidência do board, devendo ser evitada comunicação individual com alguma das partes e vice-versa. Por fim, no que diz respeito ao procedimento do DB, a pontualidade e a imparcialidade de suas recomendações/decisões são extremamente importantes. Além disso, devem elas observar as específicas previsões do contrato, a legislação nacional vigente e as informações, fatos e circunstâncias submetidas pelas partes contratantes. Em suma, as decisões/recomendações devem ser objetivas, imparciais e fundamentadas por meio de argumentação lógica, com base nas informações disponibilizadas ao DB.

Por fim, como exemplo de conflito que pode ser administrado via *dispute board*, cite-se uma obra pública em que se faça necessário estabelecer um DB para o adequado acompanhamento da obra, antevendo e evitando conflitos, para que paralisações decorrentes de ações judiciais sejam evitadas.

7 Glossário

Trabalhar com outros métodos de solução na Administração Pública traz desafios para a cultura administrativa interna, o que exige conhecer expressões e termos técnicos específicos para tratar do tema. Para fins didáticos, fizemos uma lista com os principais termos e seus conceitos operacionais elementares. Que a iniciativa auxilie os profissionais que atuam no tema, com a construção do repertório necessário para o desempenho das atividades.

Autocomposição na Administração Pública – percurso para a solução consensual de conflito envolvendo a Administração Pública, seja por meio da mediação, da conciliação, da negociação ou de qualquer outro método que não implique a imposição de solução por meio de um terceiro. É a expressão utilizada no art. 32 da Lei nº 13.140/2015.

Arbitragem na Administração Pública – caminho que envolve a solução heterocompositiva de conflito em que é parte a Administração Pública, cuja decisão é alcançada após procedimento arbitral.

A arbitragem se desenvolve em câmaras privadas especializadas e previamente credenciadas junto ao ente federativo participante do litígio.

Concertação – arranjo interno da Administração Pública para melhor solução de um conflito, com o envolvimento de variados órgãos públicos no procedimento autocompositivo, em busca de um acordo ou consenso.

Conciliação na Administração Pública – metodologia de solução consensual que envolve a figura do conciliador, podendo se desenvolver no âmbito do Poder Judiciário, nas advocacias públicas ou em câmaras privadas.

Confidencialidade – princípio que incide sobre o procedimento da mediação, com vistas a preservar o sigilo das informações reveladas ao longo das sessões.

Câmaras administrativa de prevenção e solução de conflitos administrativos – órgão institucional das advocacias públicas, cuja previsão encontra-se no art. 32 da Lei nº 13.140/2015 e que tem como finalidade promover a prevenção e a solução consensual de conflitos envolvendo a Administração direta e indireta dos entes federados.

Consensualidade – conceito amplo que abrange toda postura adotada pela Administração que contrasta com a ausência de diálogo com o administrado. Trata-se de uma nova roupagem no modo de agir da Administração, com revisitação de conceitos clássicos da doutrina do Direito Administrativo, em especial a supremacia e a indisponibilidade do interesse público.

***Dispute Boards* na Administração Pública** – metodologia de resolução de conflitos envolvendo relação contratual com a Administração, com foco em contratos de obras de engenharia. Os conflitos oriundos da relação são resolvidos por meio de um painel, de composição geralmente mista, entre advogados e engenheiros.

Negociação – metodologia de resolução consensual de conflitos sem a intervenção de terceiro, em que a solução é alcançada diretamente entre as partes envolvidas, por meio do diálogo.

Mediação na Administração Pública – metodologia de solução consensual de conflitos que envolve a figura do mediador, podendo se desenvolver no âmbito do Poder Judiciário, nas advocacias públicas ou em câmaras privadas.

Transação por adesão – metodologia de solução de conflitos aplicada em demandas de massa, judicializadas ou não, em que a Administração oferece uma proposta de acordo padrão, cabendo ao particular decidir pela sua aceitação ou prosseguir no litígio.

Referências

BRASIL. Estado de Santa Catarina Procuradoria-Geral do Estado Conselho Superior. *Resolução Consup nº 4/2022*. Dispõe sobre a estrutura organizacional, a composição, o funcionamento e os procedimentos da Câmara Administrativa de Gestão e Solução de Conflitos (CASC/PGE). Florianópolis, 22 abr. 2022. Disponível em: https://www.pge.sc.gov.br/wp-content/uploads/2022/07/Resolucao-Consup-4-2022.pdf. Acesso em 14 mar. 2024.

BRASIL. Portaria nº 11, de 8 de junho de 2020. Regulamenta, no âmbito da Procuradoria-Geral da União e de seus órgãos de execução, o procedimento de celebração de acordos destinados a encerrar, mediante negociação, ações judiciais ou a prevenir a propositura destas, relativamente a débitos da União. *Diário Oficial da União*, 12 jun. 2020. Disponível em: https://www.in.gov.br/en/web/dou/-/portaria-n-11-de-8-de-junho-de-2020-261278373. Acesso em 14 mar. 2024.

CAIRNS, David J.; MADALENA, Ignacio. El Reglamento de la ICC relativo a los dispute boards. *Revista de Arbitragem e Mediação*, São Paulo, v. 10, p. 179-189, jul./set. 2006.

COOLEY, John W. A advocacia na mediação. (Trad. René Loncan). Brasília: Ed. da UnB, 2001.

DRBF. *Dispute Board Manual*: a guide to Best Practices and Procedures – Sections 4. SPARK Publications, Charlotte, North Carolina, USA, 2019.

EGGER, Ildemar. O papel do mediador. *II Curso Semipresencial de Capacitação de Multiplicadores em Mediação e Arbitragem*, Brasília, 2005. Disponível em: http://www.egger.com.br/ie/mediacao.htm. Acesso em 30 jan. 2018.

FARRER, Robert. Composição do CRD: Advogados ou Engenheiros? *In*: TRINDADE, Bernardo Ramos (Coord.). *CRD – Comitê de Resolução de Disputas nos Contratos de Construção e Infraestrutura*: Dispute Resolution Board: São Paulo: Editora PINI, 2016.

FISHER, Roger; URY, William; PANTTON, Bruce. *Como chegar ao sim: negociação de acordos sem concessões*. (Trad. Vera Ribeiro e Ana Luiza Borgers). 2. ed. rev. e ampl. Rio de Janeiro: Imago, 1994.

GABBAY, Daniela; FALECK, Diego; TARTUCE, Fernanda. *Meios alternativos de solução de conflitos*. Rio de Janeiro: FGV, 2013.

GONÇALVES, Jéssica; GOULART, Juliana. *Negociação, conciliação e mediação*: impactos da pandemia na cultura do consenso e na educação jurídica. Florianópolis: Emais, 2020.

GOULART, Juliana Ribeiro; CADEMARTORI, L. H. U. A virada consensual na solução de controvérsias no âmbito da Administração Pública democrática no Brasil e suas implicações no regime jurídico administrativo: a conjugação entre publicidade e confidencialidade na mediação de conflitos. *Revista Justiça do Direito*, v. 34, n. 3, p. 111-136, 29 dez. 2020.

JOBIM, Jorge Pinheiro; RICARDINO, Roberto; CAMARGO, Rui Arruda. A Experiência Brasileira em CRD: O Caso do Metrô de São Paulo. *In*: TRINDADE, Bernardo Ramos (Coord.). *CRD – Comitê de Resolução de Disputas nos Contratos de Construção e Infraestrutura*: Dispute Resolution Board: São Paulo: Editora PINI, 2016.

MEGNA, Bruno. *Arbitragem e Administração Pública*: fundamentos teóricos e soluções práticas. Belo Horizonte: Fórum, 2019.

MOORE, Christopher W. *O processo de mediação*: estratégias práticas para resolução dos conflitos. (Trad. Magda França Lopes). 2. ed. Porto Alegre: Artmed, 1998.

MORAIS DA ROSA, Alexandre. Prefácio. *In*: GONÇALVES, Jéssica; GOULART, Juliana. *Mediação de conflitos*: teoria e prática. Florianópolis: Empório Modara, 2018.

MOREIRA, Egon Bockmann. Sentando-se à mesa de negociação com autoridades públicas. *In*: CUÉLLAR, Leila *et al*. *Direito Administrativo e alternative dispute resolution*: arbitragem, dispute board, mediação e negociação. Belo Horizonte: Fórum, 2020.

MOTA, Sílvia Ventura. *A representação pelo advogado na mediação*. Dissertação (Mestrado em Direito) – Faculdade de Direito, Universidade de Coimbra, Coimbra, 2016. Disponível em: https://estudogeral.sib.uc.pt/bitstream/10316/35018/1/A%20Representacao%20pelo%20Advogado%20na%20Mediacao.pdf. Acesso em 01 ago. 2022.

RIBEIRO, Ana Paula Brandão; RODRIGUES, Isabella Carolina Miranda. Os Dispute Boards no direito brasileiro. *Revista de Direito Mackenzie*, v. 9, n. 2, p. 129-159, 2015.

RIBEIRO, Marcia Carla Pereira; DE ALMEIDA, Caroline Sampaio. Análise crítica das cláusulas Dispute Board: eficiência e casos práticos. *Novos Estudos Jurídicos*, v. 18, n. 2, p. 224-239, 2013.

RODRIGUES, Silvana Yara de Castro. *A mediação judicial no Brasil*: avanços e desafios a partir do novo Código de Processo Civil e da Lei de Mediação. Rio de Janeiro: Lumen Juris, 2017.

SALES, Lília Maia de Morais. *A mediação de conflitos e a pacificação social*: estudos sobre mediação e arbitragem. Rio de Janeiro; São Paulo; Fortaleza: ABC, 2007.

TONIN, Maurício Morais. *Arbitragem, mediação e outros métodos de solução de conflitos envolvendo o Poder Público*. São Paulo: Almedina, 2019.

TRINDADE, Bernardo Ramos (Coord.). *CRD – Comitê de Resolução de Disputas nos Contratos de Construção e Infraestrutura*: Dispute Resolution Board. São Paulo: Editora PINI, 2016.

TRINDADE, Bernardo Ramos *et al*. Conhecimento e Aplicabilidades do Comitê de Resolução de Disputas – CRD em Obras de Médio e Grande Portes. *In*: TRINDADE, Bernardo Ramos (Coord.). *CRD – Comitê de Resolução de Disputas nos Contratos de Construção e Infraestrutura*: Dispute Resolution Board: São Paulo: Editora PINI, 2016.

WALD, Arnoldo. Dispute Resolution Boards: evolução recente. *Revista de Arbitragem e Mediação*, v. 8, n. 30, p. 139-151, jul./set. 2011.

WATKINS, Michael (Org.). *Negociação*: seu mentor e guia para gerenciamento. (Trad. Cristiana de Assis Serra). 8. ed. Rio de Janeiro: Record, 2010.

Informação bibliográfica deste texto, conforme a NBR 6023:2018 da Associação Brasileira de Normas Técnicas (ABNT):

GOULART, Juliana Ribeiro; EIDT, Elisa Berton. Introdução aos meios disponíveis para tratar conflitos quando envolvida a administração pública: negociação, conciliação, mediação, arbitragem e dispute boards. *In*: EIDT, Elisa Berton; GOULART, Juliana Ribeiro; SCHNEIDER, Patricia Dornelles; RAMOS, Rafael (coord.). *Consensualidade na Administração Pública*. 2. ed. Belo Horizonte: Fórum, 2024. p. 17-34. ISBN 978-65-5518-800-4.

SISTEMA MULTIPORTAS DE SOLUÇÃO DE CONFLITOS ENVOLVENDO A ADMINISTRAÇÃO PÚBLICA

MAURICIO MORAIS TONIN

1 Introdução

Os conflitos fazem parte da vida em sociedade e da convivência humana. A forma de resolver conflitos muda de um lugar para o outro, a depender da cultura da comunidade em relação à prevenção e à solução das controvérsias. Algumas sociedades podem ser extremamente violentas, outras podem priorizar o diálogo pacífico e outras podem simplesmente judicializar tudo.

A segurança jurídica é uma das principais características para o desenvolvimento de um país e a atração de investimentos. O conhecimento das regras jurídicas, o meio no qual elas são aplicadas e o sistema existente de solução de controvérsias são essenciais para que as pessoas possam pautar sua conduta de acordo com o Direito.

Neste aspecto, o Brasil ainda precisa melhorar bastante. A situação existente, já de longa data, é de proliferação de disputas judiciais sem que haja uma política efetiva para prevenir e resolver conflitos de forma adequada, especialmente por parte da Administração Pública. Prevalece a cultura da sentença em detrimento da cultura de pacificação.

O Poder Judiciário finalizou o ano de 2022 com 81,4 milhões de processos em tramitação, sendo que mais da metade desses processos

(52,3%) se referia à fase de execução.[1] A Fazenda Pública é responsável por grande parcela desse estoque, sendo que só as execuções fiscais representam cerca de 34% dos processos pendentes.[2] De todas as sentenças proferidas em 2022, apenas 12,3% delas foram homologatórias de acordos.

O resultado é que os litígios demoram anos, as vezes décadas, para serem finalmente resolvidos, sem que, muitas vezes, haja uma boa solução para qualquer uma das partes. Historicamente, a gestão dos conflitos pelos administradores públicos não tem sido realizada a contento, gerando um custo cada vez maior à sociedade, difícil de justificar. Só o Poder Judiciário custou, em 2022, o total de R$116 bilhões, o que representa 1,2% do Produto Interno Bruto (PIB) nacional, ou a 2,23% dos gastos totais da União, dos Estados, do Distrito Federal e dos Municípios.[3]

Por outro lado, já há alguns anos, vários estudiosos vêm defendendo a consensualidade administrativa e a utilização de mecanismos alternativos de solução de conflitos pela Administração Pública como mais adequados para a prevenção e solução de controvérsias.[4] Seminários acadêmicos e bibliografia especializada sobre o assunto certamente têm ajudado a divulgar e fomentar essas práticas, cabendo aos advogados públicos um importante papel nesse processo disruptivo.[5]

---

[1] Cf.: Relatório Justiça em Números 2023 (ano-base 2022), do Conselho Nacional de Justiça – CNJ, p. 92 e 143. Durante 2022, ingressaram em todo o Poder Judiciário 31,5 milhões de processos e foram baixados 30,3 milhões de processos (p. 93). Disponível em: chrome-extension://efaidnbmnnnibpcajpcglclefindmkaj/https://www.cnj.jus.br/wp-content/uploads/2023/08/justica-em-numeros-2023.pdf. Acesso em 2 de jun. 2024.

[2] A maior parte dos processos de execução é composta pelas execuções fiscais, que representam 64% do estoque em execução. A taxa de congestionamento das execuções fiscais é de 88%, ou seja, de cada cem processos de execução fiscal que tramitaram no ano de 2022, apenas 12 foram baixados (Relatório Justiça em Números 2023, (ano-base 2022), p. 143-144). Disponível em: chrome-extension://efaidnbmnnnibpcajpcglclefindmkaj/https://www.cnj.jus.br/wp-content/uploads/2023/08/justica-em-numeros-2023.pdf. Acesso em 2 de jun. 2024.

[3] Relatório Justiça em Números 2023, (ano-base 2022), p. 57. Disponível em: chrome-extension://efaidnbmnnnibpcajpcglclefindmkaj/https://www.cnj.jus.br/wp-content/uploads/2023/08/justica-em-numeros-2023.pdf. Acesso em 2 de jun. 2024.

[4] Sobre o tema, ver do próprio autor: TONIN, Mauricio Morais. O desenho de sistema de solução de disputas (DSD) pela Administração Pública: a utilização adequada dos meios de solução de conflitos. *In*: OLIVEIRA FILHO, Gilberto Bernardino; MARCO, Nathalia Leone (Org.). *A boa gestão pública e o novo Direito Administrativo*: dos conflitos às melhores soluções práticas. 1. ed. São Paulo: SGP – Soluções em Gestão Pública, 2021. p. 398-427.

[5] O Código de Ética e Disciplina da OAB prevê, em seu art. 2º, par. único, inc. VI, dentre os deveres do advogado, o de estimular a conciliação e a mediação entre os litigantes, prevenindo, sempre que possível, a instauração de litígios.

A despeito desse importante passo, ainda há muito a evoluir. A realidade brasileira ainda carece de uma análise mais precisa da necessidade e utilidade desses métodos, posto que não podem ser utilizados sem critérios. Vale dizer, nem sempre a conciliação será recomendável, muito menos a arbitragem. É preciso identificar os meios adequados para cada tipo de disputa, podendo haver, em alguns casos, um escalonamento entre eles.

O presente estudo pretende abordar os principais métodos de solução de conflitos que podem ser usados pelo Poder Público, inserindo-os num sistema que pode garantir resultados melhores, mais eficientes e menos onerosos.

2 As três maneiras de resolver conflitos

Segundo William Ury, Jeanne Brett e Stephen Goldberg, existem três maneiras de resolver conflitos. Para os autores norte-americanos, é possível (i) conciliar os interesses das partes, (ii) determinar quem tem razão e (iii) determinar quem é o mais poderoso.[6]

Na primeira hipótese, busca-se a conciliação dos interesses, pela qual as partes podem resolver consensualmente o conflito diretamente por negociação ou chamarem um terceiro facilitador para auxiliá-las na busca do consenso, que é o mediador.

Na segunda hipótese, o que prevalece como critério de solução do conflito são os direitos das partes, como ocorre no julgamento por juízes ou árbitros em um processo. Isto é, os julgadores analisam os fatos, as provas e os argumentos jurídicos apresentados para decidir em favor daquele que está amparado pelo Direito.

Já na terceira maneira de resolver disputas o critério será o poder que uma parte exerce sobre a outra, como pode ocorrer em relações entre pais e filhos ou entre empregadores e empregados.

As negociações envolvem, frequentemente, um misto desses três aspectos – tentativa de satisfazer interesses, discussão de direitos e referências ao poder relativo das partes. Porém, a conciliação dos interesses tende a produzir um nível mais elevado de satisfação com os resultados do que a determinação dos direitos ou do poder.

Diante disso, o objetivo defendido por Ury, Brett e Goldberg é criar um sistema de resolução de conflitos orientado para os interesses, no qual a maioria dos conflitos é resolvida por conciliação de interesses,

[6] URY, William; BRETT, Jeanne; GOLDBERG, Stephen. *Resolução de conflitos – concepção de sistemas para reduzir custos de conflitos*. (Trad. Soares Franco). Lisboa: Actual Editora, 2009. passim.

alguns através da determinação dos direitos e uma minoria mediante a determinação do poder.

A realidade brasileira, por outro lado, demonstra que a conciliação de interesses tem sido preterida em relação à disputa pelo processo judicial, numa situação inversa à existente nos Estados Unidos da América, onde a grande maioria das disputas são resolvidas por acordos. Isso fica ainda mais evidente quando analisada a atuação da Fazenda Pública em juízo.

Compreender que há meios mais ou menos adequados a determinados tipos de conflitos parece ser o caminho certo da implantação de um sistema multiportas – ou de múltiplas portas –, que permite àqueles que estão em conflito escolher, dentre uma gama tão variada quanto possível, o método mais ajustado ao caso concreto.

3 Panorama normativo de solução de controvérsias

O tratamento adequado das controvérsias através dos diferentes métodos de solução de disputas existentes surge como necessidade para ajudar a equacionar a crise da Justiça e para racionalizar os custos despendidos para a solução de conflitos.

Dessa forma, a Administração Pública não só pode, como deve, buscar solução dos conflitos também de forma alternativa ao processo judicial (ADR – *Alternative Dispute Resolution*). Isso porque para determinados tipos de conflitos outros meios são mais adequados para solucioná-los do que o Judiciário, devendo o administrador público estar atento à possibilidade de utilizar a negociação, a conciliação, a mediação, o *dispute board* (comitê de prevenção e resolução de disputas) ou a arbitragem.

Um sistema multiportas de resolução de disputas oferece aos litigantes diversos métodos, sendo necessário que o operador saiba identificar aquele mais adequado ao caso concreto. Isso porque não adianta abrir portas aleatoriamente, sem critérios, sem saber se este é o melhor caminho para alcançar o objetivo almejado.

Esta tarefa se realiza a partir da análise do caso: as partes interessadas, os valores envolvidos, a legislação aplicável, as provas a serem eventualmente produzidas, os custos de transação e as preferências de risco do interessado.[7]

---

[7] MNOOKIN, Robert H.; PEPPET, Scott R.; TULUMELLO, Andrew S. *Mais que vencer*: negociando para criar valor em negócios e disputas. (Trad. Mauro Gama). Rio de Janeiro: BestSeller, 2009. p. 142.

Por outro lado, a enorme quantidade de processos judiciais envolvendo a Fazenda Pública, registrada ano após ano pelos dados do CNJ, evidencia uma injustificável postura de inércia dos entes públicos em relação a este problema. Tudo vai parar no Judiciário, indistintamente. O que se verifica, em muitos casos, é o aproveitamento proposital da morosidade da Justiça para protelar o cumprimento das obrigações pelo Poder Público.

Entretanto, não é essa a diretriz legislativa sobre o tratamento dos conflitos envolvendo o Poder Público. Muito pelo contrário. Há muitos anos que o ordenamento jurídico está sendo constantemente alimentado por normas incentivadoras de políticas de desjudicialização e de utilização dos diferentes métodos de solução de controvérsias.

Citem-se a Lei de Mediação (Lei Federal nº 13.140/2015) – que possui um capítulo específico sobre a autocomposição de conflitos no âmbito da Administração Pública –; o Código de Processo Civil (especialmente o art. 3º, §§2º e 3º;[8] os arts. 165 e seguintes, que dispõem sobre a conciliação e a mediação judicial; e o art. 334, que prevê a audiência de conciliação ou de mediação como ato processual posterior à citação do réu) e outras leis esparsas, como o art. 26 da LINDB;[9] o art. 10, parágrafo único da Lei nº 10.259/2001;[10] o art. 8º da Lei nº 12.153/2009;[11] e o art. 17-B, da Lei nº 8.429/92, com a redação da Lei nº 14.230/2021.[12]

Em 2021, na mesma linha, o legislador inseriu na Nova Lei de Licitações e Contratos Administrativos (Lei nº 14.133, de 1º de abril de 2021) alguns artigos dispondo expressamente sobre a utilização dos meios alternativos de resolução de controvérsias nas contratações públicas (arts. 138 e 151 a 154), o que não existia na Lei nº 8.666/93.

Em outras palavras, há uma legislação robusta para orientar e respaldar o administrador público, conferindo-lhe a segurança jurídica

---

8 Art. 3º. (...) §2º O Estado promoverá, sempre que possível, a solução consensual dos conflitos.
§3º A conciliação, a mediação e outros métodos de solução consensual de conflitos deverão ser estimulados por juízes, advogados, defensores públicos e membros do Ministério Público, inclusive no curso do processo judicial.

9 Dispõe sobre o compromisso administrativo para eliminar irregularidade, incerteza jurídica ou situação contenciosa na aplicação do direito público, inclusive no caso de expedição de licença.

10 Dispõe sobre a autorização aos advogados públicos para conciliar, transigir ou desistir nos processos de competência dos Juizados Especiais Federais.

11 Dispõe sobre a autorização aos advogados públicos para conciliar, transigir ou desistir nos processos de competência dos Juizados Especiais da Fazenda Pública, nos termos e nas hipóteses previstas na lei do respectivo ente da Federação.

12 Dispõe sobre a possibilidade de celebração de acordo de não persecução civil nas ações de improbidade administrativa.

necessária para a utilização desses métodos, gerando economia aos cofres públicos.

Essa compreensão é convergente com o que se passou a denominar de "consensualidade administrativa", que surgiu com a percepção pelo administrador público de que a atuação administrativa, muitas vezes, deve ser feita por meio de acordos administrativos. Compete à Administração Pública decidir o modo de exercício da função administrativa, se imperativo ou consensual.

Com a ascensão de fenômenos como o Estado em rede e governança pública, emerge uma nova forma de administrar, cujas referências são o diálogo, a negociação, o acordo, a coordenação, a descentralização, a cooperação e a colaboração.[13] A Administração consensual marca a evolução de um modelo centrado no ato administrativo (unilateralidade) para um modelo que passa a contemplar os acordos administrativos (bilateralidade e multilateralidade).

Neste sentido, Floriano Azevedo Marques Neto sustenta que, considerando que a consensualidade toma o lugar da imperatividade mesmo nas funções típicas de autoridade – como no campo de poder de polícia, negociação regulatória e regulação contratual ou os termos de ajustamento de conduta –, mais razão ainda há para que no âmbito da atividade contratual da Administração haja a redução do caráter assimétrico e imperativo das posições do Poder Público em detrimento do particular.[14]

4 Desjudicialização

A busca pela solução dos conflitos significa a busca pela justiça. Segundo Cândido Rangel Dinamarco, a existência do processo em uma ordem jurídica é imposição da necessidade do serviço jurisdicional: o

---

[13] OLIVEIRA, Gustavo Justino de. A administração consensual como a nova face da administração pública no século XXI: fundamentos dogmáticos, formas de expressão e instrumentos de ação. *In*: OLIVEIRA, Gustavo Justino de. *Direito administrativo democrático*. Belo Horizonte: Fórum, 2010. p. 228.

[14] MARQUES NETO, Floriano Peixoto de Azevedo. Do contrato administrativo à administração contratual. *Revista de Direito Administrativo e Infraestrutura*, v. 9, p. 341-352, abr./jun. 2019. p. 6. Prossegue o autor: "Nesse contexto, os contratos do Poder Público deixam de ser mecanismos meramente para exercício das atividades-meio do Estado (aquisição de bens e serviços para desempenho das funções públicas diretamente pela Administração) e passam a ser instrumentos para a consecução das próprias atividades-fim. Na atividade de polícia, temos os termos de ajuste de conduta ou a substituição da sanção por compromissos de reparação dos danos causados pela infração; no campo dos serviços públicos, temos os contratos de gestão com organizações sociais, as parcerias público-privadas e mesmo as concessões de serviços públicos de nova geração, todos com alocações de risco mais arrojadas e consentâneas com o Princípio da Eficiência".

processo existe acima de tudo para o exercício da jurisdição, e esse é o fator de sua legitimidade social entre as instituições jurídicas do país.[15]

O processo, que é um instrumento de solução de conflitos, é adequado para a solução de vários conflitos. Mas não deve ser utilizado para tudo, como única porta de saída, ainda mais diante dessa absurda quantidade de processos no País. Em regra, os órgãos judiciais não conseguem realizar justiça em tempo razoável, possuem custo elevado e atendem apenas aqueles que conseguem afastar os obstáculos ao seu acesso.

De acordo com Ury, Brett e Goldberg, todos os processos de resolução de conflitos acarretam custos: tempo, dinheiro, energia emocional, recursos gastos e oportunidades perdidas.[16] Cabe ao interessado analisar o caso, verificando os valores em jogo, a legislação aplicável, as questões a serem eventualmente provadas em juízo, os custos de transação[17] e as preferências de risco do interessado.

Alguns entes públicos começaram a tomar consciência desse cenário de demasiada judicialização e do alto custo desta opção e, diante da necessidade de utilizar outros métodos de solução de conflitos, iniciaram a implementação de algumas políticas de desjudicialização.

De fato, a Fazenda Pública, em regra, não paga custas e emolumentos judiciais, o que torna o processo um método aparentemente barato ao Poder Público. Porém, não se pode desconsiderar as despesas processuais, os juros de mora, a correção monetária e a condenação do vencido em honorários advocatícios de sucumbência, que oneram consideravelmente o processo judicial.[18] [19]

---

[15] DINAMARCO, Cândido Rangel. *Instituições de Direito Processual Civil*: vol. I. 8. ed. São Paulo: Malheiros, 2016. p. 441. Como método de trabalho, processo é o resultado da soma de todas as disposições constitucionais e legais que delimitam e descrevem os atos que cada um dos sujeitos processuais realiza no exercício de seus poderes fundamentais, ou seja: a jurisdição pelo juiz, a ação pelo demandante e a defesa pelo réu.

[16] URY, William; BRETT, Jeanne; GOLDBERG, Stephen. *Resolução de conflitos – concepção de sistemas para reduzir custos de conflitos*. (Trad. Soares Franco). Lisboa: Actual Editora, 2009. p. 44.

[17] Note-se que, por lei, é dever da administração pública evitar o abuso de poder regulatório, no contexto da Lei de Liberdade Econômica, que represente aumento dos custos de transação sem demonstração de benefícios (art. 4º, inc. V, da Lei Federal nº 13.874/2019).

[18] Pelo Código de Processo Civil, a sentença condenará o vencido a pagar honorários ao advogado do vencedor (art. 85, *caput*). A regra geral é de que os honorários serão fixados entre o mínimo de dez e o máximo de vinte por cento sobre o valor da condenação, do proveito econômico obtido ou, não sendo possível mensurá-lo, sobre o valor atualizado da causa, atendidos os requisitos do §2º do art. 85 do CPC. O §3º deste artigo dispõe especificamente sobre a fixação dos honorários nas causas em que for parte a Fazenda Pública, com uma previsão decrescente do percentual de honorários conforme for maior o valor envolvido, chegando ao mínimo de um por cento. A despeito desse escalonamento na condenação em honorários nas causas em que for parte a Fazenda Pública, ainda assim é um custo que onera a litigância tanto para o Poder Público, quanto para o seu adversário privado.

[19] O art. 91 do NCPC prevê que as despesas dos atos processuais praticados a requerimento da Fazenda Pública serão pagas ao final do processo, pelo vencido. O §1º do art. 91 do

Ademais, o Superior Tribunal de Justiça julgou, em 2022, em sede de recurso especial repetitivo, a questão da fixação de honorários por equidade em causas de grande valor envolvendo a Fazenda Pública e decidiu que não é possível esta interpretação, à luz do disposto no art. 85, §8º do CPC, que só prevê a fixação por equidade quando o proveito econômico obtido pelo vencedor for inestimável ou irrisório, ou o valor da causa for muito baixo (Tema 1.076). Trata-se de confirmação da opção do legislador de tornar onerosa a litigância, o que representa um desincentivo para demandas com baixa probabilidade de êxito.

Some-se a isso que as condenações judiciais da Fazenda Pública são pagas pela via dos precatórios. Embora o precatório represente um alívio imediato ao orçamento, na verdade gera um enorme prejuízo, pois quando for finalmente pago será ao seu valor nominal acrescentados correção monetária e juros de mora, nos termos da jurisprudência consolidada,[20] sendo, a partir de dezembro de 2021, corrigido pela taxa SELIC (EC nº 113/2021).[21] Neste sentido, o Estado de São Paulo e o Município de São Paulo, por exemplo, demoraram quase 20 (vinte) anos para quitar os precatórios, o que representa um gasto muito elevado em juros de mora e atualização monetária.

Além disso, para fazer frente ao enorme número de processos, o Poder Público também tem uma considerável despesa com a estrutura da advocacia pública, que vai desde a contratação de advogados públicos, assistentes e estagiários, até a manutenção de escritórios e estruturas administrativas.

NCPC previu a possibilidade de adiantamento de honorários periciais. Frise-se que a Fazenda Pública está dispensada do pagamento de *custas* e *emolumentos judiciais*, que ostentam natureza tributária (taxa). Só não está liberada do dispêndio com as *despesas em sentido estrito*, que se destinam a remunerar terceiras pessoas acionadas pelo aparelho judicial, no desenvolvimento da atividade do Estado-juiz (ex. honorários do perito e o transporte do oficial de justiça e a postagem de comunicações processuais). Porém, ao final, se for vencida, a Fazenda Pública terá que arcar com as custas e emolumentos judiciais, exceto se a União tiver convênio com o Estado onde tramitou a ação para liberá-la de tal despesa, ou se a causa tiver tramitado na Justiça Federal, onde há isenção de custas à União, Estados, Municípios, Territórios, Distrito Federal e respectivas autarquias e fundações (art. 4º, inc. I da Lei nº 9.289/96). Por fim, a União, Estados, DF, Municípios, respectivas autarquias e o Ministério Público são isentos de preparo nos recursos, nos termos do art. 1007, §1º, do NCPC, tendo o NCPC expressamente dispensado também do porte de remessa e retorno (Cf.: CUNHA, Leonardo José Carneiro. *A Fazenda Pública em Juízo*. 13. ed. Rio de Janeiro: Forense, 2016. p. 117-121 e 145).

[20] Temas 96 e 810 da repercussão geral no STF; súmula vinculante 17 do STF; Temas 291 e 292 dos repetitivos no STJ; ADIs nºs 4.425 e 4357.

[21] A taxa SELIC, entre 2022 e 2023, alcançou o patamar de 13,75% ao ano, o que representa elevadíssima taxa de juros, sobretudo considerando que a inflação a partir do 2º semestre de 2022 ficou abaixo de 5% ao ano.

Isso não significa que qualquer método que não seja o processo judicial, por ser menos oneroso, é recomendável aos diferentes tipos de conflitos. Mesmo na conciliação, por exemplo, existe o custo do conciliador, dos advogados (quando houver), de disponibilização de espaço ou, ao menos, de recursos tecnológicos para realização de audiência por videoconferência etc. Logo, para muitos pequenos litígios, nem mesmo o custo da conciliação será compatível com a disputa (ex. pedido de pagamento pelo Poder Público de até R$500,00).

Considerando que as execuções fiscais são a maior causa de congestionamento do Judiciário, várias providências têm sido adotadas para reduzir a litigiosidade e aumentar a efetividade da cobrança da dívida ativa, tais como a utilização do protesto extrajudicial da certidão da dívida ativa (art. 1º, p.ú., da Lei nº 9.492/97, com a redação da Lei nº 12.767/12); e a dispensa de contestar, contra-arrazoar e interpor recursos em casos judiciais considerados perdidos (ex. arts. 19 a 19-E da Lei Federal nº 10.522/02, para a Procuradoria Geral da Fazenda Nacional; art. 57 da Lei nº 17.293/2020, do Estado de São Paulo; e art. 27 da Lei nº 17.324/2020, do Município de São Paulo).

Recentemente, foram criados programas de transação tributária, prevista no art. 171 do Código Tributário Nacional. No âmbito federal, a Lei nº 13.988/2020 dispõe sobre a transação resolutiva de litígio relativo à cobrança de créditos da Fazenda Pública, de natureza tributária ou não tributária.[22] Nesta esteira, o Estado de São Paulo previu, nos arts. 41 e seguintes da Lei nº 17.293/2020, a transação de créditos de natureza tributária ou não tributária.

No Município de São Paulo, foi instituída a Política de Desjudicialização pela Lei nº 17.324/2020, com o objetivo de reduzir a litigiosidade; estimular a solução adequada de controvérsias; promover, sempre que possível, a solução consensual dos conflitos; e aprimorar o gerenciamento do volume de demandas administrativas e judiciais (art. 2º, *caput*).[23] A Lei nº 17.719/2021 previu, em seus artigos 21 a 24, a transação tributária para entidades religiosas e educacionais sem fins

---

[22] São previstas três modalidades de transação: (i) por proposta individual ou por adesão, na cobrança de créditos inscritos na dívida ativa da União, de suas autarquias e fundações públicas, ou na cobrança de créditos que seja competência da Procuradoria-Geral da União; (ii) por adesão, nos demais casos de contencioso judicial ou administrativo tributário; e (iii) por adesão, no contencioso tributário de pequeno valor.

[23] A respeito da Lei do Município de São Paulo, confira: TONIN, Mauricio Morais. Lei nº 17.324/2020 do Município de São Paulo: Institui a Política de Desjudicialização no Âmbito da Administração Pública Municipal Direta e Indireta. *Revista Brasileira de Arbitragem*, v. 66, p. 157-174, 2020.

lucrativos, regulamentada pelo Decreto nº 60.939/2021 e pela Portaria PGM nº 48/2022.

Para concretizar as ações de desjudicialização, a Administração Pública se utiliza de diversos outros métodos de solução de conflitos, que serão analisados a seguir.

5 Negociação, Conciliação e Mediação

Através dos métodos consensuais, as próprias partes envolvidas compõem a solução (autocomposição), sendo que a satisfação das pessoas tende a ser maior com o resultado quando ocorre a conciliação de interesses.

A negociação é mecanismo de solução de conflitos caracterizado pela conversa direta entre os envolvidos, sem haver intervenção de terceiro como auxiliar ou facilitador. É uma das formas mais simples para resolução de controvérsia e apresenta diversos benefícios. Assim, além de ser uma ferramenta fundamental para a realização de negócios, também tem sido mecanismo importante na solução de conflitos oriundos ou não de relações contratuais.

Nem sempre, contudo, as partes conseguem negociar diretamente e chegar a um acordo, seja por falta de oportunidade, seja por impossibilidade de um diálogo organizado e respeitoso entre as pessoas. Para tanto, a conciliação e a mediação são métodos úteis e adequados, pois um terceiro imparcial atua como facilitador da comunicação entre elas e as estimula, através de técnicas específicas, a buscar o consenso.

A Lei Federal nº 13.140/2015 representa um marco muito importante em relação à mediação. A lei considera mediação a atividade técnica exercida por terceiro imparcial sem poder decisório, que, escolhido ou aceito pelas partes, as auxilia e estimula a identificar ou a desenvolver soluções consensuais para a controvérsia.

O que se observa, na prática administrativa em geral, é que poucas controvérsias são resolvidas por autocomposição. Além da costumeira e infundada alegação de óbice jurídico, há uma barreira cultural em favor do contencioso judicial muito difícil de ser superada, não só por parte dos agentes públicos (aí incluídos os procuradores e advogados públicos), mas também dos órgãos de controle, conservadores em relação às inovações.

Na realidade, podem ser objeto de solução consensual os conflitos que envolvam direitos disponíveis ou sobre direitos indisponíveis que admitam transação (art. 3º, caput, da Lei de Mediação). É lícito, portanto, à Administração transacionar mesmo em relação a direitos indisponíveis. A solução do conflito que verse sobre direito indisponível que admita transação não resultará na disposição do direito, já que este é indisponível. A transação, quando admitida, se dará somente em relação às condições do exercício do direito e do cumprimento da obrigação dele advinda. Neste caso, em regra, exige-se oitiva do Ministério Público e a homologação judicial.

Um campo extremamente rico para negociar conflitos é o dos contratos. A Administração possui milhares, quiçá milhões, de contratos. Em todos eles existem direitos e deveres a serem observados pelo ente público e pelo contratado, cuja inobservância pode gerar conflitos que podem ser solucionados por acordo. Até mesmo uma controvérsia sobre a interpretação de cláusulas do contrato pode ser objeto de negociação. A inovação da Nova Lei de Licitações vem ao encontro dessa realidade, havendo um enorme potencial de aumento de conciliações nestes casos em detrimento da simples delegação dessa função ao Estado-juiz por heterocomposição.

As partes podem negociar diretamente visando um acordo para resolver a controvérsia existente. Nas relações contratuais, o acordo pode ser formalizado como um aditamento ao contrato, se for necessário, ou simplesmente através de uma ata de reunião na qual as partes estabelecem o que foi convencionado.

Não sendo possível a solução pela negociação, pode-se buscar a solução – ainda consensual – com o auxílio de um terceiro facilitador. O CPC prevê no art. 165, §2º, que o conciliador atuará preferencialmente nos casos em que não houver vínculo anterior entre as partes e que poderá sugerir soluções para o litígio, sendo vedada a utilização de qualquer tipo de constrangimento ou intimidação para que as partes conciliem. Por este motivo, a conciliação é muito mais comum com a Administração Pública do que a mediação.[24]

Muitos conflitos podem ser resolvidos por conciliação com o Poder Público, como, por exemplo, (i) conflitos relativos à interpretação e execução de contratos administrativos (pagamento, forma de prestação do serviço, prazos, reajuste, reequilíbrio econômico-financeiro, sanções);[25] (ii) indenização por responsabilidade civil (dano a veículo

---

[24] Normalmente, as partes não se conhecem e nem voltarão a se relacionar após a negociação visando o acordo. De um lado, há um administrado e, de outro, um representante do Poder Público, que pode ser o administrador ou um advogado público com poderes para fazer acordo. A sessão de conciliação ficará restrita à discussão do conflito, sem que a relação entre os negociadores seja um elemento relevante que demande as técnicas da mediação.

[25] Embora exista a relação contratual, não existe uma relação entre as pessoas que representam as partes.

ocasionado por buraco na via, queda de árvore em veículo ou imóvel, erro médico, assédio dentro de escolas e prédios públicos); (iii) anulação de multa de trânsito (veículo clonado, erro na anotação da placa) e indicação do condutor do veículo; (iv) pagamentos e demais benefícios a servidores públicos.

Por outro lado, o Código de Processo Civil, em relação ao mediador, prevê, em seu art. 165, §3º, que este atuará preferencialmente nos casos em que houver vínculo anterior entre as partes, o qual auxiliará aos interessados a compreender as questões e os interesses em conflito, de modo que eles possam, pelo restabelecimento da comunicação, identificar, por si próprios, soluções consensuais que gerem benefícios mútuos. Por este motivo, não será muito comum a participação da Administração Pública em processos de mediação.[26]

Alguns assuntos podem ser elencados como suscetíveis de serem resolvidos por mediação com a Administração Pública, por envolverem temas sensíveis e complexos, tais como (i) conflitos relativos à implementação de políticas públicas, especialmente com o Ministério Público no bojo de uma ação civil pública (obrigações, metas, prazos, qualidade do serviço público prestado); (ii) reintegração de posse de áreas públicas ocupadas por famílias sem moradia (prazos, contrapartidas); (iii) negociação com entidades de classe de servidores públicos a respeito de política salarial e outros direitos dos representados.[27]

A conciliação ou a mediação pode ser judicial ou extrajudicial. No primeiro caso, pode ocorrer por iniciativa das próprias partes, por iniciativa do juiz ou em audiência de tentativa de conciliação ou de mediação no Centro Judiciário de Solução de Conflitos e Cidadania – CEJUSC, com a participação de conciliador ou mediador credenciado no Tribunal correspondente.[28] Já a conciliação ou mediação extrajudicial ocorre no âmbito das câmaras administrativas de solução de conflitos – como a Câmara de Prevenção e Resolução Administrativa de Conflitos,

---

[26] Na realidade, não se vislumbra toda essa importância em distinguir conciliação de mediação, como o CPC fez. Outros países como Estados Unidos e Argentina denominam apenas de mediação, sem dividir em dois métodos. Na prática, o que importa é que um terceiro imparcial capacitado irá auxiliar as partes envolvidas num conflito a dialogar, podendo utilizar diferentes técnicas para tanto.

[27] A respeito da participação da Administração Pública como parte e como mediadora de conflitos, ver: TONIN, Mauricio Morais. Mediação e administração pública: a participação Estatal como parte e como mediador de conflitos. *In*: NASCIMBENI, Asdrubal Franco; BERTASI, Maria Odete Duque; RANZOLIN, Ricardo Borges (Org.). *Temas de Mediação e Arbitragem III*. 3. ed. São Paulo: Lex Editora S.A., 2019. v. 3, p. 171-204.

[28] O Supremo Tribunal Federal, pela Resolução nº 697/2020, criou a sua própria Câmara de Conciliação (Centro de Mediação e Conciliação – CMC), responsável pela busca e implementação de soluções consensuais nos processos em andamento na Corte.

prevista no art. 32 da Lei de Mediação, onde houver – ou nas câmaras privadas de mediação.

Cite-se a Câmara de Conciliação da Administração Federal - CCAF, pertencente à Advocacia Geral da União. A CCAF é órgão da Consultoria-Geral da União e foi criada pelo Ato Regimental nº 05/2007. O objetivo principal da CCAF é evitar e solucionar litígios entre órgãos e entidades da Administração Pública Federal e destes com a Administração Pública Estadual, do Distrito Federal e Municipal, mas também atua em casos envolvendo outros entes públicos, como o Ministério Público, e particulares.[29]

6 *Dispute Board*

O Comitê de Prevenção e Solução de Disputas, internacionalmente conhecido como *Dispute Board* (DB), é mais um método de solução de conflitos colocado à disposição das partes contratantes, sobretudo em prestação de serviços de engenharia envolvendo grandes obras. Frise-se que o maior contratante de grandes obras é o Poder Público.

O *Dispute Board* é um comitê independente, constituído no início do contrato, que acompanha a execução do serviço em reuniões periódicas com as partes, dirimindo conflitos quando necessário. Composto normalmente por três especialistas imparciais, os membros do Comitê são profissionais experientes e de confiança das partes.

A grande vantagem do DB é que ele auxilia as partes a manterem o cronograma e o orçamento inicial da obra, ou seja, é uma importante ferramenta de gestão contratual. Ademais, o comitê realiza um trabalho pacificador, ao auxiliar as partes a compreender as dificuldades da execução contratual e promovendo um constante diálogo. Isso reduz significativamente os conflitos que demandam efetivamente uma decisão heterocompositiva do próprio *Board*. Consequentemente, ganha-se tempo e reduz-se custos.

É importante ressaltar que a decisão do *Board* não possui caráter jurisdicional, como ocorre com a sentença arbitral, regulamentada pela

[29] Os casos eventualmente não resolvidos de forma consensual na CCAF podem ser solucionados por meio de arbitramento, quando há emissão de parecer pela Consultoria-Geral da União, também submetido ao Advogado-Geral da União. Após aprovação deste, o parecer pode ser aprovado pelo Presidente da República e vinculará toda a Administração Federal. Trata-se de ato administrativo, vale dizer, este arbitramento não tem a natureza jurídica da arbitragem, regulada pela Lei nº 9.307/96. Até por isso, os conflitos envolvendo Estados, Distrito Federal ou Municípios não podem ser solucionados pelo arbitramento, em virtude do princípio da autonomia dos entes federativos, que proíbe a ingerência impositiva de um ente político sobre outro.

Lei nº 9.307/96. No máximo, a decisão do DB é vinculante contratualmente entre as partes, na modalidade *Dispute Adjudication Board* (DAB), hipótese em que, caso descumprida, poderá ensejar aplicação de multa se houver previsão contratual neste sentido.

Assim, o próprio contrato dispõe sobre a eventual vinculação das partes às soluções do comitê, que poderão ser meras recomendações ou mesmo decisões vinculantes, que somente poderão ser revistas pela via jurisdicional – processo judicial ou arbitragem.

Por este motivo, definir a natureza jurídica do *Dispute Board* não é tarefa simples. A definição vai depender da previsão contratual e da atuação do comitê no caso concreto: será autocompositivo quando as partes chegarem a um acordo com o auxílio do Comitê, isto é, o *Board* atua de forma a auxiliar as partes a chegarem ao consenso; será heterocompositivo quando o Comitê tiver que decidir com caráter vinculante, nas hipóteses em que as partes não conseguirem chegar a um acordo; será apenas uma recomendação quando o *Board* tiver que decidir, mas a decisão não for vinculante (neste caso, a decisão não põe fim ao conflito).

O DB é um procedimento muito conhecido no contexto dos contratos internacionais de construção e engenharia e que foi incorporado nos modelos contratuais do Banco Mundial e da FIDIC (*International Federation of Consulting Engineers*), os quais são amplamente respeitados e observados ao redor do mundo e costumam servir como base para os mais relevantes projetos de infraestrutura.[30]

Os *Dispute Boards* começaram a ser utilizados recentemente no Brasil. Já há casos em contratos de construção de infraestrutura envolvendo entes da Administração Pública direta e indireta, como o Metrô de São Paulo. As principais razões para a demora da inserção desse método são a falta de conhecimento do DB, os custos, a resistência na aceitação da decisão do *Board*, bem como a ausência de regulamentação legal.

Neste sentido, o Município de São Paulo foi pioneiro na regulamentação do *Dispute Board* para contratos com o Poder Público. A Lei Municipal de São Paulo nº 16.873/2018 reconheceu e regulamentou a instalação de Comitês de Prevenção e Solução de Disputas em contratos administrativos continuados celebrados pela Prefeitura de São Paulo.[31]

---

[30] RAVAGNANI, Giovani dos Santos; NAKAMURA, Bruna Laís Sousa Tourinho; LONGA, Daniel Pinheiro. A utilização de Dispute Boards como método adequado para a resolução de conflitos no Brasil. *Revista de Processo*, v. 300, p. 343-362, fev. 2020. p. 4.

[31] A Lei de São Paulo previu o *Dispute Board* para dirimir conflitos relativos a direitos patrimoniais disponíveis em contratos públicos, devendo estar previsto no edital de licitação e

De outra parte, tramita na Câmara dos Deputados o Projeto de Lei nº 2421/2021, já aprovado no Senado Federal (PLS nº 206/2018) que regulamenta o uso do *Dispute Board*. O texto é semelhante à lei paulistana e está em debate avançado no Parlamento.

A despeito da ausência de lei federal específica, o art. 151 da Nova Lei de Licitações e Contratos Administrativos prevê expressamente o Comitê de Resolução de Disputas, o qual pode ser incorporado aos novos editais de licitação e aos contratos já em vigor, posto que o art. 153 prevê que *os contratos poderão ser aditados para permitir a adoção dos meios alternativos de resolução de controvérsia*.

Assim como tem ocorrido com as câmaras de arbitragem, a tendência que deve prevalecer para o DB é o cadastramento de câmaras institucionais pelo Poder Público para serem indicadas pelas partes para a instalação e o processamento do DB, seja ele permanente ou para tratar de controvérsias específicas.[32] Várias câmaras já possuem regulamento próprio de DB, como o CAM-CCBC, o CBMA, o CAM-CIESP/FIESP, a CAMARB e a CCI.

É comum que contratos que prevejam o DB também prevejam a arbitragem como a etapa seguinte de solução de conflitos, no escalonamento contratual. Neste caso, eventual arbitragem contará com outros profissionais que atuarão na condição de árbitros, podendo ser produzidas novas provas no curso do procedimento arbitral. A sentença arbitral prevalecerá em relação à decisão do DB, mesmo que seja para confirmá-la.

A doutrina especializada indica que as chances de modificação da decisão do DB em arbitragem são mínimas, dada a profundidade da análise e a especificidade dos julgadores do comitê.

---

no contrato. O DB poderá ter natureza revisora, adjudicativa ou híbrida, a depender dos poderes que lhe forem outorgados pelo contrato de obra celebrado. Ao Comitê por Revisão é conferido o poder de emitir recomendações não vinculantes às partes em litígio. Ao Comitê por Adjudicação é conferido o poder de emitir decisões contratualmente vinculantes às partes em litígio. Ao Comitê Híbrido poderá tanto recomendar quanto decidir sobre os conflitos, cabendo à parte requerente estabelecer a sua competência revisora ou adjudicativa (art. 2º, *caput*). A lei paulistana prevê que o comitê será composto de três pessoas, sendo preferencialmente dois engenheiros e um advogado. Os membros devem observar a imparcialidade aplicável aos juízes e fazer as revelações exigidas dos árbitros. A lei permite que seja indicada uma instituição especializada para instituir e processar o DB. Também é previsto que o custo será repartido entre os contratantes, cabendo ao contratado pagar à instituição e/ou aos membros, e ao Poder Público Municipal reembolsá-lo da metade, após aprovação das medições previstas no contrato.

[32] O Município de São Paulo abriu cadastro de Câmaras de *Dispute Board* pela Portaria nº 79/2022-PGM, já tendo, até agosto de 2023, duas câmaras cadastradas (CAM CIESP | FIESP e CAM-CCBC).

Por todos esses motivos, é possível esperar um futuro promissor para o *Dispute Board* em contratos com o Poder Público no Brasil, como uma boa ferramenta de gestão contratual no setor de infraestrutura e obras.

7 Arbitragem

Arbitragem é meio de solução de controvérsias através da intervenção de uma ou mais pessoas (árbitros) que recebem seus poderes de uma convenção privada, decidindo com base nela, sem intervenção estatal, sendo a decisão destinada a assumir a mesma eficácia da sentença judicial. É colocada à disposição de pessoas capazes para solução de conflitos relativos a direitos patrimoniais acerca dos quais os litigantes possam dispor.[33]

A arbitragem garante ao setor público e a seus parceiros privados maior segurança jurídica, bem como a tecnicidade das decisões e a celeridade exigida pelos mercados regulados. Isso porque os processos judiciais demoram muito tempo para ser finalmente julgados no Judiciário, sem que haja uma garantia da qualidade da análise que será realizada pela Justiça.

Na arbitragem, os árbitros escolhidos pelas partes são especialistas na matéria em litígio e possuem mais tempo para se dedicar ao caso do que os juízes, submetidos a um volume muito grande de trabalho, obrigando-os muitas vezes a decidir sem a possibilidade de análise detida e aprofundada dos processos.

Desde o início do século XX, juristas como Mendes Pimentel e Rui Barbosa sustentaram a possibilidade de a Administração Pública firmar cláusula compromissória. A eleição da arbitragem nos contratos administrativos acompanha as concessões de obras e serviços públicos desde a sua origem nos idos de 1850.[34]

---

[33] CARMONA, Carlos Alberto. *Arbitragem e processo*: um comentário à Lei nº 9.307/96. 3. ed. rev. atual. e ampl. São Paulo: Atlas, 2009. p. 31.

[34] LEMES, Selma Ferreira. *Arbitragem na Administração Pública*. São Paulo: Quartier Latin, 2007. p. 63-70.

Nesta esteira, o Superior Tribunal de Justiça – STJ por diversas vezes firmou entendimento pela admissibilidade da arbitragem com a Administração Pública.[35]

Apesar de existir previsão legal há décadas, foi a partir da alteração na Lei de Arbitragem – LA (Lei Federal nº 9.307/96), promovida pela Lei nº 13.129/2015, que o número de arbitragens com a Administração Pública realmente aumentou. Nesta ocasião, o legislador entendeu por bem incluir os §§1º e 2º ao artigo 1º da LA,[36] tornando explícito aquilo que já era implícito. A Lei ainda previu que a arbitragem que envolva a administração pública será sempre de direito e respeitará o princípio da publicidade (art. 2º, §3º, LA).

A partir daí, houve uma expansão da previsão de cláusulas compromissórias em contratos de grandes obras públicas, concessões e permissões da prestação de serviços públicos e parcerias público-privadas – também impulsionada pelo crescimento do número de licitações e de investimentos no setor de infraestrutura no País –, cujos conflitos normalmente complexos e de grande repercussão econômica são adequados à solução pela arbitragem.

Bancos internacionais financiadores condicionam seus empréstimos à previsão de que os litígios decorrentes dos contratos serão resolvidos por arbitragem. Ao mesmo tempo, investidores nacionais e estrangeiros pressionam pela previsão de arbitragem, sendo este o principal motivo de sua inserção na modelagem contratual. Como consequência disso, o número de arbitragens envolvendo a Administração Pública tem crescido cada vez mais.

---

[35] No julgamento do Recurso Especial nº 606.345-RS (Rel. Min. João Otavio de Noronha, 2ª Turma, v.u., *DJ* 17.05.2007) e dos Embargos de Declaração no REsp nº 612.439-RS (caso AES Uruguaiana x CEEE – Rel. Min. João Otavio de Noronha, 2ª Turma, v.u., *DJ* 17.05.2007), do REsp nº 904.813-PR (caso Compagás – Rel. Min. Nancy Andrighi, 3ª Turma, v.u., *DJ* 20.10.2011), bem como do Agravo Regimental no Mandado de Segurança nº 11.308-DF (caso TMC – Rel. Min. Luiz Fux, 1ª Seção, v.u., *DJ* 09.04.2008), o tribunal examinou de modo aprofundado os principais aspectos da polêmica envolvendo o tema e reafirmou a posição a favor da autonomia contratual da Administração e a possibilidade de utilização da arbitragem. Mais recentemente, no julgamento do Conflito de Competência nº 139.519-RJ, o STJ enfrentou uma série de questões jurídicas envolvendo a arbitragem com a Administração Pública, sendo uma delas a análise dos direitos patrimoniais disponíveis envolvidos no litígio (Rel. p/ acórdão Min. Regina Helena Costa, 1ª seção, por maioria, *DJ* 11.10.2017).

[36] Art. 1º. As pessoas capazes de contratar poderão valer-se da arbitragem para dirimir litígios relativos a direitos patrimoniais disponíveis.
§1º A administração pública direta e indireta poderá utilizar-se da arbitragem para dirimir conflitos relativos a direitos patrimoniais disponíveis.
§2º A autoridade ou o órgão competente da administração pública direta para a celebração de convenção de arbitragem é a mesma para a realização de acordos ou transações.

Com o surgimento das disputas e a atuação com arbitragem na prática, diversas questões demandaram regulamentação no âmbito administrativo.[37] Em geral, andaram bem os entes que editaram os regulamentos, podendo-se afirmar que houve muito mais acertos do que erros, gerando maior segurança jurídica aos *players* da arbitragem, nacionais e internacionais.[38]

A esse respeito, segundo pesquisa realizada por Selma Ferreira Lemes sobre arbitragem em números e valores em oito câmaras,[39] em 2019 foram 289 novas arbitragens, em 2020 foram 333 novas arbitragens e, em 2021, foram 322 novas arbitragens, sendo 967 arbitragens em andamento em 2019, 996 arbitragens em andamento em 2020 e 1.047 arbitragens em andamento em 2021, no total. Em 2020, houve a participação da Administração Pública Direita e Indireta em 29 novos procedimentos arbitrais (8,7%) e, em 2021, em 28 novos procedimentos (8,4%).[40] Este patamar indica que quase 10% de todas as novas arbitragens das principais câmaras envolvem a Administração Pública.

Considerando que só podem ser objeto de arbitragem os conflitos envolvendo direitos patrimoniais disponíveis, há bastante discussão doutrinária e jurisprudencial sobre o alcance dessa previsão em relação à Administração Pública.[41] Alguns regulamentos dispuseram a esse respeito, sendo comum que as cláusulas compromissórias mais modernas sejam específicas sobre as matérias que podem ser levadas para a arbitragem e aquelas que estão excluídas.

O art. 151, parágrafo único, da Lei nº 14.133/2021 trouxe luz a esta questão ao prever um rol exemplificativo das controvérsias relacionadas a direitos patrimoniais disponíveis que poderão ser objeto

[37] Citem-se: Lei Estadual de Minas Gerais nº 19.477, de 12.01.2011; Lei Estadual de Pernambuco nº 15.627, de 28.10.15; o Decreto Estadual do Rio de Janeiro nº 46.425, de 20.02.2018; o Decreto Estadual de São Paulo nº 64.356, de 31.07.2019; o Decreto Estadual do Rio Grande do Sul nº 55.996/2021; e o Decreto Federal nº 10.025, de 23.09.19 (dispõe sobre a arbitragem para dirimir litígios que envolvam a administração pública federal nos setores portuário e de transporte rodoviário, ferroviário, aquaviário e aeroportuário).

[38] A respeito dos regulamentos, confira: TONIN, Mauricio Morais. A regulamentação da utilização da arbitragem pela Administração Pública no Brasil: questões polêmicas. *In*: TONIN, Mauricio Morais; BEYRODT, Christiana; NASCIMBENI, Asdrubal Franco; MOREIRA, António Júdice (Coord.). *Mediação e arbitragem na administração pública*: Brasil e Portugal. São Paulo: Almedina, 2020. p. 215-235.

[39] AMCHAM, CAM-CCBC, CAM-CIESP/FIESP, CAM-MERCADO (BOVESPA), CCI, CAM-FGV, CBMA e CAMARB.

[40] LEMES, Selma Ferreira. *Arbitragem em números – Pesquisa 2020/2021 realizada em 2022*. Disponível em: http://selmalemes.adv.br/artigos/pesquisaarbitragem_2020_2021.pdf. Acesso em 31 ago. 2023.

[41] A esse respeito, confira: TONIN, Mauricio Morais. *Arbitragem, mediação e outros métodos de solução de conflitos envolvendo o Poder Público*. São Paulo: Almedina, 2019.

dos meios alternativos de prevenção e resolução de controvérsias, como as questões relacionadas ao restabelecimento do equilíbrio econômico-financeiro do contrato, ao inadimplemento de obrigações contratuais por quaisquer das partes e ao cálculo de indenizações.[42] [43]

Nada impede que contratos que não contenham cláusula compromissória sejam aditados com a finalidade de inclusão de cláusula neste sentido. A Nova Lei de Licitações admite expressamente essa hipótese no art. 153. Da mesma forma, nada impede que, diante de um conflito concreto já existente – seja oriundo de uma relação contratual ou não –, as partes celebrem compromisso arbitral.

Atualmente, está sedimentado que não se aplica processo licitatório para contratação de câmaras ou indicação de árbitros, nem se trata de hipótese de dispensa ou inexigibilidade de licitação. As câmaras constam de cadastros das unidades de Advocacia Pública – como ocorre na Advocacia Geral da União, na Procuradoria Geral do Estado de São Paulo e na Procuradoria Geral do Município de São Paulo –, devendo ser atendidos requisitos mínimos para cadastramento. Já os árbitros e árbitras são indicados seguindo critérios técnicos, de acordo com a especificidade do conflito e a especialidade do(a) árbitro(a), considerando currículo acadêmico e experiência profissional. O art. 154 da Lei nº 14.133/2021 trouxe previsão para auxiliar no processo escolha (critérios técnicos, isonômicos e transparentes).

---

42 No mesmo sentido, o art. 2º, parágrafo único, do Decreto nº 10.025/2019 prevê em rol exemplificativo três controvérsias sobre direitos patrimoniais disponíveis, quais sejam: (i) as questões relacionadas à recomposição do equilíbrio econômico-financeiro dos contratos; (ii) o cálculo de indenizações decorrentes de extinção ou de transferência do contrato de parceria; e (iii) o inadimplemento de obrigações contratuais por quaisquer das partes, incluídas a incidência das suas penalidades e o seu cálculo. Tal previsão é muito semelhante à do art. 31, §4º, da Lei Federal nº 13.448/2017 (Lei de Relicitação), que dispõe acerca das regras para prorrogação e Relicitação dos contratos de parcerias firmados nos termos do Programa de Parcerias de Investimentos (PPI) nos setores rodoviário, ferroviário e aeroportuário.

43 Para Mauricio Portugal Ribeiro, há dois limites para a utilização da arbitragem nos contratos de concessão. O primeiro seria a supremacia da Administração Púbica em relação às questões regulatórias e relativas ao poder de polícia. Como titular – e responsável, em última análise, pela prestação do serviço – cabe à Administração determinar as características do serviço, seus níveis de qualidade e de segurança. Cabe-lhe também zelar pela manutenção de condições de continuidade. Descaberia, por isso, segundo o autor, a utilização da arbitragem em controvérsias sobre as assim chamadas "cláusulas regulamentares" do contrato. A utilização da arbitragem não deve resultar em restrição ou limitação do poder da Administração de adequar os contratos administrativos ao cumprimento do interesse público envolvido (RIBEIRO, Mauricio Portugal. *Concessões e PPPs*: melhores práticas em licitações e contratos. São Paulo: Atlas, 2011. Disponível em: http://www.portugalribeiro.com.br/ebooks/concessoes-e-ppps/. Acesso em 20 jan. 2021).

8 *Online Dispute Resolution* (ODR)

Os métodos de resolução de disputas online, ou em inglês, *Online Dispute Resolution* (ODR), não se resumem aos métodos alternativos (ADR – *Alternative Dispute Resolution*) auxiliados ou ampliados por meio do uso da tecnologia da informação e da comunicação (*information and communications technology* – ICT). Os ODRs impactam significativamente na forma de prevenir e solucionar conflitos.[44]

A esse respeito, confira-se a lição de Ricardo Dalmaso Marques:

> Na realidade, todavia, os métodos de ODRs podem até ter começado como métodos de ADR executados ou administrados on-line, mas o fato é que a tecnologia forneceu aos sujeitos envolvidos 'novos poderes', pois possibilitou a criação de novos ambientes, inexistentes no mundo físico, a partir do uso dos crescentes tipos de comunicação on-line que foram se fazendo disponíveis (inclusive para esfera judicial, conforme o caso). Mais que isso, o controle do ambiente de comunicações em que as partes interagem não foi o único – e tampouco o principal – benefício trazido pela tecnologia para aprimorar o processo de resolução de disputas. Foi no conceito da tecnologia como 'quarta parte' (já que o conciliador, mediador, árbitro, ou assessor das partes, quando existentes, seriam a 'terceira') que se notou os maiores ganhos: no papel da tecnologia de gestão do procedimento e de estabelecimento da agenda, efetivamente guiando os litigantes a uma solução consensual, quando possível. A escolha dos meios de comunicação de forma estratégica, dessa feita, trouxe a possibilidade de se desenhar novos ambientes (e aqui vem a relação com o DSD novamente) que melhor se adaptem às circunstâncias do conflito e melhor auxiliem a dinâmica entre as partes com vistas, principalmente, a uma composição, algo que surgiu primordialmente do e-commerce.[45]

---

[44] O exemplo mais clássico – e que para muitos deu origem à própria noção de ODR – é o sistema interno da plataforma eBay, estruturado pelo SquareTrade, em 2004, e que hoje reporta mais de 60 milhões de disputas resolvidas por ano. No âmbito do comércio eletrônico, o eBay foi a primeira companhia a precisar desenvolver uma solução para disputas que, pelo mercado em que está inserido, ocorrem em grande volume, de valores relativamente baixos e de forma crossborder. Assim, a revolucionária plataforma foi pioneira ao trazer ao mundo on-line ambientes e técnicas de negociação e utilizar a grande quantidade de dados a que tem acesso (big data) para aperfeiçoar as habilidades da ferramenta de levar compradores e vendedores a acordos – sempre estimulando uma postura cooperativa por meio de elementos como "baixos custos de transação, combate à assimetria de informação, rapidez, e incentivo por reputação" (Cf.: MARQUES, Ricardo Dalmaso. A resolução de disputas online (ODR): do comércio eletrônico ao seu efeito transformador sobre o conceito e a prática do acesso à justiça. *Revista de Direito e as Novas Tecnologias*, v. 5, out./dez. 2019. p. 11).

[45] MARQUES, Ricardo Dalmaso. A resolução de disputas online (ODR): do comércio eletrônico ao seu efeito transformador sobre o conceito e a prática do acesso à justiça. *Revista de Direito e as Novas Tecnologias*, v. 5, out./dez. 2019. p. 3-4.

Ainda segundo o autor, os mecanismos de ODR devem ser vistos como "uma porta a mais", e não apenas um caminho diferente a uma porta – extrajudicial ou judicial – que já é utilizada. A tecnologia seria não só capaz de melhorar procedimentos já existentes, mas também de alterar substancialmente a forma como funciona o sistema.[46]

Num contexto em que a tecnologia permeia cada vez mais as atividades humanas, em especial os hábitos de compra e venda e outras relações desenvolvidas no ambiente on-line, já era tempo de se facilitar, também por meio de tecnologia, a prevenção e a resolução de disputas, algo que já tem sido implementado por organizações internacionais, entidades de proteção e defesa do consumidor e entes governamentais e empresariais nos Estados Unidos, na Europa e também no Brasil, todos com o objetivo de ampliar o acesso à justiça em setores em que historicamente se observou como de ingresso limitado.[47] [48]

---

46 MARQUES, Ricardo Dalmaso. A resolução de disputas online (ODR): do comércio eletrônico ao seu efeito transformador sobre o conceito e a prática do acesso à justiça. *Revista de Direito e as Novas Tecnologias*, v. 5, out./dez. 2019. p. 7. De acordo com Marques, audiências e reuniões on-line, por exemplo, são úteis, mas não são o melhor que a tecnologia pode hoje fazer para conduzir as partes a uma composição ou facilitar a compreensão sobre o procedimento adotado ou os direitos processuais e materiais envolvidos.

47 MARQUES, Ricardo Dalmaso. A resolução de disputas online (ODR): do comércio eletrônico ao seu efeito transformador sobre o conceito e a prática do acesso à justiça. *Revista de Direito e as Novas Tecnologias*, v. 5, out./dez. 2019. p. 5. Ricardo Delmaso Marques, a esse respeito, sustenta: "Como já se pode observar, em qualquer cenário, a utilidade – ou mesmo a necessidade – do ODR surge de certas circunstâncias que envolvem um conflito a ser prevenido ou resolvido, como a limitação de recursos financeiros, a distância geográfica (que em si já traz dificuldades na definição da lei e do foro aplicáveis, por exemplo), ou mesmo quando a agilidade é um dos maiores objetivos dos seus usuários. Por isso, o ODR nasceu no âmbito do comércio eletrônico, que, com o advento da internet, tornou-se o mercado com maior crescimento mundial, expandindo sobremaneira o potencial de transações comerciais nas últimas décadas. O ODR foi criado para tentar ultrapassar uma das maiores barreiras existentes para um maior desenvolvimento desse mercado: a prevenção e a resolução de disputas em grande volume, cuja falha em muitas instâncias poderia levar à falta de confiança de consumidores no e-commerce. Não é incompreensível: usuários de serviços on-line – ou seja, que contratam com agilidade – buscam resolver suas demandas também com a mesma eficiência, e nenhuma confiança há em um sistema que possibilita uma transação em segundos, mas a resolução de uma disputa em anos ou décadas. Nesse ponto, resolver conflitos – mormente demandas de consumidores – de forma eficiente significa contribuir para o crescimento, a lucratividade e a confiança de um mercado".

48 No Mercado Livre, empresa líder do comércio eletrônico na América Latina, tem-se reportado a resolução de cerca de 8 milhões de disputas por ano, também mediante ferramentas e canais de ODR que oferecem soluções faseadas assemelhadas a métodos de diagnóstico, negociação, mediação e arbitragem on-line. De acordo com o Mercado Livre, 80% das reclamações registradas em sua plataforma são resolvidas amigavelmente. São mecanismos em que a comunicação pelos meios fornecidos de forma assistida (em fluxos semiautomatizados) e o impacto na reputação a partir dos serviços prestados se mostram eficazes para prevenir e solucionar disputas. É nesse cenário que as empresas de comércio de eletrônico utilizam o ODR para "automatizar a triagem dos casos, solicitar das partes seguradas apenas as informações necessárias para a tomada da decisão e arbitrar indenizações e possíveis descontos" (MARQUES, Ricardo Dalmaso. A resolução de disputas online (ODR): do comércio eletrônico ao seu efeito transformador sobre o conceito e a prática do acesso à justiça. *Revista de Direito e as Novas Tecnologias*, v. 5, out./dez. 2019. p. 12).

Algumas impressões equivocadas sobre o ODR têm ainda sido as de que (i) somente seria útil para demandas de baixo valor ou baixa complexidade, (ii) serviria apenas para conflitos de origem ou natureza on-line, ou (iii) exigiria tecnologias de automação completa do procedimento. Diferente disso, o ODR pode ser – e tem sido também usado – para solucionar casos maiores e mesmo do mundo off-line, e pode muito bem fazer uso de elementos humanos, em uma automação apenas parcial.[49]

Evidentemente, o ODR não é a solução para todos os problemas, pois há controvérsias que merecem maior aprofundamento e análise pelo Estado-juiz, através do processo. Ademais, nem todo uso da tecnologia será útil e necessário para evitar a judicialização. Contudo, ignorar os ODRs como mecanismos importantes para a prevenção e solução de conflitos é um erro grave.

Sendo a Administração Pública a maior litigante da Justiça, é evidente que ela deve priorizar a idealização e a construção de mecanismos de ODR para os casos adequados.

Nessa esteira, a Prefeitura do Município de São Paulo oferece diversos serviços pelo Portal de Atendimento SP 156. É possível solicitar desde limpeza de córregos, manejo de árvore em área pública, limpeza de bueiros e tapa buracos, até reclamações de poluição sonora (PSIU), de descarte irregular de entulho ou sobre coleta de lixo domiciliar. O portal permite também quitar impostos ou tirar dúvidas diretamente com a Fazenda Municipal sobre o IPTU e o ISS.[50] [51] Frise-se, ainda, que o próprio portal possui um ícone da Ouvidoria Geral do Município, no qual é possível fazer uma reclamação, um elogio, uma sugestão, uma solicitação, um pedido de acesso à informação ou uma denúncia.

Tal mecanismo, além de ser uma grande porta de entrada de solicitações e reclamações dos munícipes, também impacta significativamente nas soluções de demandas, evitando o ajuizamento de muitas

---

[49] MARQUES, Ricardo Dalmaso. A resolução de disputas online (ODR): do comércio eletrônico ao seu efeito transformador sobre o conceito e a prática do acesso à justiça. *Revista de Direito e as Novas Tecnologias*, v. 5, out./dez. 2019. p. 8.

[50] O interessado pode se cadastrar e criar um login ou fazer a solicitação de forma anônima. Além de todos os serviços on-line (https://sp156.prefeitura.sp.gov.br/portal), é possível também baixar o aplicativo 156 para smartphones (disponível no Google Play e App Store), ligar para um telefone 0800 ou procurar atendimento presencial nas Subprefeituras ou no Descomplica (posto de atendimento no formato Poupatempo).

[51] Sobre a cobrança dos débitos inscritos na dívida ativa, a Procuradoria Geral do Município lançou uma nova página na internet (https://dividaativa.prefeitura.sp.gov.br/), em 2020, muito mais fácil de navegar e com vários serviços como consulta, parcelamento e pagamento das dívidas, que alcançou em 2023 mais de 10 milhões de acessos.

questões simples e de custo baixo, que não justificam a movimentação da máquina judiciária. É claro que ainda é possível aprimorar muito, conferir mais agilidade nas respostas e aumentar o leque de serviços e reclamações disponíveis online para que esse mecanismo seja realmente útil e efetivo na solução de problemas.

9 Conclusão

A cultura de litigiosidade verificada na sociedade brasileira se reflete na atuação da Administração Pública diante de seus inúmeros conflitos. Esta demasiada judicialização impede a adequada solução das controvérsias, em tempo e custo razoáveis.

A utilização do sistema multiportas de solução de conflitos é uma necessidade para o Poder Público, a partir da análise do método adequado para cada tipo de conflito que se apresenta. A desjudicialização pressupõe a adoção dos métodos consensuais, do *Dispute Board*, da arbitragem e dos métodos de resolução de disputas online (ODR) num sistema que envolva também o processo judicial.

Cabe ao Poder Público – em especial à Advocacia Pública – iniciar suas iniciativas com os diferentes métodos de solução de controvérsias visando aperfeiçoar o sistema de justiça existente, de forma a garantir a proteção dos interesses da Administração Pública, combinado com o compromisso de realização do interesse público, que, por vezes, implica na observância de direitos dos particulares.

Referências

CARMONA, Carlos Alberto. *Arbitragem e processo*: um comentário à Lei nº 9.307/96. 3. ed. rev. atual. e ampl. São Paulo: Atlas, 2009.

CUNHA, Leonardo José Carneiro. *A Fazenda Pública em Juízo*. 13. ed. Rio de Janeiro: Forense, 2016.

DINAMARCO, Cândido Rangel. *Instituições de Direito Processual Civil*: vol. I. 8. ed. São Paulo: Malheiros, 2016.

LEMES, Selma Ferreira. *Arbitragem na Administração Pública*. São Paulo: Quartier Latin, 2007.

LEMES, Selma Ferreira. *Arbitragem em números – Pesquisa 2020/2021 realizada em 2022*. Disponível em: http://selmalemes.adv.br/artigos/pesquisaarbitragem_2020_2021.pdf. Acesso em 31 ago. 2023.

MARQUES, Ricardo Dalmaso. A resolução de disputas online (ODR): do comércio eletrônico ao seu efeito transformador sobre o conceito e a prática do acesso à justiça. *Revista de Direito e as Novas Tecnologias*, v. 5, out./dez. 2019.

MARQUES NETO, Floriano Peixoto de Azevedo. Do contrato administrativo à administração contratual. *Revista de Direito Administrativo e Infraestrutura*, v. 9, p. 341-352, abr./jun. 2019.

MNOOKIN, Robert H.; PEPPET, Scott R.; TULUMELLO, Andrew S. *Mais que vencer*: negociando para criar valor em negócios e disputas. (Trad. Mauro Gama). Rio de Janeiro: BestSeller, 2009.

OLIVEIRA, Gustavo Justino de. A administração consensual como a nova face da administração pública no século XXI: fundamentos dogmáticos, formas de expressão e instrumentos de ação. *In*: OLIVEIRA, Gustavo Justino de. *Direito administrativo democrático*. Belo Horizonte: Fórum, 2010.

RAVAGNANI, Giovani dos Santos; NAKAMURA, Bruna Laís Sousa Tourinho; LONGA, Daniel Pinheiro. A utilização de Dispute Boards como método adequado para a resolução de conflitos no Brasil. *Revista de Processo*, v. 300, p. 343-362, fev. 2020.

RIBEIRO, Mauricio Portugal. *Concessões e PPPs*: melhores práticas em licitações e contratos. São Paulo: Atlas, 2011. Disponível em: http://www.portugalribeiro.com.br/ebooks/concessoes-e-ppps/. Acesso em 20 jan. 2021.

TONIN, Mauricio Morais. *Arbitragem, mediação e outros métodos de solução de conflitos envolvendo o Poder Público*. São Paulo: Almedina, 2019.

TONIN, Mauricio Morais. A regulamentação da utilização da arbitragem pela Administração Pública no Brasil: questões polêmicas. *In*: TONIN, Mauricio Morais; BEYRODT, Christiana; NASCIMBENI, Asdrubal Franco; MOREIRA, António Júdice (Coord.). *Mediação e arbitragem na administração pública*: Brasil e Portugal. São Paulo: Almedina, 2020.

TONIN, Mauricio Morais. Lei nº 17.324/2020 do Município de São Paulo: Institui a Política de Desjudicialização no Âmbito da Administração Pública Municipal Direta e Indireta. *Revista Brasileira de Arbitragem*, v. 66, p. 157-174, 2020.

TONIN, Mauricio Morais. Mediação e administração pública: a participação Estatal como parte e como mediador de conflitos. *In*: NASCIMBENI, Asdrubal Franco; BERTASI, Maria Odete Duque; RANZOLIN, Ricardo Borges (Org.). *Temas de Mediação e Arbitragem III*. 3. ed. São Paulo: Lex Editora S.A., 2019.

TONIN, Mauricio Morais. O desenho de sistema de solução de disputas (DSD) pela Administração Pública: a utilização adequada dos meios de solução de conflitos. *In*: OLIVEIRA FILHO, Gilberto Bernardino; MARCO, Nathalia Leone (Org.). *A boa gestão pública e o novo Direito Administrativo*: dos conflitos às melhores soluções práticas. 1. ed. São Paulo: SGP – Soluções em Gestão Pública, 2021.

URY, William; BRETT, Jeanne; GOLDBERG, Stephen. *Resolução de conflitos – concepção de sistemas para reduzir custos de conflitos*. (Trad. Soares Franco). Lisboa: Actual Editora, 2009.

Informação bibliográfica deste texto, conforme a NBR 6023:2018 da Associação Brasileira de Normas Técnicas (ABNT):

TONIN, Mauricio Morais. Sistema multiportas de solução de conflitos envolvendo a administração pública. *In*: EIDT, Elisa Berton; GOULART, Juliana Ribeiro; SCHNEIDER, Patricia Dornelles; RAMOS, Rafael (coord.). *Consensualidade na Administração Pública*. 2. ed. Belo Horizonte: Fórum, 2024. p. 35-58. ISBN 978-65-5518-800-4.

DESJUDICIALIZAÇÃO E ACESSO À JUSTIÇA ALÉM DOS TRIBUNAIS: PELA CONCEPÇÃO DE UM DEVIDO PROCESSO LEGAL EXTRAJUDICIAL[1]

FLÁVIA PEREIRA HILL

"Fazer da interrupção um caminho novo. Fazer da queda um passo de dança, do medo uma escada, do sono uma ponte, da procura um encontro".
(Fernando Sabino, O Encontro Marcado).

1 Do "acesso ao Judiciário" no século XX ao "acesso à justiça" no século XXI. Justiça Multiportas: realidade ou miragem?

Ao tempo da promulgação da Constituição Federal de 1988, que marcou o período de redemocratização em nosso país, vivenciávamos diversos fatores que obstavam o acesso dos jurisdicionados brasileiros

[1] Versão revista e atualizada do artigo originalmente publicado na *Revista Eletrônica de Direito Processual*, v. 22, n. 1, p. 379-408, jan./abr. 2021.

ao Poder Judiciário,[2] razão pela qual, com propriedade, o constituinte acabou por considerar, naquele contexto histórico, acesso à justiça como sinônimo de acesso *ao Poder Judiciário*. Essa concepção encontra-se gravada na redação do art. 5º, inciso XXXV, da Constituição, ao prever que "a lei não excluirá da apreciação do Poder Judiciário lesão ou ameaça a direito".

No entanto, muito se passou nos mais de trinta anos que nos separam daquele momento histórico, a ponto de, hoje, nos ressentirmos precisamente do que poderíamos classificar como "efeitos colaterais" decorrentes da desejável vitória dos óbices ao acesso ao Poder Judiciário. O Relatório Justiça em Números, publicado em 2020 pelo Conselho Nacional de Justiça, nos revela uma taxa de congestionamento dos tribunais brasileiros da ordem de 68,5%.[3]

De fato, tanto logramos desobstruir o acesso ao Poder Judiciário que, na atualidade, verificamos o seu congestionamento justamente em razão da altíssima demanda.

Esforçamo-nos por cunhar mecanismos que mitiguem o tempo de duração dos processos judiciais, tais como, *ad exemplum tantum*, a improcedência liminar do pedido, o julgamento antecipado parcial do mérito, a estabilização da tutela provisória, os filtros recursais, o incidente de resolução de demandas repetitivas e tantos outros.

No entanto, para além de circunscrever os esforços ao gerenciamento dos processos judiciais, nos encontramos em um momento histórico que nos permite cunhar soluções *extra muros*, ou seja, para além dos limites do Poder Judiciário.

Se, de um lado, não se mostra defensável compactuar com a ideia de contenção do número de demandas – seja com o mágico, ilusório (e indesejável) desaparecimento por completo dos conflitos na sociedade, seja com a igualmente ilusória ideia de os litigantes não mais pretenderem ter os seus conflitos solucionados adequadamente –, pois representaria, em última análise, chancelar uma nefasta litigiosidade contida, incompatível com o Estado Democrático de Direito, de outro lado, somos convidados a construir, concretamente, a noção de Justiça Multiportas.

---

[2] Discorremos sobre o tema com maior vagar em outro trabalho, ao qual ora remetemos o leitor. (HILL, Flávia Pereira. Desjudicialização da execução Civil: reflexões sobre o Projeto de Lei nº 6.204/2019. *Revista Eletrônica de Direito Processual*, v. 21, n. 3, p. 165-206, set./dez. 2020).

[3] CONSELHO NACIONAL DE JUSTIÇA. *Justiça em números 2020*. p. 112. Disponível em: https://www.cnj.jus.br/wp-content/uploads/2020/08/WEB-V3-Justi%C3%A7a-em-N%C3%BAmeros-2020-atualizado-em-25-08-2020.pdf. Acesso em 05 out. 2020.

O termo *multidoor courthouses*, que deu origem, entre nós, à expressão "Justiça Multiportas", foi cunhado pelo Professor Frank Sander, na célebre *Pound Conference*, realizada em 1976 nos Estados Unidos, e pressupõe o remodelamento do papel dos tribunais, deixando de ser apenas o local em que os processos são julgados para se tornar mais amplamente um *dispute resolution center* (centro de resolução de disputas), em que as partes são remetidas para o mecanismo mais adequado para a solução do conflito em que estejam envolvidas.[4] [5]

Desde então, muito se propala, em tese, a adoção, em nosso país, da Justiça Multiportas. No entanto, apenas reverberar o "slogan" infelizmente não possui o condão de concretamente alterar a configuração do nosso sistema de justiça, fortemente centrada no Poder Judiciário até os dias atuais.

Cabe, então, a pergunta: a Justiça Multiportas será, no Brasil, uma realidade ou uma miragem?

Tornar a Justiça Multiportas uma realidade implica construir concreta e laboriosamente novas portas de acesso ao sistema de justiça como um todo, que se coloquem ao lado da porta de acesso ao Poder Judiciário, dentro da concepção de pluralismo decisório ou jurisdição compartilhada, expressões sabiamente cunhadas por Mancuso.[6] Sem esse esforço concreto, nos contentaremos com a Justiça Multiportas enquanto miragem, que muito se anuncia, mas que, ao dela se aproximar, o jurisdicionado descobre ser, na verdade, uma doce ilusão, tão envolvente quanto utópica.

Tornar a Justiça Multiportas uma realidade não consiste em tarefa simples nem tampouco simplória.

Mas o dado promissor é que o legislador pátrio já deu vários passos nesse sentido, a começar pela clara redação do art. 3º do Código de Processo Civil de 2015, ao dispor que "não se excluirá *da apreciação jurisdicional* ameaça ou lesão a direito", abandonando de vez a coincidência entre acesso à justiça e acesso ao Poder Judiciário, que justificadamente marcou a Constituição Federal de 1988, em razão do contexto histórico em que fora promulgada.

---

4 GOLDBERG, Stephen B. *et al. Dispute Resolution*. 4. ed. Nova York: Aspen Publishers, 2003. p. 07.

5 Tivemos a oportunidade de discorrer mais detidamente sobre o tema em outro trabalho, ao qual remetemos o leitor. (HILL, Flávia Pereira. Passado e futuro da mediação: perspectiva histórica e comparada. *Revista de Processo*, v. 303, p. 479-502, mai. 2020).

6 MANCUSO, Rodolfo de Camargo. *A resolução dos conflitos e a função judicial no contemporâneo estado de Direito*. 2. ed. São Paulo: Revista dos Tribunais, 2013.

Especialmente nos últimos 16 anos, após a edição da Emenda Constitucional nº 45/2004, que criou o Conselho Nacional de Justiça, este órgão trouxe para si a tarefa de construir concretamente a Justiça Multiportas em nosso país, a partir de várias iniciativas que fomentaram a tendência à desjudicialização da solução dos conflitos no Brasil, de modo a disponibilizar ao jurisdicionado o acesso a outras portas em nosso sistema de justiça, nas quais ele poderá ingressar para obter a providência almejada com igual (ou maior) efetividade.

O presente artigo almeja definir que a construção da Justiça Multiportas em um Estado Democrático de Direito deve estar alicerçada, em bases sólidas, na noção de um *devido processo legal extrajudicial*, com vistas a garantir que, com a desjudicialização, não haja déficit garantístico. Cada qual das portas que compõem a Justiça Multiportas agasalhará as garantias fundamentais do processo, que são conquistas democráticas da ciência processual, respeitadas, por certo, as peculiaridades inerentes a cada um dos mecanismos disponibilizados.

Conforme dissemos linhas antes, a construção da Justiça Multiportas não consiste em tarefa simples nem tampouco simplória, exigindo de todos nós variados esforços, mas decerto a reconfiguração do nosso sistema de justiça, mantido o patamar garantístico, propiciará a concretização de um acesso à justiça consentâneo com um exercício amadurecido da democracia no processo, passados mais de trinta anos de vigência da Constituição-cidadã.

Passemos a analisar sucintamente a noção de desjudicialização no Brasil para, a seguir, nos debruçarmos sobre os principais elementos que devem compor a noção de devido processo legal extrajudicial, guardados os limites de um artigo científico.

2 A desjudicialização

A desjudicialização consiste no fenômeno segundo o qual litígios ou atos da vida civil que tradicionalmente dependeriam necessariamente da intervenção judicial para a sua solução, passam a poder ser realizados perante agentes externos ao Poder Judiciário, que não fazem parte de seu quadro de servidores. Trata-se, em suma, da consecução do acesso à justiça *fora* do Poder Judiciário, ou seja, do acesso à justiça *extra muros*.

Até 2007, o legislador ensaiou alguns movimentos pontuais de desjudicialização, o que podemos exemplificar com a Lei Federal nº 6015/1973 (Lei dos Registros Públicos), a Lei Federal nº 8.951/1994 (consignação em pagamento extrajudicial, com a inserção do §1º no art. 890 do CPC/1973) e a Lei Federal nº 9.514/1997 (alienação fiduciária em garantia de coisa imóvel), dentre outros.

No entanto, entendemos que o *turning point* ocorreu com a edição da Lei Federal nº 11.441, em 2007, que previu a possiblidade de que inventário, partilha, separação e divórcio consensuais fossem realizados através de escritura pública, em cartórios extrajudiciais de Notas. A novidade foi amplamente divulgada na mídia à época e formaram-se filas nas portas dos cartórios no primeiro dia útil subsequente. Foi a alta receptividade da sociedade a essa iniciativa que, a nosso ver, de um lado, deu novo fôlego à desjudicialização no terceiro milênio e, de outro, credenciou as serventias extrajudiciais como polo legítimo de prestação da jurisdição em seus contornos contemporâneos, conforme bem construído por Humberto Dalla.[7]

A criação do Conselho Nacional de Justiça, pela Emenda Constitucional nº 45, em 2004, igualmente contribuiu para o incremento da desjudicialização, tendo em vista que, em diversas hipóteses, o fenômeno avançou através da edição de atos normativos oriundos do referido órgão de controle, conforme salientamos no item anterior do presente trabalho.

Podemos exemplificar a evolução da desjudicialização com a possibilidade de alteração, diretamente no cartório de Registro Civil de Pessoas Naturais, de prenome e sexo no registro de nascimento em

[7] "(...) o art. 3º do NCPC, ao se referir a apreciação jurisdicional, vai além do Poder Judiciário e da resolução de controvérsias pela substitutividade. O dispositivo passa a permitir outras formas positivas de composição, pautadas no dever de cooperação das partes e envolvendo outros atores. Desse modo, a jurisdição, outrora exclusiva do Poder Judiciário, pode ser exercida por serventias extrajudiciais ou por câmaras comunitárias, centros ou mesmo conciliadores e mediadores extrajudiciais. (...) A jurisdição é essencialmente uma função estatal. Por isso, em momentos históricos diversos, desde a Antiguidade, passando pelas Idades Média, Moderna e chegando à contemporânea, o Estado, invariavelmente, chamou para si o monopólio da jurisdição, sistematizando-a, a partir de Luiz XIV. A atuação jurisdicional, então, era um poderoso mecanismo para assegurar o cumprimento das leis. No entanto, Leonardo Greco admite que a jurisdição não precisa ser, necessariamente, uma função estatal. É claro que não se pode simplesmente desatrelar a jurisdição do Estado, até porque, em maior ou menor grau, a dependência do Estado existe, principalmente para se alcançar o cumprimento da decisão não estatal. Por outro lado, podemos pensar no exercício dessa função por outros órgãos do Estado ou por agentes privados. Nesta ótica, percebe-se o fenômeno da desjudicialização enquanto ferramenta de racionalização da prestação jurisdicional e ajuste ao cenário contemporâneo, o que leva, necessariamente, à releitura, à atualização, ou ainda a um redimensionamento da garantia constitucional à luz dos princípios da efetividade e da adequação". (PINHO, Humberto Dalla Bernardina de. A releitura do princípio do acesso à justiça e o necessário redimensionamento da intervenção judicial na resolução dos conflitos na contemporaneidade. *In*: *Revista Jurídica Luso-brasileira*, a. 5, n. 3, p. 791-830, 2019).

virtude de transexualidade (Provimento nº 73/2018 do CNJ), averbação da paternidade ou maternidade socioafetiva diretamente perante o cartório de Registro Civil de Pessoas Naturais (Provimentos nºs 63/2017 e 83/2019 do CNJ) e retificação extrajudicial de registro público (nova redação dada ao art. 110, da Lei Federal nº 6.015/1973, pela Lei Federal nº 13.484/2017), dentre vários outros.

O Código de Processo Civil de 2015 contribuiu, por sua vez, para o avanço da desjudicialização, ao prever a usucapião extrajudicial (art. 1071 do CPC/15, que inseriu o art. 216-A na Lei Federal nº 6.015/1973 e Resolução nº 65/2017 do CNJ), a consignação em pagamento extrajudicial (art. 539, §§1º a 4º, CPC/2015), a homologação do penhor legal extrajudicial (art. 703, §2º, CPC/2015), a divisão e demarcação extrajudicial de terras particulares (art. 571, CPC/15), a dispensa de homologação, pelo Superior Tribunal de Justiça, de sentença estrangeira de separação e divórcio puros (art. 961, §5º, CPC/2015 e Provimento nº 53/2016 do CNJ), assim como ao deixar clara a importância das atividades extrajudiciais para o processo judicial, ao prever, *ad exemplum tantum*, a Ata Notarial como meio de prova típico (art. 384, CPC/15), a possibilidade de averbação premonitória (art. 828, CPC/15), o protesto de decisão judicial transitada em julgado (art. 517, CPC/15), e a penhora de imóvel devidamente matriculado por termo nos autos (art. 845, §1º, CPC/15).

Entendemos que o fenômeno da desjudicialização, no Brasil, tem se desenvolvido em uma *perspectiva bifronte*, a saber:

a) **Jurisdição voluntária**: trata-se do que costumamos afirmar ser o *habitat natural* da desjudicialização, ou seja, o segmento em que a desjudicialização avança com menor resistência, visto que atrelada ao elemento do consenso, à ausência de litígio entre os interessados.

b) **Jurisdição contenciosa:** identificamos que a desjudicialização dos procedimentos de jurisdição contenciosa, por seu turno, tem avançado nos últimos anos em duas frentes, notadamente:

   b.1) **Autocomposição:** consiste na adoção dos mecanismos de solução consensual dos litígios, valorizados pelo legislador nos arts. 3º, §§2º e 3º, do CPC/2015, dentre os quais sobressaem a mediação, a conciliação, a negociação direta e a negociação assistida. O CPC/2015, juntamente com a Lei Federal nº 13.140/2015 e o Provimento nº 67/2018 formam o que se denomina marco legal da mediação no Brasil. Na autocomposição, o litígio é solucionado através da celebração de um acordo cunhado pelas próprias partes litigantes, com ou sem o auxílio de um terceiro imparcial, e deve ser perquirida, nos dias atuais, preferencialmente à solução heterocompositiva.

b.2) **Heterocomposição:** consiste no emprego de mecanismos em que há a substituição da vontade dos litigantes, mediante a imposição de uma solução por um terceiro imparcial que, no caso da desjudicialização, não integra o Poder Judiciário. O exemplo mais bem sucedido, no Brasil, de heterocomposição extrajudicial (adjudicação privada) consiste, sem sombra de dúvidas, na arbitragem, regulada pela Lei Federal nº 9.307/1996.

Entendemos que um dos fatores que possibilitou essa evolução consiste na reestruturação dos cartórios extrajudiciais, verificada nas últimas décadas. A edição da Lei Federal nº 6.015/1973 representou um primeiro passo, tendo em vista que regulamentou as atividades registrais prestadas por tais serventias.

No entanto, o principal elemento de mudança foi a promulgação da Constituição Federal de 1988, que, em seu art. 236, previu que os serviços notariais e registrais são exercidos em caráter privado, por delegação do Poder Público, após aprovação em concurso público de provas e títulos, cabendo ao Poder Judiciário a sua fiscalização. Os cartórios extrajudiciais passam, assim, a ter à sua frente profissionais concursados, com vistas a resguardar a sua capacidade técnica.

A prestação de serviço público em caráter privado e a garantia de imparcialidade e independência, contemplada no art. 11 da Lei Federal nº 6.015/73 e no art. 28 da Lei Federal nº 8.935/94, permitem ao delegatário gerir a serventia de modo a desenvolver as atividades com isenção e maior eficiência, contratando produtos e serviços no mercado sem as restrições legais inerentes à contratação pelo Poder Público, especialmente a exigência de licitação. De se consignar que os serviços extrajudiciais são custeados através de emolumentos (taxa) pagos diretamente pelos usuários e os investimentos na infraestrutura da serventia são realizados diretamente pelo delegatário com o produto de tal arrecadação. Esse contexto confere maior dinâmica à prestação dos serviços, inclusive no tocante à absorção das novas tecnologias, tão importantes nos dias atuais.

3 O novo conceito de jurisdição na contemporaneidade

Conforme analisamos no início do presente trabalho, migramos, no Brasil, da busca por garantir o acesso ao Judiciário para a busca por garantir o acesso à justiça. Isso revela mudanças profundas no conceito de jurisdição, que deixa de ser vista como monopólio do Poder Judiciário. O aspecto subjetivo deixa de ser um elemento indeclinável para a caracterização da jurisdição.

Isso porque a atividade não perde a sua essência exclusivamente em razão de ter sido praticada *intra* ou *extra muros*, ou seja, dentro ou fora do Poder Judiciário. O foco precisa estar, pois, na *atividade* desempenhada e não em *quem* a presta.

José Frederico Marques já reconhecia que "na sua evolução histórica, assumiram os notários a qualidade de juízes (*judex chartularius, judex ordinarius*) para a prática de atos de jurisdição voluntária". No entanto, o jurista frisava, refletindo a concepção de jurisdição que marcou o século XX, calcada no aspecto subjetivo, que a atividade extrajudicial "nem poderia considerar-se como função de jurisdição voluntária, porque esta compete exclusivamente a órgãos judiciários".[8]

Contudo, no século XXI, sustentar que a atividade, ainda que congregue as características típicas da jurisdição, não possa assim ser considerada apenas em razão de não ser prestada pelo Poder Judiciário consiste em afirmação incompatível com os parâmetros atuais.

Precisamos, a nosso sentir, creditar à arbitragem o mérito por começar a revolver esse tradicional conceito, desafiando os processualistas a revê-lo.

No entanto, entendemos que a evolução prossegue, de modo que, assim como a prestação de jurisdição se dá através da arbitragem, ela está presente também no fenômeno da desjudicialização, em geral, tal qual vem sendo delineado pelo legislador nos últimos anos.

A doutrina já reconhece que, nos métodos de solução consensual dos litígios, tais como mediação e conciliação, há prestação de jurisdição.[9] Ada Pellegrini, em seu último livro publicado, afirma expressamente que "a jurisdição compreende a justiça estatal, a justiça arbitral e a justiça consensual". Como premissa central para tal afirmação, esclarece a autora que "o principal indicador" do novo conceito de jurisdição

---

[8] MARQUES, José Frederico. *Instituições de Direito Processual Civil.* Campinas: Millennium, 2000. v. I, p. 315-318.

[9] GRINOVER, Ada Pellegrini. *Ensaio sobre a processualidade, fundamentos para uma nova teoria geral do processo.* Brasília: Gazeta Jurídica, 2018. p. 17.

"é o de garantia do acesso à justiça, estatal ou não, e seu objetivo, o de pacificar com justiça".[10]

Com efeito, a atividade, típica do Poder Judiciário, que passa a ser desempenhada, de forma crescente, pelos cartórios extrajudiciais em razão da desjudicialização ostenta os mesmos elementos informadores do novo conceito de jurisdição traçados anteriormente.

As novas funções, que foram transferidas para os cartórios extrajudiciais em decorrência da desjudicialização, o foram precisamente com o escopo de garantir, em maior grau, o acesso à justiça nos dias atuais. Trata-se de movimento inerente à noção de Justiça Multiportas,[11] em que novos agentes são convocados a oferecer ao jurisdicionado outros mecanismos igualmente legítimos e adequados para a solução dos litígios (ou o exercício da jurisdição voluntária) e que se colocam ao lado da adjudicação estatal. Abrem-se vários possíveis caminhos para se chegar, no Estado Democrático de Direito contemporâneo, à pacificação com justiça.

Identificados novos núcleos de prestação da jurisdição legítimos, subverte-se a lógica que prevaleceu no século XX, segundo a qual o Poder Judiciário deveria ser visto como a *prima ratio,* e que contribuiu sobremaneira para a sua inegável sobrecarga. A noção da Justiça Multiportas reorganiza as prioridades do sistema de justiça, alçando, em boa hora, a consciência de que o Poder Judiciário, em uma democracia madura, deve ser visto como a *ultima ratio*.[12] Não há que se pensar em violação à inafastabilidade do controle jurisdicional, tendo em vista que as portas do Poder Judiciário não são trancadas, em absoluto. Sendo inviável o acesso aos mecanismos extrajudiciais, nada obsta a que o jurisdicionado recorra ao Poder Judiciário. Trata-se, apenas, de racionalizar o sistema de justiça e a entrega da prestação jurisdicional estatal.

Rompe com a lógica até então prevalecente e desafia a nossa cultura secular? Sim. Mas encontra óbice na Constituição e na legislação infraconstitucional vigente? Definitivamente não.

---

10 GRINOVER, Ada Pellegrini. *Ensaio sobre a processualidade, fundamentos para uma nova teoria geral do processo*. Brasília: Gazeta Jurídica, 2018. p. 20.

11 GOLDBERG, Stephen B. *et al*. *Dispute Resolution*. 4. ed. Nova York: Aspen Publishers, 2003. p. 07.

12 São precisas as palavras de José Joaquim Calmon de Passos, proferidas vinte anos atrás: "Esquecemo-nos de que o Direito é um medicamento com que procuramos restabelecer a saúde da convivência social (...) É a impotência dos homens, mediante suas instituições não estatais, para prevenir e solucionar os conflitos oriundos de sua convivência, que impõe a utilização dos mecanismos jurídicos de que a tutela jurisdicional é a última e mais representativa expressão". (PASSOS, José Joaquim Calmon de. *Direito, poder, justiça e processo*. Rio de Janeiro: Forense, 2000).

A nova conformação, decorrente do surgimento de novos polos de prestação da jurisdição, que se colocam ao lado do Poder Judiciário, todos credenciados a solucionar os litígios no Estado Democrático de Direito da contemporaneidade, vem sendo denominada "pluralismo decisório", "decisão compartilhada"[13] ou "policentrismo processual".[14]

Rodolfo de Camargo Mancuso destaca, com propriedade, que o Estado brasileiro precisa assumir "a contemporânea concepção da *Jurisdição*, identificada pela 'composição justa dos conflitos' e não mais, ou não necessariamente, pela solução adjudicada e imposta pelo Estado-juiz".[15]

O acesso à justiça passa, assim, a evoluir lado a lado com o fenômeno da desjudicialização da solução dos conflitos, que tem como marca distintiva a possibilidade de que os litígios sejam solucionados por agentes que não integrem os quadros do Poder Judiciário.

Joel Dias Figueira Júnior reconhece que:

> (...) a extrajudicialização como técnica resolutiva, inclusiva, participativa e eficiente se afigura como um alvissareiro e iluminado caminho sem volta que há muito o Brasil vem trilhando e reafirmando cada vez mais a sua exitosa prática.[16]

Novos desafios nos são dados. Contudo, estamos convencidos de que mais de trinta anos de vigência da Constituição-cidadão não podem ter sido em vão. Nesse contexto, no nosso entender, as novas funções desempenhadas pelos cartórios extrajudiciais têm por finalidade potencializar o acesso à justiça na contemporaneidade.

---

[13] Rodolfo de Camargo Mancuso destaca que "o próprio legislador vem se mostrando sensível à tendência de desjudicialização e até de privatização da resolução dos conflitos, como alternativa ao tradicional monopólio estatal da distribuição de justiça. Portanto, essa 'reserva de Justiça estatal', ao contrário do que se possa supor à primeira vista, não se extrai da letra nem do espírito do inciso XXXV do art. 5º da CF; ao contrário, ao afirmar que 'a lei não excluirá da apreciação do Poder Judiciário lesão ou ameaça a direito', esse texto não determina que todas as demandas devam ser encaminhadas à Justiça, mas sim que tal acesso deve operar como uma cláusula de reserva, de cunho residual, preordenada às controvérsias porventura insolúveis por auto ou heterocomposição, ou aquelas que, em razão da pessoa ou da matéria, devem merecer passagem judiciária" (MANCUSO, Rodolfo de Camargo. *A resolução dos conflitos e a função judicial no contemporâneo estado de Direito.* 2. ed. São Paulo: Revista dos Tribunais, 2013. p. 168).

[14] OLIVEIRA, Daniela Olímpio de. Uma releitura do princípio do acesso à justiça e a ideia da desjudicialização'. *Revista Eletrônica de Direito Processual*, v. 11, p. 67-98, 2013.

[15] MANCUSO, Rodolfo de Camargo. *A resolução dos conflitos e a função judicial no contemporâneo estado de Direito.* 2. ed. São Paulo: Revista dos Tribunais, 2013. p. 171.

[16] FIGUEIRA JUNIOR, Joel Dias. Desjudicialização da Execução Civil. *Migalhas*, 07 jul. 2020. Disponível em: https://www.migalhas.com.br/depeso/330308/desjudicializacao-da-execucao-civil. Acesso em 08 jul. 2020.

No entanto, como vimos insistindo desde que começamos a pesquisar o tema, anos atrás, faz-se de todo necessário reiterar o compromisso com a observância das garantias fundamentais do processo nos procedimentos desjudicializados. Não se pode compactuar com eventual decréscimo garantístico em decorrência da desjudicialização.

Assim como Cândido Rangel Dinamarco já afirmava, com razão, ser necessário zelar pelo *devido processo legal arbitral*,[17] afigura-se imperioso, com igual empenho, moldar o que ora chamamos de *devido processo legal extrajudicial*.

Enquadrar o exercício de determinada função como jurisdicional implica exigir, de forma correlata, no Estado Democrático de Direito, que o seu exercício observe fielmente o devido processo legal. Sendo assim, se as funções assumidas pelos cartórios extrajudiciais em decorrência da desjudicialização caracterizam-se como jurisdição, então, consequentemente, mostra-se indispensável configurar o *devido processo legal extrajudicial*, correspondente, precisamente, ao devido processo legal a ser observado nos cartórios extrajudiciais em razão do fenômeno da desjudicialização.

A aplicação do devido processo legal aos processos extrajudiciais harmoniza-se com a leitura constitucional do Direito Processual preconizada pelo art. 1º do Código de Processo Civil de 2015 e é ratificada pelo art. 15 do referido diploma processual, ao preconizar a sua aplicação supletiva ou subsidiária.

As maiores conquistas da atual fase da ciência processual – a que podemos chamar tanto de instrumentalismo quanto de formalismo valorativo, o que seria tema para outro trabalho – consistem justamente na consecução das garantias fundamentais do processo. Por isso, não se pode admitir que a desjudicialização, com vistas a potencializar o acesso à justiça através da Justiça Multiportas, compactue com eventual retrocesso garantístico, nem consinta em abrir mão precisamente das

---

17 Cândido Rangel Dinamarco leciona, com propriedade: "O primeiro pilar do presente estudo é, portanto, representado pela afirmação da plena incidência, sobre o processo arbitral, dos princípios e garantias constitucionais inerentes à segurança interna do sistema processual. Quando se pensa no acesso à justiça, que é a magna condensação de todas as garantias constitucionais do processo, hoje é imperioso incluir nesse pensamento as aberturas para a tutela jurisdicional pela via da arbitragem, como alternativa às vias estatais. Quando se pensa no contraditório e na ampla defesa, deve-se pensar na participação dos sujeitos processuais no processo estatal e no arbitral também. Quando, enfim, se pensa no *due process of law* como princípio tutelar da observância de todos os demais princípios, não se pode excluir o devido processo legal arbitral, como fonte de tutelas jurisdicionais justas e instrumento institucionalizado de pacificação social" (DINAMARCO, Cândido Rangel. *A nova era do processo civil*. São Paulo: Malheiros, 2003. p. 30).

referidas garantias fundamentais, visto que representaria nefasto e intolerável retrocesso.

No próximo tópico destacaremos alguns elementos distintivos, que necessariamente devem estar presentes, para que possamos cunhar a noção de *devido processo legal extrajudicial*.

4 Devido processo legal extrajudicial

Embora não seja possível esgotar tema de tamanha envergadura nos estreitos limites de um artigo científico, estudaremos a concepção do *devido processo legal extrajudicial* sob cinco aspectos primordiais, a saber: (a) imparcialidade e independência dos agentes competentes; (b) controle externo; (c) publicidade; (d) previsibilidade do procedimento e (e) contraditório.

Primeiramente, é necessário ter em mira quais são os novos núcleos decisórios, ou seja, quem são os novos agentes, indicados pelo legislador, para assumir as funções decorrentes do fenômeno da desjudicialização. Em outras palavras, afigura-se fundamental perguntar: *quem* está assumindo as novas funções?

Esse aspecto se mostra relevante não apenas em razão da apuração da capacitação técnica de tais agentes para desempenhar funções até então exercidas pelo Poder Judiciário, mas também e especialmente em vista da verificação de sua legitimação em um Estado Democrático de Direito.

No Brasil, verifica-se que tanto o legislador, na edição das leis, quanto o Conselho Nacional de Justiça, na edição de resoluções e provimentos, têm atribuído aos delegatários de cartórios extrajudiciais a função de conduzir os procedimentos desjudicializados.

Diversos fatores se somam para que haja a convergência de várias disposições normativas em torno dos delegatários de cartórios extrajudiciais. O primeiro deles consiste no assento constitucional a partir do art. 236 da Constituição Federal de 1988, que reconfigurou a carreira ao passar a exigir concurso público de provas e títulos, extinguindo de vez com a hereditariedade e condicionando a outorga da delegação a critérios técnicos objetivos lastreados no mérito.

A isso se acrescente o soerguimento de todo um regime jurídico que rege tal carreira, composto por diversas leis esparsas, dentre as quais sobressaem a Lei Federal nº 6.015/73 e a Lei Federal nº 8.935/94.

Ademais, as funções exercidas nas serventias extrajudiciais são fiscalizadas, em caráter permanente, pelo Poder Judiciário, tanto pela Corregedoria do Tribunal de Justiça local, quanto pelo Conselho Nacional de Justiça (art. 48 do Regimento Interno). A fiscalização pelo Poder Judiciário, que goza da confiança do jurisdicionado e que tradicionalmente exerce papel de centralidade no sistema de justiça brasileiro, consiste em importante fator para que logremos progredir paulatinamente na implantação da Justiça Multiportas, de modo a harmonizar tradição e evolução.

Sendo assim, a desjudicialização se desenvolve, em nosso país, em um ponto de convergência entre os ramos do Direito Notarial e Registral e do Direito Processual, ambos interpretados e aplicados à luz da Constituição Federal de 1988.

É preciso conhecer e aplicar os institutos de Direito Notarial e Registral e as premissas que regem o regime jurídico dos delegatários das serventias extrajudiciais, que muito contribuirão para que verifiquemos ser não apenas desejável, mas plenamente viável, erigir os elementos essenciais de um devido processo legal extrajudicial.

Em grande parte, veremos não ser necessário iniciar a edificação do zero, pois dispomos de uma fundação sólida, escorada na Constituição Federal de 1988 e no regime jurídico que norteia a atuação dos delegatários de cartórios extrajudiciais em todas as suas atividades.

Falar, pois, em devido processo legal extrajudicial em nosso ordenamento jurídico demanda a transposição de técnicas entre os dois ramos do Direito e o necessário e salutar diálogo entre as fontes, como veremos sucintamente nas linhas que se seguem.

4.1 Imparcialidade e independência

O primeiro passo para erigir a concepção de devido processo legal extrajudicial consiste em verificar se o agente que conduz e preside o procedimento congrega as características mínimas que atestam a sua legitimação e confiabilidade, segundo os parâmetros constitucionais. Para tanto, sobressaem as necessárias imparcialidade e independência de tais agentes.

Em um Estado Democrático de Direito, a transferência ou o compartilhamento da função jurisdicional entre diferentes núcleos decisórios importa que todos eles sejam imparciais e independentes. Por conseguinte, se, porventura, o legislador vier a desjudicializar determinado procedimento, elegendo, para tanto, um agente que não ostente tais características, entendemos que haverá manifesta inconstitucionalidade. Esse é, a propósito, um ponto sensível dos Projetos de Lei que preveem a desjudicialização da execução fiscal (Projetos de Lei nºs 2412/2007, 5080/2009 e PL 4257/2019), que passaria a ser conduzida pelos órgãos de assistência jurídica do Erário – especialmente a Procuradoria da Fazenda Nacional – e, em última análise, portanto, pelo próprio credor.[18] [19] [20]

No sentido propugnado neste trabalho, Leonardo Greco pontua, com propriedade, que "a jurisdição é exercida por órgãos independentes e imparciais, o que não significa, necessariamente, que ela deva ser exercida por juízes". Prossegue o autor destacando que "a imparcialidade *lato sensu*, abrangendo a independência e a imparcialidade *stricto sensu*, é uma nota característica e essencial da jurisdição, seja a jurisdição exercida por um órgão público, seja privada".[21]

O autor coroa o seu conceito de jurisdição na contemporaneidade erigindo como suas "duas características essenciais": (a) imparcialidade em sentido *lato* dos responsáveis pelo seu exercício; e (b) finalidade de tutelar interesses particulares.[22]

De se consignar que os registradores e tabeliães, a quem o legislador vem confiando papel de destaque na desjudicialização, são profissionais do Direito aos quais é imposto o dever de atuar com

---

[18] HILL, Flávia Pereira. *Lições do isolamento*: reflexões sobre Direito Processual em tempos de pandemia. Rio de Janeiro: Edição do autor, 2020. p. 111-122.

[19] "Enquanto a Administração tributária brasileira continuar a inspirar-se mais no princípio da mais rigorosa obediência hierárquica do que no da legalidade, a única esperança de preservação das liberdades e dos direitos fundamentais dos cidadãos continuará a ser o Poder Judiciário, devendo ser repudiadas todas as tentativas de imposição aos contribuintes de atos coativos pela Administração Pública". (GRECO, Leonardo. As garantias fundamentais do processo na execução fiscal. *In*: LOPES, João Batista; CUNHA, Leonardo José Carneiro da (Coords.). *Execução Civil (aspectos polêmicos)*. São Paulo: Dialética, 2005). Em outra sede, pontua o autor: "Assim, as resistências que certamente serão opostas a esse projeto de execução fiscal-administrativa tendem a convergir para a falta de imparcialidade dos funcionários por ela responsáveis. Quando se afirma, portanto, que a jurisdição é normalmente exercida por um órgão estatal, não se pretende excluir do seu conceito os casos em que essa função é exercida por quem não é juiz, por leigos temporariamente investidos no exercício da jurisdição, desde que garantidas a imparcialidade em sentido estrito e a independência". (GRECO, Leonardo. *Instituições de Processo Civil*. Rio de Janeiro: GEN Forense, 2015. v. 1, p. 73).

[20] Diego Cantoario pontua: "Uma questão contundente é saber se o funcionário do fisco possui independência suficiente para realizar tais atos de constrição, como previstos no projeto. Como já foi visto, no contencioso administrativo europeu, a autoridade administrativa possui maior independência, até mesmo em razão da contribuição da Corte Europeia de Direitos Humanos para o avanço das relações Estado-cidadão. Situação diferente é a encontrada no Brasil, e nos países de cultura ibérica em geral, onde prevalece uma relação hierárquica entre os funcionários da Administração Pública". (CANTOARIO, Diego Martinez Fervenza. Considerações sobre o Projeto de Lei nº 5080/2009 – A nova lei de execução fiscal. *Revista Tributária e de finanças públicas*, a. 18, n. 91, p. 11-42, mar./abr. 2010).

[21] GRECO, Leonardo. *Instituições de Processo Civil*. Rio de Janeiro: GEN Forense, 2015. v. 1, p. 70.

[22] GRECO, Leonardo. *Instituições de Processo Civil*. Rio de Janeiro: GEN Forense, 2015. v. 1, p. 75.

independência, impessoalidade e imparcialidade, o que deflui do art. 28 da Lei Federal nº 8.935/94. Portanto, tais profissionais devem pautar toda a sua atuação tendo como norte os atributos ora em análise, livres de pressões externas e guardando equidistância em relação aos interessados, não sendo, portanto, uma peculiaridade ou novidade em sua atuação em decorrência da desjudicialização.

Com vistas a resguardar a imparcialidade, o art. 15 da Lei Federal nº 6.015/73 e o art. 27 da Lei Federal nº 8.935/1994, coerentemente, vedam que o notário e o registrador pratiquem, pessoalmente, qualquer ato de seu interesse, ou de interesse de seu cônjuge ou de parentes, na linha reta, ou na colateral, consanguíneos ou afins, até o terceiro grau.

Cabe aos delegatários atuar com imparcialidade, dispensando tratamento equidistante e isonômico a todos os sujeitos envolvidos e não tendo qualquer interesse na prática dos atos extrajudiciais que lhes são requeridos pelos usuários. Os delegatários não defendem nem patrocinam os interesses de nenhum dos sujeitos interessados na prática do ato extrajudicial, cabendo-lhes exclusivamente zelar para que, observados todos os parâmetros legais, possa o ato ser praticado regular, válida e eficazmente.[23]

De igual sorte, os delegatários das serventias extrajudiciais gozam de independência em relação a qualquer sujeito, órgão ou instituição, não estando vinculados a nenhum condicionamento de ordem política, econômica ou administrativa.[24]

Por exercer atividade técnica (art. 1º, da Lei Federal nº 8.935/94) e consistir em profissionais do direito (art. 3º da Lei Federal nº 8.935/94), os delegatários estão submetidos exclusivamente ao ordenamento jurídico.

A garantia de independência é de capital importância, a fim de criar condições para que os delegatários, enquanto profissionais técnicos, possam pautar o exercício de suas atribuições exclusivamente com fulcro nas leis e atos normativos aplicáveis. Tanto assim que lhes compete exercer a qualificação registral dos mandados judiciais e títulos emitidos pelo Poder Público, de modo a aferir o preenchimento dos requisitos formais previstos em lei como pressuposto para a prática do ato extrajudicial pretendido.[25] [26]

---

[23] LOUREIRO, Luiz Guilherme. *Registros Públicos. Teoria e Prática.* 3. ed. São Paulo: GEN Método, 2012. p. 533.

[24] LOUREIRO, Luiz Guilherme. *Registros Públicos. Teoria e Prática.* 3. ed. São Paulo: GEN Método, 2012. p. 03 e 533.

[25] LOUREIRO, Luiz Guilherme. *Registros Públicos. Teoria e Prática.* 3. ed. São Paulo: GEN Método, 2012. p. 03.

[26] CENEVIVA, Walter. *Lei dos Registros Públicos Comentada.* 15. ed. São Paulo: Saraiva, 2002. p. 30.

A independência abarca o gerenciamento administrativo e financeiro da serventia extrajudicial, cabendo ao delegatário recrutar e contratar os seus prepostos (escreventes e auxiliares de cartório) (art. 20, da Lei Federal nº 8.935/94), escolher o local onde instalará a serventia e guarnecê-la com o aparato necessário para exercer as atividades com eficiência.

As garantias de imparcialidade e independência são fundamentais para resguardar, com a desjudicialização, o mesmo patamar garantístico oferecido com a jurisdição estatal. Atribuir a condução dos procedimentos extrajudiciais a agentes que não gozem de independência e imparcialidade ilide toda a concepção de devido processo legal extrajudicial. Esse ponto nos conduz a receber com certo grau de preocupação a noção da desjudicialização fundada em procedimentos conduzidos por particulares, que não gozam de tais garantias e não estão jungidos a tais deveres, especialmente neste momento histórico, em que ainda estamos sedimentando a desjudicialização em nosso país.

4.2 Controle Externo

O segundo elemento a ser considerado na concepção do devido processo legal extrajudicial consiste no exercício de controle externo à atuação dos novos núcleos decisórios. Sobressai a importância de que as funções que são transferidas (ou compartilhadas) do Poder Judiciário para outros agentes sejam fiscalizadas por órgão externo, a fim de conferir transparência e garantir o seu exercício em consonância com os ditames do regime democrático e com o devido processo legal extrajudicial.

Por tal razão, causam-nos preocupação sugestões de desjudicialização que importem na assunção das funções correlatas por categorias profissionais,[27] que seriam fiscalizadas exclusivamente por seus próprios órgãos de classe.

A esse respeito, merece registro que os cartórios extrajudiciais são fiscalizados pelo Poder Judiciário, conforme expressamente previsto no art. 236 da CF/1988. De fato, tanto o Tribunal de Justiça do respectivo Estado ou Distrito Federal quanto o Conselho Nacional de Justiça (art. 48

[27] A respeito da nossa visão quanto à atuação dos advogados como agentes de execução, vide: (HILL, Flávia Pereira. O procedimento extrajudicial pré-executivo (Pepex): reflexões sobre o modelo português, em busca da efetividade da execução no Brasil. *In*: MEDEIROS NETO, Elias Marques de; RIBEIRO, Flávia Pereira. *Reflexões sobre a Desjudicialização da Execução Civil*. Curitiba: Juruá, 2020. p. 305-322).

do Regimento Interno do CNJ) fiscalizam, em caráter permanente, a atuação das serventias extrajudiciais.

O legislador pátrio tem optado por confiar as funções decorrentes da desjudicialização aos cartórios extrajudiciais, de modo que tais funções deixam de ser exercidas (exclusivamente) pelo Poder Judiciário, mas continuam sendo fiscalizadas por ele. Esse dado se mostra extremamente relevante, considerando-se que a hiperjudicialização, a nosso ver, demonstra que a sociedade brasileira confia no Poder Judiciário. Sendo assim, nada mais adequado, diante de nosso contexto político e cultural, que o controle das funções decorrentes da desjudicialização seja realizado pelo Poder Judiciário.

Há, portanto, a desjudicialização na prestação de tais serviços, embora não haja propriamente a sua desestatização, visto que continuam sendo considerados serviços públicos, ainda que prestados em caráter privado pelos cartórios extrajudiciais, e sem abrir mão da fiscalização pelo Estado-juiz.

Esse ponto é fundamental para lidar com as ponderações tecidas por Leonardo Greco, que salienta que a prestação da jurisdição pelo Estado é uma "característica histórica" a ser considerada. Em 2015, o autor preconizava:

> Será que a História vai confirmar a evolução no sentido da desestatização da jurisdição? Eu pessoalmente acredito que sim, porque, a rigor, mesmo antes da formação do Estado, todos os povos juridicamente organizados instituíram os seus órgãos jurisdicionais como a exigência própria da vida em sociedade. (...) o Estado deve facilitar que a sociedade espontaneamente ou por indução de uma política pública planejada, venha a instituir os seus próprios mecanismos de exercício da jurisdição, criando as condições necessárias à coordenação da sua atuação com a dos órgãos estatais. Assim, ainda não se pode desligar totalmente o conceito de jurisdição de uma função tipicamente estatal, ou preponderantemente estatal, porque, entre nós, ela ainda o é, embora essa não me pareça a sua característica essencial.[28]

De fato, o regime híbrido que vem sendo instituído pelo legislador e que marca a paulatina evolução da desjudicialização no Brasil, através do qual as funções decorrentes da desjudicialização continuam sendo consideradas serviço público, agora prestado eminentemente por serventias extrajudiciais, mantendo-se a fiscalização do Poder Público,

---

[28] GRECO, Leonardo. *Instituições de Processo Civil*. Rio de Janeiro: GEN Forense, 2015. v. 1, p. 70.

acaba por compatibilizar, de um lado, um certo grau de estatalidade exigido, até o momento, em virtude dos fatores históricos e culturais antes apontados, e, de outro, um maior potencial de eficiência e dinâmica em sua prestação, visto que em caráter privado.

Ainda no tocante ao salutar controle externo, merece registro que, assim como as funções dos cartórios extrajudiciais vêm mudando em razão da desjudicialização, colocando-os como um dos protagonistas do sistema de justiça no século XXI em nosso país, de igual forma o perfil da fiscalização exercida pelas Corregedorias dos tribunais locais e da Corregedoria Nacional de Justiça precisa igualmente se adaptar a essa nova realidade.

Além da conduta sancionatória e repressiva, voltada a atuar *a posteriori*, afigura-se de todo consentânea com a necessária cooperação entre as esferas judicial e extrajudicial no contexto da desjudicialização a fiscalização preventiva e construtiva, voltada a, mediante troca perene de impressões, experiências e dificuldades de parte a parte, permitir que sejam prestados esclarecimentos e indicadas as formas mais adequadas de desenvolver as atividades extrajudiciais, especialmente no caso da assunção de novas funções extrajudiciais em decorrência da desjudicialização, que implica reformulações significativas na praxe cartorária. Cuida-se, pois, de uma fiscalização prospectiva e com caráter instrutivo. Essa perspectiva da fiscalização passa pela noção, desenvolvida ao longo do presente estudo, de que a administração da justiça, na atualidade, é compartilhada por vários agentes, incluindo os delegatários dos cartórios extrajudiciais, e que a colaboração entre as Corregedorias e tais serventias, de forma construtiva, ensejará ganhos em efetividade e eficiência, reduzindo a incursão em condutas consideradas inadequadas e, por conseguinte, resultando em maior grau de satisfação por parte do jurisdicionado, com redução do dispêndio de tempo e recursos.[29]

De se consignar que a Resolução nº 350/2020 do CNJ prevê, com propriedade, que na atualidade a cooperação judiciária nacional se dá não apenas entre os órgãos do Poder Judiciário, mas também com outras

---

[29] Em outra sede, discorremos sobre a importância do incremento da colaboração entre as esferas judicial e extrajudicial em torno do que chamamos de "triplo C": cooperação, complementaridade e coordenação, que deve nortear a atuação de todos os núcleos decisórios no atual sistema de justiça e pode contribuir significativamente para incrementar a efetividade na prestação jurisdicional nos dias atuais. (HILL, Flávia Pereira. A desjudicialização e o necessário incremento da cooperação entre as esferas judicial e extrajudicial. *In*: ALVES, Lucélia de Sena *et al.* (Orgs.). *4 anos de vigência do Código de Processo Civil de 2015*. 1. ed. Belo Horizonte: D'Plácido, 2020. v. 1, p. 173-204).

instituições e entidades que possam, direta ou indiretamente, contribuir para a administração da justiça (art. 1º, inciso II), o que decerto abarca as serventias extrajudiciais. O art. 16, por seu turno, prevê a cooperação interinstitucional para harmonização de procedimento e rotinas, o que oferece um grande potencial de incremento da colaboração entre as esferas judicial e extrajudicial em prol do aprimoramento da prestação jurisdicional no contexto da desjudicialização.

4.3 Publicidade

O terceiro elemento que nos parece relevante consiste na garantia de publicidade como regra. Forçoso convir que a arbitragem e a mediação, por suas peculiaridades, pressupõem o sigilo e a confidencialidade. Contudo, o mesmo não se pode afirmar a respeito do grande contingente de procedimentos que vêm sendo desjudicializados para os cartórios extrajudiciais.

A manutenção da publicidade favorece a transparência e o controle social da higidez da atuação dos novos núcleos decisórios, prestigiando o interesse público subjacente à prestação jurisdicional.

Com efeito, a atuação dos cartórios extrajudiciais se pauta pela publicidade como regra[30] (art. 16 e seguintes da Lei Federal nº 6.015/1973 e art. 1º da Lei Federal nº 8935/1994), cabendo-lhes prestar informações de seus atos e lavrar certidão, independentemente da indicação de motivos pelo requerente, inclusive para fins estatísticos, de interesse nacional ou de fiscalização pública,[31] o que se coaduna com a premissa ora traçada.

4.4 Previsibilidade do procedimento

O quarto elemento que compõe a noção de devido processo legal extrajudicial consiste na relevância da previsibilidade do procedimento para o Estado Democrático de Direito, o que não pode ser descurado na desjudicialização. Faz-se necessário que o jurisdicionado conheça previamente o procedimento previsto em lei, tanto como indispensável balizamento para a atuação do agente que preside o procedimento

---

30 LOUREIRO, Luiz Guilherme. *Registros Públicos. Teoria e Prática*. 3. ed. São Paulo: GEN Método, 2012. p. 38-41.

31 CENEVIVA, Walter. *Lei dos Registros Públicos Comentada*. 15. ed. São Paulo: Saraiva, 2002. p. 35-36.

e contenção de eventuais excessos, quanto como forma de nortear a escolha de qual mecanismo de solução de conflitos o jurisdicionado prefere se valer.

Trata-se da atenção à forma na exata medida em que necessária para alcançar os escopos do processo, em especial a sua efetividade, evitando-se a chancela de um verdadeiro "processo kafkiano".

José Roberto dos Santos Bedaque destaca, com razão, que:

> (...) a análise do processo pelo ângulo da técnica preordenada à realização de direitos é complementada pela visão política desse fenômeno, segundo a qual é ele garantia da liberdade, dos bens e da própria vida do cidadão.[32]

Carlos Alberto Álvaro de Oliveira, por sua vez, ressalta que a organização da atividade jurisdicional consiste no "efetivo primeiro passo na estrada da coincidência entre autoridade e justiça" e prossegue salientando que "o processo não pode prescindir de um mínimo de organização, sendo inconcebível qualquer tentativa de informalizá-lo totalmente".[33]

Sendo assim, o prévio conhecimento do procedimento a ser observado em cada hipótese em que haja a desjudicialização não se mostra um elemento secundário, mas fundamental e inerente ao conceito de *devido processo legal extrajudicial* que almejamos cunhar.

Ada Pellegrini Grinover reconhece que, na atualidade, o procedimento ganha especial importância, sendo autorizado afirmar que "a tutela processual adequada só pode ser obtida por intermédio do procedimento adequado".[34]

Não podemos nos furtar de reproduzir a seguinte lição da referida autora:

---

[32] Esclarece José Roberto dos Santos Bedaque que, "para alcançar esse resultado [atuação coercitiva da regra substancial e a pacificação dos litígios], a jurisdição vale-se de um método, ou seja, de um caminho, de um modo de proceder, regulado por normas de conduta predeterminadas. (...) A análise do processo pelo ângulo da técnica preordenada à realização de direitos é complementada pela visão política desse fenômeno, segundo a qual é ele garantia da liberdade, dos bens e da própria vida do cidadão. Na medida em que não há como conceber a sociedade sem conflito entre seus membros, impossível admitir o Estado Democrático de Direito sem o devido processo legal". (BEDAQUE, José Roberto dos Santos. *Efetividade do processo e técnica processual*. São Paulo: Malheiros, 2006. p. 41-42).

[33] OLIVEIRA, Carlos Alberto Álvaro de. *Do formalismo no processo civil*. São Paulo: Saraiva, 2003. p. 108-109.

[34] GRINOVER, Ada Pellegrini. *Ensaio sobre a processualidade, fundamentos para uma nova teoria geral do processo*. Brasília: Gazeta Jurídica, 2018. p. 16.

Eis mais uma vez destacada a relevância do procedimento, que de mera ordenação de atos passa a ser instrumento do instrumento processo, cioso das garantias do devido processo legal e teleologicamente voltado à obtenção da tutela adequada.[35]

Acrescente-se que Barbosa Moreira constata, com sua peculiar lucidez, que não se deve descurar do tecnicismo mínimo, tendo em vista que "a técnica bem aplicada pode constituir instrumento precioso a serviço da própria efetividade".[36]

Verifica-se que, de fato, a desjudicialização tem sido acompanhada, até aqui, da definição precisa do procedimento a ser observado.

Se a jurisdição passa a ser compartilhada, então, o procedimento a ser conduzido pelos cartórios extrajudiciais em decorrência da desjudicialização se insere, no nosso entender, na competência legislativa prevista no art. 24, inciso XI, da Constituição Federal de 1988.

Os lineamentos gerais dos procedimentos observados pelos cartórios extrajudiciais estão previstos no regime jurídico instituído nas Leis nºs 6.015/1973 e 8.935/1994, sendo que cada procedimento desjudicializado encontra-se regulado em lei própria, acompanhado por ato normativo editado pelo Conselho Nacional de Justiça. Além disso, as Corregedorias-Gerais de Justiça dos estados preveem, nos Códigos de Normas estaduais, detalhes dos procedimentos a serem adotados pelos cartórios extrajudiciais, tudo a resguardar a observância da previsibilidade nos procedimentos extrajudiciais.

4.5 Contraditório

Não poderíamos concluir os contornos mínimos do devido processo legal extrajudicial sem abordar, ainda que sucintamente, a importância do contraditório para o exercício da jurisdição na contemporaneidade.[37] Com efeito, a garantia do contraditório participativo

---

[35] GRINOVER, Ada Pellegrini. *Ensaio sobre a processualidade, fundamentos para uma nova teoria geral do processo*. Brasília: Gazeta Jurídica, 2018. p. 17.

[36] "(...) efetividade e técnica não são valores contrastantes ou incompatíveis, que deem origem a preocupações reciprocamente excludentes, senão ao contrário, valores complementares, ambos os quais reclamam a nossa mais cuidadosa atenção". (MOREIRA, José Carlos Barbosa. *Temas de Direito Processual Civil. 6ª série*. Rio de Janeiro: Forense, 1997. p. 28).

[37] "A garantia do contraditório está à base da regularidade do processo e da justiça das decisões. Trata-se de garantia fundamental de imparcialidade, legitimidade e correção de prestação estatal. Sem que o diálogo entre as partes anteceda ao pronunciamento estatal, a decisão corre o risco de ser unilateral, ilegítima e injusta: poderá ser um ato de autoridade, jamais de verdadeira justiça". (GRINOVER, Ada Pellegrini. *Ensaio sobre a processualidade, fundamentos para uma nova teoria geral do processo*. Brasília: Gazeta Jurídica, 2018. p. 23).

consiste em uma das principais chancelas do processo como genuinamente democrático. Nada mais consentâneo com o Estado Democrático de Direito do que garantir aos sujeitos juridicamente interessados no desfecho do processo que dele participem.

Leonardo Greco pontua, com propriedade, que "hoje, o contraditório ganhou uma projeção humanitária muito grande, sendo, provavelmente, o princípio mais importante do processo".[38]

A partir das lições de Leonardo Greco[39], identificamos os seguintes corolários do contraditório participativo: (a) tempestiva cientificação de todos os sujeitos juridicamente interessados; (b) direito de apresentar alegações e provas; e (c) congruidade dos prazos, sendo conferido tempo razoável e suficiente para a prática dos atos processuais.

Se o contraditório é resguardado, inclusive, no processo administrativo (art. 5º, LV, CF/1988 e art. 2º da Lei Federal nº 9784/1999), em que não há a prestação de jurisdição, mais ainda se deve preservá-lo no processo extrajudicial, em que está presente o moderno conceito de jurisdição.

Os procedimentos extrajudiciais devem necessariamente contemplar a cientificação de todos os interessados para que, querendo, possam se manifestar e apresentar as provas de suas alegações.

No caso da autocomposição, a participação ativa e contínua de todos os sujeitos interessados é a própria razão de ser do procedimento, sendo pressuposto inarredável para que se logre alcançar um acordo que reflita a sua genuína manifestação de vontade.

Na desjudicialização dos procedimentos de jurisdição voluntária, por sua vez, a oferta de impugnação por um dos interessados, tornando controvertida a questão objeto do processo extrajudicial, tende a tornar obrigatória a intervenção judicial. A manifestação do interessado pode fazer surgir fundada dúvida no delegatário da serventia extrajudicial sobre como proceder no caso, conduzindo-o a suscitar a "dúvida registral" ao juízo competente. Ou, ainda, fará perecer o requisito do *consenso*, previsto em lei como condição *sine qua non* da desjudicialização no segmento da jurisdição voluntária, como é o caso, por exemplo, de inventário, partilha (art. 610, §1º, CPC/15), separação, divórcio e extinção de união estável (art. 733, CPC/15), divisão e demarcação de terras particulares (art. 571, CPC/15), dentre outros.

---

[38] GRECO, Leonardo. *Instituições de Processo Civil.* Rio de Janeiro: GEN Forense, 2015. v. 1, p. 514.

[39] GRECO, Leonardo. *Instituições de Processo Civil.* Rio de Janeiro: GEN Forense, 2015. v. 1, p. 513.

Merece registro que, no que tange à usucapião extrajudicial, faz-se necessária a apresentação de planta e memorial descritivo assinados por profissional legalmente habilitado e pelos titulares de direitos reais e de outros direitos registrados ou averbados na matrícula do imóvel usucapiendo e na matrícula dos imóveis confinantes. A obtenção da assinatura dos titulares de quaisquer direitos incidentes sobre o imóvel usucapiendo e confinantes é, a nosso ver, o requisito-chave para caracterizar a jurisdição voluntária e viabilizar a via extrajudicial.

O ponto central é que a redação original do §2º do art. 216-A da Lei de Registros Públicos (trazida pela Lei Federal nº 13.105/2015) dispunha que, se a planta não contivesse a assinatura de qualquer um dos titulares de direitos reais e de outros direitos, o titular faltante seria notificado pelo registrador competente, pessoalmente ou pelo correio com aviso de recebimento, para manifestar seu consentimento expresso no prazo de 15 dias, interpretado o seu silêncio como *discordância*. Ocorre que a Lei Federal nº 13.465/2017 alterou a parte final do §2º do art. 216-A da Lei de Registros Públicos para prever o oposto, ou seja, que o silêncio dos titulares será interpretado como *concordância*.

Não nos parece que a referida alteração legal viola, *ipso facto*, o princípio do contraditório, no entanto, faz-se de todo necessário, no nosso entendimento, que a notificação contenha *expressamente* o aviso de que o transcurso do prazo legal *in albis* importará em concordância tácita do interessado com a planta e o memorial descritivo apresentados, permitindo, assim, que seja dado prosseguimento ao procedimento de usucapião extrajudicial.

Transcendendo o âmbito da jurisdição voluntária, cumpre consignar que o Projeto de Lei nº 6.204/2019, que trata da desjudicialização da execução civil, estabelece um regime escalonado de impugnação, que se desdobra em duas etapas, sendo a primeira extrajudicial e a segunda judicial. Nesse modelo, a irresignação do interessado é, primeiramente, examinada pelo delegatário da serventia extrajudicial (denominado agente de execução) e, caso seja rejeitada e o interessado mantenha a sua irresignação, a questão será submetida ao juízo competente para apreciação, em decisão irrecorrível (arts. 19 e 21 do Projeto de Lei). Esse modelo nos parece o mais acertado e consentâneo com os tempos atuais, tendo em vista que admite a formação de *incidentes judiciais no bojo de procedimentos extrajudiciais*, fortalecendo a indispensável cooperação entre as esferas judicial e extrajudicial no sistema de justiça contemporâneo e imprimindo maior celeridade e menor formalismo ao processo.

Com efeito, alcançamos, no moderno direito processual pátrio, em razão da desjudicialização, um novo patamar de *processo sincrético*, em que dispomos de um processo uno, composto por fases ou incidentes que se desenvolvem perante o cartório extrajudicial e perante o Poder Judiciário, ou seja, composto por fases extrajudiciais e judiciais, que se coordenam e se complementam, em prol da efetividade da prestação jurisdicional na contemporaneidade.

Sendo assim, embora a desjudicialização abarque um conjunto de questões amplo e variado, faz-se necessário que, em todos os procedimentos, seja garantida a cientificação dos interessados e conferido prazo suficiente para que eles possam se manifestar.

Por tudo o que analisamos até aqui, constata-se que se faz necessário reordenar a Teoria Geral do Processo, adaptando-a às novas características do sistema de justiça na contemporaneidade, a fim de abarcar o fenômeno da desjudicialização, de modo a definir os contornos do contraditório, da ampla defesa e da segurança jurídica nesse segmento, assim como definir, dentre outros pontos, se e como podemos admitir intervenção de terceiros na esfera extrajudicial, prova emprestada entre as esferas judicial e extrajudicial e tantos outros temas correlatos. Ademais, cumpre realizar o necessário diálogo entre os regimes de Direito Processual e de Direito Notarial e Registral, visto que a desjudicialização tem se posicionado na zona de convergência entre os dois ramos. Sobre isso nos comprometemos, desde já, a futuramente nos deter em outro trabalho, visto que explorá-lo nesta sede transbordaria os limites originalmente propostos.

5 Considerações finais

A edição de leis, assim como as suas interpretação e aplicação, é inevitavelmente produto de seu contexto histórico. Sendo assim, não nos causa estranheza que o constituinte tenha identificado o acesso à justiça, em 1988, como acesso ao Poder Judiciário, diante dos severos óbices então encontrados ao recurso aos tribunais.

Se essa era a realidade ao tempo da edição da Constituição-cidadã, o mesmo não se pode afirmar dos dias atuais, em que, passados mais de 30 anos de sua vigência, experimentamos as desventuras de um Poder Judiciário assoberbado com mais de 80 milhões de ações e uma taxa de congestionamento preocupante, da ordem de 68,5%, em razão do que chamamos de *hiperjudicialização*.

Embora o cenário seja, de fato, digno de atenção, entendemos que as últimas décadas, a par de criar os problemas, também cunhou as possíveis soluções. Experimentamos, de um lado, um incremento da difusão de informações no seio da sociedade, assim como a reconfiguração de algumas carreiras jurídicas, especialmente o fortalecimento da advocacia e a reestruturação dos cartórios extrajudiciais. A sociedade se mostra, pois, em condições de exercer uma participação mais madura no processo.

Nesse contexto, especialmente a partir de 2007, avança a desjudicialização em nosso país, através da edição de normas que transferem ou compartilham as funções até então desempenhadas exclusivamente pelo Poder Judiciário para novos núcleos decisórios, especialmente os cartórios extrajudiciais, embora a fiscalização perene de tais funções permaneça, com razão, confiada aos tribunais.

No entanto, a preocupação central do presente trabalho consiste em jogar luz sobre a importância de pensarmos a desjudicialização de forma ordenada e técnica, sem perder de vista que se trata de fenômeno atrelado ao funcionamento do sistema de justiça e que se situa em um ponto de convergência entre o Direito Notarial e Registral e o Direito Processual.

Em um Estado Democrático de Direito, isso significa dizer que a desjudicialização, para que se consolide como fenômeno apto a oferecer novos mecanismos adequados e democráticos, precisa propiciar o mesmo patamar garantístico experimentado no processo judicial (adjudicação estatal), não sem descurar, por óbvio, das peculiaridades do segmento extrajudicial. É preciso, pois, realizar o necessário diálogo entre fontes e a transposição de técnicas entre os dois ramos do Direito, sempre sob o pálio da Constituição Federal.

A noção de *devido processo legal extrajudicial* deve, pois, pautar os estudos sobre a desjudicialização, com vistas a permitir que as suas normas definidores sejam interpretadas e aplicadas à luz das garantias fundamentais do processo, o que encontra suporte nos arts. 1º e 15 do Código de Processo Civil de 2015.

No atual estágio evolutivo da ciência processual e no patamar de expectativa do jurisdicionado com o sistema de justiça, não basta desjudicializar por desjudicializar. A preocupação com a imparcialidade e a independência dos novos núcleos decisórios, o controle externo, a publicidade, o contraditório e a previsibilidade do procedimento devem permear as nossas reflexões.

De igual modo, para que extraiamos todo o potencial que a desjudicialização nos oferece, é preciso haver a cooperação entre as esferas judicial e extrajudicial, assim como já existe, de forma crescente, a cooperação entre órgãos do Poder Judiciário e entre estes e os árbitros. Mostra-se imperioso, por fim, que a advocacia, que sói ser a ponte, por excelência, entre o jurisdicionado e os meandros de nosso sistema de justiça, conheça os novos mecanismos oferecidos pela desjudicialização, desbrave a seara extrajudicial e, assim, através do mapeamento da Justiça Multiportas, passe a oferecer ao seu cliente todos possíveis mecanismos adequados.

Verifica-se, pois, que, mais do que a previsão legal, o avanço da desjudicialização depende da mudança de cultura de todos os operadores do Direito, de modo a compreender e assimilar que novos agentes ingressem no centro da cena do sistema de justiça, com vistas, de um lado, a reduzir a dramática sobrecarga do Poder Judiciário, e, de outro, permitir que, zelando-se pelo devido processo legal extrajudicial, logremos oferecer ao jurisdicionado novos mecanismos aptos a solucionar, com efetividade, o crescente e multifacetado contingente de litígios que eclodem no seio da sociedade contemporânea.

Não podemos nos contentar, portanto, em reconhecer na desjudicialização simplesmente uma possibilidade de o jurisdicionado sair do Poder Judiciário e, assim, contribuir para a redução de sua sobrecarga. É preciso zelar para que a desjudicialização resguarde as garantias fundamentais do processo, que representam conquistas inegociáveis da ciência processual. Trata-se, pois, de permitir que o jurisdicionado saia do Poder Judiciário pela porta da frente, sem déficit garantístico. Essa é a nossa missão.

Referências

BEDAQUE, José Roberto dos Santos. *Efetividade do processo e técnica processual*. São Paulo: Malheiros, 2006.

CANTOARIO, Diego Martinez Fervenza. Considerações sobre o Projeto de Lei nº 5080/2009 – A nova lei de execução fiscal. *Revista Tributária e de finanças públicas*, a. 18, n. 91, p. 11-42, mar./abr. 2010.

CARNEIRO, Paulo Cezar Pinheiro. *Acesso à justiça*: Juizados Especiais Cíveis e Ação Civil Pública. Uma nova sistematização da Teoria Geral do Processo. 2. ed. Rio de Janeiro: Forense, 2000.

CENEVIVA, Walter. *Lei dos Registros Públicos Comentada*. 15. ed. São Paulo: Saraiva, 2002.

CONSELHO NACIONAL DE JUSTIÇA. *Justiça em números 2020*. Disponível em: https://www.cnj.jus.br/wp-content/uploads/2020/08/WEB-V3-Justi%C3%A7a-em-N%C3%BAmeros-2020-atualizado-em-25-08-2020.pdf. Acesso em 05 out. 2020.

DIDIER JÚNIOR, Fredie. *Cooperação judiciária nacional*: esboço de uma teoria para o Direito brasileiro (arts. 67-69, CPC). Salvador: JusPodivm, 2020.

DINAMARCO, Cândido Rangel. *Instituições de Direito Processual Civil*. 8. ed. São Paulo: Malheiros, 2016. v. I.

DINAMARCO, Cândido Rangel. *A nova era do processo civil*. São Paulo: Malheiros, 2003.

FIGUEIRA JUNIOR, Joel Dias. Desjudicialização da Execução Civil. *Migalhas*, 07 jul. 2020. Disponível em: https://www.migalhas.com.br/depeso/330308/desjudicializacao-da-execucao-civil. Acesso em 08 jul. 2020.

GOLDBERG, Stephen B. *et al*. *Dispute Resolution*. 4. ed. Nova York: Aspen Publishers, 2003.

GRECO, Leonardo. *Instituições de Processo Civil*. Rio de Janeiro: GEN Forense, 2015. v. 1.

GRECO, Leonardo. As garantias fundamentais do processo na execução fiscal. *In*: LOPES, João Batista; CUNHA, Leonardo José Carneiro da (Coords.). *Execução Civil (aspectos polêmicos)*. São Paulo: Dialética, 2005.

GRINOVER, Ada Pellegrini. *Ensaio sobre a processualidade, fundamentos para uma nova teoria geral do processo*. Brasília: Gazeta Jurídica, 2018.

HILL, Flávia Pereira. O procedimento extrajudicial pré-executivo (Pepex): reflexões sobre o modelo português, em busca da efetividade da execução no Brasil. *In*: MEDEIROS NETO, Elias Marques de; RIBEIRO, Flávia Pereira. *Reflexões sobre a Desjudicialização da Execução Civil*. Curitiba: Juruá, 2020.

HILL, Flávia Pereira; PINHO, Humberto Dalla Bernardina de. Inventário Judicial ou extrajudicial: separação e divórcio consensuais por escritura pública – primeiras reflexões sobre a Lei nº 11.441/07. *Revista Dialética de Direito Processual*, v. 50, p. 42-59, mai. 2007.

HILL, Flávia Pereira. A desjudicialização do procedimento de registro tardio de nascimento. Inovações trazidas pela Lei Federal nº 11.790/08. *Revista Eletrônica de Direito Processual*, v. 3, a. 3, p. 123-133, jan./jun. 2009.

HILL, Flávia Pereira. Considerações sobre a cooperação jurídica internacional no novo Código de Processo Civil. *In*: MACÊDO, Lucas Buril; PEIXOTO, Ravi; FREIRE, Alexandre. *Coleção novo CPC Doutrina Selecionada*. 2. ed. Salvador: Editora JusPodivm, 2016. v. 1. Parte Geral.

HILL, Flávia Pereira. Mediação nos cartórios extrajudiciais: desafios e perspectivas. *Revista Eletrônica de Direito Processual*, v. 19, n. 3, p. 296-323, set./dez. 2018.

HILL, Flávia Pereira. A cooperação jurídica internacional no Código de Processo Civil de 2015. *In*: ZANETI JUNIOR, Hermes; RODRIGUES, Marco Antônio dos Santos (Coords.). *Cooperação Internacional*. Salvador: JusPodivm, 2019.

HILL, Flávia Pereira. Desjudicialização da execução Civil: reflexões sobre o Projeto de Lei nº 6.204/2019. *Revista Eletrônica de Direito Processual*, v. 21, n. 3, p. 165-206, set./dez. 2020.

HILL, Flávia Pereira. Passado e futuro da mediação: perspectiva histórica e comparada. *Revista de Processo*, v. 303, p. 479-502, mai. 2020.

HILL, Flávia Pereira. *Lições do isolamento*: reflexões sobre Direito Processual em tempos de pandemia. Rio de Janeiro: Edição do autor, 2020.

HILL, Flávia Pereira. A desjudicialização e o necessário incremento da cooperação entre as esferas judicial e extrajudicial. *In*: ALVES, Lucélia de Sena *et al*. (Orgs.). *4 anos de vigência do Código de Processo Civil de 2015*. 1. ed. Belo Horizonte: D´Plácido, 2020. v. 1.

LOUREIRO, Luiz Guilherme. *Registros Públicos. Teoria e Prática*. 3. ed. São Paulo: GEN Método, 2012.

MANCUSO, Rodolfo de Camargo. *A resolução dos conflitos e a função judicial no contemporâneo estado de Direito*. 2. ed. São Paulo: Revista dos Tribunais, 2013.

MARQUES, José Frederico. *Instituições de Direito Processual Civil*. Campinas: Millennium, 2000. v. I.

MOREIRA, José Carlos Barbosa. *Temas de Direito Processual Civil. 6ª série*. Rio de Janeiro: Forense, 1997.

OLIVEIRA, Carlos Alberto Álvaro de. *Do formalismo no processo civil*. São Paulo: Saraiva, 2003.

OLIVEIRA, Daniela Olímpio de. Uma releitura do princípio do acesso à justiça e a ideia da desjudicialização'. *Revista Eletrônica de Direito Processual*, v. 11, p. 67-98, 2013.

PASSOS, José Joaquim Calmon de. O problema do acesso à justiça no Brasil. *Revista de Processo*, v. 39, p. 78-88, jul./set. 1985.

PASSOS, José Joaquim Calmon de. *Direito, poder, justiça e processo*. Rio de Janeiro: Forense, 2000.

PINHO, Humberto Dalla Bernardina de. A releitura do princípio do acesso à justiça e o necessário redimensionamento da intervenção judicial na resolução dos conflitos na contemporaneidade. *In*: *Revista Jurídica Luso-brasileira*, a. 5, n. 3, p. 791-830, 2019.

PINHO, Humberto Dalla Bernardina de; HILL, Flávia Pereira. A nova fronteira do acesso à justiça: a jurisdição transnacional e os instrumentos de cooperação internacional no CPC/2015. *Revista Eletrônica de Direito Processual*, v. 18, n. 2, p. 261-296, mai./ago. 2017.

PINHO, Humberto Dalla Bernardina de; PORTO, José Roberto Mello. A desjudicialização enquanto ferramenta de acesso à justiça no CPC/2015: a nova figura da usucapião por escritura pública. *Revista Eletrônica de Direito Processual*, v. 17, n. 2, p. 320-353, jul./dez. 2016.

ROGERS, N. *et al*. *Designing Systems and Processes for managing disputes*. 2. ed. New York: Wolters Kluwer, 2019. E-book.

Informação bibliográfica deste texto, conforme a NBR 6023:2018 da Associação Brasileira de Normas Técnicas (ABNT):

HILL, Flávia Pereira. Desjudicialização e acesso à justiça além dos Tribunais: Pela concepção de um devido processo legal extrajudicial. *In*: EIDT, Elisa Berton; GOULART, Juliana Ribeiro; SCHNEIDER, Patricia Dornelles; RAMOS, Rafael (coord.). *Consensualidade na Administração Pública*. 2. ed. Belo Horizonte: Fórum, 2024. p. 59-86. ISBN 978-65-5518-800-4.

ARBITRAGEM NA ADMINISTRAÇÃO PÚBLICA: ESTUDO COMPARATIVO ENTRE O BRASIL E PAÍSES EUROPEUS

MARCELO VEIGA FRANCO

1 Introdução

O Código de Processo Civil (CPC) brasileiro consagra o emprego dos meios adequados de resolução de controvérsias como uma das *normas fundamentais* do processo civil. A codificação nacional faz expressa referência à necessidade de promover e estimular a utilização da arbitragem, da conciliação, da mediação e de outros métodos de resolução de disputas diferentes da jurisdição estatal (art. 3º).

De forma análoga, boa parte da legislação correlata – *v.g.*, Leis Federais nºs 9.307/1996, 13.129/2015 e 13.140/2015 – foi editada com o propósito de conferir *múltiplas portas* de solução de conflitos às partes, com nítida inspiração no modelo americano do *Multi-Door Courthouse System* idealizado por Frank Sander.[1] Com isso, é possível visualizar, no Brasil, um *microssistema normativo* de incentivo ao emprego dos meios adequados de solução de conflitos.

---

1 SANDER, Frank E. A. *Varieties of Dispute Processing*. Eagan: West Publishing Company, 1976.

A administração pública não está alheia a esse cenário. A inserção da Fazenda Pública[2] no sistema de Justiça Multiportas proporciona a formação de um arcabouço normativo que visa fomentar a utilização de meios extrajudiciais de solução das disputas envolvendo o Estado, sejam estes consensuais ou adjudicatórios.

Nesse contexto, o presente artigo tem como objetivo apresentar, de modo abrangente e descritivo, um estudo comparativo envolvendo o Brasil e países europeus acerca do emprego da arbitragem pelo Poder Público. A ideia central consiste em expor algumas das principais normas e decisões judiciais pertinentes à utilização da via arbitral no âmbito das administrações públicas brasileira e europeia.

2 Arbitragem na administração pública brasileira

A compreensão atual dos institutos atinentes ao direito processual civil e ao direito administrativo confere a possibilidade do emprego da arbitragem nos conflitos envolvendo a Administração Pública brasileira. Nos tribunais, é possível verificar uma forte tendência jurisprudencial autorizando a arbitragem pela Administração Pública.

Em antigo precedente conhecido como "caso Lage", o STF, ao julgar o Agravo de Instrumento nº 52.181, consignou a legalidade do juízo arbitral "até mesmo nas causas contra a Fazenda", para o fim de fixação de valor de indenização em desapropriação – ainda que, nesse caso concreto, havia autorização normativa específica sob a égide do ordenamento jurídico anterior.[3]

Por sua vez, o STJ, no julgamento do Recurso Especial nº 904.813/PR, afirmou que "não existe óbice legal na estipulação da arbitragem pelo poder público". E mais, a inexistência de previsão da arbitragem no edital de licitação ou no contrato administrativo celebrado entre o Poder Público e a concessionária de serviço público "não invalida o compromisso arbitral firmado posteriormente".[4]

---

[2] Para os fins deste trabalho, os vocábulos Estado, Administração Pública, Poder Público e Fazenda Pública serão utilizados como sinônimos, a fim de englobar as pessoas jurídicas de direito público (União, Estados, Municípios, Distrito Federal e suas respectivas autarquias, fundações públicas e consórcios públicos constituídos como associações públicas), excluídas as empresas públicas e as sociedades de economia mista.

[3] BRASIL. SUPREMO TRIBUNAL FEDERAL. Agravo de Instrumento: AI nº 52181, Relator Ministro Bilac Pinto, Tribunal Pleno, julgado em 14.11.1973, *DJ* 15.02.1974.

[4] BRASIL. SUPERIOR TRIBUNAL DE JUSTIÇA. Recurso Especial: REsp nº 904.813/PR, Relatora Ministra Nancy Andrighi, Terceira Turma, julgado em 20.10.2011, *DJe* 28.02.2012.

Em outra oportunidade, o mesmo STJ, por ocasião do julgamento do Conflito de Competência nº 13.9519/RJ, asseverou que, "[n]o âmbito da Administração Pública, desde a Lei nº 8.987/95, denominada Lei Geral das Concessões e Permissões de Serviços Públicos, com a redação dada pela Lei nº 11.196/05, há previsão expressa de que o contrato poderá dispor sobre o emprego de mecanismos privados para resolução de conflitos, inclusive a arbitragem".[5]

Já no julgamento do Recurso Especial nº 612.439, o STJ determinou que "[s]ão válidos e eficazes os contratos firmados pelas sociedades de economia mista exploradoras de atividade econômica de produção ou comercialização de bens ou de prestação de serviços (CF, art. 173, §1º) que estipulem cláusula compromissória submetendo à arbitragem eventuais litígios decorrentes do ajuste".[6]

No julgamento do Mandado de Segurança nº 11.308/DF, novamente o STJ ratificou a "legalidade da submissão do Poder Público ao juízo arbitral", destacando que a própria realização do interesse público "justifica a convenção da cláusula de arbitragem em sede de contrato administrativo".[7]

Aliás, essa foi, inclusive, a opção legislativa, tendo em vista a promulgação da Lei Federal nº 13.129, de 26 de maio de 2015, a qual incluiu o §1º ao artigo 1º da Lei Federal nº 9.307/1996 para estabelecer que "[a] administração pública direta e indireta poderá utilizar-se da arbitragem para dirimir conflitos relativos a direitos patrimoniais disponíveis".

Diante dessa previsão legal e considerando o entendimento jurisprudencial e doutrinário majoritário, é possível afirmar que vigora no Brasil, inclusive no que toca à administração pública, a ideia da "ampla arbitrabilidade objetiva dos litígios, sempre que se tratar de direitos de conteúdo patrimonial e que sejam passíveis de transação pelas partes".[8] Dito de outro modo, é possível a utilização da via arbitral

---

5 BRASIL. SUPERIOR TRIBUNAL DE JUSTIÇA. Conflito de competência: CC nº 139.519/RJ, Relator Ministro Napoleão Nunes Maia Filho, Relatora p/ Acórdão Ministra Regine Helena Costa, Primeira Seção, julgado em 11.10.2017, *DJe* 10.11.2017.

6 BRASIL. SUPERIOR TRIBUNAL DE JUSTIÇA. Recurso Especial: REsp nº 612.439/RS, Relator Ministro João Otávio de Noronha, Segunda Turma, julgado em 25.10.2005, *DJ* 14.09.2006.

7 BRASIL. SUPERIOR TRIBUNAL DE JUSTIÇA. Mandado de Segurança: MS nº 11.308/DF, Relator Ministro Luiz Fux, Primeira Seção, julgado em 09.04.2008, *DJe* 19.05.2008.

8 FRANZONI, Diego; VOSGERAU, Isabella Moreira de Andrade. Negócios jurídicos processuais atípicos e a Administração Pública. *In*: TALAMINI, Eduardo (Coord.); DIDIER JR., Fredie (Coord. Geral). *Processo e Administração Pública*. Salvador: JusPodivm, 2016. p. 263, 267.

nos casos em que se admite a realização de transação, o emprego da autocomposição ou a celebração de contratos administrativos.[9] Nessa ótica, "todo direito passível de contratação pela Administração Pública também pode ser objeto de arbitragem", tendo em vista que "o que autoriza a administração a submeter-se à arbitragem é o seu poder de contratar",[10] ou de transacionar, ou de compor a lide por meios próprios, autônomos ou extrajudiciais.

A vedação à utilização da arbitragem, portanto, ocorre nos casos de "reserva de jurisdição estatal", isto é, nas hipóteses em que a intervenção judiciária é obrigatória e necessária por expressa previsão legal – *v.g.*, decretação de falência de sociedade empresária (art. 94 da Lei Federal nº 11.101/2005; Recurso Especial nº 1.277.725/AM);[11] desconstituição de decisão judicial de mérito, transitada em julgado, mediante ação rescisória (arts. 966 a 975 do Código de Processo Civil); imputação de culpabilidade penal e imposição de prisão (art. 5º, incisos LVII e LXI, da Constituição, e art. 387 do Código de Processo Penal).

Na verdade, conquanto o §1º do art. 1º da Lei Federal nº 9.307/1996 tenha solucionado o problema da arbitrabilidade subjetiva – ao prever que a Administração Pública pode se utilizar da instância arbitral –, permanece a discussão no que se refere à arbitrabilidade objetiva – isto é, quais tipos de conflitos e direitos podem ser acertados pelo Poder Público por meio da arbitragem. Um dos grandes desafios atuais "consiste em delimitar o plexo de matérias administrativas que podem ser dirimidas em instância arbitral".[12]

Para tanto, é oportuno asseverar que o emprego da arbitragem não corresponde nem implica a renúncia do direito material em discussão pelo Poder Público. A utilização da via arbitral não equivale à disposição de interesse público, mas sim, denota a escolha de um método diferente da jurisdição estatal para que determinado litígio seja resolvido de maneira mais apropriada, efetiva e em consonância com os interesses públicos aferidos no caso concreto.[13]

---

[9] RODRIGUES, Marco Antônio. *A Fazenda Pública no processo civil*. 2. ed. São Paulo: Atlas, 2016. p. 388-389.

[10] PEREIRA, Ana Lucia Pretto; PEREIRA GIOVANINI, Ana Elisa Pretto. Arbitragem na administração pública brasileira e indisponibilidade do interesse público. *Quaestio Iuris*, v. 10, n. 2, Rio de Janeiro, 2017. p. 1157.

[11] BRASIL. SUPERIOR TRIBUNAL DE JUSTIÇA. Recurso Especial: REsp nº 1.277.725/AM, Relatora Ministra Nancy Andrighi, Terceira Turma, julgado em 12.03.2013, *DJe* 18.03.2013.

[12] ACCIOLY, João Pedro. Arbitragem e Administração Pública: um panorama global. *Revista Digital de Direito Administrativo*, v. 5, n. 1, Faculdade de Direito de Ribeirão Preto: Universidade de São Paulo, 2018. p. 26.

[13] MATOS, Federico Nunes de. *Novas fronteiras da arbitragem aplicável aos litígios da administração pública*: incidência sobre conflitos extracontratuais, especialmente na desapropriação. 478f.

A opção pela arbitragem não equivale à "renúncia absoluta à jurisdição estatal" nem à violação ao princípio da inafastabilidade do controle jurisdicional (art. 5º, inciso XXXV, da Constituição), na medida em que existe "a possibilidade de a sentença arbitral ser invalidada juridicamente se contiver vício".[14] Dessa forma, o Judiciário pode fiscalizar *a posteriori* a validade da decisão do árbitro e declarar nula a sentença arbitral caso ocorra alguma das hipóteses previstas no art. 32 da Lei Federal nº 9.307/1996.

Nessa seara, Eduardo Talamini ensina que a "indisponibilidade do interesse público" não se confunde com a "indisponibilidade da pretensão de tutela judicial" (ou "necessariedade de intervenção jurisdicional"). O Judiciário não consiste na única instância que pode declarar qual parte tem razão e aplicar as respectivas consequências jurídicas.

Caso a eventual controvérsia entre o Estado e o particular seja "eminentemente patrimonial" – isto é, "cujo objeto tenha cunho econômico ou cujo inadimplemento possa ser reparado, compensado ou combatido por medidas com conteúdo econômico" – e "versa sobre matéria que poderia ser solucionada diretamente entre as partes", o efeito imediato é que a arbitragem é cabível sem a necessidade de intervenção da jurisdição estatal. Dito de outro modo, se o conflito comporta solução autônoma (isto é, pelas próprias partes), é também possível que ele possa ser resolvido pelo juízo arbitral e com a devida observância das garantias do devido processo (art. 21, §2º, da Lei Federal nº 9.307/1996).

Portanto, a permissão legal de utilização da arbitragem pela Administração Pública não envolve renúncia de direito material. Diferentemente, a escolha pela via arbitral diz respeito ao "modo de composição do conflito" e à possível disponibilidade da pretensão da tutela judiciária (ou seja, a abdicação do "direito de obter do Judiciário a solução para a questão"). Trata-se, logo, de valorização da autonomia privada da negociação (escolha) da instância de resolução do conflito, como expressão da própria liberdade dos disputantes. A disponibilidade está inserida "no plano processual", e não no aspecto substancial da suposta renúncia do direito material em discussão. Por via de consequência, a indisponibilidade do interesse público não pode

---

Tese (Doutorado) – Faculdade de Direito, Universidade Federal de Minas Gerais, Belo Horizonte, 2017. p. 267.

[14] BARREIROS, Lorena Miranda Santos. *Convenções Processuais e Poder Público*. Salvador: JusPodivm, 2017. p. 78-79.

ser invocada como princípio impeditivo do emprego da arbitragem envolvendo o Poder Público.[15]

Cesar Augusto Guimarães Pereira salienta que, se a Administração Pública pode contratar ou transigir sobre "direitos patrimoniais cuja disponibilidade é instrumental" para a consecução das próprias atividades administrativas, "não há qualquer fundamento para que esses direitos sejam tidos por indisponíveis" para o fim de obstar o emprego da arbitragem. O autor vai além, ao defender que "disponível não é apenas o que pode ser objeto de contratação ou transação", mas sim tudo "aquilo em relação a que a Administração pode reconhecer que não tem razão".

Desse modo, "a disposição de direitos patrimoniais" passa a ser consequência de situações nas quais a Administração Pública pode declarar a sua própria improcedência de forma autônoma. Essa constatação implica uma "revisão da ideia de indisponibilidade", produzindo a compreensão de que "a disponibilidade dos direitos patrimoniais da Administração tem mero caráter instrumental" – e, portanto, pode ser objeto de arbitragem por uma exigência do próprio interesse público.[16]

Já Caio Tácito sustenta que, "sempre que puder contratar", a Administração Pública poderá também "convencionar cláusula de arbitragem, sem que isso importe disposição do interesse público". A escolha pelo método arbitral pode representar um meio de atendimento do interesse público "de modo mais célere, mais técnico, com custos menores e, sobretudo, com as vantagens da consensualidade".[17]

Também Rafael Munhoz de Mello destaca que, se a Administração Pública "pode contratar, celebrar acordos e transações", é consequência lógica que ela "pode também submeter-se à arbitragem para compor litígios que tenham por objeto direitos patrimoniais disponíveis de sua titularidade", os quais "admitiriam solução extrajudicial amigável mesmo que não houvesse convenção de arbitragem". Sendo assim, se a disputa pode ser objeto de solução autocompositiva pelas próprias

---

[15] TALAMINI, Eduardo. A (in)disponibilidade do interesse público: consequências processuais (composições em juízo, prerrogativas processuais, arbitragem, negócios processuais e ação monitória) – versão atualizada para o CPC/2015. *In*: ZANETI JR., Hermes; CABRAL, Trícia Navarro Xavier (Coord.); DIDIER JR., Fredie (Coord. Geral). *Justiça Multiportas*: Mediação, Conciliação, Arbitragem e outros meios de solução adequada de conflitos. Salvador: JusPodivm, 2016. p. 287-293.

[16] PEREIRA, Cesar Augusto Guimarães. Arbitragem e a Administração Pública na jurisprudência do TCU e do STJ. *In*: PEREIRA, Cesar Augusto Guimarães; TALAMINI, Eduardo (Coord.). *Arbitragem e Poder Público*. São Paulo: Saraiva, 2010. p. 138-141.

[17] TÁCITO, Caio. *Temas de direito público*: estudos e pareceres. Rio de Janeiro: Renovar, 2002. v. 3, p. 83-88.

partes, "nada justifica que não possam elas acordar que o litígio será submetido à arbitragem".

Observa-se que não se cogita de disposição ou renúncia ao interesse público. Tanto o árbitro quanto o juiz estatal compõem a lide "aplicando o direito positivo com observância das garantias inerentes ao devido processo legal". Ademais, o árbitro pode decidir a disputa com maior especialidade técnica e de forma mais célere, o que torna ainda mais incompatível com o interesse público "obrigar a Administração Pública a recorrer, em todo e qualquer conflito de que seja parte, ao Poder Judiciário, condenando-a a aguardar por vários anos, às vezes décadas, pela composição de um litígio de interesse de toda a coletividade".[18]

Por mais esse motivo, é incabível aduzir que há disposição de direito material na arbitragem envolvendo o Poder Público, e muito menos tentativa de afastar a incidência do ordenamento jurídico. O árbitro, assim como o juiz (art. 18 da Lei Federal nº 9.307/1996), resolve o caso concreto de forma séria, responsável e imparcial, com a observância das garantias constitucionais do devido processo (art. 21, §2º, da Lei Federal nº 9.307/1996)[19] e, necessariamente, por meio de juízo de direito ("arbitragem de direito") (art. 2º, §3º, da Lei Federal nº 9.307/1996 e art. 152 da Lei Federal nº 14.133/2021).

3 Arbitragem na administração pública europeia

Além do Brasil, também em países europeus é regulamentada a possibilidade de utilização da arbitragem pela Administração Pública.

A Convenção Europeia de Arbitragens Comerciais Internacionais, firmada em 1961, é um exemplo. Por meio do art. 2º desse diploma internacional, diversos países europeus – tais como Áustria, Dinamarca, Alemanha, Luxemburgo e Moldávia – previram o exercício do direito e a validade da celebração de compromissos arbitrais por parte de pessoas jurídicas de direito público.[20]

---

[18] MELLO, Rafael Munhoz. Arbitragem e Administração Pública. *Revista Jurídica da Procuradoria-Geral do Estado do Paraná*, n. 6, p. 58-61, 2015.

[19] Bruno Lopes Megna entende que o art. 21, §2º, da Lei Federal nº 9.307/1996 estabelece a "processualidade mínima" do "devido processo arbitral" (MEGNA, Bruno Lopes. *Arbitragem e administração pública*: o processo arbitral devido e adequado ao regime jurídico administrativo. 350f. Dissertação (Mestrado) – Faculdade de Direito, Universidade de São Paulo, São Paulo, 2017. p. 63-73).

[20] ACCIOLY, João Pedro. Arbitragem e Administração Pública: um panorama global. *Revista Digital de Direito Administrativo*, v. 5, n. 1, Faculdade de Direito de Ribeirão Preto: Universidade de São Paulo, 2018. p. 11.

Já em Portugal, a própria Constituição da República Portuguesa, aprovada e decretada por meio de Assembleia Constituinte reunida na sessão plenária de 2 de abril de 1976, prevê, em seu art. 209, número 2, a possibilidade da existência de "tribunais arbitrais". Ademais, não há previsão de cláusula de reserva de jurisdição estatal no que tange especificamente à resolução dos conflitos envolvendo a Administração Pública, de maneira a conferir à legislação ordinária uma margem de liberdade para atribuição de competência aos tribunais arbitrais para a solução de controvérsias decorrentes de relações jurídico-administrativas.[21]

No que se refere à possibilidade de emprego da arbitragem no âmbito da administração pública portuguesa, o Estatuto dos Tribunais Administrativos e Fiscais, aprovado pelo Decreto-Lei nº 129, de 27 de abril de 1984, acarretou uma verdadeira reviravolta em favor da arbitragem na esfera administrativa. Isso porque o art. 2º, número 2, do referido diploma legal estabelecia que "[s]ão admitidos tribunais arbitrais no domínio do contencioso dos contratos administrativos e da responsabilidade civil por prejuízos decorrentes de actos de gestão pública, incluindo o contencioso das acções de regresso". Assim sendo, embora tenha havido a revogação do mencionado estatuto pela Lei nº 13, de 19 de fevereiro de 2002, ele consagrou, de forma inovadora no direito português, uma "cláusula geral de admissibilidade da arbitragem no domínio do direito administrativo",[22] influenciando alterações legislativas posteriores.

Igualmente merece menção a Lei da Arbitragem Voluntária (Lei nº 63, de 14 de dezembro de 2011), a qual estabelece, em seu art. 1º, número 5, que "[o] Estado e outras pessoas colectivas de direito público podem celebrar convenções de arbitragem, na medida em que para tanto estejam autorizados por lei ou se tais convenções tiverem por objecto litígios de direito privado".

Também o Código de Processo nos Tribunais Administrativos, aprovado pela Lei nº 15, de 22 de fevereiro de 2002, e alterado pela Lei nº 4-A, de 19 de fevereiro de 2003 e pelo Decreto-Lei nº 214-G, de

---

21 MATOS, Federico Nunes de. *Novas fronteiras da arbitragem aplicável aos litígios da administração pública*: incidência sobre conflitos extracontratuais, especialmente na desapropriação. 478f. Tese (Doutorado) – Faculdade de Direito, Universidade Federal de Minas Gerais, Belo Horizonte, 2017. p. 220-221.

22 MATOS, Federico Nunes de. *Novas fronteiras da arbitragem aplicável aos litígios da administração pública*: incidência sobre conflitos extracontratuais, especialmente na desapropriação. 478f. Tese (Doutorado) – Faculdade de Direito, Universidade Federal de Minas Gerais, Belo Horizonte, 2017. p. 222.

2 de outubro de 2015, preconiza, em seu art. 180, que o tribunal arbitral pode ser constituído, dentre outras hipóteses, para o julgamento de [q]uestões respeitantes a contratos, incluindo a apreciação de actos administrativos relativos à respectiva execução" (número 1, alínea "a") e de [q]uestões relativas a actos administrativos que possam ser revogados sem fundamento na sua invalidade, nos termos da lei substantiva" (número 1, alínea "c"). Por seu turno, o art. 182º consagra o "[d]ireito à outorga de compromisso arbitral", isto é, a possibilidade de "exigir da Administração a celebração de compromisso arbitral, nos termos da lei", em favor daquele "interessado que pretenda recorrer à arbitragem no âmbito dos litígios previstos no art. 180".

Outrossim, o Código dos Contratos Públicos (Decreto-Lei nº 18, de 29 de janeiro de 2008), ao estabelecer "a disciplina aplicável à contratação pública e o regime substantivo dos contratos públicos que revistam a natureza de contrato administrativo", estipula a possibilidade de "modificação objetiva" e de extinção de contratos administrativos por meio de decisão arbitral (arts. 311 e 330, respectivamente).

Finalmente, o Decreto-Lei nº 10, de 20 de janeiro de 2011, regulamenta o "regime jurídico da arbitragem em matéria tributária" e institui o "Centro de Arbitragem Administrativa", cujas decisões têm o "mesmo valor jurídico que as sentenças judiciais". Segundo as justificativas do referido Decreto-Lei, a "introdução no ordenamento jurídico português da arbitragem em matéria tributária, como forma alternativa de resolução jurisdicional de conflitos no domínio fiscal", possui três objetivos principais, a saber: a) "reforçar a tutela eficaz dos direitos e interesses legalmente protegidos dos sujeitos passivos"; b) "imprimir uma maior celeridade na resolução de litígios que opõem a administração tributária ao sujeito passivo"; c) "reduzir a pendência de processos nos tribunais administrativos e fiscais".

Como é possível perceber, a legislação portuguesa é extremamente avançada no que concerne à possibilidade do emprego da via arbitral no âmbito da administração pública. Por esse motivo, Federico Nunes de Matos afirma que o direito português é aquele que, na Europa, foi o que "mais avançou na utilização da arbitragem como meio de resolução de conflitos envolvendo relações jurídico-administrativas".[23]

---

[23] MATOS, Federico Nunes de. *Novas fronteiras da arbitragem aplicável aos litígios da administração pública*: incidência sobre conflitos extracontratuais, especialmente na desapropriação. 478f. Tese (Doutorado) – Faculdade de Direito, Universidade Federal de Minas Gerais, Belo Horizonte, 2017. p. 218.

A arbitragem também é amplamente propagada na Alemanha. De acordo com João Pedro Accioly, o modelo alemão "não exige que os direitos controvertidos sejam concomitantemente patrimoniais e disponíveis", de forma a possibilitar a aplicação da arbitragem em disputas que envolvam "qualquer direito patrimonial". No que concerne ao relacionamento entre a Administração Pública e os administrados, a via arbitral pode ser empregada para dirimir "quaisquer conflitos que tenham por objeto direitos pecuniários".[24]

Na Itália, consoante leciona Giovanni Bonato, a arbitragem é prevista sob duas formas. A primeira delas, chamada de "arbitragem ritual", está estatuída nos artigos 806 e seguintes do *Codice di Procedura Civile* e "constitui um verdadeiro processo (privado) jurisdicional". Nessa hipótese, a decisão arbitral (*lodo rituale*) possui a mesma eficácia de uma sentença judicial e, se homologada por juiz togado, adquire força de título executivo.

Já a segunda forma, denominada de "arbitragem irritual" (*arbitrato irrituale*), consagrada no art. 808-*ter*, possui uma "natureza apenas contratual". A decisão dela proveniente é "dotada dos efeitos de um negócio jurídico" (*lodo contrattuale*) e, além de ser "anulável perante um juiz de primeiro grau", é insuscetível de adquirir força de título executivo.[25]

Na esfera da administração pública italiana, o Decreto-Legislativo nº 104, de 02 de julho de 2010, que institui o *Codice del Processo Amministrativo*, inclui o relacionamento com a arbitragem como um dos princípios da jurisdição administrativa. De acordo com o art. 12, com a redação dada pelo Decreto-Legislativo nº 195, de 15 de novembro de 2011, as controvérsias relativas a direitos subjetivos conferidos à jurisdição do juízo administrativo podem ser resolvidas por meio de arbitragem.

Igualmente, o Decreto-Legislativo nº 50, de 18 de abril de 2016, que estabelece o *Codice dei Contratti Pubblici*, dispõe, em seu art. 209, sobre a possibilidade de utilização da arbitragem para a resolução de controvérsias versando sobre direitos subjetivos decorrentes de

---

[24] ACCIOLY, João Pedro. Arbitragem e Administração Pública: um panorama global. *Revista Digital de Direito Administrativo*, v. 5, n. 1, Faculdade de Direito de Ribeirão Preto: Universidade de São Paulo, 2018. p. 17-18.

[25] BONATO, Giovanni. *Panorama da arbitragem na França e na Itália. Perspectiva de direito comparado com o sistema brasileiro.* p. 16-17. Disponível em: chrome-extension://efaidnbmnnnibpcajpcglclefindmkaj/https://edisciplinas.usp.br/pluginfile.php/208504/mod_resource/content/0/BONATO%2C%20Arbitragem%20na%20Fran%C3%A7a%20e%20na%20Italia..pdf. Acesso em 27 mai. 2022.

celebração de contratos públicos relativos a obras, serviços, insumos, e concursos de projetos e ideias. A via arbitral é viável para a solução de litígios envolvendo contratos públicos de concessão de obras, serviços e fornecimentos celebrados por empresa com participação pública ou suas subsidiárias.

Conforme o ensinamento de Bruno Lopes Megna, a questão da "arbitrabilidade das relações administrativas" na Itália está centrada na "distinção entre 'direitos subjetivos' (*diritti soggettivi*) e 'interesses legítimos' (*interessi legittimi*)". O "direito subjetivo" (*diritto soggettivo*), o qual comumente atrai a competência da jurisdição ordinária, corresponde à "situação de vantagem protegida pelo ordenamento no *interesse individual* de alguém em relação ao Estado (*e.g.*, indenização pela desapropriação)". Já o "interesse legítimo" (*interesse legittimo*), o qual está abrangido pela competência da jurisdição administrativa, refere-se à "proteção dada pelo ordenamento no *interesse geral* contra ilegítima ação do Estado, no exercício de seus poderes (*e.g.*, abuso de poder na desapropriação)".

Nesse sentido, embora não pairem dúvidas quanto à possibilidade de arbitrabilidade dos "direitos subjetivos", discute-se, no âmbito do direito italiano, "se os 'interesses legítimos' são também arbitráveis", tendo em vista a sua relação com o "interesse geral". Atualmente prevalece a ideia de que a dualidade de jurisdições e "a *jurisdição exclusiva* dos juízes administrativos não exclui a possibilidade de exercício de jurisdição arbitral sobre a mesma controvérsia". Isso porque as "repercussões patrimoniais" decorrentes da violação dos interesses legítimos "são de interesse individual e disponível" e, portanto, também "arbitráveis".[26]

Por seu turno, os modelos vigentes na Espanha e na França representam exceções no cenário europeu, tendo em vista a resistência geral das respectivas legislações quanto à admissão da arbitragem no âmbito da administração pública.

No sistema jurídico espanhol, em que pese o progresso da legislação sobre a utilização da arbitragem entre particulares, os avanços com relação à adoção da via arbitral na administração pública ainda são tímidos. Nesse sentido, verifica-se, na Espanha, uma "hesitação do legislador" no reconhecimento da arbitragem "como via ordinária para a resolução de conflitos entre entidades administrativas". Essa situação é visualizável na medida em que, embora inexista proibição legislativa

---

[26] MEGNA, Bruno Lopes. *Arbitragem e administração pública*: o processo arbitral devido e adequado ao regime jurídico administrativo. 350f. Dissertação (Mestrado) – Faculdade de Direito, Universidade de São Paulo, São Paulo, 2017. p. 138-144, destaques no original.

expressa, vigora o entendimento de que o emprego da arbitragem no âmbito da administração pública espanhola "depende de habilitação legal específica, não sendo possível a aplicação da Lei de Arbitragem (Lei nº 60/2003, de 23 de dezembro) aos conflitos em matéria de direito público".

Assim sendo, é possível afirmar que o direito espanhol ainda é "refratário ao emprego da arbitragem para a resolução de conflitos envolvendo a administração pública", apesar da existência de recentes diplomas legislativos permissivos no tocante à utilização da instância arbitral nas searas do orçamento público (art. 7.3 da Lei nº 47, de 26 de novembro de 2003) e do patrimônio das administrações públicas (art. 31 da Lei nº 33, de 3 de novembro de 2003) – mas condicionada à edição de decreto real aprovado pelo Conselho de Ministros, ouvido o pleno do Conselho de Estado.[27]

Por seu turno, o modelo francês segue uma orientação peculiar. De acordo com João Pedro Accioly, a França "é, dentre as maiores economias do mundo, o país mais restritivo às arbitragens que envolvam a Administração Pública", tendo em vista que a "interdição à via arbitral é interpretada de modo ampliativo pelo judiciário francês, sobretudo pela justiça administrativa".

A ampla limitação ao emprego da arbitragem no âmbito da administração pública francesa decorre originalmente do Código de Processo Civil de 1806, o qual, embora revogado por codificação superveniente em 1975, instituiu a impossibilidade da utilização da via arbitral para a resolução de litígios administrativos. Posteriormente, o parecer (*avis*) firmado no dia 06 de março de 1986 pelo Conselho de Estado (*Conseil d'État*), emitido sob o número 339.710, ratificou que "[a]s pessoas públicas não podem se evadir das regras de determinação da competência dos tribunais nacionais, remetendo a um árbitro a resolução de litígios de que sejam partes", bem como que "uma cláusula de arbitragem com o Estado será nula e essa nulidade será de ordem pública: se um compromisso for assinado, o juiz pode invocá-la de ofício".

Em 1989, o mesmo Conselho de Estado estendeu a "interdição à arbitragem" às pessoas jurídicas de direito privado concessionárias e delegatárias de serviços públicos. Também os arts. 2.059 e 2.060 do atual Código Civil apontam para a prevalência, na França, da regra geral

---

[27] MATOS, Federico Nunes de. *Novas fronteiras da arbitragem aplicável aos litígios da administração pública*: incidência sobre conflitos extracontratuais, especialmente na desapropriação. 478f. Tese (Doutorado) – Faculdade de Direito, Universidade Federal de Minas Gerais, Belo Horizonte, 2017. p. 205-218.

da "proibição de que entidades públicas se submetam a arbitragens" (também chamada de "inarbitrabilidade do Poder Público").

As exceções são poucas e podem ser exemplificadas conforme as hipóteses a seguir mencionadas:

a) a parte final do art. 2.060 do Código Civil francês, o qual autoriza que as "entidades públicas de caráter industrial ou comercial" firmem compromissos arbitrais por meio de decreto – norma reproduzida também no art. L432-1 do "Código de Relações entre o Público e a Administração", em vigor desde 1º de janeiro de 2016;
b) o artigo 11 da *Ordonnance* nº 2004-559, com as alterações introduzidas pela Lei nº 2008-735, o qual estabelece, como cláusula necessária nos contratos de parceria público-privada, a regulamentação das "modalidades de prevenção e de solução de litígios, incluindo, eventualmente, a que preveja arbitragem, desde que seja aplicável a Lei francesa";[28]
c) art. 9º da Lei nº 972, de 19 de agosto de 1986, o qual admite a celebração de cláusula compromissória em contratos celebrados pelo Estado com sociedades estrangeiras para a realização de operações de interesse nacional.[29]

Dessa forma, o sistema jurídico francês é "extremamente conservador no que se refere à utilização da arbitragem para a resolução de controvérsias envolvendo a administração pública". A regra geral que prepondera na França consiste na vedação do uso da via arbitral para a resolução de disputas nas quais pessoas jurídicas de direito público figurem como partes. Com isso, a possibilidade do emprego da arbitragem por parte do Estado é admitida apenas excepcionalmente, de forma casuística, e estritamente nas hipóteses expressamente previstas na legislação, com o fim de relativizar o "princípio de proibição de recurso à arbitragem no direito administrativo".[30]

---

[28] ACCIOLY, João Pedro. Arbitragem e Administração Pública: um panorama global. *Revista Digital de Direito Administrativo*, v. 5, n. 1, Faculdade de Direito de Ribeirão Preto: Universidade de São Paulo, 2018. p. 11-14.

[29] MATOS, Federico Nunes de. *Novas fronteiras da arbitragem aplicável aos litígios da administração pública*: incidência sobre conflitos extracontratuais, especialmente na desapropriação. 478f. Tese (Doutorado) – Faculdade de Direito, Universidade Federal de Minas Gerais, Belo Horizonte, 2017. p. 201-203.

[30] MATOS, Federico Nunes de. *Novas fronteiras da arbitragem aplicável aos litígios da administração pública*: incidência sobre conflitos extracontratuais, especialmente na desapropriação. 478f. Tese (Doutorado) – Faculdade de Direito, Universidade Federal de Minas Gerais, Belo Horizonte, 2017. p. 192.

É possível afirmar, portanto, que vigora na França o "princípio da interdição da arbitragem aos entes públicos". Embora o sistema jurídico francês vivencie atualmente um movimento de expansão e prestígio da arbitragem nas relações entre particulares, o mesmo não ocorre com relação à possibilidade de emprego da via arbitral pela Administração Pública.

Bruno Lopes Megna aduz que essa situação é justificada por força da dualidade de jurisdições existente na França, isto é: a jurisdição comum ou jurisdição judiciária (*juridiction judiciaire*), exercida pelo Judiciário; e a jurisdição administrativa (*juridiction administrative*), por meio da qual a "Administração exerce jurisdição (embora com independência) sob si própria", baseada no axioma de que "julgar a Administração é administrar". A jurisdição administrativa ostenta caráter jurisdicional, embora não judiciário.

Com raízes históricas que remontam à Revolução Francesa de 1789, a jurisdição administrativa não integra o Poder Judiciário e está inserida na esfera da própria administração pública. Os membros que nela atuam estão vinculados ao Conselho de Estado (*Conseil d'État*) pertencente ao "Poder administrativo", e exercem funções contenciosas e consultivas em observância ao "princípio da dupla pertença" – ou "princípio do duplo" (*principe de double*).

Fato é que não são todas as disputas que envolvem a Administração Pública que são julgadas pelo Conselho de Estado. Diversamente, a competência da jurisdição administrativa está relacionada aos casos que versam sobre o exercício da "função administrativa", isto é, "que envolva atividade praticada por pessoa jurídica de direito público francês (condição orgânica), no exercício da função administrativa (condição material), sob o regime de direito público, dotado das prerrogativas que lhe são próprias (condição funcional)". Já os conflitos nos quais a Administração Pública discute relações jurídicas privadas ou comerciais, a jurisdição comum é a competente para o processamento e o julgamento do caso.[31]

É esse um dos motivos pelos quais, na França, há uma resistência ao emprego da arbitragem na esfera da administração pública. A existência de uma jurisdição administrativa de caráter jurisdicional (*juridiction administrative*), cuja competência abrange a resolução extrajudicial das controvérsias envolvendo a Administração Pública no

[31] MEGNA, Bruno Lopes. *Arbitragem e administração pública*: o processo arbitral devido e adequado ao regime jurídico administrativo. 350f. Dissertação (Mestrado) – Faculdade de Direito, Universidade de São Paulo, São Paulo, 2017. p. 120-123.

exercício da sua típica "função administrativa", torna dispensável o emprego da arbitragem para a mesma finalidade. Por outro lado, a via arbitral se mostra admissível com relação aos conflitos de competência da jurisdição judiciária (*juridiction judiciaire*) nos quais a Administração Pública figure como parte.

Alguns exemplos podem ser citados para corroborar essa afirmação. No caso *Galakis* julgado em 1996, a Corte de Cassação (*Cour de Cassation*), integrante da jurisdição comum, firmou jurisprudência favorável à possibilidade de celebração de convenção de arbitragem pelas pessoas jurídicas de direito público no que se refere às controvérsias envolvendo contratos internacionais, desde que não se referissem a assuntos internos do Estado francês.

Por outro lado, no âmbito da jurisdição administrativa, o Conselho de Estado (*Conseil d'État*) afirmou a vigência do "princípio da proibição da arbitragem às pessoas jurídicas de direito público" pelo menos em duas ocasiões: no ano de 1957, no caso *Societé Nacional de Vente des Surplus*, quando o Conselho de Estado vedou a utilização da via arbitral para as pessoas jurídicas de direito público de caráter industrial e comercial; e no ano de 1986, no caso *Eurodisneyland*, quando o Conselho de Estado emitiu o já mencionado parecer (*avis*) nº 339.710, proibindo amplamente o emprego da arbitragem pelas pessoas jurídicas de direito público.[32]

Portanto, atualmente vigora na França o "princípio da proibição da arbitragem às pessoas jurídicas de direito público" no que se refere às disputas envolvendo a "ordem pública" ou o exercício da típica "função administrativa". Todavia, é preciso acentuar que esse princípio vem sendo questionado não apenas na esfera do Parlamento francês, como também no âmbito do próprio Conselho de Estado.

Como exemplo, é possível mencionar o Projeto de Lei nº 2.887/2010, o qual "pretende ampliar as hipóteses de arbitragem envolvendo o Estado para todas as disputas contratuais de que a Administração seja parte, com exceção das que concernam à prestação de serviços públicos".[33] Igualmente, o relatório emitido em 13 de março de 2007 pelo Grupo de Trabalho sobre Arbitragem do Conselho

[32] MEGNA, Bruno Lopes. *Arbitragem e administração pública*: o processo arbitral devido e adequado ao regime jurídico administrativo. 350f. Dissertação (Mestrado) – Faculdade de Direito, Universidade de São Paulo, São Paulo, 2017. p. 124-125.

[33] ACCIOLY, João Pedro. Arbitragem e Administração Pública: um panorama global. *Revista Digital de Direito Administrativo*, v. 5, n. 1, Faculdade de Direito de Ribeirão Preto: Universidade de São Paulo, 2018. p. 13.

de Estado[34] – conhecido como Relatório *Labetoulle* – aponta as suas conclusões na direção de uma abertura gradual do emprego da arbitragem para todas as pessoas jurídicas de direito público, a fim de solucionar disputas nacionais e internacionais, iniciando-se no campo das relações contratuais.[35]

Ao que parece, o movimento atual é de ampliação gradativa das possibilidades de utilização da arbitragem pela Administração Pública também na França – na esteira do que já ocorre em outros países europeus.[36] A conhecida "legislação vanguardista" sobre arbitragem existente na França[37] seguramente evoluirá em breve para expandir as possibilidades de utilização do método arbitral também para questões *interna corporis* da administração pública francesa.

4 Considerações finais

A legislação brasileira, em consonância com a tendência predominantemente verificada na Europa, incentiva o emprego dos métodos integrados de solução de controvérsias pelo Estado, inclusive a arbitragem. Seguramente, trata-se de institucionalização de uma política pública de tratamento adequado dos conflitos envolvendo a Administração Pública, a qual contribui para a consolidação do sistema de Justiça Multiportas nas controvérsias envolvendo o Estado.

Diante dessa tendência inarredável de utilização pelo Poder Público de métodos de solução de conflitos diferentes da jurisdição estatal, o presente artigo buscou traçar um estudo comparativo acerca do emprego da arbitragem nas administrações públicas brasileira e europeia. Espera-se que o trabalho tenha alcançado a sua finalidade de

---

[34] FRANÇA. *Conseil d'État, Groupe de travail sur l'arbitrage*. Rapport. Paris, 13 de março de 2007. Disponível em: http://www.justice.gouv.fr/art_pix/Rapport_final.pdf. Acesso em 27 mai. 2022, tradução nossa.

[35] MEGNA, Bruno Lopes. *Arbitragem e administração pública*: o processo arbitral devido e adequado ao regime jurídico administrativo. 350f. Dissertação (Mestrado) – Faculdade de Direito, Universidade de São Paulo, São Paulo, 2017. p. 127-128.

[36] MATOS, Federico Nunes de. *Novas fronteiras da arbitragem aplicável aos litígios da administração pública*: incidência sobre conflitos extracontratuais, especialmente na desapropriação. 478f. Tese (Doutorado) – Faculdade de Direito, Universidade Federal de Minas Gerais, Belo Horizonte, 2017. p. 192.

[37] BONATO, Giovanni. *Panorama da arbitragem na França e na Itália. Perspectiva de direito comparado com o sistema brasileiro*. p. 16-17. Disponível em: chrome-extension://efaidnbmnnnibpcajpcglclefindmkaj/https://edisciplinas.usp.br/pluginfile.php/208504/mod_resource/content/0/BONATO%2C%20Arbitragem%20na%20Fran%C3%A7a%20e%20na%20Italia..pdf. Acesso em 27 mai. 2022.

fomentar o uso da via arbitral pela Fazenda Pública, demonstrando a sua importância como uma ferramenta adequada de solução de conflitos na seara administrativa.

Referências

ACCIOLY, João Pedro. Arbitragem e Administração Pública: um panorama global. *Revista Digital de Direito Administrativo*, v. 5, n. 1, Faculdade de Direito de Ribeirão Preto: Universidade de São Paulo, 2018.

BARREIROS, Lorena Miranda Santos. *Convenções Processuais e Poder Público*. Salvador: JusPodivm, 2017.

BONATO, Giovanni. *Panorama da arbitragem na França e na Itália. Perspectiva de direito comparado com o sistema brasileiro*. p. 16-17. Disponível em: chrome-extension://efaidnbmnnnibpcajpcglclefindmkaj/https://edisciplinas.usp.br/pluginfile.php/208504/mod_resource/content/0/BONATO%2C%20Arbitragem%20na%20Fran%C3%A7a%20e%20na%20Italia..pdf. Acesso em 27 mai. 2022.

BRASIL. SUPERIOR TRIBUNAL DE JUSTIÇA. Recurso Especial: REsp nº 612.439/RS, Relator Ministro João Otávio de Noronha, Segunda Turma, julgado em 25.10.2005, *DJ* 14.09.2006.

BRASIL. SUPERIOR TRIBUNAL DE JUSTIÇA. Mandado de Segurança: MS nº 11.308/DF, Relator Ministro Luiz Fux, Primeira Seção, julgado em 09.04.2008, *DJe* 19.05.2008.

BRASIL. SUPERIOR TRIBUNAL DE JUSTIÇA. Recurso Especial: REsp nº 904.813/PR, Relatora Ministra Nancy Andrighi, Terceira Turma, julgado em 20.10.2011, *DJe* 28.02.2012.

BRASIL. SUPERIOR TRIBUNAL DE JUSTIÇA. Recurso Especial: REsp nº 1.277.725/AM, Relatora Ministra Nancy Andrighi, Terceira Turma, julgado em 12.03.2013, *DJe* 18.03.2013.

BRASIL. SUPERIOR TRIBUNAL DE JUSTIÇA. Conflito de competência: CC nº 139.519/RJ, Relator Ministro Napoleão Nunes Maia Filho, Relatora p/ Acórdão Ministra Regine Helena Costa, Primeira Seção, julgado em 11.10.2017, *DJe* 10.11.2017.

BRASIL. SUPREMO TRIBUNAL FEDERAL. Agravo de Instrumento: AI nº 52181, Relator Ministro Bilac Pinto, Tribunal Pleno, julgado em 14.11.1973, *DJ* 15.02.1974.

FRANÇA. *Conseil d'État, Groupe de travail sur l'arbitrage*. Rapport. Paris, 13 de março de 2007. Disponível em: http://www.justice.gouv.fr/art_pix/Rapport_final.pdf. Acesso em 27 mai. 2022.

FRANZONI, Diego; VOSGERAU, Isabella Moreira de Andrade. Negócios jurídicos processuais atípicos e a Administração Pública. *In*: TALAMINI, Eduardo (Coord.); DIDIER JR., Fredie (Coord. Geral). *Processo e Administração Pública*. Salvador: JusPodivm, 2016.

MATOS, Federico Nunes de. *Novas fronteiras da arbitragem aplicável aos litígios da administração pública*: incidência sobre conflitos extracontratuais, especialmente na desapropriação. 478f. Tese (Doutorado) – Faculdade de Direito, Universidade Federal de Minas Gerais, Belo Horizonte, 2017.

MEGNA, Bruno Lopes. *Arbitragem e administração pública*: o processo arbitral devido e adequado ao regime jurídico administrativo. 350f. Dissertação (Mestrado) – Faculdade de Direito, Universidade de São Paulo, São Paulo, 2017.

MELLO, Rafael Munhoz. Arbitragem e Administração Pública. *Revista Jurídica da Procuradoria-Geral do Estado do Paraná*, n. 6, 2015.

PEREIRA, Ana Lucia Pretto; PEREIRA GIOVANINI, Ana Elisa Pretto. Arbitragem na administração pública brasileira e indisponibilidade do interesse público. *Quaestio Iuris*, v. 10, n. 2, Rio de Janeiro, 2017.

PEREIRA, Cesar Augusto Guimarães. Arbitragem e a Administração Pública na jurisprudência do TCU e do STJ. *In*: PEREIRA, Cesar Augusto Guimarães; TALAMINI, Eduardo (Coord.). *Arbitragem e Poder Público*. São Paulo: Saraiva, 2010.

RODRIGUES, Marco Antônio. *A Fazenda Pública no processo civil*. 2. ed. São Paulo: Atlas, 2016.

SANDER, Frank E. A. *Varieties of Dispute Processing*. Eagan: West Publishing Company, 1976.

TÁCITO, Caio. *Temas de direito público*: estudos e pareceres. Rio de Janeiro: Renovar, 2002. v. 3.

TALAMINI, Eduardo. A (in)disponibilidade do interesse público: consequências processuais (composições em juízo, prerrogativas processuais, arbitragem, negócios processuais e ação monitória) – versão atualizada para o CPC/2015. *In*: ZANETI JR., Hermes; CABRAL, Trícia Navarro Xavier (Coord.); DIDIER JR., Fredie (Coord. Geral). *Justiça Multiportas*: Mediação, Conciliação, Arbitragem e outros meios de solução adequada de conflitos. Salvador: JusPodivm, 2016.

Informação bibliográfica deste texto, conforme a NBR 6023:2018 da Associação Brasileira de Normas Técnicas (ABNT):

FRANCO, Marcelo Veiga. Arbitragem na Administração Pública: estudo comparativo entre o Brasil e países europeus. *In*: EIDT, Elisa Berton; GOULART, Juliana Ribeiro; SCHNEIDER, Patricia Dornelles; RAMOS, Rafael (coord.). *Consensualidade na Administração Pública*. 2. ed. Belo Horizonte: Fórum, 2024. p. 87-104. ISBN 978-65-5518-800-4.

PRINCIPAIS DESAFIOS PARA A UTILIZAÇÃO DA ARBITRAGEM PELO PODER PÚBLICO

MURILO TEIXEIRA AVELINO

RAVI PEIXOTO

1 Introdução

Na arbitragem, um terceiro escolhido pelas partes resolve o conflito total ou parcialmente, nos limites da convenção. Em verdade, admite-se a atuação de árbitro ou de comissão de arbitragem. O órgão julgador arbitral pode, assim, ser singular ou colegiado. Trata-se de espécie de *heterocomposição*, ainda que a escolha a respeito da utilização dessa técnica seja fruto do consenso entre as partes. Convencionalmente, decide-se por eleger um terceiro ou um grupo de terceiros (árbitros) para decidirem sobre a disputa.

A arbitragem é instituída negocialmente pelas partes, mediante a chamada *convenção de arbitragem*. É espécie de negócio jurídico no qual os sujeitos acertam que, havendo conflito a respeito de determinada relação jurídica entre eles, o problema será submetido ao árbitro ou à junta de arbitragem e não à jurisdição estatal. A arbitragem é uma escolha, não podendo ser imposta, até mesmo por lei. Como decorre da autonomia da vontade das partes que a ela se submetem, não se pode rediscutir jurisdicionalmente o mérito das decisões proferidas no processo arbitral, limitado o questionamento da decisão às hipóteses de nulidade previstas no art. 32 da Lei nº 9.307/1993.

O árbitro assume, para todos os fins, a posição de juiz. Não somente decide o conflito, como também se submete a todas as causas de impedimento e suspeição. Pode praticar quaisquer dos crimes praticados por juízes e funcionários públicos. Uma testemunha que mente perante um árbitro também comete falso testemunho. Enfim, o regramento que incide sobre o árbitro é o mesmo incidente sobre a figura do juiz.

Uma das características marcantes do *processo arbitral* é a possibilidade de as partes definirem os modelos do seu processo. Podem decidir qual é o *direito* aplicável ao caso (ou seja, convenciona-se também sobre as normas de julgamento que incidirão no caso e a partir das quais o árbitro decidirá), e até acertar que a decisão seja tomada por equidade. Daí surge a noção de *arbitragem de direito* e *arbitragem por equidade*.

Essa técnica costuma se adequar a litígios de alta complexidade, com questões muito especializadas e que não teriam o tratamento ideal perante o Judiciário. Nesse ponto ganha importância a utilização da técnica diante de contratos administrativos complexos, que envolvam questões cuja especialização técnica seja necessária à adequada solução do conflito.

Outro aspecto interessante da arbitragem é que ela pode ser sigilosa e muitas vezes isso é do interesse das partes. É que, por vezes, a simples existência de um conflito entre duas grandes empresas pode gerar atritos no mercado e, na arbitragem, existe essa opção da confidencialidade pela simples escolha das partes.[1] No entanto, como veremos, em regra, essa é uma possibilidade bastante limitada quando o conflito envolver a Administração Pública.

Um desafio na arbitragem é a verificação da arbitrabilidade, ou seja, identificar quais questões podem ser solucionadas por meio da arbitragem. O tema é mencionado no art. 1º da Lei nº 9.307/1996, segundo o qual "[a]s pessoas *capazes de contratar* poderão valer-se da arbitragem para dirimir litígios relativos a *direitos patrimoniais disponíveis*". Isso significa dizer que a pessoa deve ser capaz (arbitrabilidade subjetiva) e o direito deve ser patrimonial disponível (arbitrabilidade objetiva).[2]

[1] DINAMARCO, Cândido Rangel. *A arbitragem na teoria geral do processo*. São Paulo: Malheiros, 2013. p. 60-63.

[2] DINAMARCO, Cândido Rangel. *A arbitragem na teoria geral do processo*. São Paulo: Malheiros, 2013. p. 76.

2 A arbitragem, o poder público e os direitos patrimoniais disponíveis

Já houve muita discussão sobre a possibilidade da adoção da arbitragem pelo poder público, afinal, tem-se a ideia (limitadora) de indisponibilidade do direito.[3] Ocorre que, atualmente, a legislação é bastante clara em afirmar que "[a] Administração Pública direta e indireta poderá utilizar-se da arbitragem para dirimir conflitos relativos a direitos patrimoniais disponíveis" (art. 1º, §1º, Lei nº 9.307/1996).[4]

Note-se que o poder público, em termos gerais, poderá se valer da arbitragem nas mesmas hipóteses em que o particular pode fazê-lo. Isso porque o art. 1º, *caput*, da LArb, permite que haja utilização da arbitragem relativa a "direitos patrimoniais disponíveis". Essa previsão é reforçada pelo art. 852 do Código Civil, segundo o qual "[é] vedado compromisso para solução de questões de estado, de direito pessoal de família e de outras que não tenham caráter estritamente patrimonial".

O desafio, de toda forma, é identificar o que seria *direito patrimonial disponível*, para efeitos da Administração Pública. É possível ter indicativos do seu conteúdo analisando a legislação, pois, mesmo antes da previsão expressa na Lei nº 9.307/2015, que permitiu genericamente a arbitragem, várias legislações já a permitiam em situações específicas.

Podemos mencionar, a título exemplificativo: 1) para a resolução de conflitos contratuais nos contratos de concessões (art. 23-A da Lei nº 8.987/1995); 2) para a resolução de conflitos contratuais nos contratos de concessões de exploração de petróleo (art. 43, X, da Lei nº 9.478); e 3) para a resolução de conflitos na contratação de parceria público-privada (art. 11, III, da Lei nº 11.079/2004).

Esse é um bom indicativo do cabimento da arbitragem: *relações contratuais envolvendo o poder público*, por ser fácil de identificar em seu conteúdo o direito patrimonial disponível. Essa interpretação é reforçada pelo art. 151, parágrafo único da Lei nº 14.133/2021, a nova Lei de Licitações e Contratos que, ao fazer referência à utilização de meios alternativos de resolução de controvérsias, insere, como exemplo de direitos patrimoniais disponíveis, "as questões relacionadas ao

---

[3] Ver, sobre a discussão: AMARAL, Paulo Osternack. *Arbitragem e administração pública*: aspectos processuais, medidas de urgência e instrumentos de controle. Belo Horizonte: Fórum, 2012. p. 53-83.

[4] Este também é o entendimento da jurisprudência. Uma boa análise da evolução no entendimento do tema pode ser conferida em julgado do STJ, mais especificamente no voto da relatora: STJ, 2ª Seção, CC 151.130/SP, Rel. Min. Nancy Andrighi, Rel. p/ Acórdão Ministro Luís Felipe Salomão, j. 27.11.2019, *DJe* 11.02.2020.

restabelecimento do equilíbrio econômico-financeiro do contrato, ao inadimplemento de obrigações contratuais por quaisquer das partes e ao cálculo de indenizações".[5]

Um outro indicativo sugerido pela doutrina é o de que a arbitragem seria admissível quando os conflitos forem referentes a "atos de gestão da Administração, excluídos, obviamente, os atos de natureza política, legislativa ou executiva em sentido estrito".[6] Ou seja, por exemplo, não poderia ser submetida à arbitragem um conflito de política pública, no qual se discutisse onde seriam construídas novas escolas, quantos professores deveriam ser contratados etc.

Também não seriam arbitráveis os atos de império, nos quais há uma situação de sujeição entre o Estado e o indivíduo, pois o direito seria indisponível.[7] Dinamarco ainda menciona que a arbitragem não seria admitida em matéria de ordem pública e elenca como exemplo as situações que envolvam políticas públicas em geral, tais como educação, segurança, medidas de saúde pública, meio-ambiente e funcionalismo público, com a inclusão de questões disciplinares.[8]

Uma questão interessante que se deve perceber é a de que, caso um direito seja tido como indisponível, isso não significa que todas as decorrências desse direito também o serão. O exemplo a ser utilizado é a desapropriação. A opção de realização da desapropriação é típico ato de império, no qual a escolha pertence ao poder público, que decide pela declaração de utilidade pública daquele bem ou não. Mas o mesmo não se pode dizer do valor da indenização e, não por acaso, atualmente é permitida a utilização da arbitragem para decidir sobre o *valor da indenização*, mas não sobre a decisão de desapropriar o bem.

Perceba-se que a arbitragem é admitida apenas após o exaurimento da fase declaratória, com a declaração de utilidade pública. Embora ela não sirva, por si só, para transferir o bem para o patrimônio público, já o sujeita às operações materiais e aos atos administrativos

---

5 Previsão bastante semelhante pode ser encontrada no art. 2º do Decreto nº 10.025/2019, que dispõe sobre a arbitragem para dirimir litígios que envolvam a administração pública federal nos setores portuário e de transporte rodoviário, ferroviário, aquaviário e aeroportuário.

6 MAZZOLA, Marcelo; PINHO, Humberto Dalla Bernardina de. *Manual de Mediação e Arbitragem*. São Paulo: Saraiva, 2019, versão kindle, posição 5.277.

7 DINAMARCO, Cândido Rangel. *A arbitragem na teoria geral do processo*. São Paulo: Malheiros, 2013. p. 76. No mesmo sentido: MEGNA, Bruno Lopes. *Arbitragem e administração pública*: fundamentos teóricos e soluções práticas. Belo Horizonte: Fórum, 2019. p. 162.

8 DINAMARCO, Cândido Rangel. *A arbitragem na teoria geral do processo*. São Paulo: Malheiros, 2013. p. 76.

necessários para a efetivação da decisão do ente público. O que permite a arbitragem é, tão somente, analisar o que ainda não foi definido, que é o valor do bem.[9]

3 Identificação da autoridade apta a celebrar a convenção de arbitragem

Outro elemento relevante é verificar quem pode celebrar a convenção de arbitragem, pois, de acordo com o art. 1º, §2º, da Lei nº 9.307/1996, "[a] autoridade ou o órgão competente da Administração Pública direta para a celebração de convenção de arbitragem *é a mesma para a realização de acordos ou transações*".

Atualmente, um razoável indicativo pode ser retirado do art. 26 da LINDB, que faz menção à "autoridade administrativa" como responsável pela realização de acordos. A autoridade, de acordo com o art. 1º, §2º, III, da Lei nº 9.784/1999, pode ser entendida como "o servidor ou agente público dotado de poder de decisão". Assim, de certa forma, pode celebrar convenção de arbitragem aquele servidor que tenha poder de decisão.

É natural que seja impossível definir com precisão a autoridade, afinal, cada ente público possui uma organização diferente, o que impediria que uma lei nacional indicasse exatamente que autoridade teria esse poder de celebrar a convenção de arbitragem.

Em termos genéricos, é viável afirmar que pode celebrar convenção de arbitragem quem tem poder de decisão, cabendo a análise da legislação para verificar quem poderá fazê-lo em cada caso. Por exemplo, se formos analisar um contrato de concessão, o servidor que tiver o poder de celebrar o contrato será o mesmo com autoridade para celebrar convenção de arbitragem. O fato de a arbitragem ser utilizada em contratos administrativos facilita a resposta à pergunta da autoridade para sua instituição, pois quem tem competência para celebrar o contrato, também terá para celebrar a convenção de arbitragem. O que se afigura relevante identificar é que outras autoridades também podem ter esse poder. A título exemplificativo, um secretário municipal pode ter poder para celebrar um determinado contrato e, surgido um conflito, o prefeito pode optar por adotar a arbitragem como método de solução do conflito. A hierarquia administrativa auxilia nesta

---

[9] Com esse raciocínio: MAIA, Alberto Jonathas. *Fazenda pública e arbitragem*. Salvador: JusPodivm, 2020. p. 94.

identificação. O delegante pode instituir a arbitragem em compromissos firmados pelo delegatário; a autoridade hierarquicamente superior pode definir pela arbitragem em acordos realizados por outras autoridades a si submetidas.

Algumas legislações locais abordam o tema. No Decreto nº 64.356/2019, que regula a arbitragem da qual faça parte o Estado de São Paulo, compete ao "Procurador Geral do Estado celebrar compromisso arbitral para submeter divergências à arbitragem após o surgimento da disputa ou para esclarecer ou integrar lacuna de cláusula compromissória" (art. 4º, §3º). No Estado do Rio de Janeiro, o Decreto-Lei nº 46.245/2018, que regula a arbitragem da qual seja parte o Estado do Rio de Janeiro, tem previsão mais específica, pois, de acordo com o seu art. 7º, "[c]aberá, exclusivamente, ao Secretário de Estado responsável pela ordenação da despesa a celebração de contratos contendo cláusula compromissória, bem como a assinatura de compromisso arbitral, ouvida, previamente, a Procuradoria Geral do Estado".

4 Momento de celebração da arbitragem

Também se discute em que momento pode ser celebrada a convenção de arbitragem.

A convenção de arbitragem possui duas modalidades:

A primeira é a cláusula compromissória, que cria uma obrigação de fazer, servindo para que futuros conflitos sejam submetidos à arbitragem, tendo caráter vinculante, impondo que o conflito seja resolvido pela arbitragem. Pode ser vazia ou cheia.

Sendo vazia, há necessidade de um procedimento prévio. Se não for possível o consenso entre as partes, impõe-se a utilização de um processo judicial para que se possa resolver a questão e gerar o procedimento arbitral. Quando cheia, permite a instauração da arbitragem de imediato no caso do aparecimento do conflito.

Por outro lado, há, ainda, o compromisso arbitral, que ocorre quando já há litígio, seja para pactuar diretamente a arbitragem, seja para definir as regras de cláusula compromissória vazia.

No caso do poder público, há o questionamento se já precisa estar previsto no edital de licitação, ou se a submissão à arbitragem pode ocorrer em outro momento, como no ato de assinatura do contrato ou mesmo depois do conflito surgir. Na verdade, como se percebe, a discussão vai além da *cláusula compromissória* vs. *compromisso arbitral*, pois a questão não envolve apenas essas duas modalidades, mas se, por exemplo, seria possível, após a licitação e a celebração do contrato, porém, antes de qualquer conflito, o aditamento do contrato para incluir a utilização da arbitragem (cláusula compromissória).

Tem prevalecido a posição de que não precisa existir previsão expressa no edital de licitação, podendo a convenção de arbitragem ser celebrada em outro momento.[10] Esse entendimento foi consagrado no art. 153 da Lei nº 14.133/2021 (nova Lei de Licitações e Contratos Administrativos), ao prever expressamente que "[o]s contratos poderão ser aditados para permitir a adoção dos meios alternativos de resolução de controvérsias". Assim, o ente público pode celebrar tanto cláusula compromissória quanto compromisso arbitral a qualquer momento.

5 Limites à convenção de arbitragem pelo poder público

Apesar de o poder público poder se utilizar da arbitragem, existem alguns limites que lhe são aplicáveis, condicionando sua liberdade. Isso porque há algumas particularidades que decorrem do próprio regime a que é submetido o poder público. Afinal, como destaca a doutrina, a Fazenda Pública é regida por princípios inscritos no *caput* do art. 37 da Constituição (legalidade, moralidade, publicidade, impessoalidade e eficiência), que limitam a liberdade para a instituição da arbitragem.[11]

A primeira limitação remete ao princípio da legalidade. Enquanto a arbitragem que envolva particulares possa ser *de direito* ou *de equidade*, "[a] arbitragem que envolva a administração pública será sempre de direito" (art. 2º, §3º, da Lei nº 9.307/1996). Isso ocorre pela submissão ao princípio da legalidade, pois não pode o poder público deixar para que o juiz, tendo por base o seu sentimento de justiça e ignorando a lei, decida o caso.

Aponte-se que a previsão da arbitragem de direito não resolve o problema, pois, ainda nessa modalidade são várias as escolhas das partes. Afinal, seria possível eleger como normas de cisão o direito brasileiro, o direito de algum outro país, algum conjunto de regras corporativas etc. A doutrina determina que, nas arbitragens que envolvam o poder público e sejam nacionais, seja aplicado o direito brasileiro.[12]

---

10 STJ, 3ª T., REsp nº 904.813/PR, Rel. Min. Nancy Andrighi, *DJe* 28.02.2012. Na doutrina: MAZZOLA, Marcelo; PINHO, Humberto Dalla Bernardina de. *Manual de Mediação e Arbitragem*. São Paulo: Saraiva, 2019, versão kindle, posição 10387-10388.

11 CUNHA, Leonardo Carneiro da. *A Fazenda Pública em juízo*. 17. ed. Rio de Janeiro: Forense, 2020. p. 713.

12 TONIN, Maurício Morais. *Arbitragem, mediação e outros métodos de solução de conflitos envolvendo o poder público*. São Paulo: Almedina, 2019. p. 286-287; MEGNA, Bruno Lopes. *Arbitragem e administração pública*: fundamentos teóricos e soluções práticas. Belo Horizonte: Fórum, 2019. p. 212.

Isso parece se refletir nas regulações locais. Por exemplo: i) art. 4º, II, do Decreto-Lei nº 46.245/2018, que regula a arbitragem da qual seja parte o Estado do Rio de Janeiro; ii) art. 4º, §1º, 2, do Decreto nº 64.356/2019, que regula a arbitragem da qual faça parte o Estado de São Paulo; e iii) art. 3º, II, do Decreto nº 10.025/2019, que dispõe sobre a arbitragem para dirimir litígios que envolvam a administração pública federal nos setores portuário e de transporte rodoviário, ferroviário, aquaviário e aeroportuário.

No Estado de Pernambuco, essa exigência não é prevista, uma vez que é exigido apenas que a cláusula compromissória indique "a legislação aplicável" (art. 5º, III, da Lei nº 15.627/2018), que, ao menos em tese, pode ser a de outro país.

6 Publicidade e arbitragem

Respeitando o princípio da publicidade (art. 37, CF), a arbitragem que envolva o poder público, em regra, deve ser pública. Como destaca o art. 2º, §3º, da Lei nº 9.307/1996, "[a] arbitragem que envolva a Administração Pública (...) respeitará o princípio da publicidade". Assim, ao contrário do que ocorre com os particulares, a regra é a de que a arbitragem deve ser pública.

Ocorre que essa é uma regra que pode ter exceções. A Lei nº 12.527/2011 regula o acesso à informação e, em seus arts. 23 e 24, insere várias restrições a alguns tipos de informações que "[s]ão consideradas imprescindíveis à segurança da sociedade ou do Estado". Imagine, por exemplo, um contrato que envolva o fornecimento de equipamentos para uma operação estratégica das forças armadas, que é uma hipótese de informação sigilosa (art. 23, V). Em caso de arbitragem para resolver conflito surgido na execução de contrato com este objeto, tratar-se-ia de hipótese de sigilo também para o procedimento arbitral.

Algumas legislações estaduais aprofundam a regulação da publicidade/confidencialidade da arbitragem. O Decreto nº 64.356/2019, que regula a arbitragem envolvendo o Estado de São Paulo, afirma que "[o]s atos do procedimento arbitral serão públicos, ressalvadas as hipóteses legais de sigilo ou segredo de justiça" (art. 12, *caput*).

Em relação ao nível de publicidade, o decreto em comento dispõe que são "atos do procedimento arbitral as petições, laudos periciais, Termo de Arbitragem ou instrumento congênere e decisões dos árbitros" (art. 12, §1º) e que estes devem ser disponibilizados pela PGE na internet (art. 12, §2º). Há regulação específica em relação às audiências, pois, de acordo com o art. 12, §3º, "[a]s audiências do procedimento arbitral *poderão ser reservadas* aos árbitros, secretários do Tribunal Arbitral, partes, respectivos procuradores, testemunhas, assistentes técnicos, peritos, funcionários da câmara arbitral e pessoas previamente autorizadas pelo Tribunal Arbitral".

Note-se que a legislação não é clara, pois afirma que os atos da arbitragem serão públicos, mas não coloca a audiência como ato da arbitragem, permitindo – mas não exigindo – que as audiências sejam limitadas aos participantes. Como a regra é a publicidade dos atos, nos parece que deve ser interpretado que a audiência deve ser compreendida como ato da arbitragem, sendo considerada pública e, portanto, que outras pessoas possam dela participar. Aponte-se que pode haver uma limitação de participação dessa audiência por uma questão de espaço, mas, como forma de preservar a publicidade, tais audiências deveriam ser registradas, com disponibilização das atas *on-line*, tal qual os demais atos.

Previsão quase idêntica pode ser identificada no art. 13 do Decreto-Lei nº 46.245/2018, que regula a arbitragem envolvendo o Estado do Rio de Janeiro. São três as principais diferenças: i) há melhor regulação dos casos de sigilo, mencionando-se "as hipóteses legais de sigilo, de segredo de justiça, de segredo industrial decorrentes da exploração direta de atividade econômica pelo Estado ou por pessoa física ou entidade privada que tenha qualquer vínculo com o Poder Público" (art. 13, *caput*); ii) os atos não são disponibilizados *on-line*, mas permite-se o seu acesso a qualquer interessado, a pedido (art. 13, §2º); e iii) a audiência é tida como reservada, mas permite-se a participação de pessoas previamente autorizadas pela instituição arbitral.[13] Nos parece que qualquer cidadão pode requerer a participação na audiência, que só deve ser negada caso haja alguma espécie de sigilo na arbitragem ou por motivos de impossibilidade física, como ausência de locais para alocar aquele indivíduo.

7 Custas e despesas

Não há uma regra geral para a antecipação das custas e despesas. A problemática deve ser regida pela autonomia da vontade das partes.

[13] Art. 13 (...) §3º – A audiência arbitral respeitará o princípio da privacidade, sendo reservada aos árbitros, secretários do tribunal arbitral, partes, respectivos procuradores, testemunhas, assistentes técnicos, peritos, funcionários da instituição de arbitragem e demais pessoas previamente autorizadas pelo tribunal arbitral.

No Decreto nº 46.245/2018, que rege a arbitragem envolvendo o Estado do Rio de Janeiro, tem-se a previsão de que "[a]s despesas com a realização da arbitragem serão adiantadas pelo contratado quando for ele o requerente do procedimento arbitral, incluídos os honorários dos árbitros, eventuais custos de perícias e demais despesas com o procedimento". O decreto, no entanto, é omisso em relação ao que deve ser feito quando o procedimento for iniciado pelo poder público.

O Decreto nº 64.356/2019, que regula a arbitragem da qual participe o Estado de São Paulo, aponta, de acordo com o art. 4º, §1º, 5, "o adiantamento das despesas pelo requerente da arbitragem".

Na legislação do Estado de Pernambuco (Lei nº 15.627/2015), aparentemente, impõe-se que as despesas e os custos da arbitragem "devem ser adiantados pelo contratado, quando da instauração do procedimento arbitral, e esta obrigação de adiantamento constará do edital de licitação e do contrato administrativo" (art. 7º, parágrafo único). Assim, mesmo que seja o ente público a iniciar a arbitragem, caberá ao contratado adiantar as despesas com a arbitragem.

8 Procedimento da arbitragem

A organização e o funcionamento da arbitragem podem seguir dois caminhos, podendo ser institucional ou *ad hoc*.

A arbitragem *ad hoc* é prevista no art. 5º da Lei de Arbitragem, pois é permitido às partes "estabelecer na própria cláusula, ou em outro documento, a forma convencionada para a instituição de arbitragem". Trata-se de um modelo em que há maior liberdade, mas, naturalmente, menor segurança jurídica, pois ela é independente de qualquer instituição, sendo o procedimento completamente desenvolvido pelas partes.

Menciona a doutrina que a arbitragem *ad hoc* tem dois aspectos principais, um normativo e outro administrativo. O aspecto normativo consiste na faculdade de elaboração das regras e procedimentos específicos para o caso. Pela liberdade para escolher o procedimento, nada impede que adotem procedimento desenvolvido por alguma instituição arbitral, a exemplo das Regras de Arbitragem da UNCITRAL (*United Nations Commission on International Trade Law*).

Em termos administrativos, como não há uma instituição por trás da arbitragem, com sua infraestrutura, cabe às partes convencionarem sobre os prazos processuais, formas de envio de comunicação, alocação dos custos, sistemática recursal, local de realização das audiências etc.[14] Nesse modelo, caberá às partes definir cada um dos detalhes: onde serão realizadas as audiências? Quem ficará com os documentos e onde serão armazenados? Como serão realizadas as intimações? Qual será o procedimento?

Se, por um lado, há uma economia de custos com a contratação de uma instituição, vários problemas práticos surgem, podendo dificultar o andamento da arbitragem, considerando, ainda, toda a burocracia decisória da administração pública quando ocorrem problemas.

Por outro lado, a arbitragem institucional é prevista no art. 5º da Lei de Arbitragem, quanto permite às partes, no momento da celebração da convenção de arbitragem, reportarem-se "às regras de algum órgão arbitral institucional ou entidade especializada", caso em que a arbitragem será "instituída e processada de acordo com tais regras". Nessas situações, há uma pessoa jurídica escolhida pelas partes, como a Câmara de Comércio Brasil-Canadá; a Câmara de Conciliação, Mediação e Arbitragem de São Paulo etc., que irá reger a arbitragem a partir do seu regulamento, tanto do ponto de vista normativo, quanto administrativo.

Não há, na legislação nacional, uma exigência da adoção de uma ou outra espécie pelos entes públicos. Há quem sustente que o art. 10-B, §4º, da Lei de Desapropriação, que rege a arbitragem, exigiria a modalidade *institucional*.[15] Não parece ser o caso: a legislação aponta que a arbitragem deve seguir o procedimento fixado na lei de arbitragem e, como visto, prevê expressamente tanto a arbitragem *ad hoc* quanto a institucional.

No Estado de São Paulo, o Decreto nº 64.356/2019 admite as duas possibilidades. De acordo com o art. 6º, "[o] procedimento arbitral será regido pelo regulamento de arbitragem da câmara arbitral eleita ou, nos casos de procedimento 'ad hoc', pelas regras de arbitragem da '*United Nations Commission on International Trade Law*' (UNCITRAL), vigentes no momento da apresentação do requerimento de arbitragem".

Por sua vez, a Lei nº 15.627/2015, que regula a arbitragem da qual participe o Estado de Pernambuco, afirma que "[o] juízo arbitral, para os fins desta Lei, instituir-se-á exclusivamente por meio de órgão arbitral institucional". Previsão semelhante consta do Decreto nº 46.245/2018,

---

[14] FICHTNER, José Antônio; MANHEIMER, Sergio Nelson; MONTEIRO, André Luís. *Teoria Geral da Arbitragem*. Rio de Janeiro: Forense, 2019, versão eletrônica, item 2.6.2.1.

[15] MAIA, Alberto Jonathas. *Fazenda pública e arbitragem*. Salvador: JusPodivm, 2020. p. 95.

que regula a arbitragem da qual participe o Estado do Rio de Janeiro em seu art. 2º: "A arbitragem instituir-se-á exclusivamente por meio de órgão arbitral institucional".

Uma terceira modalidade foi prevista no Decreto nº 10.025/2019, que dispõe sobre a arbitragem para dirimir litígios que envolvam a administração pública federal nos setores portuário e de transporte rodoviário, ferroviário, aquaviário e aeroportuário que envolvam a União e demais entidades da administração pública federal. Neste decreto, tem-se a previsão, no art. 3º, V, que "a arbitragem será, preferencialmente, institucional".

Bastante semelhante é a previsão do art. 3º, do Decreto nº 59.963/2020, que regulamenta a arbitragem que envolva o município de São Paulo: "A arbitragem será preferencialmente institucional, podendo, justificadamente, ser constituída arbitragem "ad hoc"".

A conclusão é a de que não parece haver uma obrigatoriedade quanto ao procedimento a ser adotado na arbitragem. Caberá, a cada ente público, a escolha da arbitragem *ad hoc* ou institucional.

9 Escolha da câmara de arbitragem e dos árbitros

Há certa discussão sobre a forma de escolha dos árbitros, muito embora as linhas desenvolvidas cheguem à mesma conclusão, pela desnecessidade de licitação. Parte da doutrina entende ser hipótese de inexigibilidade de licitação, em face da especialidade da escolha.[16] Outra parte entende que essa relação jurídica simplesmente não é regida pela Lei de Licitações e Contratos, porque não há propriamente contrato administrativo.[17] O vínculo contratual, apesar de ser de prestação de serviços, seria muito singular, sem que haja o poder de império sobre o particular e, além disso, essa relação também seria estabelecida com a outra parte.

Independentemente do fundamento, a dispensa de licitação para essa escolha foi acolhida pela nova Lei de Licitações e Contratos ao prever, em seu art. 154, que "[o] processo de escolha dos árbitros, dos

---

[16] CARMONA, Carlos Alberto. Arbitragem e administração – primeiras reflexões sobre a arbitragem envolvendo a administração pública. *Revista Brasileira de Arbitragem*, n. 51, jul./set. 2016. p. 11.

[17] TONIN, Maurício Morais. *Arbitragem, mediação e outros métodos de solução de conflitos envolvendo o poder público*. São Paulo: Almedina, 2019. p. 282-283. De forma semelhante: MEGNA, Bruno Lopes. *Arbitragem e administração pública*: fundamentos teóricos e soluções práticas. Belo Horizonte: Fórum, 2019. p. 220.

colegiados arbitrais e dos comitês de resolução de disputas observará *critérios isonômicos, técnicos e transparentes"*. Não se tem a exigência de qualquer espécie de licitação, mas de que estejam presentes critérios isonômicos, técnicos e transparentes, ressaltando-se que esses devem ser explícitos. A decisão de escolha da câmara arbitral ou dos árbitros é ato administrativo que deve ser devidamente justificado.[18]

No Estado de Pernambuco, por exemplo, a Lei nº 15.627/2015 estabelece, em seus arts. 4º[19] e 6º,[20] diversos requisitos para o exercício da função de árbitro e da câmara arbitral. Situação semelhante é prevista nos arts. 10[21] e 12[22] do Decreto nº 10.025/2019, que dispõe sobre a arbitragem para dirimir litígios que envolvam a administração pública federal nos setores portuário e de transporte rodoviário, ferroviário, aquaviário e aeroportuário.

10 Prerrogativas do poder público e a arbitragem

O procedimento da arbitragem não é regido pelo CPC, mas pelos limites estabelecidos pela convenção de arbitragem.[23] Os limites

---

[18] TONIN, Maurício Morais. *Arbitragem, mediação e outros métodos de solução de conflitos envolvendo o poder público.* São Paulo: Almedina, 2019. p. 282.

[19] Art. 4º São requisitos para o exercício da função de árbitro: I – ser brasileiro, maior, capaz e com reconhecida idoneidade; II – deter conhecimento técnico compatível com a natureza do contrato; e III – não ter, com as partes, nem com o litígio que lhe for submetido, relações que caracterizem os casos de impedimento ou de suspeição de juízes, conforme previsto no Código de Processo Civil.

[20] Art. 6º A câmara arbitral escolhida para compor litígio será preferencialmente a que tenha sede no Estado e deverá atender ao seguinte: I – estar regularmente constituída por, pelo menos, 5 (cinco) anos; II – estar em regular funcionamento como instituição arbitral; e III – ter reconhecida idoneidade, competência e experiência na administração de procedimentos arbitrais.

[21] Art. 10. O credenciamento da câmara arbitral será realizado pela Advocacia-Geral da União e dependerá do atendimento aos seguintes requisitos mínimos: I – estar em funcionamento regular como câmara arbitral há, no mínimo, três anos; II – ter reconhecidas idoneidade, competência e experiência na condução de procedimentos arbitrais; e III – possuir regulamento próprio, disponível em língua portuguesa.

[22] Art. 12. Os árbitros serão escolhidos nos termos estabelecidos na convenção de arbitragem, observados os seguintes requisitos mínimos: I – estar no gozo de plena capacidade civil; II – deter conhecimento compatível com a natureza do litígio; e III – não ter, com as partes ou com o litígio que lhe for submetido, relações que caracterizem as hipóteses de impedimento ou suspeição de juízes, conforme previsto na Lei nº 13.105, de 2015 – Código de Processo Civil, ou outras situações de conflito de interesses previstas em lei ou reconhecidas em diretrizes internacionalmente aceitas ou nas regras da instituição arbitral escolhida.

[23] GUERRERO, Luís Fernando. Arbitragem e processo arbitral. *In*: SALLES, Carlos Alberto de; LORENCINI, Marco Antônio Garcia Lopes; SILVA, Paulo Eduardo Alves da (Coords.). *Negociação, mediação, conciliação e arbitragem*: curso de métodos adequados de solução de controvérsias. 3. ed. Rio de Janeiro: Forense, 2020. Item 5; MAIA, Alberto Jonathas. *Fazenda pública e arbitragem.* Salvador: JusPodivm, 2020. p. 280-282.

ao procedimento estão apenas na Constituição, em uma conjunção entre o direito de liberdade e o respeito ao devido processo legal,[24] o que é até reconhecido na legislação arbitral, pois o art. 21, §2º, da Lei nº 9.307/1996 impõe que a arbitragem respeite "os princípios do contraditório, da igualdade das partes, da imparcialidade do árbitro e de seu livre convencimento".

Por tais motivos, as prerrogativas processuais do poder público simplesmente não fazem sentido no processo arbitral. O procedimento é organizado pelas próprias partes, não sendo aplicável o CPC, com a exceção de as próprias partes assim o preverem. Por tais motivos, não se tem a aplicação do art. 183 do mencionado código (que exige a intimação pessoal), nem mesmo a remessa necessária,[25] até porque, em geral, nem sequer há previsão de recurso na arbitragem. Como ressalta a doutrina, na verdade, nem haveria para onde remeter a sentença, pela ausência de divisão de instâncias na arbitragem.[26]

Tem-se, ainda, a discussão sobre o cabimento das vedações à concessão de tutela de urgência e sua aplicabilidade à arbitragem. Há quem defenda que haveria incidência apenas das vedações constitucionais, como a necessidade de emissão de precatório para o pagamento de quantia. No entanto, entendem que as normas infraconstitucionais, como as Leis nºs 8.437/1992, 9.494/1997 e 12.106/2009 não se aplicam.[27] Por outro lado, há quem defenda a aplicabilidade de tais vedações, embora ressaltem sua baixa incidência na arbitragem.[28]

Em termos gerais, os casos de vedações à concessão de tutelas antecipadas estão no art. 7º, §2º, da Lei do Mandado de Segurança, em conjunto com o art. 1º, §5º, da Lei nº 8.437/1992.

A princípio, nos parece que tais vedações infraconstitucionais não se aplicam à arbitragem, dado que a legislação processual não rege esse procedimento.

No mais, mesmo que aplicável, recente decisão do STF desconstruiu completamente a sistemática de vedações à concessão de tutela

---

[24] MAIA, Alberto Jonathas. *Fazenda pública e arbitragem*. Salvador: JusPodivm, 2020. p. 280-282.

[25] Nesse sentido: TONIN, Maurício Morais. *Arbitragem, mediação e outros métodos de solução de conflitos envolvendo o poder público*. São Paulo: Almedina, 2019. p. 297.

[26] TONIN, Maurício Morais. *Arbitragem, mediação e outros métodos de solução de conflitos envolvendo o poder público*. São Paulo: Almedina, 2019. p. 498.

[27] SICA, Heitor Vitor Mendonça. Arbitragem e fazenda pública. *Genjuridico*, 24 mar. 2016. Disponível em: http://genjuridico.com.br/2016/03/24/arbitragem-e-fazenda-publica/. Acesso em 09 jun. 2023. Item 5.

[28] MAIA, Alberto Jonathas. *Fazenda pública e arbitragem*. Salvador: JusPodivm, 2020. p. 256-266; AMARAL, Paulo Osternack. *Arbitragem e administração pública*: aspectos processuais, medidas de urgência e instrumentos de controle. Belo Horizonte: Fórum, 2012. p. 120-123.

provisória, pois, na ADI nº 4296, a Corte declarou inconstitucional o art. 7º, §2º, da Lei do Mandado de Segurança.[29] Assim, se tal texto normativo, que veda a concessão de tutela provisória contra o poder público, é inconstitucional, assim também são as demais vedações.[30] Dessa forma, salvo por alguma questão constitucional – como exigência do trânsito em julgado para a expedição de precatório – o regime de tutela de urgência contra a Fazenda Pública parece ter sido igualado ao dos particulares. Assim, a discussão sobre a aplicabilidade das restrições à tutela provisória contra o poder público na arbitragem perdeu bastante sentido.

11 Forma de cumprimento da sentença arbitral

De acordo com o art. 100, *caput*, da Constituição, as obrigações de pagar decorrentes de sentenças judiciais do poder público devem ser cumpridas por meio da sistemática dos precatórios/RPV.

Isso ocorre porque, ao contrário dos bens dos particulares, os bens públicos são impenhoráveis, imprescritíveis (não podem ser usucapidos), possuem uma alienação condicionada, ou inalienabilidade relativa.[31] Assim, é necessário um procedimento especial, que termina com o pagamento por meio do precatório ou da requisição de pequeno valor, já que é inviável a penhora dos bens. Quando a execução é de título judicial, o procedimento é regulado pelos arts. 534 e 535 do CPC e, quando extrajudicial, pelo art. 910 do referido código.

Um esclarecimento prévio é importante: tendo por base o art. 100 da Constituição, o poder público não pode cumprir voluntariamente suas obrigações de pagar. Impõe-se que o exequente venha a requerer o cumprimento de sentença para que, também transitado em julgado o procedimento executivo, possa ser a dívida inscrita em precatórios.

Não por acaso, de acordo com o art. 85, §7º, do CPC, "[n]ão serão devidos honorários no cumprimento de sentença contra a Fazenda

---

[29] Art. 7º, §2º: Não será concedida medida liminar que tenha por objeto a compensação de créditos tributários, a entrega de mercadorias e bens provenientes do exterior, a reclassificação ou equiparação de servidores públicos e a concessão de aumento ou a extensão de vantagens ou pagamento de qualquer natureza. Verificar divulgação do resultado da ADI em: http://portal.stf.jus.br/noticias/verNoticiaDetalhe.asp?idConteudo=467335&ori=1. Acesso em 14 mar. 2024.

[30] Análise aprofundada da decisão proferida na ADI nº 4296 está em: AVELINO, Murilo Teixeira. *Fazenda Pública em Juízo*. São Paulo: JusPodivm, 2023. p. 138 e ss.

[31] OLIVEIRA, Rafael Carvalho. *Curso de direito administrativo*. 8. ed. São Paulo: Método, 2020. Versão digital, tópico 22.5.

Pública que enseje expedição de precatório, desde que não tenha sido impugnada". A previsão normativa é decorrente da necessidade da instauração do cumprimento de sentença para pagamento da obrigação de pagar e não há causalidade a justificar condenação em honorários advocatícios se o poder público não impugna a execução de valor que justifica a emissão de precatório.

Passando à arbitragem, há importante discussão sobre o cumprimento voluntário das obrigações de pagar decorrentes da sentença arbitral. Não parecem existir polêmicas sobre o que deve ser feito na hipótese de resistência ao cumprimento espontâneo: exige-se o procedimento do cumprimento de sentença, a partir do qual impõe-se o pagamento por meio do precatório.[32]

Alguns argumentos pela dispensa do precatório são os seguintes: i) não haveria violação da isonomia, pois os recursos para o pagamento da sentença arbitral deveriam advir de dotação orçamentária específica, que iria prever os valores a serem eventualmente dispendidos pela condenação em arbitragem, não prejudicando os beneficiários dos precatórios; e ii) a sentença arbitral não é "sentença judiciária", pois a equiparação da sentença arbitral seria por mera "opção legislativa", reforçando essa interpretação o fato de que várias regras do processo judicial não se aplicam à arbitragem, a exemplo da remessa necessária. Ainda, como argumento de reforço, há previsões que dispensariam o pagamento das sentenças arbitrais por meio de precatório, a exemplo do art. 11 do Decreto nº 8.645/2015, que, no caso de arbitragem no setor portuário, prevê o pagamento realizado diretamente pela autoridade portuária.

Por outro lado, mantendo-se a simetria com as condenações judiciais, não seria possível o pagamento espontâneo das sentenças arbitrais, que sempre dependeria do procedimento do precatório.

Antes de passar para as opiniões doutrinárias, é importante mencionar que a legislação caminha nesse segundo sentido. O

---

[32] SICA, Heitor Vitor Mendonça. Arbitragem e fazenda pública. *Genjuridico*, 24 mar. 2016. Disponível em: http://genjuridico.com.br/2016/03/24/arbitragem-e-fazenda-publica/. Acesso em 09 jun. 2023. Item 5; OLIVEIRA, Rafael Carvalho Rezende; MAZZOLA, Marcelo. Poder público não burla precatórios com pagamento voluntário em arbitragem. *Conjur*, 18 dez. 2016. Disponível em: https://www.conjur.com.br/2016-dez-18/poder-publico-nao-burla-precatorios-pagamento-arbitragem. Acesso em 09 jun. 2023. Para João Pedro Accioly, "salvo previsão especial em sentido contrário (em sede legal ou contratual), a execução deverá ser processada pela sistemática dos precatórios". (ACCIOLY, João Pedro. O cumprimento de sentenças arbitrais desfavoráveis à administração pública. *Revista dos Tribunais*, v. 989, 2018, versão eletrônica, item 3).

mencionado Decreto nº 8.645/2015 foi revogado pelo Decreto nº 10.025/2019 que, em seu art. 15, torna a exigência do precatório evidente: "Na hipótese de sentença arbitral condenatória que imponha obrigação pecuniária à União ou às suas autarquias, inclusive relativa a custas e despesas com procedimento arbitral, o pagamento ocorrerá por meio da expedição de precatório ou de requisição de pequeno valor, conforme o caso".

Previsão bastante semelhante consta do art. 9º do Decreto nº 64.356/2019, que regula a arbitragem realizada pelo Estado de São Paulo: "As sentenças arbitrais que imponham obrigação pecuniária à Administração Pública direta e suas autarquias serão cumpridas conforme o regime de precatórios ou de obrigações de pequeno valor, nas mesmas condições impostas aos demais títulos executivos judiciais". Idêntica é a previsão do art. 13 do Decreto nº 59.963/2020, que regulamenta a arbitragem que envolva o município de São Paulo.

Também de forma semelhante é a previsão do art. 15 do Decreto nº 46.245, que regula a arbitragem realizada pelo Estado do Rio de Janeiro e demais pessoas jurídicas de direito público do estado:

> Ressalvadas as exceções previstas em lei, em caso de sentença arbitral condenatória ou homologatória de acordo que imponha obrigação pecuniária contra o Estado ou qualquer entidade com personalidade de direito público, o pagamento será efetivado mediante a expedição de precatório ou de requisição de pequeno valor, conforme o art. 100 da Constituição da República.

Abordando as posições doutrinárias, o principal argumento para exigir o pagamento mediante precatório advém do simples fato de que a sentença arbitral deve ser compreendida como "sentença judiciária". Além de ela ser inserida como título executivo judicial (art. 515, VII, CPC), ao menos a maioria da doutrina – em especial, a arbitralista – defende que a arbitragem é exercício de jurisdição. Ora, como a regra geral para pagamento de dívidas judiciais do poder público é através da sistemática dos precatórios, que privilegia a igualdade entre os credores, não parece possível que a sentença arbitral possa fugir a essa regra. Como ressalta Heitor Sica, "embora a sentença arbitral não seja "judicial", prevalece o entendimento de que ela é, ao menos, "jurisdicional"".[33]

[33] SICA, Heitor Vitor Mendonça. Arbitragem e fazenda pública. *Genjuridico*, 24 mar. 2016. Disponível em: http://genjuridico.com.br/2016/03/24/arbitragem-e-fazenda-publica/.

Além disso, nos parece que o argumento da previsão orçamentária para a celebração da arbitragem é um pouco irreal, porque, salvo expressa menção na legislação, ou mesmo na contratação, o poder público não tem qualquer obrigação de separar, em seu orçamento, um valor a ser gasto em um processo arbitral específico. Mais ainda, tendo por base que o orçamento é previsto em um ano para ser dispendido em outro ano, parece-nos inviável a sua existência, pois primeiro haveria de surgir o conflito, para, posteriormente, haver alteração no orçamento do ente público e, apenas depois, ocorrer a arbitragem.

Enfim, não é possível o pagamento da obrigação de pagar quantia decorrente de sentença arbitral com a dispensa do precatório.[34] Impõe-se ao credor o ajuizamento de ação de cumprimento de sentença para receber o seu crédito.

Esse raciocínio não se aplica para as obrigações de fazer, não fazer ou dar coisa certa. Para essas situações, é possível e recomendável ao poder público o cumprimento espontâneo da obrigação. A afirmativa é válida mesmo para os casos em que a obrigação de fazer, a exemplo de disponibilizar livre de entulhos a área da obra, demande alguma despesa. Ocorre que essa despesa deve ser resolvida no âmbito administrativo, seja pela dotação orçamentária do próprio contrato, seja pela abertura de crédito suplementar.[35]

Estamos diante de reflexos pecuniários do cumprimento de obrigações de fazer pela Fazenda Pública, plenamente admitidos por nossa ordem jurídica. O regime diferenciado de execução, que atrai o regramento especial do art. 100 da Constituição, é a ordem de pagar quantia, cuja execução definitiva se submete ao precatório.

Quando a execução materializa uma obrigação de fazer, não fazer ou dar coisa diferente de dinheiro, os efeitos pecuniários reflexos não são uma limitação genérica à submissão do ente público ao regime comum (aplicável também ao particular).

Acesso em 09 jun. 2023. Item 5. No mesmo sentido: MAIA, Alberto Jonathas. *Fazenda pública e arbitragem*. Salvador: JusPodivm, 2020. p. 374-375.

[34] No mesmo sentido: CUNHA, Leonardo Carneiro da. *A Fazenda Pública em juízo*. 17. ed. Rio de Janeiro: Forense, 2020. p. 715.

[35] MEGNA, Bruno Lopes. *Arbitragem e administração pública*: fundamentos teóricos e soluções práticas. Belo Horizonte: Fórum, 2019. p. 276-277.

12 Conclusão

O poder público pode utilizar a arbitragem para resolver situações conflituosas. Trata-se de previsão expressa da legislação brasileira, mas essa autorização genérica ainda depende de diversas adaptações do procedimento (e da liberdade) tradicional desse meio de resolução de conflito.

Afinal, é preciso delimitar o conceito de direitos patrimoniais disponíveis no contexto do poder público, que tem como um conteúdo mínimo as suas relações contratuais. Definido o que pode ser objeto de arbitragem, busca-se identificar a autoridade competente para celebrar a convenção, o que depende primordialmente da organização de cada ente público.

Indo além, verifica-se que a convenção de arbitragem pode ser celebrada a qualquer momento, desde a celebração de um contrato até depois de surgido o conflito. Por outro lado, há certas limitações ao funcionamento da arbitragem, pois, por envolver a Administração Pública, ela deve ser sempre *de direito* e respeitar o princípio da publicidade.

Sobre o procedimento da arbitragem, verifica-se que há uma tendência de os entes públicos preferirem a arbitragem institucional, por trazer maior segurança jurídica e menores custos, além de evitar problemas referentes aos órgãos de controle, o que possivelmente ocorreria com a nomeação *ad hoc* de árbitros privados. Recorde-se que, no processo arbitral, não se aplica nenhuma das prerrogativas da Fazenda Pública. Excepcionalmente, pode-se afirmar que a única prerrogativa aplicável ao regime arbitral é a exigência de adimplemento de obrigação de pagar através da sistemática dos precatórios.

Referências

ACCIOLY, João Pedro. O cumprimento de sentenças arbitrais desfavoráveis à administração pública. *Revista dos Tribunais*, v. 989, 2018, versão eletrônica.

AMARAL, Paulo Osternack. *Arbitragem e administração pública*: aspectos processuais, medidas de urgência e instrumentos de controle. Belo Horizonte: Fórum, 2012.

AVELINO, Murilo Teixeira. *Fazenda Pública em Juízo*. São Paulo: JusPodivm, 2023.

CARMONA, Carlos Alberto. Arbitragem e administração – primeiras reflexões sobre a arbitragem envolvendo a administração pública. *Revista Brasileira de Arbitragem*, n. 51, jul./set. 2016.

CUNHA, Leonardo Carneiro da. *A Fazenda Pública em juízo*. 17. ed. Rio de Janeiro: Forense, 2020.

DINAMARCO, Cândido Rangel. *A arbitragem na teoria geral do processo*. São Paulo: Malheiros, 2013.

FICHTNER, José Antônio; MANHEIMER, Sergio Nelson; MONTEIRO, André Luís. *Teoria Geral da Arbitragem*. Rio de Janeiro: Forense, 2019, versão eletrônica.

GUERRERO, Luís Fernando. Arbitragem e processo arbitral. *In*: SALLES, Carlos Alberto de; LORENCINI, Marco Antônio Garcia Lopes; SILVA, Paulo Eduardo Alves da (Coords.). *Negociação, mediação, conciliação e arbitragem*: curso de métodos adequados de solução de controvérsias. 3. ed. Rio de Janeiro: Forense, 2020.

MAIA, Alberto Jonathas. *Fazenda pública e arbitragem*. Salvador: JusPodivm, 2020.

MAZZOLA, Marcelo; PINHO, Humberto Dalla Bernardina de. *Manual de Mediação e Arbitragem*. São Paulo: Saraiva, 2019, versão kindle.

MEGNA, Bruno Lopes. *Arbitragem e administração pública*: fundamentos teóricos e soluções práticas. Belo Horizonte: Fórum, 2019.

OLIVEIRA, Rafael Carvalho. *Curso de direito administrativo*. 8. ed. São Paulo: Método, 2020.

OLIVEIRA, Rafael Carvalho Rezende; MAZZOLA, Marcelo. Poder público não burla precatórios com pagamento voluntário em arbitragem. *Conjur*, 18 dez. 2016. Disponível em: https://www.conjur.com.br/2016-dez-18/poder-publico-nao-burla-precatorios-pagamento-arbitragem. Acesso em 09 jun. 2023.

SICA, Heitor Vitor Mendonça. Arbitragem e fazenda pública. *Genjuridico*, 24 mar. 2016. Disponível em: http://genjuridico.com.br/2016/03/24/arbitragem-e-fazenda-publica/. Acesso em 09 jun. 2023.

TONIN, Maurício Morais. *Arbitragem, mediação e outros métodos de solução de conflitos envolvendo o poder público*. São Paulo: Almedina, 2019.

Informação bibliográfica deste texto, conforme a NBR 6023:2018 da Associação Brasileira de Normas Técnicas (ABNT):

AVELINO, Murilo Teixeira; PEIXOTO, Ravi. Principais desafios para a utilização da arbitragem pelo poder público. *In*: EIDT, Elisa Berton; GOULART, Juliana Ribeiro; SCHNEIDER, Patricia Dornelles; RAMOS, Rafael (coord.). *Consensualidade na Administração Pública*. 2. ed. Belo Horizonte: Fórum, 2024. p. 105-124. ISBN -978-65-5518-800-4.

LEGITIMIDADE E CONTROLE DOS MEIOS ADEQUADOS DE SOLUÇÃO DE CONFLITOS NA NOVA LEI DE LICITAÇÕES

GUSTAVO HENRIQUE JUSTINO DE OLIVEIRA

MATHEUS TEIXEIRA MOREIRA

1 Introdução

O Direito Administrativo brasileiro mudou significativamente quando comparado àquele que vigorou na maior parte do século passado. Com a ressignificação de conceitos e ideias, como a supremacia do interesse público e a incorporação e maximização do uso de novos instrumentos jurídico-administrativos, fato é que essas mudanças e atualizações estão inseridas em um cenário amplo de evolução paradigmática da própria essência do estudo da Administração Pública, que deixou de ocupar uma posição verticalizada e de rigidez para ser guiada por princípios e características de matrizes pragmática e consequencialista.

Essa transformação não é de agora. Há algum tempo, parte da doutrina já anunciava a necessária releitura e atualização dogmática do Direito Administrativo em virtude das mudanças que foram impostas a partir do fenômeno da globalização e das próprias balizas do Estado Democrático de Direito. Já se considerava imperioso que a governança pública passassepor um processo de democratização, que incluiria – mas não se limitaria – a uma verdadeira busca pela efetividade na atuação administrativa, preocupada com resultados práticos, a fim depreservar e atender às necessidades coletivas.[1] Nesse ínterim, a reinvenção da Administração Pública no Brasil, orientada por uma atuação mais consensual, aberta e eficaz, passava pelo reconhecimento e defesa de instrumentos de ação contemporâneos a essa evolução paradigmática, como os acordos administrativos e os mecanismos extrajudiciais de resolução de conflitos incorporados ao cotidiano do Poder Público.[2]

No campo normativo, imperioso destacar a instauração do sistema multiportas pelo Código de Processo Civil de 2015 (art. 3º, §3º), bem como a reforma da Lei de Introdução às Normas do Direito Brasileiro – LINDB pela Lei nº 13.655/2018, além da previsão constitucionalda tutela administrativa efetiva e autocomposição (art. 5º, incs. LIV, LV e LXXVIII da CRFB/1988); de fato, esse é o panorama geral do enquadramento jurídico-normativo dos meios adequados de solução de conflitos, os quais estão inseridos no novel cenário pragmático e consequencialista aludido.[3] Faz-se pertinente, ainda, relembrar a edição das Leis de Arbitragem (Lei nº 9.307/1996, modificada pela Lei nº 13.129/2015) e de Mediação e Autocomposição Administrativa (Lei nº 13.140/2015). Frise-se que todo esse arcabouço normativo, que aí não se esgota nem se resume, jaz inserido, como ora defendemos, em um contexto de modificações estruturais e conceituais do Direito Administrativo em si.

É em meio a esse contexto, já posto por diversos diplomas legais e reconhecido pela doutrina especializada, que é publicada a nova Lei de Licitações e Contratações Administrativas(Lei nº 14.133/2021), a qual positivou expressamente o uso dos meios adequados de solução de conflitos – Mascs no âmbito da prevenção e solução de controvérsias envolvendo contratos administrativos. Dito isso, partir-se-á para uma análise que irá procurar responder quais anseios e perspectivas acompanham a expressa menção a esses mecanismos na sobredita Lei,

---

1 MOREIRA NETO, Diogo de Figueiredo. *O Direito Administrativo no século XXI*. Belo Horizonte: Fórum, 2018.

2 OLIVEIRA, Gustavo Henrique Justino de; SCHWANKA, Christiane. A administração consensual como a nova face da Administração Pública no século XXI: fundamentos dogmáticos, formas de expressão e instrumentos de ação. A&C. *Revista de Direito Administrativo & Constitucional (Impresso)*, v. 32, p. 1-2, 2008.

3 OLIVEIRA, Gustavo Justino de; FERREIRA, Kaline. A mediação e a arbitragem dos conflitos no setor de saneamento básico à luz da Lei Federal nº 14.026/20. *In*: GUIMARÃES, Bernardo Strobel; VASCONCELOS, Andréa Costa de; HOHMANN, Ana Carolina (Coord.). *Novo marco legal do saneamento*. Belo Horizonte: Fórum, 2021.

e como o incentivo do legislador para a utilização desses instrumentos tende a resguardar uma atuação mais pragmática e efetiva por parte da Administração Pública brasileira.

2 A "nova LINDB" e a consolidação de um novo direito administrativo

Em meio a calorosos debates que dividiram gestores públicos, órgãos de controle e especialistas, a Lei de Introdução às Normas do Direito Brasileiro foi modificada por ocasião da Lei federal nº 13.655/2018, responsável por incluir naquela "disposições sobre segurança jurídica e eficiência na criação e na aplicação do direito público"; assim, a nova LINDB passoua abarcar os artigos 20 a 30, com inclinação consequencialista e de promoção aos valores da efetividade e da segurança jurídica.

Desde a vedação às decisões fundamentadas em caracteres abstratos, passando pela imposição da necessidade de indicar expressamente as consequências de atos administrativos no caso concreto até a observância de orientações que promovam segurança jurídica, a nova LINDB, sem dúvidas, corroborou para a solidificação de uma guinada paradigmática da própria essência do Direito Administrativo e da Administração Pública no século XXI.

Não parece possível dissociar a consagração do incentivo à solução negociada de conflitos contratuais do cenário macro em que essa inovação legislativa está inserida. Ou seja:é mister compreender que o momento atual não apenas é propício para o estímulo a instrumentos contemporâneos, como também ajuda a explicar a posição de destaque que tais mecanismos ocupam no Direito Público dos novos tempos, norteado por aquilo que convém chamar de pragmatismo jurídico.

Pragmatismo, enquanto doutrina filosófica, exsurge da própria crítica à abstração que predominava no meio intelectual até o século XIX; de fato, ele nasce a partir dos questionamentos direcionados à metafísica e a correntes de pensamento que não priorizavam aconcretude. No Direito, é retomado no final do século XX, após influência do movimento do realismo jurídico, agora sob a denominação de pragmatismo jurídico, dotado de característicasintrínsecas referentes ao contextualismo, ao consequencialismo e ao antifundacionismo.[4]

---

[4] POGREBINSCHI, Thamy. *Pragmatismo*: teoria social e política. Rio de Janeiro: Relume Dumará, 2005.

O cerne da corrente do pragmatismo jurídico pode ser extraído da nova LINDB: a devida atenção às necessidades humanas e sociais concretas; a antecipação dos resultados de uma decisão, com a finalidade de verificar a eficiência do ato na consecução dos efeitos pretendidos; e a rejeição a decisões de conteúdo abstrato e indiferente às inovações e mutabilidades inerentes ao processo de transformação da sociedade (e do Direito).

O intérprete que reconhece a influência desse movimento no Direito Administrativo tende a vislumbrar e aplicar os instrumentos jurídico-administrativos de maneira mais flexível, eficiente e, por consequência, com maior segurança jurídica. Nesse ínterim, a positivação da recomendação de uso de conciliação, mediação, comitês de resolução de disputas e arbitragem em conflitos relativos às contratações administrativas encontra-se inserida no seio de uma nova Administração Pública, mais dialógica e, como aduzido, pragmática – o que revela uma nova cultura de gestão de conflitos relacionados às compras públicas. É justamente esse recorte temático que será aprofundado a seguir, incluindo as diferentes posições de atores envolvidos na ponte institucional gestão-controle.

3 Meios adequados de solução de conflitos na Lei nº 14.133/2021

Dentre as várias inovações legais introduzidas na temática das licitações e contratações administrativas pela Lei nº 14.133/2021, destaca-se o objeto central do presente artigo, isto é, o conjunto de dispositivos que fazem menção expressa aos métodos adequados de solução de conflitos.

A nova Lei traz, em um primeiro momento, menções expressas aos Mascs como instrumentos hábeis a promover a extinção dos contratos públicos, seja pela via consensual e compositiva (art. 138, inciso II), seja pela via litigiosa e heterocompositiva (art. 138, inciso III). Na sequência, destinamos capítulo próprio para indicar cada um dos Mascs propriamente ditos nas contratações regidas pela Lei (art. 151, *caput*), esclarecendo a adequação desses instrumentos aos conflitos relacionados a direitos patrimoniais disponíveis (art. 151, parágrafo único), além de assinalar a imprescindibilidade de que o método arbitral seja de direito e revestido de publicidade (art. 152), a possibilidade de aditamento contratual em prol da utilização dos Mascs (art. 153) e, por fim, a observância de critérios isonômicos, técnicos e transparentes na escolha dos especialistas encarregados no caso concreto (art. 154).

De fato, a nova Lei de Licitações não é pioneira ao positivar os sobreditos institutos, à medida que a tendência de normatização dos Mascs já podia ser observada em outros diplomas legais, dentre os quais destacam-se, em rol não exaustivo, a Lei nº 9.472/1997 (Lei da ANATEL); a Lei nº 9.478/1997 (Lei da ANP); a Lei nº 10.233/2001 (Lei da ANTT e ANTAQ); a Lei nº 10.848/2004 (Lei da ANEEL); a Lei nº 11.079/2004 (Lei das PPPs); além das já citadas leis de Arbitragem (Lei nº 9.307/1996, modificada pela Lei nº 13.129/2015) e de Mediação e Autocomposição Administrativa (Lei nº 13.140/2015).

Convém asseverar que, recentemente, um normativo de autocomposição da Procuradoria-Geral do Estado do Rio de Janeiro sobre autocomposição no âmbito do Estado doRio de Janeiro converteu-se em lei, a saber, a Lei nº 9.629, de 04 de abril de 2022, que "dispõe sobre a autocomposição no âmbito estadual e sobre a câmara administrativa de solução de controvérsias – CASC –, de que trata o Decreto Estadual nº 46.522/2018". Tal novidade deve ser celebrada como mais um avanço na solidificação da prática referente à solução negociada de conflitos junto à Administração Pública.

Contudo, ao solidificar a previsão dos Mascs no âmbito das contratações públicas, certamente a Lei nº 14.133/21 traz consigo uma novidade considerável, não exatamente pela menção expressa aos mecanismos em análise, mas principalmente pelo notório incentivo contido nas entrelinhas da norma, isto é, o reconhecimento pelo legislador de que conciliação, mediação, comitê de resolução de disputas (*dispute boards*) e arbitragem são os métodos adequados – e não meramente alternativos, como consta no título do Capítulo XII da lei – paraprevenir e solucionar controvérsias relativas aos contratos administrativos.

Assim sendo, é possível chegar a uma primeira conclusão, a qual sintetizamos na seguinte assertiva: a utilização dos Mascs em controvérsias contratuais de que é parte a Administração Pública já era permitida pelo arcabouço normativo preexistente, mas foi consagrada pela expressa recomendação positivada pela Lei nº 14.133/21.

Por conseguinte, torna-se mister questionar se, em vista de todo esse contexto normativo, o uso dos Mascs é uma imposição do legislador ou se o seu uso é meramente facultativo. Certamente, a opção pela utilização desses instrumentos não poderia ser obrigatória,hipótese em que restaria violada a autonomia das partes na escolha da via contratual de resolução de conflitos; contudo, uma vez prevista no instrumento contratual a escolha de um ou outro método elencado pelo art. 151, sua determinação deixa de ser discricionária e passa avincular as partes ao que entre elas foi previamente acordado.

Destarte, é possível chegar a uma segunda conclusão: a escolha de um mecanismo adequado de solução de conflitos é facultativa e depende do acordo estabelecido entre as partes,tornando-se obrigatória quando esta for a disposição acordada entre as partes.

Uma vez explorado o panorama geral dos Mascs na Lei nº 14.133/21, é de supinaimportância analisá-los individualmente, a fim de verificar qual deles é o mais adequado ao caso concreto.

Como se sabe, o *caput* do art. 151 prevê o seguinte rol expresso de Mascs: conciliação,mediação, *dispute boards* e arbitragem. A ordem em que foram alocados não é mera coincidência: trata-se, em verdade, de um escalonamento indicado pelo legislador, partindo, emum primeiro momento, dos métodos autocompositivos nos quais as partes, consensualmente, tentam encontrar uma solução para o imbróglio, passando pela alternativa da composição de um comitê de especialistas apto a efetuar direcionamentos e, por fim, chegando ao método heterocompositivo, no qual um árbitro ou um tribunal arbitral é responsável pela administraçãoda lide.

A previsão de escalonamento pode ser interpretada como uma indicação às partes, semdúvidas. Entretanto, não é possível desconsiderar o fato de que cada um dos supracitados Mascsé dotado de características inerentes à sua própria essência e, portanto, a opção por um ou outro leva em consideração as peculiaridades do caso concreto.

No que se refere a contratos de longa duração, por exemplo, o instituto do *dispute board* pode ser o mais indicado, já que é formado por *experts* imparciais que irão acompanhar a desenvoltura do contrato ao longo de sua duração, a fim de prevenir a eclosão de conflitos ou solvê-los quando a prevenção não for efetiva.[5]

A arbitragem, por seu turno, também é um mecanismo recomendado em controvérsias que versam sobre temas consideravelmente específicos, sendo que a indicação do árbitro e a composição do tribunal arbitral são realizadas a partir da escolha de sujeitos com notória formação acadêmico-científica e ampla experiência profissional.[6] A propósito, vale mencionarque, conforme previsto no Enunciado nº 18 da I Jornada de Direito Administrativo, "a ausênciade previsão editalícia

---

[5] POLIDORO, Maúra Guerra. Dispute board é boa opção para resolução de disputas de alta complexidade. *Revista Consultor Jurídico*, 18 mai. 2021. Disponível em: https://www.conjur.com.br/2021-mai-18/polidoro-dispute-board-opcao-disputas-alta-complexidade. Acesso em 14 mar. 2024.

[6] OLIVEIRA, Gustavo Henrique Justino de; ESTEFAM, Felipe Faiwichow. *Curso prático de arbitragem e Administração Pública*. São Paulo: Thomson Reuters, 2019.

não afasta a possibilidade de celebração de compromisso arbitral em conflitos oriundos de contratos administrativos".[7]

Dessa maneira, é possível fixar uma terceira conclusão: a opção das partes deverá levarem conta necessariamente as particularidades do contrato e verificar a melhor aderência de cadaum dos mecanismos apontados.

O incentivo à maior utilização e institucionalização dos Mascs junto à Administração Pública também pode ser explicado em virtude de suas características próprias que atraem as partes do contrato em comparação com a tutela jurisdicional. São vários os benefícios apresentados pelos mecanismos extrajudiciais que apresentam caminhos e soluções dotados demaior transparência, efetividade, celeridade e custo-benefício na solução de controvérsias contratuais, quando comparados ao trâmite litigioso no seio do Poder Judiciário.[8]

Em verdade, a retromencionada tendência de maximização do uso dos meios adequadosde solução de conflitos jaz inserido em um contexto de nova cultura de gestão de conflitos relativos às compras governamentais, apresentando um contraponto prático à elevadíssima judicialização que gira em torno da Administração Pública, que, como se sabe, é a maior litigante nacional.

Sempre imperioso ressaltar que a atuação de mecanismos extrajudiciais abrange não apenas a solução de conflitos pré-existentes à sua institucionalização, em momento *a posteriori*,como também abarca a própria prevenção de litígios, o que denota sua posição apriorística e contribui forçosamente pela aplicação material e prática do princípio constitucional da eficiência administrativa, resguardado pelo *caput* do art. 37 e pelo inciso LXXVIII do art. 5ª, todos da Constituição Federal.

4 Gestão e controle

A demanda por uma gestão pública guiada pelos vetores do profissionalismo e da moralização é, por certo, um desejo de toda a sociedade civil brasileira. Muito embora a história da administração brasileira seja atribulada e se insira em um movimento de altos e baixos, é inegável que, mais de trinta anos após a promulgação da Constituição Cidadã, o cenário de fatotenha mudado. A postura ética dos

---

[7] BRASIL. Poder Judiciário. Conselho da Justiça Federal. Enunciado nº 18. *I Jornada de Direito Administrativo*, Brasília, 2020.

[8] OLIVEIRA, Gustavo Henrique Justino de; ESTEFAM, Felipe Faiwichow. *Curso prático de arbitragem e Administração Pública*. São Paulo: Thomson Reuters, 2019.

gestores públicos é uma meta que passou a ser cada vez maispautada; entretanto, como não poderia deixar de ser, é possível notar uma série de excessos pelos órgãos de persecução e controle, o que deu origem a uma questão diametralmente oposta,mas igualmente problemática: a paralisia administrativa.

A incessante busca por uma moralização administrativa que não admita flexibilizaçõesé motivada por aquilo que é conveniente chamar de hiperativismo controlador, isto é, conduta própria dos órgãos de controle dotada de maior repressão e punitivismo, impulsionada pela agenda anticorrupção que se enraizou no debate público nas últimas décadas. O agigantamentodessa agenda causou diversos problemas de orientação política, como vivenciou-seespecialmente durante e após a eclosão da Operação Lava-Jato, mas afetou, ainda, a própria dinâmica da gestão administrativa.

O receio constante de punição do erro pelo erro faz com que muitos administradores promovam uma gestão mais acanhada e pouco criativa, caracterizando, pois, a já mencionada paralisia administrativa:

> [E]ste hiperativismo do controle – ainda que defensável e compreensível – gerou um efeito extremamente perverso na gestão pública brasileira: a drástica redução da discricionariedade do gestor a níveis alarmantes, provocando uma verdadeira paralisia administrativa e, o que é pior, em situações cada vez mais correntes, a substituição do gestor pelo controlador público. Eis um dos fatores – não é o único, obviamente – que vem gerando uma perniciosa estagnação da Administração pública, aparentemente sem espaços para promoção de inovação, comprometendo demasiadamente o desenvolvimentismo que deveria pautar toda e qualquer atuação pública em um contexto desigual e subdesenvolvido como o brasileiro.[9]

Nesse sentido, é válido destacar que a ação desenfreada, bem como a postura punitivista dos órgãos de controle da Administração Pública dão causa ao que Rodrigo Valgas dos Santos[10] denominou de "Direito Administrativo do Medo".

---

[9] OLIVEIRA, Gustavo Henrique Justino de. O hiperativismo do controle externo da gestão pública pós-lei federal nº 13.655/2018: panorama das adaptações comportamentais e normativas do TCU e do Conselho Nacional Ministério Público (CNMP) frente aos novos parâmetros pragmatistas. *In*: MAFFINI, Rafael; RAMOS, Rafael (Org.). *Nova LINDB*: consequencialismo, deferência judicial, motivação e responsabilidade do gestor público. 1. ed. Rio de Janeiro: Lumen Juris, 2020. v. 1, p. 261-278.

[10] SANTOS, Rodrigo Valgas dos. *Direito administrativo do medo*: risco e fuga da responsabilização dos agentes públicos. São Paulo: Thomson Reuters Brasil, 2020. p. 333.

Vale dizer, diante da responsabilização iminente que pode ser imputada aoadministrador, o agente público é dominado pelo medo no exercício da função administrativa,sobretudo no âmbito decisório, o que pode, inclusive, ser azo para o administrador priorizar suaautoproteção em detrimento de decisões mais criativas. Com isso, verifica-se que o hiperativismo controlador é prejudicial ao interesse público, porquanto figura como um obstáculo a decisões criativas e que visam resguardar e promover a eficiência administrativa.

> A situação é especialmente grave porque o medo não apenas inibe uma atuação mais criativa epropositiva dos Administradores, mas mesmo no crucial cumprimento das normas jurídicas os administradores sequer podem aplicar o Direito como lhes parece adequado. Primeiro, pensam em como os órgãos de controle agirão em caso de fiscalização, o que leva a se absterem em decidir, decidirem de modo lento, ou decidir de modo a antever as expectativas dos órgãos de controle, postergando ao máximo a decisão com consulta a órgãos consultivos ou aos próprios órgãos de controle.[11]

Inobstante, a retromencionada alteração na LINDB, bem como a deflagração da pandemia de Covid-19 (que impôs a atuação de um direito pandêmico-emergencial),[12] foram essenciais para um tardio reconhecimento do momento constitucional-administrativo no qual oBrasil está inserido, o que requer uma maior atenção a parâmetros consequencialistas epragmáticos nas decisões revisionais e de controle da gestão pública.

A simples operacionalização de um regime jurídico mais repressivo em detrimento de uma postura mais dialógica, aberta e, portanto, apta a materializar o direito à boa e efetiva administração, ainda é um lamentável efeito que perdura entre gestores. Contudo, é possível observar, nos dois anos subsequentes à reforma da LINDB, e mais de um ano após os termos iniciais do direito pandêmico, tímidos avanços na postura do controlador: a título de exemplo, é possível citar, no âmbito do Tribunal de Contas da União – TCU, uma maior ponderação das

---

11 SANTOS, Rodrigo Valgas dos. *Direito administrativo do medo*: risco e fuga da responsabilização dos agentes públicos. São Paulo: Thomson Reuters Brasil, 2020. p. 333.

12 OLIVEIRA, Gustavo Justino de. Direito administrativo pandêmico: transformações e influências jurídico-normativas em tempos de covid-19. *In*: CENTRO DE ESTUDOS E PESQUISAS DE DIREITO SANITÁRIO (CEPEDISA). *Direitos na Pandemia*: mapeamento e análise das normas jurídicas de resposta à covid-19 no Brasil (Boletim nº 16). [s.d]. Disponível em: https://cepedisa.org.br/publicacoes/. Acesso em 14 mar. 2024.

consequências do *decisum* e a previsão de efeitos em relação ao que tem sido determinado nos acórdãos.[13]

No mesmo sentido, é possível observar, a partir da edição da Resolução nº 315/2020, que o TCU se mostrou atento às inovações normativas, de nítido caráter pragmático e consequencialista, introduzidas pela LINDB, as quais já comentamos. Verifica-se, também nesta linha, a Recomendação Conjunta PRESI-CN nº 2, do Conselho Nacional do Ministério Público – CNMP, responsável por estabelecer diretrizes que devem ser observadas pelos membros da instituição no exercício da fiscalização de políticas públicas e que, de forma notória, internalizou os preceitos da Lei Federal nº 13.655/18, de modo a segregar com maior nitidez o campo de atuação da atividade fiscalizada e da atividade fiscalizatória.

A internalização, pelos órgãos de controle, do viés pragmático e consequencialista que,como destacamos, se faz presente na LINDB é de extrema relevância. Afinal, caso o avanço legislativo não seja acompanhado da mudança de pensamento dos aplicadores e operadores do Direito, as inovações legislativas correm sérios riscos de restarem inócuas. É que, como bem sabemos, a aplicação das normas jurídicas pressupõe a sua interpretação.[14] Em termos técnicos: cumpre ao intérprete se debruçar sobre o texto normativo editado pela autoridade competente e, a partir das técnicas interpretativas fornecidas pela hermenêutica, identificar a norma jurídicaconstante naquele texto normativo.[15]

Segue-se daí o relevante papel que os aplicadores e operadores do Direito – sobretudo os órgãos de controle, no caso em tela – exercem para a efetividade dos dispositivos previstos na Lei nº 13.655/18. Vale dizer, é necessário que os intérpretes desta Lei – especialmente os agentes controladores – estejam imbuídos dos preceitos pragmáticos

---

[13] FUNDAÇÃO GETULIO VARGAS. Confederação Nacional da Indústria. *Aplicação dos novos dispositivos da Lei de Introdução às Normas do Direito Brasileiro (LINDB) pelo Tribunal de Contas da União (Relatório de Pesquisa).* 2021. Disponível em: https://direitosp.fgv.br/sites/direitosp.fgv.br/files/arquivos/relatorio_de_pesquisa_observatori o_do_tcu_aplicacao_dos_novos_dispositivos_da_lindb_pelo_tcu.pdf. Acesso em 14 mar. 2024.

[14] Como leciona o consagrado constitucionalista Celso Ribeiro Bastos: "A interpretação é pressuposto necessário da aplicação da norma jurídica. Através da interpretação, o sujeito determina o sentido normativo do texto. E este se materializa quando da aplicação". (BASTOS, Celso Ribeiro. *Hermenêutica e interpretação constitucional.* 3. ed. São Paulo: Celso Bastos Editora, 2002. p. 86).

[15] Em sentido semelhante: CARVALHO, Paulo de Barros. *Curso de direito tributário.* 30. ed. São Paulo: Saraiva, 2019. p. 44-47. Ao se debruçar sobre o estudo das normas relativas aos direitos fundamentais, Robert Alexy faz distinção igualmente parecida com a exposta no presente, v.: ALEXY, Robert. *Teoria dos direitos fundamentais.* 2. ed. São Paulo: Malheiros, 2017. p. 53-58.

e consequencialistas previstos no diploma legal em comento, para que, assim, essas mudanças legislativas possam, então, ser verificadas no plano concreto.

O triunfo do pragmatismo e do consequencialismo em matéria de controle da atividadeadministrativa depende, em grande medida, da internalização desses preceitos pelos órgãos responsáveis pelo exercício da atividade de controle. Nesse sentido, a Recomendação Conjunta PRESI-CN nº 2/20 do CNMP, bem como a Resolução nº 315/20 do TCU são fontes de esperança desta mudança de postura dos órgãos de controle, em prol de decisões mais alinhadasaos valores do pragmatismo, do consequencialismo, da segurança jurídica, da eficiênciaadministrativa e, ao fim e ao cabo, da própria tutela do interesse público.

5 Conclusão

A Nova Lei de Licitações consagrou expressamente a aplicabilidade dos Mascs no âmbito dos Contratos Administrativos, não obstante a preexistência de arcabouço normativo suficiente para tanto, de modo a tornar clarividente o incentivo legislativo atribuído à adoção detais métodos de solução de conflitos.

A adoção dos Mascs na seara das contratações públicas se revela como sendo uma prática fruto de um ato de competência discricionária, que se torna vinculado quando acordadoentre as partes, o qual deverá ser editado em atenção às particularidades de cada contrato administrativo, de modo a escolher a modalidade de resolução de conflitos mais afinada ao caso concreto. A adoção dos Mascs para a resolução dos litígios públicos, além disso, surge como uma alternativa à incessante judicialização de tais conflitos, o que prestigia, principalmente, a segurança jurídica e a celeridade na resolução desse tipo de controvérsia.

No que tange ao chamado hiperativismo dos órgãos de controle, responsável, em grandemedida, pela paralisia da atividade administrativa, o que, notadamente, é prejudicial ao interessepúblico, faz-se necessário um redirecionamento da atividade de controle, a qual deve se pautarem critérios pragmáticos e consequencialistas, em harmonia com preceitos positivados na LINDB, para que, assim, a atividade de controle não seja prejudicial à tutela do interesse público pela Administração Pública.

Nesse sentido, é possível defender que não há motivo para resistência – seja por parte do gestor, seja por parte do controlador – no que se refere à aplicabilidade e materialização dosmecanismos adequados de solução de conflitos, por todo o contexto em que a Administração Pública do século XX jaz inserida, bem como pelo arcabouço normativo preexistente e, ao fime ao cabo, pela previsão expressa contida na recém-publicada Lei Federal nº 14.133/21.

Referências

ALEXY, Robert. *Teoria dos direitos fundamentais*. 2. ed. São Paulo: Malheiros, 2017.

BASTOS, Celso Ribeiro. *Hermenêutica e interpretação constitucional*. 3. ed. São Paulo: Celso Bastos Editora, 2002.

BRASIL. Poder Judiciário. Conselho da Justiça Federal. Enunciado nº 18. *I Jornada de Direito Administrativo*, Brasília, 2020.

CARVALHO, Paulo de Barros. *Curso de direito tributário*. 30. ed. São Paulo: Saraiva, 2019.

FUNDAÇÃO GETÚLIO VARGAS. Confederação Nacional da Indústria. *Aplicação dos novos dispositivos da Lei de Introdução às Normas do Direito Brasileiro (LINDB) pelo Tribunal de Contas da União (Relatório de Pesquisa)*. 2021. Disponível em: https://direitosp.fgv.br/sites/direitosp.fgv.br/files/arquivos/relatorio_de_pesquisa_observatori o_do_tcu_aplicacao_dos_novos_dispositivos_da_lindb_pelo_tcu.pdf. Acesso em 14 mar. 2024.

MOREIRA NETO, Diogo de Figueiredo. *O Direito Administrativo no século XXI*. Belo Horizonte: Fórum, 2018.

OLIVEIRA, Gustavo Justino de. Direito administrativo pandêmico: transformações e influências jurídico-normativas em tempos de covid-19. *In*: CENTRO DE ESTUDOS E PESQUISAS DE DIREITO SANITÁRIO (CEPEDISA). *Direitos na Pandemia*: mapeamento e análise das normas jurídicas de resposta à covid-19 no Brasil (Boletim nº 16). [s.d]. Disponível em: https://cepedisa.org.br/publicacoes/. Acesso em 14 mar. 2024.

OLIVEIRA, Gustavo Henrique Justino de. O hiperativismo do controle externo da gestão pública pós-lei federal nº 13.655/2018: panorama das adaptações comportamentais e normativas do TCU e do Conselho Nacional Ministério Público (CNMP) frente aos novos parâmetros pragmatistas. *In*: MAFFINI, Rafael; RAMOS, Rafael (Org.). *Nova LINDB*: consequencialismo, deferência judicial, motivação e responsabilidade do gestor público. 1. ed. Rio de Janeiro: Lumen Juris, 2020. v. 1.

OLIVEIRA, Gustavo Henrique Justino de; ESTEFAM, Felipe Faiwichow. *Curso prático de arbitragem e Administração Pública*. São Paulo: Thomson Reuters, 2019.

OLIVEIRA, Gustavo Justino de; FERREIRA, Kaline. A mediação e a arbitragem dos conflitos no setor de saneamento básico à luz da Lei Federal nº 14.026/20. *In*: GUIMARÃES, Bernardo Strobel; VASCONCELOS, Andréa Costa de; HOHMANN, Ana Carolina (Coord.). *Novo marco legal do saneamento*. Belo Horizonte: Fórum, 2021.

OLIVEIRA, Gustavo Henrique Justino de; SCHWANKA, Christiane. A administração consensual como a nova face da Administração Pública no século XXI: fundamentos dogmáticos, formas de expressão e instrumentos de ação. A&C. *Revista de Direito Administrativo & Constitucional (Impresso)*, v. 32, p. 1-2, 2008.

POGREBINSCHI, Thamy. *Pragmatismo*: teoria social e política. Rio de Janeiro: Relume Dumará, 2005.

POLIDORO, Maúra Guerra. Dispute board é boa opção para resolução de disputas de alta complexidade. *Revista Consultor Jurídico*, 18 mai. 2021. Disponível em: https://www.conjur.com.br/2021-mai-18/polidoro-dispute-board-opcao-disputas-alta-complexidade. Acesso em 14 mar. 2024.

SANTOS, Rodrigo Valgas dos. *Direito administrativo do medo*: risco e fuga da responsabilização dos agentes públicos. São Paulo: Thomson Reuters Brasil, 2020.

Informação bibliográfica deste texto, conforme a NBR 6023:2018 da Associação Brasileira de Normas Técnicas (ABNT):

OLIVEIRA, Gustavo Henrique Justino de; MOREIRA, Matheus Teixeira. Legitimidade e controle dos meios adequados de solução de conflitos na nova Lei de licitações. *In*: EIDT, Elisa Berton; GOULART, Juliana Ribeiro; SCHNEIDER, Patricia Dornelles; RAMOS, Rafael (coord.). *Consensualidade na Administração Pública*. 2. ed. Belo Horizonte: Fórum, 2024. p. 125-137. ISBN 978-65-5518-800-4.

A OBRIGAÇÃO DE DAR NOS ACORDOS SUBSTITUTIVOS DE SANÇÃO

JULIANA BONACORSI DE PALMA

1 Introdução

Uma das principais tendências do Direito Público é a abertura à *consensualidade administrativa*, em que os *acordos administrativos*, fruto da negociação com o Poder Público, passam a ter primazia na consecução das finalidades públicas.

Tradicionalmente, as decisões administrativas se formalizam em atos administrativos unilaterais que decorrem diretamente do exercício de prerrogativas públicas, marcando uma relação verticalizada entre particulares e o Poder Público. Na verdade, os particulares são historicamente meros destinatários do conteúdo decisório, que lhe é imposto independentemente de sua aquiescência, restando-lhe apenas o questionamento em instâncias recursais. Não por outra razão, o mandado de segurança ser o instrumento de defesa particular mais emblemático, visto que o relacionamento com a Administração se encerra na figura do ato administrativo.

Este modo de ação pública imperativa[1] é até hoje o referencial no Direito Público, mas cada vez mais passa a dar sinais de esgotamento.

---

[1] Cf.: PALMA, Juliana Bonacorsi de. *Sanção e Acordo na Administração Pública*. São Paulo: Malheiros, 2015. p. 70-71.

Ocorre que as recentes transformações administrativas[2] dão conta de um cenário de exercício de competências estatais que o ato unilateral e imperativo não consegue satisfazer. Há que se reconhecer o esfacelamento da autoridade estatal legitimada em si mesma e sem preocupação quanto à finalidade, que sempre instrui a construção do Direito Público brasileiro.[3]

Dentre os mais expressivos eixos de transformação, estão: (i) *interdependência do particular* para tomada de relevantes decisões públicas, considerando que a assimetria informacional requer a constante colaboração dos particulares para ações públicas mais efetivas; (ii) *demanda de participação administrativa*, ou seja, a sociedade crescentemente requer que seus interesses sejam ouvidos pelas autoridades por meio dos vários instrumentos participativos, como audiências e consultas públicas; e (iii) *legitimação pelo processo*, de modo que uma decisão administrativa será tão ou mais legítima enquanto for construída no curso de um processo administrativo.[4]

Assim, as relações do Poder Público com os particulares não precisam necessariamente se encerrar no exercício da autoridade estatal, i.e., das prerrogativas públicas como a prerrogativa sancionatória. Isso porque os poderes administrativos têm natureza instrumental: são *instrumentos de consecução do interesse público*. Não sendo o poder sancionatório o único meio de alcançar o interesse público, pode ser afastado no caso concreto sem importar em renúncia de competências, desde que em benefício de outro instrumento que se mostre mais

---

2 Cf.: MOREIRA NETO, Diogo de Figueiredo. Novas Tendências da Democracia: consenso e direito público na virada do século – o caso brasileiro. *Revista Brasileira de Direito Público*, Belo Horizonte: Fórum, v. 3, 2001, *passim*.

3 Cf.: MARQUES NETO, Floriano de Azevedo. *Regulação Estatal e Interesses Públicos*. São Paulo: Malheiros, 2002. p. 79.

4 "(...) a afirmação da autoridade administrativa encontra-se hoje em um momento diferenciado. Afasta-se do caráter meramente autoritário e unilateral de atuação estatal e converte-se em um poder exercido de maneira mais motivada, mais procedimental, (legitimidade pelas regras do jogo), mais participativa, mais transparente e mais plural. A mudança de perspectiva faz com que o procedimento destinado a apurar a perpetração de uma infração deixe de ser visto como palco para a reconstituição da soberania administrativa ofendida, para ser encarado simplesmente como um mecanismo – dentre outros, mais econômicos, eficazes e consensuais para a reparação do dano causado e para o restabelecimento dos comportamentos almejados pela regulação". (MARQUES NETO, Floriano de Azevedo; CYMBALISTA, Tatiana Matiello. Os acordos substitutivos do procedimento sancionatório e da sanção. *Revista Brasileira de Direito Público*, Belo Horizonte: Fórum, v. 31, out./dez. 2010. p. 57).

eficiente. É nesse contexto que se verifica a ascensão da consensualidade[5] no Direito Público global.

Em sentido estrito, a consensualidade pode ser definida como técnica de gestão administrativa pela qual acordos são firmados entre Administração e administrado, no curso de processo administrativo, mediante negociação da prerrogativa imperativa (poder de autoridade estatal).[6] Seus efeitos concretos variam conforme o tipo de acordo, mas, de um modo geral, podem ser apontadas as seguintes potencialidades da consensualidade no âmbito administrativo: (i) imediata resposta estatal à sociedade; (ii) redução de tempo e de custos na terminação do processo decisório; (iii) freio à judicialização; (iv) construção de soluções jurídicas com maior criatividade e flexibilidade; (v) endereçamento do caso concreto (*"problem-solving orientation"*); (vi) mitigação do caráter adversarial nas relações jurídico-administrativas; e (vii) viabiliza o experimentalismo e o aprendizado institucional.

A consensualidade não irá substituir a atuação imperativa, mas certo é que essa técnica cresce em importância pelos seus potenciais efeitos concretos favorecerem a *governança pública*.[7] De um modo geral,

---

5 Sobre o acordo substitutivo como instrumento de direito administrativo, cf.: RIBEIRO, Leonardo Coelho. O Direito Administrativo como caixa de ferramentas e suas estratégias. *Revista de Direito Administrativo*, Rio de Janeiro: Renovar, v. 272, mai./ago. 2016. Segundo o autor, "em que pesem esses acordos substitutivos já serem utilizados atualmente, a adoção dessa ferramenta pode ser significativamente intensificada, já que, diante do sistema de incentivos postos pelo arranjo institucional atual, ela tende a produzir resultados práticos muito mais benéficos para o interesse público perseguido em concreto do que a aplicação imperativa de sanções que se revelam inefetivas. Tudo isso mediante um acompanhamento contínuo do bom funcionamento desse arranjo de incentivos". (Idem, p. 65).

6 Cf.: PALMA, Juliana Bonacorsi de. *Sanção e Acordo na Administração Pública*. São Paulo: Malheiros, 2015. p. 247.

7 "The governance model aims to create a flexible and fluid policy environment that fosters 'softer' processes that either replace or complement the traditional 'hard' ordering of the regulatory model. Scholars suggest a leap outside the regulatory box, developing new mechanisms to replace top-down ordering, implementation, and enforcement. Over the past decades, commentators across the political spectrum have come to see aspects of the regulatory model as inherently cumbersome, ineffective, and heavily executed. Moreover, the gaps between law-in-the-book and law-in-action, have led many to seek more integrated approaches to law reform. The rapid rise of secondary, informal markets and underground economies – characterized by vast noncompliance, and underenforcement, and lucrative opportunities coexisting with pervasive exploitation – has further challenged the notion that traditional regulation can bring meaningful change in globalizing economies. Finally, the broad dissatisfaction with the formalities of bureaucratic procedures in relation to the experience of citizenship has registered with scholars and practitioners. Increasingly, the new vision includes softer processes, which will create an environment more conductive to participation and dialogue". (LOBEL, Orly. The Renew Deal: the fall of regulation and the rise of governance in contemporary legal thought. *Minn. L. Rev.*, v. 89, n. 342, 470, p. 388, 2004).

os acordos administrativos tendem a reduzir o ambiente adversarial e os conflitos jurídicos, reduzem tempo e custos de decisão, freiam a judicialização e, principalmente, permitem endereçar com soluções criativas e customizadas o caso concreto.[8] Não por outra razão, o Novo CPC apresenta *regra de preferência à consensualidade.*[9]

Os exemplos de acordos administrativos se multiplicaram nos últimos anos no Brasil: acordos substitutivos, como os TACs; acordos integrativos, como os termos de compromisso; acordos de colaboração, como a leniência; acordos para resolução de controvérsias, como a convenção de arbitragem; e acordos processuais, como o negócio jurídico processual.

Após um período de novidade, a consensualidade se afirmou no Direito Público brasileiro como um efetivo instrumento jurídico. Não restam mais dúvidas sobre a sua juridicidade e perfeita harmonia com os valores mais caros da gestão pública. Uma vez que os acordos são eles próprios a materialização do interesse público no caso concreto, praticamente ninguém mais os questiona à luz da supremacia do interesse público e da indisponibilidade do interesse público. Contudo, remanescem dúvidas operacionais sobre a celebração dos acordos administrativos. A fase atual da agenda da consensualidade administrativa corresponde justamente a uma *inquietação pragmática* sobre como otimizar os acordos administrativos e, nessa perspectiva, alcançar o máximo de sua potencialidade.

Este artigo se debruça sobre os potenciais limites à negociação de acordos substitutivos de sanções. Trata-se de questões que surgem da experiência prática e, sem o adequado endereçamento, podem comprometer sua celebração. Para esta pesquisa, centro a análise nas obrigações de dar nos acordos substitutivos de sanção, objeto de dúvidas práticas e questionamentos jurídicos que precisam ser superados para a otimização dos acordos substitutivos de sanção.

2 A livre negociação dos acordos e desenho de obrigações

Os acordos administrativos são caracterizados como soluções jurídicas bilaterais envolvendo a negociação de prerrogativas imperativas

---

8 Cf.: FREEMAN, Jody. Collaborative Governance in the Administrative State. *UCLA L. Rev.*, v. 45, n. 1, p. 21-32, 1997.

9 CPC, art. 3º, §3º. "A conciliação, a mediação e outros métodos de solução consensual de conflitos deverão ser estimulados por juízes, advogados, defensores públicos e membros do Ministério Público, inclusive no curso do processo judicial".

(poder de aplicar sanções, poder de fiscalizar, poder de liberação, como autorização e permissão etc.). Nesta negociação, o particular assume compromissos diante da autoridade competente que, por sua vez, se compromete a deixar de exercer a prerrogativa ou a exercê-la conforme pactuado no acordo. Essa é a base do sinalagma dos acordos administrativos, em que tanto Poder Público quanto particulares assumem compromissos recíprocos materializados no instrumento consensual.

Para todos os efeitos, a negociação de poderes públicos não implica em renúncia de competências, expressamente vedada na Lei Federal de Processo Administrativo.[10] Isso porque o Poder Público não "abre mão" de suas competências abstratamente, deixando em definitivo de empregá-las. O fato de o Poder Público escolher pela via consensual em detrimento da sancionatória *no caso concreto* não significa que deixará em definitivo de instaurar processos sancionadores e sancionar quando comprovada autoria e materialidade. Sempre remanescerá discricionariedade para escolha da técnica de ação administrativa: se imperativa ou consensual. Tampouco se pode afirmar renúncia de competência no caso concreto, pois *negociar* ou *transacionar* jamais foi sinônimo de *renunciar* poderes.

O particular voluntariamente aquiesce nas obrigações, todas delimitadas consensualmente. Assim, essas obrigações são espontaneamente cumpridas pelo particular compromissário, evitando que a decisão administrativa se desloque para a esfera judicial. O fato de o particular colaborar no desenho dos compromissos e voluntariamente aquiescer em seu cumprimento pela assinatura do TAC trabalha, portanto, para a efetividade das decisões administrativas enquanto reduz o ambiente adversarial tradicionalmente marcado nas relações com o Poder Público.

É nessa perspectiva que o STJ consagrou a *livre negociação das cláusulas do TAC entre as partes*:

> Para ser celebrado, o TAC exige uma *negociação prévia entre as partes* interessadas com o intuito de *definir o conteúdo do compromisso*, não podendo o Ministério Público ou qualquer outro ente ou órgão público legitimado impor sua aceitação.
> *REsp nº 802.060/RS*, Rel. Min. Luiz Fux, 17.02.2009.

O acordo administrativo formaliza a negociação e os termos por ela alcançados, consubstanciados em *obrigações*.

---

[10] Cf.: art. 2º, parágrafo único, inc. II, Lei nº 9.784/99.

3 Viabilidade jurídica da obrigação de dar nos acordos substitutivos de sanção

Os acordos administrativos, qualquer que seja a sua espécie, são autênticos negócios jurídicos[11] e os compromissos assumidos são *obrigações* para todos os seus efeitos. O fato de os acordos administrativos serem firmados no âmbito administrativo não afasta a incidência das regras constantes na parte geral do Código Civil atinente aos negócios jurídicos. Assim, os compromissos nos acordos administrativos podem ser de "dar", de "fazer" ou de "não fazer".

No campo do TAC da Ação Civil Pública, as três tipologias de obrigação são deduzidas de seu art. 3º: "A ação civil poderá ter por objeto a condenação em dinheiro ou o cumprimento de obrigação de fazer ou não fazer". Assim, a doutrina tem afirmado que as cláusulas do TAC no regime da Ação Civil Pública (art. 5º, §6º, Lei nº 7.437/85) podem ser de fazer, de não fazer e de dar, "que consiste na fixação de indenização correspondente ao valor econômico dos danos ambientais irreparáveis".[12] Esse entendimento é respaldado pelo STJ no precedente supramencionado, o qual é aplicado para determinar que "não é permitido em Ação Civil Pública a condenação, a título de indenização, à entrega de bem móvel para uso de órgão da Administração Pública".[13]

Porém, aqui é preciso engajar na atividade de *distinguishing* desse precedente com o caso concreto: o REsp nº 802.060/STJ *aplica-se apenas no regime da Ação Civil Pública*, como o próprio acórdão expressamente menciona, e porque o entendimento é fundado no art. 3º da Lei da Ação Civil Pública. O acordo substitutivo questionado não é fundado no permissivo genérico do art. 5º, §6º, da Lei da Ação Civil Pública, mas no art. 72, §4º, da Lei de Crimes e Infrações Ambientais (Lei nº 9.605/98) e, supletivamente, no art. 26 da Nova LINDB.

Assim, como registramos anteriormente,

> A obrigação de dar é mais complexa: há exemplos de previsão do dever de pagamento de quantia certa, que não se confunde com multa, como os valores a serem recolhidos ao fundo de direitos difusos em TCCs no CADE. No âmbito da CVM, por exemplo, não raro encontramos termos de compromisso com obrigações de custeio de pareceres, doação de livros ou pagamento de curso a funcionários no exterior. Quando a

[11] Cf.: STJ, REsp nº 802.060/RS, Rel. Min. Luiz Fux, 17.02.2009.

[12] MILARÉ, Edis. *Direito Ambiental*. São Paulo: Revista dos Tribunais, 2004. p. 823.

[13] Cf.: STJ, REsp nº 802.060/RS, Rel. Min. Luiz Fux, 17.02.2009.

obrigação de dar tiver expressa previsão legal, entendemos ser esta uma modelagem de cláusulas viável em acordos. Todavia, para os demais casos, é preciso analisar se a obrigação de dar não caracteriza "burla ao dever de licitar"; de modo fraudulento, o compromisso seria um mecanismo de by-pass do processo licitatório. *Não haverá burla ao dever de licitar nas hipóteses de o bem ou a quantia ser destinada à satisfação do plano do acordo, como a compra de cabeamento náutico para conter derramamento de petróleo em alto-mar ou o custeio de projetos voltados a minimizar os efeitos da irregularidade apurada.*[14]

Na experiência pública brasileira, as obrigações de dar geralmente se materializam em duas frentes: (i) obrigação de pagamento de quantia certa, que não se confunde com a multa; ou (ii) doação de bens móveis e imóveis como contrapartida da futura extinção consensual do processo administrativo sancionador, de inquérito civil ou de ação judicial, no caso da ação civil pública. Neste segundo caso, o mais comum é que o compromissário transmita o valor correspondente ao bem móvel ou imóvel, para que o Poder Público efetive a contratação – justamente por isso não se coloca o argumento de burla ao dever de licitar.

Deveres de pagamento são comuns na experiência dos termos de compromisso na CVM e nos termos de compromisso de cessação no CADE. Já as obrigações de dar bens (móveis ou imóveis) são mais recorrentes nas tratativas com o Ministério Público para celebração de termo de ajustamento de conduta no rito da Lei da Ação Civil Pública (Lei nº 7.347/85). Assim, por exemplo, mencione-se a autocomposição em improbidade administrativa entre o MP-SP e a CCR S/A, em que esta se comprometeu com a quantia de R$17 milhões em favor da Faculdade de Direito da USP para construção de uma nova biblioteca.

A questão que agora se coloca é pela viabilidade jurídica de o Poder Público, em processo administrativo, estabelecer obrigações de dar envolvendo bens móveis e imóveis nos seus acordos substitutivos.

É plenamente viável a definição da obrigação de dar valores pecuniários, bens móveis e bens imóveis, *desde que afetados ao escopo do acordo*, ou seja, que viabilizem o interesse geral amparado pelo acordo. Na prática, isso significa que os bens móveis contemplados nas obrigações pactuadas são meios instrumentais ao atingimento das

[14] GUERRA, Sérgio; PALMA, Juliana Bonacorsi de. Art. 26 da LINDB. Novo regime jurídico de negociação com a Administração Pública. *In*: Direito Público na Lei de Introdução às Normas do Direito Brasileiro – LINDB (Lei nº 13.655/2018). *Revista de Direito Administrativo, edição especial*, Rio de Janeiro: FGV, nov. 2018. p. 161.

finalidades públicas de proteção do meio ambiente. Afinal, é por meio deles que políticas públicas ambientais serão construídas, o poder de polícia ambiental será exercido de modo mais efetivo – especialmente a fiscalização –, instrumentos de fomento e indução serão concebidos, enfim, as decisões públicas em matéria ambiental serão tomadas.

Para todos os efeitos, as "obrigações de dar" têm natureza de *doação*. O art. 538 do Código Civil conceitua doação como "o contrato em que uma pessoa, por liberalidade, transfere do seu patrimônio bens ou vantagens para o de outra". A locução "pessoa" do art. 538 do Código Civil vai no sentido de "sujeito", sem qualquer especificação quanto ao regime jurídico ou natureza jurídica, cabendo, portanto, a consensualidade na esfera administrativa.

Recentemente foi editada a Lei nº 13.800/2019, a chamada Lei dos Fundos Patrimoniais (*endowments* ou fundos filantrópicos). Os fundos patrimoniais são compostos por bens, recursos e ativos doados por pessoas privadas e administrados por organizações gestoras. De fato, a *doação* é o instrumento típico para dinamizar o repasse de bens e recursos privados aos fundos. Tanto é assim que a Lei dos Fundos Patrimoniais categoricamente emprega o termo "doação" no conceito de fundos patrimoniais:

> *Lei nº 13.800/2019* – Art. 1º. Esta Lei dispõe sobre a constituição de fundos patrimoniais com o objetivo de arrecadar, gerir e destinar doações de pessoas físicas e jurídicas privadas para programas, projetos e demais finalidades de interesse público.
>
> Parágrafo único. Os fundos patrimoniais constituídos nos termos desta Lei poderão apoiar instituições relacionadas à educação, à ciência, à tecnologia, à pesquisa e à inovação, à cultura, à saúde, ao meio ambiente, à assistência social, ao desporto, à segurança pública, aos direitos humanos e a demais finalidades de interesse público.

No art. 13 da Lei dos Fundos Patrimoniais, são indicadas as receitas que constituem os fundos patrimoniais. Dentre as várias hipóteses, estão as doações financeiras e de bens móveis, que se coadunam com o objeto das obrigações pactuadas no acordo substitutivo (inc. II). Para tanto, a doação deve ser formalizada em um *instrumento de doação* ao fundo patrimonial. No entanto, a Lei é expressa em excepcionar esse requisito se a doação decorrer de obrigação assumida em termos de ajuste de conduta:

> *Lei nº 13.800/2019* – Art. 13. Constituem receitas do fundo patrimonial: II – as *doações financeiras e de bens móveis* e imóveis e o patrocínio de pessoas físicas, de pessoas jurídicas privadas, nacionais ou estrangeiras, de Estados estrangeiros e de organismos internacionais e multilaterais;
> §6º No instrumento de doação, o doador declarará expressamente que os bens doados não são produto de crime ou oriundos de atividades ilícitas e responsabilizar-se-á pelos efeitos decorrentes da falsidade de declaração, o que será dispensado na hipótese de *doações decorrentes de obrigação assumida em termos de ajuste de conduta*, acordos de leniência e colaboração premiada.

Em seu art. 13, §6º, a Lei dos Fundos Patrimoniais expressamente reconhece a natureza de *doação* das obrigações assumidas em termos de ajuste de conduta, como as doações financeiras e de bens móveis, eximindo o celebrante da formalização específica em termo de doação. Importante ressaltar que os institutos "termo de ajuste de conduta", "acordos de leniência" e "colaboração premiada" foram utilizados em sentido amplo, designando acordos substitutivos de um modo geral. Quisesse a Lei dos Fundos Patrimoniais indicar que somente os acordos denominados "termo de ajuste de conduta" teriam suas obrigações de dar caracterizadas como doação, haveria a indicação expressa da lei correlata, como a Lei da Ação Civil Pública. Não o fez. E, na prática do Direito Público, os acordos substitutivos recebem uma pluralidade de nomenclaturas. A opção por designar os acordos substitutivos de termos de ajuste de conduta se deve à força desse nome na cultura jurídica em função do TAC previsto na Lei da Ação Civil Pública (art. 5º, §6º, Lei nº 7.347), que desde 1990 acompanha a experiência jurídica de direito administrativo. Mesmo a expressão termo de ajuste de conduta conhece variações no Direito Público. Sendo assim, seria uma afronta à isonomia e causaria verdadeira insegurança jurídica reconhecer não reconhecer a natureza jurídica de doação das obrigações de dar constantes em termos de compromissos, compromissos, acordos substitutivos, termos de compromisso de ajuste de conduta, termos de ajustamento de conduta etc.

Portanto, é juridicamente viável a definição de obrigação de dar na consensualidade administrativa, que tem natureza de doação.

4 Jurisprudência controladora sobre as obrigações de dar na consensualidade administrativa

No Acórdão nº 275/2004, o TCU responsabilizou gestora responsável pelos termos de compromisso de conversão de multas e lhe aplicou multa de R$ 6 mil, além de determinar que o IBAMA adotasse "as providências necessárias à verificação, nas diversas unidades descentralizadas, de procedimentos de conversões de multas em fornecimento de bens e serviços, que contrariem o disposto no art. 72, §4º, da Lei nº 9.605/98, e na Lei nº 8.666/1993, compatibilizando tais procedimentos com a legislação em vigor". Para o TCU, as multas não poderiam ser convertidas em bens e serviços de apoio à Administração Pública, na medida em que a Instrução Normativa nº 10/2003 do IBAMA – publicada *posteriormente* à celebração dos acordos – estabelecia a necessidade de as atividades comprometidas serem dirigidas a projetos ou programas ambientais.

Como se evidencia, a decisão do TCU foi construída a partir do texto normativo Instrução Normativa nº 10/2003 do IBAMA, a qual, registre-se, foi editada após a época dos fatos. Não há qualquer discordância de fundo sobre o acordo determinar a conversão de multas em bens e serviços de apoio à Administração Pública. A análise foi marcadamente legalista: simplesmente a hipótese de doação de bens e serviços à Administração Pública não estava prevista no regulamento do IBAMA. A única preocupação de fundo do TCU, diga-se de passagem, é com relação ao dever de licitar, pois, nos moldes como formatado, o acordo implica na aquisição de bens e prestação de serviços para a Administração Pública sem prévia escolha no processo competitivo da licitação.

O entendimento do TCU de que a conversão de multas não pode envolver bens e serviços à Administração Pública é criticável. É plenamente legítima a definição desse tipo de obrigação de os bens e serviços estiverem conexos às atividades-fim do órgão ou ente administrativo beneficiar, determinando justamente o incremento de eficiência dessas atividades. De fato, esses bens e serviços aumentam a capacidade institucional da autoridade pública competente e, por consequência, permitem que as finalidades públicas sejam melhor satisfeitas por uma atividade administrativa mais eficiente. Indiretamente, portanto, a proteção ao meio ambiente seria beneficiada. Tanto é assim que *o TCU reviu o seu entendimento*.

A gestora pública responsabilizada no Acórdão nº 275/2004 apresentou pedido de reexame e, no Acórdão nº 643/2005, o Plenário do TCU julgou pela procedência do pedido diante da ausência de culpabilidade da gestora por ela ter desenvolvido "interpretação plausível do ordenamento jurídico" ao converter as multas em bens e serviços à Administração Pública.

Em seu voto condutor, o Min. Rel. Lincoln Magalhães da Rocha assim se manifestou sobre a juridicidade dos acordos:

> 20. Embora a conduta de aparelhar a autarquia para melhor conduzir sua tarefa de fiscalizar as condutas lesivas ao meio ambiente não esteja acobertada pela *mens legis*, é aferível *primo ictu oculi* que não se configurou interpretação teratológica do dispositivo, ou seja, trata-se de possibilidade em relação à qual não se afasta de plano sua plausibilidade, pois os bens e serviços dirigidos à autarquia significam benefício indireto ao meio ambiente. Também a ofensa à Lei nº 8.666/1993 se revela de forma reflexa, pois, no caso, a Administração não estaria em um processo normal de aquisição de bens ou de contratação de prestação de serviços.
> 21. Em adição a essa possibilidade hermenêutica, vale adicionar que foi noticiado que o IBAMA recolhe apenas 2% das multas que aplica (fl. 34, vol. 3). Dessa forma, a conduta da responsável estaria buscando incrementar esse resultado.

Nessa mesma linha, o Min. Benjamin Zymler se manifestou pela juridicidade dos acordos substitutivos celebrados para fins de conversão de multas por bens e serviços à Administração Pública, com fundamento no art. 72, §4º, da Lei nº 9.605/98:

> No caso em comento, verifico que, apesar de os bens e serviços atribuídos à Gerex/PR não resultarem em benefício direto ao meio ambiente, tal como previsto na lei, a conduta da responsável em aparelhar a autarquia com o propósito de, indiretamente, fortalecer as ações ambientais desenvolvidas pelo Ibama, não se mostra de todo desarrazoada e suficiente para ensejar sua apenação.
> Como mencionei anteriormente, o §4º do art. 72 da Lei nº 9.605/98 não detalha a forma da prestação dos serviços substitutos da multa simples. A regulamentação desse dispositivo pelo Ibama, por meio da Instrução Normativa nº 1/2003, somente ocorreu em data posterior à da assinatura dos termos de conversão pela Gerex/PR. Segundo a responsável, nesse período, diversas unidades descentralizadas do Ibama adotaram procedimentos análogos, fato que pode ter contribuído para a decisão da gestora.[15]

---

[15] Registre-se que o Min. Benjamin Zymler não aceita que bens e serviços à Administração Pública sejam possíveis a título de obrigação de conversão de multa ambiental. No seu entender, o art. 72, §4º, da Lei nº 9.605/98, quando estabelece que a multa simples pode ser convertida em "em serviços de preservação, melhoria e recuperação da qualidade do meio ambiente", restringiu o escopo da conversão de multas apenas a serviços a serem executados pelo compromissário, em cooperação concreta à preservação, melhoria e recuperação da qualidade do meio ambiente. Apesar dessa compreensão do alcance do instituto de

Desse modo, o Acórdão nº 275/2004 foi superado pelo Acórdão nº 673/2005 no âmbito do TCU, reconhecendo-se a juridicidade do acordo substitutivo de conversão de multa com fundamento no art. 72, §4º, da Lei nº 9.605/98, bem como a juridicidade das obrigações de doação de bens e prestação de serviços à Administração Pública, que indiretamente beneficiam a tutela do meio ambiente.

5 A atividade finalística pública importa na previsão de obrigações de dar nos acordos substitutivos de sanção

As obrigações definidas em acordo não consistem em simples conjunto de bens e serviços em benefício de repartições públicas. Esses bens e serviços devem estar direta e imediatamente atrelados ao desempenho das atividades finalísticas do órgão ou entidade pública compromissária, como a atividade administrativa de fiscalização. Muita ênfase se tem dado na produção de normas e na aplicação de sanções, mas é justamente a fiscalização que merece maior atenção e investimentos. Tomando-se o exemplo do IBAMA, evidencia-se que a instituição não é vocacionada à aplicação de sanções, mas *a evitar que ilícitos ambientais ocorram* em tutela efetiva ao meio ambiente. Na sanção, o dano ambiental já ocorreu. E o modo de tornar essa fiscalização mais eficiente é justamente aumentando a capacidade institucional de seus órgãos por meio de doação de bens e prestação de serviços.

Todos os bens e valores indicados em acordo como obrigação de dar devem ter destinação específica. O acordo não é um "cheque em branco" que se possa fazer uso a bel prazer do portador. Todos os valores devem ter destinação específica, de modo que todas as obrigações convencionadas se encontrem afetadas às finalidades públicas que as autoridades públicas contempladas têm por função satisfazer. Totalmente diferente seria o repasse de valores desacompanhado de sua destinação específica, restando aos gestores discricionariedade alocativa. Por isso a importância de o acordo substitutivo já discriminar onde os bens e valores a título de doação serão empregados.

---

conversão de multas, considerou juridicamente válida a interpretação extensiva feita pela gestora pública, receptiva às obrigações de doação de bens e prestação de serviços à Administração Pública.

Na ponta, o que se observa é uma *obrigação de melhoria da atividade finalística prestada*. Uma tendência na consensualidade administrativa é justamente a previsão nos acordos de obrigações de melhoria da atividade finalística prestada. No caso da ANATEL, cuja principal atividade é a prestação de serviços de telecomunicações, há previsão em seus TACs de *compromissos estruturantes*, que visam à melhoria da infraestrutura da prestadora e, indiretamente, determinam a ampliação da qualidade dos serviços prestados. No TAC celebrado entre ANATEL e TIM, por exemplo, a concessionária assumiu os seguintes compromissos estruturantes: (i) instalar, em até 12 meses, cobertura LTE em 75 municípios que não possuem cobertura com a tecnologia 4G da TIM; (ii) instalar, em até 24 meses, cobertura LTE em outros 99 municípios que não possuem cobertura com a tecnologia 4G da TIM; (iii) instalar, em até 36 meses, cobertura LTE em outros 125 municípios que não possuem cobertura com a tecnologia 4G da TIM; e (iv) instalar, em até 48 meses, cobertura LTE em outros 150 (cento e cinquenta) municípios que não possuem cobertura com a tecnologia 4G da TIM. Frise-se que o modelo de compromissos estruturantes foi reconhecido pelo TCU quando da análise da minuta de TAC em negociação com a Telefônica, que resultou no paradigmático Acórdão nº 2.121/2017.

No caso do IBAMA, a fiscalização consiste em uma das principais, senão a principal, atividade finalística da autarquia, por meio da qual se verifica efetiva tutela do meio ambiente. A doação de bens e a prestação de serviços atrelados à fiscalização assemelha-se em muito aos compromissos estruturantes dos acordos celebrados no âmbito do setor de telecomunicações, igualmente visando a mais efetiva prestação da atividade pública pelo incremento dos *meios instrumentais* para este fim. O foco é, efetivamente, a competência pública (fiscalização, serviço público etc.), sendo indiferente a figura do responsável pela execução dessa atividade (o próprio Poder Público, no caso do IBAMA, ou a concessionária, no caso da ANATEL).

Além de contemplar as obrigações de dar que serão assumidas *prospectivamente*, o acordo substitutivo pode perfeitamente cotejar obrigações que foram espontaneamente assumidas nos casos em que a infração a que se pretenda substituir tenha origem em um dano. Em matéria de acidentes ambientais[16] ou na execução de projetos de

16 "Natural resources damages are a tort-like remedy designed to make the public whole after environmental harm by restoring injured natural resources to their baseline conditions. The remedy is neither a fine nor a payment for cleanup. Funds must be spent

infraestrutura, por exemplo, é comum que reguladas ou delegatárias assumam espontaneamente compromissos – por vezes informais – perante o Poder Público, para conter os efeitos do dano.

As obrigações espontaneamente assumidas na ocorrência de acidente ou dano e aquelas impostas pela autoridade pública para mitigação dos efeitos configuram uma relação que em nada difere daquela introduzida pela celebração de acordo substitutivo. O conjunto de obrigações de fazer (por determinado período, monitorar a área degradada, prestar informações, tomar as ações necessárias para mitigação do dano etc.) se volta à preservação, melhoria e recuperação da área comprometida. Verifica-se praticamente uma "antecipação do acordo substitutivo", ainda que não formalizado em compromisso.[17]

Por isso afirmar que a celebração do compromisso do art. 26 da nova LINDB para terminação consensual de processos sancionadores é o destino natural em casos que envolvam assunção de compromissos para mitigação de danos. Ele nada mais seria que a continuidade de uma técnica de *enforcement* já em curso. Se eventual pedido de acordo substitutivo for negado, há clara sinalização que pouco importa envidar os melhores esforços, implantar as melhores tecnologias ou minimizar ao máximo os efeitos do dano, pois, invariavelmente, a resposta sancionatória prevalecerá. Em futuros danos, os regulados possivelmente não adotarão a postura colaborativa vislumbrada no caso concreto, economizando para pagamento posterior da multa.

Fundamental que o acordo substitutivo considere as obrigações assumidas na mitigação de danos na delimitação das correspondentes obrigações de dar e fazer. Isso significa que as novas obrigações serão

---

on restoration – they go directly to restoring the harmed sources". (BRADSHAW, Karen. Settling for Natural Resource Damages. *Harvard Environmental Law Review*, v. 40, p. 211-251, 2016. p. 213-214). A autora defende a tese de que os "natural resources damages" devem preferencialmente ser formalizados em acordos.

17 É nessa linha que Sérgio Guerra e Romulo S. R. Sampaio depreendem o caráter consensual das medidas de mitigação ambiental: "(...) a consensualidade há muito vem sendo utilizada como instrumento de regulação ambiental. Não no seu aspecto de controle, tal como desenhada pela LPNMA [Lei da Política Nacional do Meio Ambiente] em 1981, mas como instrumento de gestão do bem de uso comum dentro dos limites impostos pelos princípios do desenvolvimento sustentável e equidade intra e intergeracional e postulados da prevenção e poluidor/usuário-pagador. A imposição de medidas de mitigação, de compensação ou até mesmo a proibição de determinadas atividades de juízos discricionários de concessão de licenças e autorizações ambientais se reveste de nítido caráter consensual". (GUERRA, Sérgio; Romulo S. R. Acordos Substitutivos como Instrumentos de Regulação Ambiental. *Revista Novos Estudos Jurídicos*, São Paulo, v. 27, n. 3, p. 813, set./dez. 2018. Destaquei).

pactuadas tendo em vista os compromissos que já foram assumidos pelo regulado ou delegatário quando da ocorrência do dano. Igualmente importante é a formalização no acordo substitutivo dessas obrigações preliminarmente assumidas, até para que se tenha a segurança jurídica necessária para fins de clareza sobre os compromissos assumidos e quando será devido o recebimento do termo de quitação porque cumpridas as obrigações do acordo.

Importante salientar que, aqui, não faz sentido a diferenciação entre sanção e ressarcimento, como é defensável na esfera controladora. Ocorre que esta é uma leitura de incremento da punição daquele que incorreu em dano, com expectativa de aumento do valor simbólico para prevenção de novos ilícitos.

6 Desvio de finalidade na celebração de acordos administrativos

Para além de uma formalidade, o valor do processo administrativo na seara da consensualidade é fundamental para fins de transparência e amplo controle da motivação, afastando-se argumentos construídos com a base frágil de presunções inverídicas, como o do desvio de finalidade, conluio, favorecimento ou qualquer outra conjectura que macule a celebração de acordo substitutivo. O argumento do desvio de finalidade ganha força junto à obrigação de dar.

O desvio de finalidade não se presume. Pelo contrário, a presunção de legitimidade e veracidade que gozam as decisões administrativas exige que o acordo seja presumidamente válido até prova efetiva em contrário, como: descrição de diálogo telefônico espúria, denúncia fundada servidor que eventualmente tenha evidenciado indícios de tratativas colusivas, troca de mensagens comprometedoras, enfim, indício de desvirtuamento da consensualidade administrativa. É imprescindível a apresentação de um cenário fático que permita extrair indícios de que o acordo foi firmado visando, prioritariamente, o favorecimento indevido *com provas*, ou, pelo menos, indicação de onde essas provas podem ser obtidas.

É nesses termos a pacífica jurisprudência do STJ de que a presunção de legitimidade de que gozam as decisões públicas, a exemplo do acordo questionado, apenas pode ser vencida com a exposição de fatos comprovados:

> Em face da *presunção de legitimidade* do ato administrativo, *caberia ao impetrante demonstrar, mediante prova pré-constituída, que a motivação aduzida pela Administração não confere com a realidade*, todavia, não logrou fazê-lo, eis que limitou-se a contra-argumentar os motivos do referido ato, sob a alegação de que este decorrera de interesse pessoal da chefia imediata, Promotoria de Justiça de Igrejinha/RS, em evidente caráter punitivo, *sem colacionar, contudo, qualquer prova de suas afirmações*.
>
> RMS nº 49947/RS, 1ª Turma do STJ, Rel. Min. Benedito Gonçalves, 20.02.2020.

7 Considerações finais

O presente artigo buscou apresentar os fundamentos, limites e respostas a questionamentos práticos sobre a obrigação de dar nos acordos substitutivos de sanção. Muito embora já exista relevante experiência em torno dos deveres de pagar quantia certa, a dúvida que agora se coloca concerne àqueles valores que serão posteriormente endereçados à contratação de bens móveis e imóveis.

O traço da *atipicidade* é inerente à consensualidade administrativa e não há qualquer vedação expressa no ordenamento jurídico quanto à obrigação de dar, admitindo-se na consensualidade a legalidade negativa. Na tratativa dos acordos administrativos, é fundamental ter sempre em mira sua finalidade específica, considerando se tratar de autêntico instrumento de efetivação de políticas públicas, além de ser o interesse público no caso concreto. Portanto, é com base no escopo do acordo que as obrigações devem ser definidas.

Por vezes, a obrigação de não fazer, combinada com a obrigação de fazer, será suficiente, especialmente quando se pretender o ajuste da conduta do signatário do acordo em casos mais simples. Outras vezes, porém, a obrigação de dar surge como interessante complemento para otimizar a consecução das competências administrativas pelo Poder Público. É justamente o que se verifica em órgãos vocacionados à fiscalização de atividades privadas: a doação de bens móveis e imóveis que sirvam à fiscalização pode otimizar esta atividade pública. Aqui, duas recomendações finais.

Primeiramente, a doação deve estar imediatamente atrelada à atividade-fim do órgão ou ente público compromissário, sendo sempre recomendado que a destinação final do valor a ser pago esteja expressamente prevista no acordo.

Em segundo lugar, há uma certa propensão aos acordos administrativos privilegiarem, por razões pragmáticas, a obrigação de dar em detrimento das demais. Isso pode levar a um cenário de "calculabilidade perversa", considerando a possibilidade de "troca" entre o valor da multa e o valor da obrigação de dar. Na ponta, os acordos erigidos com base em obrigações de dar poderiam fazer o *by-pass* do sistema sancionatório. Embora seja uma via facilitada e até interessante ao desfecho de casos, recomenda-se *não abandonar por completo as obrigações de não fazer e fazer*, justamente porque elas afetam diretamente o comportamento que ensejou a situação de irregularidade. Há sempre o dever de motivar qualificado, com ônus de indicar não apenas as razões pelas quais as obrigações de dar se mostram adequadas e necessárias ao escopo do acordo, mas também porque as demais obrigações não o são. É sempre recomendável que o acordo trabalhe com a pluralidade de obrigações para alcançar a sua máxima potencialidade.

Referências

BRADSHAW, Karen. Settling for Natural Resource Damages. *Harvard Environmental Law Review*, v. 40, p. 211-251, 2016.

FREEMAN, Jody. Collaborative Governance in the Administrative State. *UCLA L. Rev.*, v. 45, n. 1, p. 21-32, 1997.

GUERRA, Sérgio; PALMA, Juliana Bonacorsi de. Art. 26 da LINDB. Novo regime jurídico de negociação com a Administração Pública. *In*: Direito Público na Lei de Introdução às Normas do Direito Brasileiro – LINDB (Lei nº 13.655/2018). *Revista de Direito Administrativo, edição especial*, Rio de Janeiro: FGV, nov. 2018.

GUERRA, Sérgio; Romulo S. R. Acordos Substitutivos como Instrumentos de Regulação Ambiental. *Revista Novos Estudos Jurídicos*, São Paulo, v. 27, n. 3, p. 813, set./dez. 2018.

LOBEL, Orly. The Renew Deal: the fall of regulation and the rise of governance in contemporary legal thought. *Minn. L. Rev.*, v. 89, n. 342, 470, 2004.

MARQUES NETO, Floriano de Azevedo. *Regulação Estatal e Interesses Públicos*. São Paulo: Malheiros, 2002.

MARQUES NETO, Floriano de Azevedo; CYMBALISTA, Tatiana Matiello. Os acordos substitutivos do procedimento sancionatório e da sanção. *Revista Brasileira de Direito Público*, Belo Horizonte: Fórum, v. 31, out./dez. 2010.

MILARÉ, Edis. *Direito Ambiental*. São Paulo: Revista dos Tribunais, 2004.

MOREIRA NETO, Diogo de Figueiredo. Novas Tendências da Democracia: consenso e direito público na virada do século – o caso brasileiro. *Revista Brasileira de Direito Público*, Belo Horizonte: Fórum, v. 3, 2001.

PALMA, Juliana Bonacorsi de. *Sanção e Acordo na Administração Pública*. São Paulo: Malheiros, 2015.

RIBEIRO, Leonardo Coelho. O Direito Administrativo como caixa de ferramentas e suas estratégias. *Revista de Direito Administrativo*, Rio de Janeiro: Renovar, v. 272, mai./ago. 2016.

Informação bibliográfica deste texto, conforme a NBR 6023:2018 da Associação Brasileira de Normas Técnicas (ABNT):

PALMA, Juliana Bonacorsi de. A obrigação de dar nos acordos substitutivos de sanção. *In*: EIDT, Elisa Berton; GOULART, Juliana Ribeiro; SCHNEIDER, Patricia Dornelles; RAMOS, Rafael (coord.). *Consensualidade na Administração Pública*. 2. ed. Belo Horizonte: Fórum, 2024. p. 139-156. ISBN 978-65-5518-800-4.

ANPC, ACORDO DE LENIÊNCIA E TAC: A QUE SERVEM TAIS INSTRUMENTOS NO ATUAL ESPAÇO MAIS COMPLETO – MAS TAMBÉM MAIS *COMPLEXO* – DE CONSENSUALIDADE?

ALICE VORONOFF

RAFAELA CANETTI

1 Introdução

Foi-se o tempo em que corrupção se combatia apenas *a posteriori*, pela lógica exclusiva do comando e controle. Tamanho o desafio imposto pela sofisticação crescente dos meios de que se valem corruptos e corruptores, que o ordenamento jurídico e o aparato estatal precisam ser ágeis para se instrumentalizar, coordenar e aprimorar respostas e os incentivos por elas gerados.[1] Nas palavras do Ministro Alexandre de Moares, "[a] corrupção é a negativa do Estado Constitucional".[2]

---

1 Para uma análise do tema sob a perspectiva político-econômica, cf.: ROSE-ACKERMAN, Susan; PALIFKA, Bonnie J. *Corruption and government*: causes, consequences, and reform. 2. ed. Nova York: Cambridge university press, 2016.

2 "A corrupção é a negativa do Estado Constitucional, que tem por missão a manutenção da retidão e da honestidade na conduta dos negócios públicos, pois não só desvia os recursos necessários para a efetiva e eficiente prestação dos serviços públicos, mas também corrói os pilares do Estado de Direito e contamina a necessária legitimidade dos detentores de

E é por isso que à repressão têm se somado a inteligência; a prevenção; a identificação tempestiva de riscos; a busca intransigente por efetividade. Para tanto, impõe-se não só a *criação*, mas também a *utilização* adequada de arranjos e ferramentas capazes de combater o referido quadro de violações sistemáticas a direitos fundamentais. Não bastam os meios se não puderem levar aos fins almejados. As ferramentas precisam ser compreendidas e aplicadas de forma eficiente, sob pena de caírem no descrédito ou servirem a finalidades distintas daquelas a que se propunham.

A proposta deste estudo é desenvolver tais reflexões a partir das alterações promovidas pela Lei nº 14.230/2021 na Lei nº 8.429/1992 (Lei de Improbidade Administrativa ou "LIA"), que, dentre outras mudanças, repaginou o Acordo de Não Persecução Cível ("ANPC"), agora disciplinado no art. 17-B da LIA. É verdade que o ANPC já contava com previsão legal e vinha sendo celebrado mesmo antes da Lei nº 14.230/2021. Mas o novo diploma é, sem dúvida, um divisor de águas: além de estabelecer as características essenciais do instituto (dando-lhe forma e função), reflete conquista alcançada após uma trajetória longa, repleta de percalços e controvérsias.

O novo dispositivo sacramenta a inclusão dos atos ímprobos no ambiente promissor da consensualidade, inserindo a LIA na verdadeira *virada negocial* que tem permeado o direito público, inclusive, na sua faceta sancionadora. O ANPC vem complementar o instrumental à disposição do Poder Público para a tutela do erário e da moralidade pública, ao lado de outros institutos, como os termos de ajustamento de conduta ("TAC") e os acordos de leniência.

O resultado é um espaço de consensualidade mais *completo*, mas também mais *complexo*. *Completo*, porque passa a permitir (e criar incentivos para) a negociação em um campo outrora predominantemente dominado pela lógica do comando e controle. *Complexo*, porque representa a criação de nova variável no cardápio de instrumentos consensuais disponíveis à Administração e ao Ministério Público, a qual, além de ainda não estar completamente teorizada e normatizada, deverá conviver e se harmonizar com outras ferramentas (consensuais

---

cargos públicos, vital para a preservação da Democracia representativa (...)" (BRASIL. Supremo Tribunal Federal (Pleno). Recurso Extraordinário RE nº 852475/SP. Relator: Min. Alexandre de Moraes, 08 de agosto de 2018. *Lex*: jurisprudência do Supremo Tribunal Federal, São Paulo, *DJ* 25.03.2019).

ou não) de gestão administrativa,[3] prevenção de riscos e enfrentamento de ilicitudes. O desafio do Poder Público, no seu manejo, será dosar os incentivos oferecidos pelo ANPC em cada uma das suas potenciais hipóteses de aplicação.

Nos itens a seguir, a trajetória do ANPC será destrinchada em quatro fases. A ideia é que, após uma apresentação panorâmica da evolução do ANPC e de seus requisitos, sua lógica possa ser cotejada com aquela inerente a duas outras importantes ferramentas do ordenamento jurídico brasileiro: o Acordo de Leniência e o Termo de Ajustamento de Conduta (TAC), ambos igualmente inseridos no marco profícuo da consensualidade. Ao final, o estudo apresentará breve conclusão em torno das reflexões propostas.

2 O ANPC em quatro fases

A Lei nº 8.429/1992 foi promulgada com fundamento no art. 37, §4º, da CRFB,[4] em meio a denúncias de corrupção envolvendo o governo do então presidente Fernando Collor de Mello. Buscou-se um modelo marcadamente repressor, focado na punição de agentes públicos e políticos. Em coerência com esse espírito, o §1º do art. 17 da LIA,[5] em sua redação original, vedava qualquer tipo de transação, acordo ou conciliação nas ações de improbidade. Nesse *primeiro* momento, não só a lei vedava expressamente a via consensual na improbidade, como era essa a convicção refletida da comunidade jurídica, por se entender, segundo a concepção da época, que celebrar um acordo como acusado ou condenado importaria necessariamente dispor do interesse público tutelado pelo ordenamento jurídico.

Pode-se afirmar que uma *segunda* fase se iniciou com a edição das Leis nº 12.846/2013 e nº 12.850/2013. A Lei nº 12.846/2013 (a chamada Lei Anticorrupção), assim como a LIA, lida com atos lesivos

---

3 VORONOFF, Alice. *Direito Administrativo Sancionador no Brasil*. Belo Horizonte: Fórum, 2018. p. 318; BINENBOJM, Gustavo. A consensualidade administrativa como técnica juridicamente adequada de gestão eficiente de interesses sociais. *In*: *Revista Eletrônica da Procuradoria Geral do Estado do Rio de Janeiro – PGE-RJ*, Rio de Janeiro, v. 3, n. 3, p. 1-7, set./dez. 2020.

4 "§4º Os atos de improbidade administrativa importarão a suspensão dos direitos políticos, a perda da função pública, a indisponibilidade dos bens e o ressarcimento ao erário, na forma e gradação previstas em lei, sem prejuízo da ação penal cabível".

5 Era essa a redação original do art. 17, *caput* e §1º:
"Art. 17. A ação principal, que terá o rito ordinário, será proposta pelo Ministério Público ou pela pessoa jurídica interessada, dentro de trinta dias da efetivação da medida cautelar. §1º É vedada a transação, acordo ou conciliação nas ações de que trata o caput".

à Administração Pública e seus princípios conformadores. Sua grande inovação, nesse viés, foi buscar um enfoque prioritário voltado às pessoas jurídicas que contratam com a Administração Pública, e não à responsabilidade subjetiva dos agentes públicos, privados ou políticos eventualmente envolvidos numa ou noutra ponta da contratação pública. Um dos mecanismos introduzidos pela Lei Anticorrupção, para esse fim, foi o instituto do acordo de leniência, que, nos termos do art. 16[6] daquele diploma, poderá ser celebrado pela autoridade máxima de cada órgão ou entidade pública, desde que haja a colaboração efetiva da pessoa jurídica infratora com as investigações e o processo administrativo, da qual derive a identificação dos demais envolvidos na infração, se cabível, e a obtenção célere de informações e documentos que comprovem o ilícito sob apuração.

Já a Lei nº 12.850/2013 definiu organização criminosa e dispôs sobre a investigação criminal, os meios de obtenção da prova, infrações penais correlatas e o procedimento criminal. Consoante o art. 3º do referido diploma, a colaboração premiada foi enunciada como um dos meios legítimos de obtenção de prova, voltada a superar as limitações dos meios tradicionais de investigação bastante esvaziados pela sofisticação do crime organizado de corrupção. Trata-se, nos termos do art. 3-A da Lei, de negócio jurídico processual e meio de obtenção de prova. Assim é que, segundo o art. 4º do diploma, celebrada a colaboração, o juiz poderá reduzir em até 2/3 (dois terços) a pena privativa de liberdade do colaborador, substituí-la ou mesmo conceder o perdão judicial.

---

6 "Art. 16. A autoridade máxima de cada órgão ou entidade pública poderá celebrar acordo de leniência com as pessoas jurídicas responsáveis pela prática dos atos previstos nesta Lei que colaborem efetivamente com as investigações e o processo administrativo, sendo que dessa colaboração resulte: I – a identificação dos demais envolvidos na infração, quando couber; e II – a obtenção célere de informações e documentos que comprovem o ilícito sob apuração.

§1º O acordo de que trata o caput somente poderá ser celebrado se preenchidos, cumulativamente, os seguintes requisitos: I – a pessoa jurídica seja a primeira a se manifestar sobre seu interesse em cooperar para a apuração do ato ilícito; II – a pessoa jurídica cesse completamente seu envolvimento na infração investigada a partir da data de propositura do acordo; III – a pessoa jurídica admita sua participação no ilícito e coopere plena e permanentemente com as investigações e o processo administrativo, comparecendo, sob suas expensas, sempre que solicitada, a todos os atos processuais, até seu encerramento.

§2º A celebração do acordo de leniência isentará a pessoa jurídica das sanções previstas no inciso II do art. 6º e no inciso IV do art. 19 e reduzirá em até 2/3 (dois terços) o valor da multa aplicável.

§3º O acordo de leniência não exime a pessoa jurídica da obrigação de reparar integralmente o dano causado.

(...)".

Veja-se que, ao contemplar a possibilidade de acordos na esfera penal – voltada a tutelar os bens mais caros ao ordenamento jurídico –, a Lei das Organizações Criminosas expôs o anacronismo da proibição inscrita no art. 17, §1º, da LIA e acelerou os debates em torno da sua superação. Ao mesmo tempo, as sobreposições e similaridades[7] entre bens jurídicos tutelados pela LIA e pela Lei Anticorrupção não só desafiaram a percepção tradicional quanto à inegociabilidade das sanções relativas a atos lesivos à moralidade e ao patrimônio público, como geraram dificuldades práticas para a atratividade dos acordos de leniência previstos nesse segundo diploma. Afinal, a própria Lei Anticorrupção era clara em afirmar que a sua aplicação não afetaria os processos de responsabilização e aplicação de penalidades decorrentes de atos de improbidade administrativa, nos termos da LIA (art. 30, I, da Lei nº 12.846/2013).

Em 2015, a Lei de Mediação (Lei nº 13.140/2015) viria a prever a possibilidade de conciliação quanto a matérias objeto de litígio discutido em ação de improbidade (cf. art. 36, §4º), embora sem aludir à revogação do art. 17, §1º, da LIA. No fim do mesmo ano, a Medida Provisória nº 703/2015 chegou a revogar o mencionado dispositivo, permitindo esse

---

[7] A possibilidade de celebração dos acordos de leniência com pessoas jurídicas, cujo objeto contemplava condutas similares ou mesmo idênticas àquelas previstas na Lei de Improbidade, passou a demandar certos "malabarismos" jurídicos por parte do Poder Público. Buscando incrementar a atratividade e a segurança jurídica do programa de leniência anticorrupção, o Ministério Público criou a possibilidade de adesão das pessoas físicas aos termos dos acordos celebrados pelas pessoas jurídicas, apesar de a literalidade da Lei nº 12.846/2013 silenciar a respeito. Por meio desses ajustes, o *Parquet* se comprometia a desistir dos pedidos de imposição de sanções nas ações de improbidade em curso, passando a buscar, apenas, um provimento judicial declaratório da prática de ato ímprobo. Ilustrativamente: "Considerando, além da fundamentação legal apontada no expediente supracitado e nos Termos de Colaboração Premiada, que as disposições da nova Lei nº 12.846, de 2013, compõem um microssistema sancionatório estabelecendo o acordo de leniência como ferramenta de solução extrajudicial no campo da responsabilização de índole civil, na linha do que já prevê a Lei nº 12.850, de agosto de 2013, na esfera penal, e considerando, ainda, a legitimidade do Ministério Público para celebrar termos de ajustamento de conduta, nos termos do artigo 5º, §6º, da Lei nº 7.347, de 1985, a Câmara resolve homologar, no campo da improbidade administrativa, os acordos encaminhados por meio do Ofício nº 355/2015 (PR-PR-00002021/2015), repercutindo seus efeitos no âmbito da improbidade administrativa, diante da necessidade de não comprometer a efetividade da colaboração premiada, nos termos propostos pelos procuradores oficiantes: a) formulação de pedidos declaratórios de sujeição das condutas praticadas às hipóteses normativas da Lei nº 8429/92; b) *abstenção de pleito judicial no tocante às sanções previstas no art. 12 do citado diploma legal, considerando as cominações e as consequências na esfera penal, decorrentes dos acordos de colaboração premiada e das ações penais propostas*; c) em caso de quebra do acordo firmado, o MPF pleiteará a aplicação das sanções correspondentes aos atos de improbidade praticados" (BRASIL. Ministério Público Federal. *Ata da octingentésima quinquagésima segunda sessão ordinária da 5ª CRR*. Fev. 2015. Grifou-se).

tipo de transação, mas teve a sua vigência encerrada em 29 de maio de 2016, pelo que se restabeleceu a vigência da proibição prevista na redação original da LIA.

E não só em razão dessas previsões, mas também pela superveniência do Código de Processo Civil[8] e da Lei de Introdução às Normas do Direito Brasileiro – LINDB (notadamente, de seu art. 26, introduzido pela Lei nº 13.655/2018),[9] que reforçaram o valor e a adequação da consensualidade nas relações regidas pelo direito público, parte da doutrina passou a defender que a proibição contida no art. 17, §1º, da LIA havia sido derrogada.[10] Foi como entendeu, aliás, o Ministério Público, cuja regulamentação passou a permitir expressamente a celebração de acordos na seara da improbidade, com fundamento no §6º do art. 5º[11] da Lei nº 7.347/1985 (a Lei da Ação Civil Pública), por meio da Resolução nº 179/2017 do Conselho Nacional do Ministério Público ("CNMP").[12]

---

8 "Art. 3º Não se excluirá da apreciação jurisdicional ameaça ou lesão a direito. (...) §2º O Estado promoverá, sempre que possível, a solução consensual dos conflitos. §3º A conciliação, a mediação e outros métodos de solução consensual de conflitos deverão ser estimulados por juízes, advogados, defensores públicos e membros do Ministério Público, inclusive no curso do processo judicial".

9 "Art. 26. Para eliminar irregularidade, incerteza jurídica ou situação contenciosa na aplicação do direito público, inclusive no caso de expedição de licença, a autoridade administrativa poderá, após oitiva do órgão jurídico e, quando for o caso, após realização de consulta pública, e presentes razões de relevante interesse geral, celebrar compromisso com os interessados, observada a legislação aplicável, o qual só produzirá efeitos a partir de sua publicação oficial. §1º O compromisso referido no caput deste artigo: I – buscará solução jurídica proporcional, equânime, eficiente e compatível com os interesses gerais; II – (VETADO); III – não poderá conferir desoneração permanente de dever ou condicionamento de direito reconhecidos por orientação geral; IV – deverá prever com clareza as obrigações das partes, o prazo para seu cumprimento e as sanções aplicáveis em caso de descumprimento. §2º (VETADO)". Saliente-se que o art. 26 da LINDB tem sido considerado pela doutrina como uma cláusula geral autorizativa da celebração de acordos em relações de direito público, incluindo aquelas que envolvam a aplicação de sanções. Nesse sentido, v. GUERRA, Sérgio; PALMA, Juliana Bonacorsi de. Art. 26 da LINDB – Novo regime jurídico de negociação com a Administração Pública. *Revista de Direito Administrativo*, Rio de Janeiro, Edição Especial: Direito Público na Lei de Introdução às Normas de Direito Brasileiro – LINDB (Lei nº 13.655/2018). p. 146-154, nov. 2018.

10 Havia, também, posição intermediária, no sentido da derrogação da vedação aos acordos, apenas, no que tange às pessoas jurídicas, tendo em vista a especialidade da Lei nº 12.846/2013. Cf. TOJAL, Sebastião Botto de Barros. Interpretação do artigo 30 da Lei nº 12.846/2013. *Revista dos Tribunais*, v. 947, p. 281-294, 2014. p. 281 e ss.

11 "§6º Os órgãos públicos legitimados poderão tomar dos interessados compromisso de ajustamento de sua conduta às exigências legais, mediante cominações, que terá eficácia de título executivo extrajudicial".

12 "Art. 1º O compromisso de ajustamento de conduta é instrumento de garantia dos direitos e interesses difusos e coletivos, individuais homogêneos e outros direitos de cuja defesa está incumbido o Ministério Público, com natureza de negócio jurídico que tem por finalidade a adequação da conduta às exigências legais e constitucionais, com eficácia de título executivo extrajudicial a partir da celebração.

Apesar disso, a jurisprudência do Superior Tribunal se mantinha firme no entendimento de que a regra do §1º do art. 17 da LIA, de natureza especial, vedava a transação e o acordo no âmbito da ação de improbidade administrativa, "cujo interesse público tutelado é de natureza indisponível".[13] Daí a importância da edição, em 2019, da Lei nº 13.964 (o chamado Pacote Anticrime), que encerrou o referido quadro de indefinições ao atribuir nova redação ao §1º do art. 17 da LIA e admitir, expressamente, a celebração de acordo de não persecução cível nas ações de improbidade.

Nessa *terceira* fase, contudo, o instituto foi positivado sem qualquer definição legal quanto aos contornos do regime jurídico a ser observado na sua utilização, já que o art. 17-A, que trazia tal disciplina, foi objeto de veto presidencial.[14] Assim é que os legitimados para o seu manejo passaram a editar atos normativos próprios, estipulando os requisitos e o *iter* para a sua celebração, de que são exemplos a Orientação nº 10/2020 da 5ª Câmara de Coordenação e Revisão do Ministério Público Federal e a Portaria Normativa AGU nº 18, de 16 de julho de 2021.

A *quarta* e atual fase remete às inovações trazidas pela Lei nº 14.230/2021. Ainda que de forma mais contida (o que não é necessariamente ruim), o diploma positivou condições obrigatórias

---

(...)
§2º É cabível o compromisso de ajustamento de conduta nas hipóteses configuradoras de improbidade administrativa, sem prejuízo do ressarcimento ao erário e da aplicação de uma ou algumas das sanções previstas em lei, de acordo com a conduta ou o ato praticado".

13 AgInt no REsp nº 1.654.462/MT, Relator Ministro Sérgio Kukina, Primeira Turma, julgado em 7.6.2018, *DJe* de 14.6.2018. No mesmo sentido: "Tratando-se de ação de improbidade administrativa, cujo interesse público tutelado é de natureza indisponível, o acordo entre a municipalidade (autor) e os particulares (réus) não tem o condão de conduzir à extinção do feito, porque aplicável as disposições da Lei nº 8.429/1992, norma especial que veda expressamente a possibilidade de transação, acordo ou conciliação nos processos que tramitam sob a sua égide (art. 17, §1º, da LIA)" (BRASIL. Superior Tribunal de Justiça (2ª Turma). Recurso Especial nº 1.217.554/SP. Relatora: Ministra Eliana Calmon, 15 de agosto de 2013. *Lex:* jurisprudência do Superior Tribunal de Justiça, São Paulo, *DJ* 22.08.2013).

14 Dentre outras medidas, o art. 17-A previa a legitimidade exclusiva do Ministério Público para celebrar o ANPC. Logo, de acordo com as razões do veto, referida previsão contrariaria o interesse público e geraria insegurança jurídica por conflitar com a redação, à época, do art. 17 da LIA, mantido inalterado, o qual dispunha que tanto o MP, quanto a pessoa jurídica lesada teriam legitimidade para ajuizar a ação de improbidade. "Assim, excluir o ente público lesado da possibilidade de celebração do acordo de não persecução cível representa retrocesso da matéria, haja vista se tratar de real interessado na finalização da demanda, além de não se apresentar harmônico com o sistema jurídico vigente". (BRASIL. Secretaria-Geral da Presidência da República. *Mensagem nº 726, de 24 de dezembro de 2019.* Disponível em: http://www.planalto.gov.br/ccivil_03/_ato2019-2022/2019/Msg/VEP/VEP-726.htm. Acesso em 21 ago. 2022).

para a celebração do ANPC, que definem um regime jurídico próprio e proporcionam, pelo menos quanto a determinados aspectos, maior segurança jurídica para os réus (efetivos ou potenciais) e os legitimados interessados em celebrá-lo. Trata-se, vale dizer, de fase ainda em desenvolvimento: os contornos do ANPC ainda estão em construção, seja normativa e jurisprudencialmente, seja na literatura e praxe administrativas.

3 Notas sobre consensualidade no direito administrativo

Antes de analisar mais especificamente os requisitos trazidos pela Lei nº 14.230/2021 para a celebração do ANPC, vale tecer considerações breves sobre o tema da consensualidade, que invadiu o direito administrativo brasileiro para se afirmar como uma de suas tendências irreversíveis. Para aqueles que atuam nesse campo e se sujeitam às suas normas, são várias as razões que justificam a ampliação do uso dos métodos consensuais para a solução de controvérsias junto ao Poder Público – no que se inclui o Acordo de Não Persecução Cível.

Em primeiro lugar, a tendência é resultado das transformações sofridas pelo direito administrativo nas últimas décadas, que passou a conferir, marcadamente após a promulgação da Constituição Federal de 1988, uma nova roupagem a velhos dogmas, como os princípios da supremacia do interesse público sobre o particular e da indisponibilidade do interesse público,[15] além de se ater a novos objetos de estudo,[16] tal como o fenômeno da consensualidade. A propósito, Odete Medauar leciona que a atividade consensual da Administração Pública passou a assumir papel cada vez mais proeminente na identificação de interesses públicos e privados tutelados, especialmente a partir do processo de redemocratização. Segundo a autora, surge, assim, uma nova maneira de agir do ente estatal, na qual a tradicional imposição unilateral de

---

[15] Destaca-se, por exemplo, o princípio da supremacia do interesse público sobre o privado. A esse respeito, veja-se a coletânea: SARMENTO, Daniel (Org.). *Interesses Públicos* versus *Interesses Privados*: desconstruindo o princípio da supremacia do interesse público. Rio de Janeiro: Lumen Juris, 2005. Confira-se, também: BAPTISTA, Patrícia. *Transformações do direito administrativo*. 2. ed. rev. ampl. e atual. Rio de Janeiro: Lumen Juris, 2018; BINENBOJM, Gustavo. *Uma teoria do direito administrativo*: direitos fundamentais, democracia e constitucionalização. 3. ed. rev. e atual. Rio de Janeiro: Renovar, 2014.

[16] Nesse contexto, ganham cada vez mais espaço temas como as garantias dos administrados, a processualização da atividade administrativa, a importância da consensualidade e a necessidade de coerência e responsabilidade na atuação do gestor público.

normas cede espaço à colaboração dos indivíduos e à conciliação de interesses variados.[17]

Tal movimento de mudanças ganhou (e ganha) cada vez mais relevância em razão das crescentes referências normativas ao tema. Dentre as mais recentes inovações legislativas, destacam-se, como já mencionado em linhas anteriores: *(i)* a entrada em vigor do Código de Processo Civil de 2015 (Lei nº 13.105/2015); *(ii)* o advento da Lei nº 13.140/2015, que disciplina a autocomposição de conflitos no âmbito da Administração Pública; e *(iii)* o art. 26 da Lei de Introdução às Normas do Direito Brasileiro – LINDB (Decreto-Lei nº 4.657/1942), incluído pela Lei nº 13.655/2018 e tido como uma cláusula geral de consensualidade. Em sede jurisprudencial, a aposta na consensualidade também tem sido um caminho estimulado, especialmente no âmbito do Supremo Tribunal Federal,[18] inclusive no campo da jurisdição constitucional.[19]

Em paralelo às transformações teóricas, legislativas e jurisprudenciais, há, na prática administrativa, uma demanda cada vez maior por soluções mais eficientes dos conflitos que se materializam todos os dias no âmbito administrativo, o que passa pela aposta na via consensual. Cada vez mais, prevalece a percepção de que, em sociedades complexas e dinâmicas, as vias imperativas e unilaterais já não resolvem

---

17 MEDAUAR, Odete. *O Direito Administrativo em Evolução*. 3. ed. Brasília: Gazeta Jurídica, 2017. p. 241. No mesmo sentido, Juliana Bonacorsi de Palma afirma que a percepção clássica da Administração Pública baseada em atos unilaterais passou a não dar mais conta da complexidade do atual direito administrativo. Por isso, a autora conclui que há casos que podem ser solucionados de forma mais eficiente, legítima e eficaz a partir da atuação consensual da Administração (PALMA, Juliana Bonacorsi de. *Sanção e Acordo na Administração Pública*. São Paulo: Malheiros Editores, 2015. p. 26).

18 BRASIL. Supremo Tribunal Federal (1ª Turma). Recurso Extraordinário nº 253.885/MG, Rel. Min. Ellen Gracie, 04 de junho de 2002, *DJ* 21.06.2002; BRASIL. Supremo Tribunal Federal (2ª Turma). Mandado de Segurança nº 35.435/DF, nº 36.496/DF, nº 36.526, nº 36.173, Rel. Min. Gilmar Mendes, 26 de maio de 2020.

19 Veja-se, ilustrativamente: "Acordo em Ação Direta de Inconstitucionalidade e Arguição de Descumprimento de Preceito Fundamental. 2. Discussão sobre a constitucionalidade das Leis Complementares nºs 192/2022 e 194/2022, diante do art. 155, §§2º, 4º, IV, e 5º, da Constituição Federal, entre outros. 3. ADI nº 7.191. Monofasia, uniformidade e alíquota *ad rem* do ICMS sobre combustíveis (art. 3º, inciso V, "a", "b" e "c"; art. 6º, §§4º e 5º; art. 7º; art. 8º, todos da Lei Complementar nº 192/2022) 4. ADPF nº 984. Debate sobre a essencialidade de combustíveis, energia elétrica, telecomunicações e transporte para fins de cobrança do ICMS, nas leis estaduais e distrital das 27 (vinte e sete) unidades federativas. 5. Comissão Especial, como técnica autocompositiva de mediação e conciliação, formada nos autos. Proposta de solução para o impasse federativo. Possibilidade de realização de acordo em parte. 6. Acordo referendado formalmente pela União e por todos os Entes Estaduais e Distrital. Homologação judicial, com explicitações e condicionantes. 7. Encaminhamento ao Congresso Nacional para as deliberações cabíveis. 8. Acompanhamento do cumprimento a cargo desta Corte" (ADI nº 7.191, Rel. Min. Gilmar Mendes, Tribunal Pleno, julgado em 15.12.2022, *DJe* de 19.12.2022).

de forma satisfatória e adequada muitas das questões a cargo da Administração Pública.[20] Não raro, decisões regulatórias impositivas falham, porquanto elaboradas em meio a um quadro sistemático de assimetria de informações do administrador em relação aos setores regulados. Esse é apenas um dos obstáculos que dificulta (quando não impede) a pretendida conformação da conduta dos particulares, a qual poderia ser alcançada de modo mais efetivo por meio de uma decisão concertada; *i.e.*, construída a partir dos atores envolvidos e por meio de sua colaboração.

Também não surpreende que a imperatividade atraia custos geralmente altos, associados à opção recorrente do administrado pela judicialização das disputas com a Administração.[21] Quando em juízo, são várias as alegações que podem ser deduzidas, como vícios no procedimento, deficiência na fundamentação e desproporcionalidade das medidas impostas. Mais uma vez, soluções consensuais podem representar um caminho propenso a reduzir tais ineficiências,[22] já que podem contribuir para a diminuição significativa do tempo de tramitação dos feitos, dos custos (para ambas as partes) a eles relacionados e do nível de litigiosidade administrativa e judicial.

Não se trata de atribuir à consensualidade contornos de absoluta preferência, em detrimento do uso de estratégias tradicionais de comando e controle, mas de considerar que a celebração de um acordo, lado a lado com a possibilidade de imposição de sanções, se apresenta como uma ferramenta de gestão, voltada à criação de incentivos e, assim, à conformação do comportamento dos administrados da forma mais eficiente possível.

É urgente, pois, que se repensem os modelos tradicionais e unilaterais em favor do estímulo ao diálogo, mediante a abertura de canais

---

[20] BAPTISTA, Patrícia. Transformações do Direito Administrativo: 15 anos depois – reflexões críticas e desafios para os próximos quinze anos. *In*: BRANDÃO, Rodrigo; BAPTISTA, P. (Org.). *Direito Público*: livro em comemoração aos 80 anos da Faculdade de Direito da UERJ. 1. ed. Rio de Janeiro: Freitas Bastos, 2015. p. 393; BINENBOJM, Gustavo. *Poder de polícia, ordenação, regulação*: transformações político-jurídicas, econômicas e institucionais do direito administrativo ordenador. Belo Horizonte: Fórum, 2016. p. 65.

[21] O Tribunal de Contas da União vem sucessivamente indicando a falta de efetividade das sanções impostas pelo Poder Público, em especial, em razão do baixo índice arrecadatório e alto percentual de judicialização. Veja-se, exemplificativamente: BRASIL. Tribunal de Contas da União. *Relatório e Parecer Prévio sobre as Contas do Governo da República*. Exercício 2013. p. 92.

[22] ARAGÃO, Alexandre Santos de. A consensualidade no Direito Administrativo: acordos regulatórios e contratos administrativos. *Revista de Informação Legislativa*, Brasília, n. 42, p. 293-310, jul./set. 2005. p. 294.

de participação e de negociação entre os particulares e o Poder Público aptos a oferecer soluções mais efetivas e menos custosas. De modo geral, isso é o que *deve ser feito*, ponto sobre o qual não há maiores controvérsias. Mas o grande desafio está em *como fazê-lo*, já que não é simples concretizar o que se entende por consensualidade, nem delimitar o seu espaço de aplicabilidade prática. O processo de consensualização teve como força motriz as necessidades práticas do Poder Público – no contexto do chamado giro pragmático do direito administrativo.[23] As novas modalidades de acordos administrativos, por isso mesmo, não nascem como um fenômeno completamente teorizado, mas como parte de um processo contínuo de aperfeiçoamento. Como os acordos surgem para lidar com problemas concretos, eles demandam maturação, maleabilidade e acompanhamento de resultados, até que seus contornos normativos e práticos estejam suficientemente delineados.

Assim, superada a fase de justificação abstrata da juridicidade da adoção de soluções consensuais pelo Poder Público, remanesce a necessidade de aprimoramento dos meios para a sua implementação, de modo a atingir as finalidades públicas almejadas. Finalidades essas que, naturalmente, variam conforme o caso, demandando do direito (e do seu aplicador) a criação de instrumentos, a um só tempo, vinculados o suficiente para garantir segurança jurídica e coibir arbítrios, mas flexíveis o suficiente para fazer frente às demandas e ao dinamismo da realidade.

4 Algumas considerações sobre a disciplina do ANPC trazida pela Lei nº 14.230/2021

Como visto, mais que nunca, existe um conjunto de consensualidades possíveis, com nuances, requisitos e objetivos distintos. Quanto mais "cheia" é essa caixa de ferramentas, mais difícil pode ser a compreensão e o manejo dos instrumentos ali contidos. Eis o desafio que se coloca com a introdução do art. 17-B na LIA: qual a melhor exegese das disposições trazidas na nova lei? As previsões trazidas são aptas a tornar o instrumento adequado e atrativo ou, de outra forma, podem desestimular o seu uso?

---

[23] V. BINENBOJM, Gustavo. *Poder de polícia, ordenação, regulação*: transformações político-jurídicas, econômicas e institucionais do direito administrativo ordenador. Belo Horizonte: Fórum, 2016.

Para tratar desses temas, inicie-se pontuando que, como qualquer negócio jurídico, a celebração de ANPC pressupõe agentes capazes, objeto lícito, possível e, nesse caso, determinado, além da sua devida formalização (art. 104 do Código Civil). Embora a disciplina legal faça alusão apenas à possibilidade de celebração de acordos pelo Ministério Público, o Supremo Tribunal Federal, no âmbito das ADIs nº 7.042 e 7.043, de relatoria do Min. Alexandre de Moraes, julgou inconstitucionais, sem redução de texto, as alterações trazidas pela Lei nº 14.230/2021 à LIA que suprimiam a legitimidade ativa das pessoas jurídicas lesadas para propor ações de improbidade e celebrar ANPC.[24]

Como requisitos específicos, o *caput* do art. 17-B da LIA prevê que, conforme as circunstâncias do caso concreto, o acordo poderá ser celebrado desde que dele advenham, ao menos, os seguintes resultados: o integral ressarcimento do dano (inciso I) e a reversão à pessoa jurídica lesada da vantagem indevida obtida, ainda que oriunda de agentes privados (inciso II).

Poder-se-ia indagar se, não estando presentes quaisquer desses resultados, o ANPC poderia, ainda assim, ser celebrado. Por exemplo: em situação na qual o réu admita ter recebido propina para beneficiar determinada empresa em licitação, mas em que não se verifique qualquer dano gerado ao erário (dado que os serviços foram efetivamente prestados, sem que se tenha constatado superfaturamento ou sobrepreço), estaria proibida a celebração do ANPC, já que ausente a consequência prevista no inciso I do art. 17-B da LIA? A resposta é negativa. *Primeiro*, por força de uma leitura sistemática do próprio art. 17-B da LIA: o acordo poderá ser celebrado "conforme as circunstâncias do caso concreto", que podem envolver ou não danos ao erário ou o pagamento de vantagem ilícita. *Segundo*, porque não faria sentido leitura diversa. Se a Lei passou a admitir a consensualidade nas situações que se revelem, em tese, mais graves (que envolvam os resultados

---

[24] O Tribunal, em sessão de julgamento datada de 31.08.2022, por maioria, julgou parcialmente procedentes os pedidos formulados na ADI nº 7.073 para: (a) declarar a inconstitucionalidade parcial, sem redução de texto, do caput e dos §§6º-A e 10-C do art. 17, assim como do caput e dos §§5º e 7º do art. 17-B, da Lei nº 8.429/1992, na redação dada pela Lei nº 14.230/2021, de modo a restabelecer a existência de legitimidade ativa concorrente e disjuntiva entre o Ministério Público e as pessoas jurídicas interessadas para a propositura da ação por ato de improbidade administrativa e para a celebração de acordos de não persecução civil; (b) declarar a inconstitucionalidade parcial, com redução de texto, do §20 do art. 17 da Lei nº 8.429/1992, incluído pela Lei nº 14.230/2021, no sentido de que não existe "obrigatoriedade de defesa judicial"; havendo, porém, a possibilidade dos órgãos da Advocacia Pública autorizarem a realização dessa representação judicial, por parte da assessoria jurídica que emitiu o parecer atestando a legalidade prévia.

dos incisos I e II do *caput* do art. 17-B da LIA), seria ilógico vedá-la nas situações menos graves.

Saliente-se que o §3º do art. 17-B impõe que, na hipótese de existir dano ao erário a ser ressarcido, o Tribunal de Contas competente se manifeste, no prazo de 90 (noventa) dias, a respeito da apuração do seu valor. O dispositivo, contudo, teve a sua eficácia suspensa, em decisão cautelar proferida monocraticamente pelo Ministro Alexandre de Moraes, relator da ADI nº 7.236, em 10.01.2023. Na visão do Ministro, a norma aparentaria condicionar o exercício da atividade-fim do Ministério Público à atuação da Corte de Contas, o que interferiria indevidamente na autonomia funcional constitucionalmente assegurada ao órgão ministerial. Já a fixação de prazo para a manifestação dos Tribunais de Contas mediante lei ordinária de iniciativa parlamentar poderia violar as suas prerrogativas de autonomia e de autogoverno.

Em que pesem as razões apresentadas pelo Ministro relator, o modelo adotado pela LIA pode se revelar salutar, à luz das experiências institucionais decorrentes dos acordos de leniência,[25] para evitar que divergências no bojo da própria Administração Pública ou do Ministério Público sobre o *quantum* da pretensão ressarcitória estatal inviabilizem ou abalem a segurança jurídica desses acordos.[26] Trata-se, aliás, de

---

[25] No campo dos acordos de leniência, a Lei Anticorrupção silenciou sobre a necessidade de manifestação dos Tribunais de Contas a respeito do ressarcimento ao erário. A consequência foram disputas institucionais das mais variadas, as quais só foram dirimidas, em parte, após a celebração de um acordo de cooperação técnica, capitaneado pelo STF e assinado pela Controladoria-Geral da União (CGU), pela Advocacia-Geral da União (AGU), pelo Ministério da Justiça e Segurança Pública (MJSP) e pelo Tribunal de Contas da União (TCU). O acordo está disponível em: (BRASIL. Tribunal de Contas da União. *Comunicado da Presidência.* Agosto de 2020, Disponível em: https://www.conjur.com.br/dl/tcu-aprova-termo-cooperacao.pdf. Acesso em 22 ago. 2022).

[26] Com base nesse dispositivo, o Tribunal de Contas da União criou grupo de trabalho, voltado a dirimir algumas questões sobre o papel da Corte de Contas nas celebrações de ANPC. São elas: "Deverá o Tribunal manifestar-se sobre a correção do dano já calculado em processo específico e, se entender necessário, indicar os parâmetros adequados para essa apuração e as correções devidas, exercendo uma função consultiva?; ou deverá o próprio Tribunal promover a apuração e quantificar o dano, tão precisamente quanto possível? Nessa hipótese, há que ser avaliado, previamente, se a lei atribuiu a esta Corte competência para definir o montante do dano a ser integralmente ressarcido no âmbito do acordo de não persecução cível, exercendo, ao mesmo tempo, ação fiscalizatória e uma espécie de função arbitral; nessa hipótese, como seria promovido o devido contraditório com os responsáveis e a instrução do processo, considerando o tempo de resposta estabelecido pela lei?; como se dará a atuação do Tribunal quando se tratar de caso que também já esteja sob escrutínio nesta Casa?; de que forma a documentação pertinente à oitiva legal deverá ser encaminhada ao Tribunal?; deverão ser estabelecidas condições de admissibilidade da oitiva de que trata o art. 17-B, §3º, tais como, materialidade e existência de controvérsia relevante sobre os parâmetros de cálculo?; deverá o Tribunal, considerando o seu planejamento, suas demais obrigações constitucionais e legais e a disponibilidade de recursos,

positivação do modelo de atuação interinstitucional desenhado pelo próprio STF, em conjunto com o TCU, a AGU e a CGU, aplicável aos acordos de leniência celebrados na esfera federal.[27] Saliente-se que, pela literalidade do dispositivo, embora a oitiva da Corte de Contas seja obrigatória,[28] não se extrai que a sua manifestação possuirá caráter vinculante, ainda que eventual discordância demandasse dos legitimados para a celebração do ANCP – e do próprio juízo competente para homologá-lo – elevado ônus de justificação, dada a especial *expertise* dos Tribunais de Contas para análises dessa natureza.

---

limitar suas respostas aos casos prioritários, abstendo-se quanto aos demais? E deverá ser prevista a interposição de recursos contra o acórdão do Tribunal a respeito?" (BRASIL. Tribunal de Contas da União (Plenário). Acórdão nº 1.371/2022 – Relator Min. Weder de Oliveira, *j.* em 08.06.2022).

[27] Nos termos do acordo de cooperação técnica celebrado com o auxílio do STF sobre a matéria: "visando a incrementar-se a segurança jurídica e o trabalho integrado e coordenado das instituições, a Controladoria-Geral da União e a Advocacia-Geral da União conduzirão a negociação e a celebração dos acordos de leniência nos termos da Lei nº 12.846, de 2013, bem como, quando algum ilícito revelado na negociação envolver fatos sujeitos à jurisdição do Tribunal de Contas da União, lhe encaminharão informações necessárias e suficientes para a estimação dos danos decorrentes de tais fatos, observados os seguintes parâmetros: (1) A CGU, a AGU e o TCU buscarão parametrizar metodologia específica para apuração de eventual dano a ser endereçado em negociação para acordo de leniência; (2) Concluindo a CGU/AGU que o acordo está em condições de ser assinado e ainda não havendo manifestação do TCU, este será comunicado para que se manifeste em até 90 (noventa) dias acerca da possibilidade de não instaurar ou extinguir procedimentos administrativos de sua competência para cobrança de dano em face de colaboradora, por considerar que os valores negociados atendem aos critérios de quitação de ressarcimento do dano; (3) Havendo manifestação do Tribunal de Contas da União no sentido de considerar que os valores negociados no acordo satisfazem aos critérios estabelecidos para a quitação do dano por ele estimado, o tribunal dará quitação condicionada ao pleno cumprimento do acordo. (4) Havendo manifestação do TCU no sentido de considerar que os valores negociados no acordo não satisfazem aos critérios estabelecidos para a quitação do dano por ele estimado, a CGU e a AGU buscarão realizar negociação complementar para eventual ajuste dos valores a título de ressarcimento de danos, não estando impedidas de formalizar o acordo de leniência, sem a quitação no ponto, caso não seja possível alcançar consenso nesta negociação complementar; (5) Não recebida a manifestação do TCU dentro do prazo indicado, a CGU e a AGU poderão assinar o acordo nos termos negociados com a empresa leniente, não havendo, nessa hipótese, quitação do ressarcimento do dano".

[28] Nessa medida, discordamos do entendimento da 5ª Câmara de Coordenação e Revisão do Ministério Público Federal, que, na Nota Técnica nº 01/2021-5ª CCR, assim se manifestou: "126. Interpretado conforme a autonomia constitucional do MP (artigo 127, §1º da CF), o artigo 17- B, §3º, da LIA permite, no curso do procedimento do ANPC, que se promova a oitiva do Tribunal de Contas competente, no prazo de 90 (noventa) dias, seja no caso de ANPC extrajudicial, seja no caso de ANPC judicial, a juízo do membro do Parquet, no exercício de sua independência funcional. 127. A Lei nº 14.230/2021 não oferece solução na eventual controvérsia sobre o valor do dano indicado pelo MP e o valor indicado pelo TC. Entende-se que o não acolhimento da manifestação da Corte de Contas exige motivação tempestiva, suficiente e congruente, apontando as razões do não acolhimento, pelo Ministério Público".

Ainda no *caput* do art. 17-B da LIA, o legislador deixou claro que a aplicação de sanção não é requisito para a celebração do ANPC. É possível, portanto, isentar o réu (ou potencial réu) da aplicação de penalidades, o que é bastante saudável e vai ao encontro da *ratio* subjacente à consensualidade. Isso não quer dizer que o Ministério Público ou o ente lesado não possam estipular a aplicação de uma ou mais penalidades como requisito para a celebração do acordo. Afinal, o legislador não vedou tal possibilidade. O desafio é não permitir que a lógica do comando e controle prevaleça sobre aquela que informa o uso de meios consensuais, sob pena, inclusive, de se esvaziar a atratividade do instituto.

Em seu parágrafo primeiro, o art. 17-B estabelece alguns critérios procedimentais mínimos para a celebração dos acordos da LIA. São eles: *(i)* a oitiva do ente federativo lesado, em momento anterior ou posterior à propositura da ação; *(ii)* a aprovação, no prazo de até 60 (sessenta) dias, pelo órgão do Ministério Público competente para apreciar as promoções de arquivamento de inquéritos civis, se anterior ao ajuizamento da ação; *(iii)* homologação judicial, independentemente de o acordo ocorrer antes ou depois do ajuizamento da ação de improbidade administrativa. Decerto, os primeiros dois requisitos, por se referirem exclusivamente às hipóteses em que o Ministério Público celebra o ANPC, devem ser interpretados sob as lentes da decisão do STF nas ADIs nº 7.042 e 7.043. Nesse sentido, pode-se cogitar que, nos casos de acordos celebrados pelo ente federativo lesado, a oitiva do Ministério Público em momento anterior ou posterior à propositura da ação atenda à lógica sistêmica pretendida pelo legislador e maximize a segurança jurídica em torno da solução negociada.

Veja-se, ademais, que os incisos II e III do §1º em questão aludem à possibilidade de celebração do ANPC antes mesmo do ajuizamento da ação de improbidade, o que se harmoniza com a previsão do §4 do art. 17-B, segundo o qual: "§4º O acordo a que se refere o caput deste artigo poderá ser celebrado no curso da investigação de apuração do ilícito, no curso da ação de improbidade ou no momento da execução da sentença condenatória". Ou seja, a consensualidade é possível antes, no curso e mesmo após uma decisão condenatória transitada em julgado na improbidade, o que é inovador, já que dispositivo de teor similar da Lei nº 13.964/2019 havia sido objeto de veto,[29] ao passo que

[29] O §2º do art. 17-A – que buscava estabelecer de forma expressa que o acordo de não persecução também poderia ser celebrado no curso de ação de improbidade –, foi vetado sob o argumento de que "a propositura legislativa, ao determinar que o acordo também

jurisprudência do STJ até o advento das alterações mais recentes na LIA se posicionara pela possibilidade do acordo, inclusive na fase recursal, mas apenas até o trânsito em julgado.[30]

5 O ANPC: matizes entre o TAC e a leniência

A despeito dos avanços, e inclusive em razão da disciplina sintética trazida pela Lei nº 14.230/2021, são diversas e inevitáveis as dúvidas em torno do ANPC e de seu regime jurídico, as quais certamente se avolumarão à medida em que sua utilização "ganhar corpo". Os desafios estão postos. E uma importante cautela para lidar com eles é ter bem compreendido o papel do ANPC *vis a vis* o de outros instrumentos também voltados à obtenção de soluções consensuais na seara das ilicitudes, mas com características e aplicações próprias. Refere-se, mais especificamente, aos termos de ajustamento de conduta da Lei da Ação Civil Pública e aos acordos de leniência da Lei Anticorrupção.

Vem da economia a lição de que indivíduos respondem a incentivos.[31] Daí por que um arranjo de regras bem desenhadas pode ser capaz de impulsionar a colaboração de particulares com o Poder Público, o que tende a levar a resultados mais eficientes do que aqueles colhidos pela via da imposição pura e simples de sanções administrativas.[32] A busca por essa maior eficiência, como já dito, assume contornos diferentes, a depender das circunstâncias fáticas e dos interesses públicos em jogo.

---

poderá ser celebrado no curso de ação de improbidade, contraria o interesse público por ir de encontro à garantia da efetividade da transação e do alcance de melhores resultados, comprometendo a própria eficiência da norma jurídica que assegura a sua realização, uma vez que o agente infrator estaria sendo incentivado a continuar no trâmite da ação judicial, visto que disporia, por lei, de um instrumento futuro com possibilidade de transação" (BRASIL. Secretaria-Geral da Presidência da República. *Mensagem nº 726, de 24 de dezembro de 2019*. Disponível em: http://www.planalto.gov.br/ccivil_03/_ato2019-2022/2019/Msg/VEP/VEP-726.htm. Acesso em 21 ago. 2022).

[30] V. BRASIL. Superior Tribunal de Justiça (1ª Turma). Acordo no Agravo em Recurso Especial nº 1.314.581/SP. Relator Ministro Benedito Gonçalves, 23 de fevereiro de 2021, *DJ* 1.3.2021.

[31] V. POSNER, Richard A. *The Economic Approach to Law*. Texas: Texas Law Review 757, 1975. p. 759; MERCURO, Nicholas; MEDEMA, Steven G. *Economics and the Law*: from posner to Postmodernism and Beyond. 2. ed. Princeton: Princeton University Press, 2006.

[32] Sobre as diferentes formas de colaboração do particular com a Administração Público no combate à corrupção, v. PALMA, Juliana Bonacorsi de. O autorrelato e o novo papel do particular na apuração de ilícitos administrativos. *In*: SALGADO, Daniel de Resende; KIRCHER, Luís Felipe Schneider; QUEIROZ, Ronaldo Pinheiro de (Org.). *Justiça Consensual. Acordos criminais, cíveis e administrativos*. 1. ed. São Paulo: JusPodivm, 2022. v. 1, p. 935-955.

No que se refere à resposta estatal a cartéis e à corrupção praticada em conluio, cujo sucesso está diretamente relacionado à desestabilização das relações de confiança entre os membros da organização criminosa, os acordos de leniência da Lei Anticorrupção e da Lei do CADE (Lei nº 12.529/2011) costumam apresentar traços próprios, voltados ao incremento de incentivos à traição mútua dos integrantes da organização criminosa, na medida em que oferecem um "prêmio" (a mitigação das sanções) ao denunciante que delatar seus companheiros. O alvo é a criação de uma verdadeira corrida pela obtenção do primeiro lugar na fila dos colaboradores com o Poder Público, situação em que a pessoa jurídica não só evita ser, ela mesma, a delatada, mas também obtém reduções das pesadas sanções a que estaria sujeita nessa situação. O Poder Público, de sua vez, obtém meios de prova que não conseguiria alcançar de outra forma, seja em razão da sua assimetria de informações, seja em decorrência da escassez dos recursos e pessoal necessários para desbaratar grandes esquemas de corrupção.[33]

Por isso, um acordo de leniência, em regra, tem um *design* normativo característico, que pretende criar, na prática, situação análoga àquela do modelo econômico do *dilema do prisioneiro*,[34] no qual delatar e cooperar com as autoridades corresponderá à melhor estratégia possível do infrator, sob a perspectiva estritamente racional de maximização do próprio bem-estar (*i.e.* minimização da própria pena). Na terminologia da teoria dos jogos, será a estratégia dominante, na medida em que garantirá o melhor resultado possível de forma independente da escolha tomada pelos demais infratores.

Concretamente, um programa de leniência costuma contemplar, dentre outros pontos, a exigência de que o delator confesse e cesse a participação no ilícito, seja o primeiro a delatar, oferte ao Poder Público elementos probatórios autônomos que permitam a imposição de sanções sobre os demais agentes, implemente ou aprimore programa de *compliance*). Esses traços, embora façam sentido no contexto de uma política pública de combate a esquemas complexos de corrupção ou cartelização, podem ser impertinentes ou excessivamente rigorosos em outros contextos, criando um conjunto de incentivos que afaste os interessados na celebração de ajustes, ao invés de os atrair. E nem a banalização dos acordos de leniência, nem a sua subutilização são desejáveis.

---

[33] V. CANETTI, Rafaela Coutinho. *Acordo de leniência*: fundamentos do instituto e os problemas de seu transplante ao ordenamento jurídico brasileiro. 2. ed. Belo Horizonte: Fórum, 2019.

[34] PICKER, Randal. *An Introduction to Game Theory and the Law*. [s.l.: s.n.], 1993.

Daí já ser possível notar que nem todo acordo celebrado entre a Administração Pública e a pessoa (física ou jurídica) que pratica atos de corrupção se sujeita à ideia de um acordo de leniência. Isso não só em razão de a Lei Anticorrupção apenas prever a sua celebração por pessoas jurídicas, silenciando sobre as pessoas físicas que praticam atos tipificados na LIA, mas também porque nem todo ato ímprobo carrega as marcas de complexidade e plurisubjetividade típica das condutas que os acordo de leniência visam a prevenir.

Em outro espectro, para a readequação e reparação das condutas dos agentes privados, nas mais diversas esferas, é usual recorrer-se aos termos de ajustamento de conduta (TAC).[35] Sua modelagem varia muitíssimo, a depender do setor regulado, ente celebrante, objetivo regulatório e marco normativo aplicável. Ainda que eles possam integrar arranjos regulatórios mais complexos e responsivos, contudo, é possível cogitar de TAC que tenha como finalidade, simplesmente, a reparação de irregularidades de forma mais célere – *e.g.* reduzindo custos da Administração com a persecução administrativa ou a execução de multas, permitindo o seu pagamento espontâneo ou a conversão em investimento. Até por isso, o TAC é um dos instrumentos de consensualidade de maior utilidade na seara administrativa.[36]

Em contraste, quanto ao ANPC, não é simples a estipulação apriorística de critérios para a sua celebração. Isso não apenas porque a Lei foi minimalista na sua densificação, mas, sobretudo, porque o arranjo de incentivos e finalidades públicas possíveis em um ANPC poderá variar muitíssimo em cada caso.

A LIA é norma de grande alcance e variabilidade nas condutas que visa a coibir, o que significa que o ANPC tem potencialidades (a depender dos requisitos exigidos e dos incentivos gerados) seja em casos de grandes esquemas de corrupção multifacetados e plurissubjetivos, (agindo, inclusive, como um importante coadjuvante dos acordos de leniência das pessoas jurídicas, ao conferir segurança jurídica e incentivos

---

[35] "Depreende-se que os TACs são instrumentos consensuais substitutivos ou suspensivos de composição de conflitos entre a Administração e, nos casos de procedimento administrativo sancionador, os infratores, com o fim de almejar interesses públicos específicos. Três são, portanto, as características desses acordos: (I) a consensualidade, inerente de qualquer acordo; (II) a alternatividade, necessária à substituição ou suspensão; e (III) a finalidade pública, decorrente do interesse público específico" (SADDY, André; GRECO, Rodrigo Azevedo. Termo de ajustamento de conduta em procedimentos sancionatórios. *Revista de Informação Legislativa*, Brasília, a. 52, n. 206, p. 165-203, abr./jun. 2015. p. 171).

[36] SCHIRATO, Vitor Rhein; PALMA, Juliana Bonacorsi de. Consenso elegalidade: vinculação da atividade administrativa consensual ao direito. *Revista Brasileira de Direito Público*, Belo Horizonte, v. 7, n. 27, p. 1-26, out./dez. 2009.

para a colaboração das pessoas físicas), seja em situações mais singelas, em que o ilícito praticado representou conduta isolada, gerou pouco ou nenhum dano ao patrimônio e/ou não guarda maiores complexidades. Se, na primeira hipótese, o ANPC pode ser usado para descortinar padrões de comportamento ilícito contumazes e organizados, na segunda, pode, simplesmente, representar uma forma de tornar o recolhimento de multas e ressarcimento ao erário mais eficiente, evitando processos administrativos ou judiciais prolongados.

Também os contornos processuais desses acordos propiciam grande variação no seu conteúdo e utilidade. Eles podem, de acordo com a norma hoje vigente, ser celebrados, *antes*, *durante* ou mesmo *depois* do curso da fase de conhecimento da ação de improbidade. Em cada um desses cenários, os interesses e incentivos se alteram: requisitos e concessões mútuas que façam sentido em determinada fase processual podem ser excessivos ou inúteis em outras. Um ANPC celebrado na fase de execução de sentença condenatória em ação de improbidade dificilmente terá razões para dispensar todas as sanções impostas judicialmente (e, se o fizer, dificilmente será homologado), mas pode servir para discutir as obrigações impostas ao condenado, mitigando a sua forma de execução ou alterando o seu conteúdo.[37] O cenário não

[37] "(...) É possível aferir, já aqui no STJ, que o acordo celebrado entre a requerida e o Ministério Público do Rio Grande do Sul, com anuência da Prefeitura Municipal de Novo Hamburgo e parecer favorável do Parquet Federal, está em condições de ser homologado em vista do atendimento ao interesse público, porque: a) atinente à modalidade do art. 11 da Lei nº 8.429/1992, de menor gravidade, haja vista que, conforme liminar deferida na ADI/STF nº 6.678 pelo Min. Gilmar Mendes, já não é aplicável a sanção de suspensão de direitos políticos em improbidades de tal natureza; b) não houve conduta dolosa que tivesse causado dano patrimonial ao Erário nem enriquecimento ilícito do agente (arts. 9º e 10 da Lei nº 8.429/1992), o que afasta a reserva antes relatada; c) a multa civil aplicada judicialmente a título de sanção foi preservada tal como imposta na sentença, com fixação do valor devido em valores atualizados no corpo do acordo (R$11.705,00); *d) foi avençada a incidência de novos valores a título de multa civil, a fim de substituir as sanções de suspensão de direitos políticos e proibição de contratação com o poder público e recebimento de incentivos fiscais: (a) para substituir a suspensão de direitos políticos, multa civil de cinco vezes o valor bruto atualizado da última remuneração percebida (R$58.525,00); e (ii) para substituir a proibição de contratar com o Poder Público e receber incentivos, multa civil de três vezes o valor bruto atualizado da última remuneração percebida (R$35.115,00); totalizando a quantia de R$105.345,00; e) não há notícia de que a requerida seja reincidente na prática; f) o Município de Novo Hamburgo/RS e o Ministério Público Federal aquiesceram com os termos do acordo; e g) o incremento substancial de valores de multa civil estabelecido no ajuste, como forma de substituição das sanções de suspensão dos direitos políticos e de proibição de contratar com o poder público, será revertido integralmente no projeto municipal "Jovem Empreendedor". Tal projeto visa ofertar oficinas para capacitação de adolescentes e de jovens, entre 14 e 21 anos, em empreendedorismo e desenvolvimento em linguagem de programação em informática, com base em estudo realizado pelo Sebrae. A cidade de Novo Hamburgo contabiliza, atualmente, 6.325 adolescentes e jovens na citada faixa etária inseridos no cadastro único, e o projeto abrangerá 500 adolescentes e jovens e, de*

se replica nas negociações de ANPC realizadas nos momentos iniciais da tramitação de uma ação, quando a aplicação de todas as sanções contempladas no pedido condenatório pode não conferir incentivos suficientes ao particular para celebrar a avença, diante das alternativas possíveis (*i.e.* o longo percurso de um processo judicial e a possibilidade hipotética de que o resultado da ação seja favorável ao réu).

O arranjo ótimo de incentivos (ao agente ímprobo e ao Poder Público) para a celebração de ANPC, portanto, guarda um componente contextual relevante. Esse elemento, contudo, nem sempre tem sido considerado pelos entes e órgãos administrativos quando da normatização dos ANPC de suas respectivas competências. A exigência de confissão serve de exemplo desse cenário. De um lado, sua exigência parece decorrer de uma aproximação do instituto com os acordos de leniência que, como visto, nem sempre existirá na prática. De outro, pode ser condição excessivamente gravosa em determinados cenários, seja pela baixa lesividade da conduta, seja pela instrução probatória incipiente, seja pelas condições subjetivas do agente alvo da imputação.[38]

Nada obstante, trata-se de condicionante que já foi prevista em múltiplas normas infralegais que tratam desses acordos.[39] É o caso *(i)* da Orientação nº 10/2020 da 5ª CCR/MPF, cujo art. 20 dispõe que

> [o] escopo sancionatório do ANPC se revela na forma consensual de fixação (atenuação e redução) das sanções legais aplicáveis ao celebrante, em razão de atos ímprobos, cuja responsabilidade lhe é imputada pelo MPF e reconhecida pelo celebrante, relativamente aos ilícitos abarcados pelo acordo.

---

forma imediata, após a homologação judicial, passará a surtir efeitos concretos, com a capacitação de centenas de para o mercado de trabalho. 5. Acordo homologado com fundamento no art. 487, III, "b" do CPC c.c. art. 17, §1º, da Lei nº 8.429/1992, na redação originária da Lei nº 14.964/2019. Embargos de Declaração de fls. 1.677-1732 e 1.740/1.745 (e-STJ) prejudicados" (BRASIL. Superior Tribunal de Justiça (2ª Turma). Acordo no Agravo em Recurso Especial nº 1.570.781/RS. Relator Ministro Herman Benjamin, 19 de abril de 2022, *DJ* 27.06.2022. Grifou-se). Na mesma linha, vejam-se: BRASIL. Superior Tribunal de Justiça (1ª Turma). Acordo no Agravo em Recurso Especial nº 102.585/RS. Relator Ministro Gurgel de Faria, 09 de março de 2022, *DJ* 6.4.2022; BRASIL. Superior Tribunal de Justiça (1ª Turma). Acordo no Agravo em Recurso Especial nº 1.610.631/PR. Relator Ministro Gurgel de Faria, 22 de junho de 2021, *DJ* 17.8.2021.

[38] Deve-se ter em conta a hipossuficiência de pessoas físicas, cujas tratativas com o Poder Público, não raro, são permeadas por temores reverenciais e assimetrias de informação mais agudas do que aquelas verificadas nas pessoas jurídicas de grande porte celebrantes de acordos de leniência.

[39] ANDRADE, Landolfo. *Acordo de não persecução cível*: primeiras reflexões. São Paulo: Gen jurídico, 2020. v. 5.

O mesmo quadro é encontrado *(ii)* na Portaria Normativa AGU nº 18, de 16 de julho de 2021, que dispõe, em seu art. 5º, I, ser requisito para o acordo a "admissão da participação nos atos ilícitos ou, quando for o caso, de que deles se beneficiou, direta ou indiretamente, com a exposição dos fatos e suas circunstâncias"; e *(iii)* no art. 5º, V, da Resolução 1.193/2020,[40] do Ministério Público do Estado de São Paulo.[41]

Isso não significa que a criação de critérios mínimos para a previsibilidade e o controle da sua celebração seja inviável ou indesejada, mas, apenas, que os requisitos (normativos ou derivados da praxe administrativa e judicial) podem e devem levar em conta circunstâncias como a fase processual em que o ANPC é celebrado, a existência ou não de acordo de leniência associado às mesmas condutas, o grau de lesividade e reprovabilidade do ilícito alegadamente praticado etc.

---

[40] BRASIL. Ministério Público do Estado de São Paulo. *Nota técnica nº 2/2020 PGJ/CAOPP*. Disponível em: https://biblioteca.mpsp.mp.br//PHL_img/PGJ/002-nt%202020.pdf. Acesso em 30 ago. 2022.

[41] Na Nota Técnica nº 02/2020 – PGJ/CAOPP, o *Parquet* do Estado de São Paulo fundamenta a exigência de confissão da seguinte forma: "Tal exigência favorece a coerência do microssistema de tutela do patrimônio público, haja vista que a confissão também condiciona a solução negociada em outras instâncias de responsabilização do direito sancionador, a saber: (i) artigo 16, §1º, III, da Lei nº 12.846/2013 (Lei Anticorrupção Empresarial); (ii) artigo 86, §1º, IV, da Lei nº 12.825/2011 (Lei do CADE); (iii) artigo 28-A do Código de Processo Penal, incluído pela Lei Anticrime (Lei nº 13.964/2019); e (iv) arts. 3º-C e 4º da Lei nº 12.850/2013 (Lei do Crime Organizado). Não abona a lógica jurídica sustentar que um agente público que aceitar uma propina, em razão da função, poderá celebrar um acordo de não persecução cível na esfera da improbidade administrativa, pela prática de ato que configura enriquecimento ilícito (art. 9º, I, da LIA), independentemente de confissão, ao passo que, na esfera criminal, esse mesmo agente somente poderá celebrar um acordo de não persecução penal, pela prática do mesmo fato, se confessar sua participação no ilícito (art. 317 do CP). A respeito da confissão, três observações se fazem necessárias: (i) a confissão somente será imprescindível no momento da celebração do acordo. Assim, eventual negativa de participação no ilícito manifestada pelo investigado em outra oportunidade, quer seja nos autos do IC, do PPIC ou da ação judicial em que celebrada a avença, quer seja em procedimentos investigatórios da mesma conduta em outras esferas de responsabilização (administrativa e penal, por exemplo), não representará impedimento à celebração do ANPC; (ii) no acordo de pura reprimenda, não se exige a confissão útil, isto é, aquela que importe em alteração do panorama probatório. Basta que o agente assuma voluntariamente a responsabilidade pela prática do ato de improbidade administrativa. Com efeito, se a celebração do ANPC pressupõe a existência de indícios suficientes de autoria e materialidade do ato de improbidade administrativa, é imperativo de coerência concluir que a confissão não precisa ser útil para o esclarecimento do fato investigado; *(iii) já no acordo de* colaboração, exige-se a confissão útil: conforme será visto no tópico 8.2, o acordo de colaboração exige uma confissão circunstanciada por parte do agente ímprobo, na qual ele assume a responsabilidade pela infração e identifica os participantes que têm conhecimento, relatando suas respectivas participações no ilícito, com a individualização das condutas e indicação dos correspondentes elementos de prova. Noutro flanco, importa destacar que a confissão do pactuante ainda produz um importante efeito prático, a saber, a interrupção do prazo prescricional em relação às sanções de natureza patrimonial e/ou pecuniária, nos termos do artigo 202, VI, do Código Civil (...)".

6 Conclusão

Não há mais como cogitar de espaços imunes à consensualidade no direito administrativo brasileiro. A afirmação desse fenômeno como realidade, entretanto, é apenas um passo na direção do seu manejo pelo Poder Público. A fase de implementação e aperfeiçoamento dos instrumentos consensuais pelas autoridades públicas legitimadas deve considerar a multiplicidade de formas, objetivos e objetos que podem cercar os acordos administrativos.

No caso dos ANPC, essas facetas provavelmente serão compreendidas e definidas no curso de sua utilização. A disciplina mais contida trazida pela Lei nº 14.230/2021, que inseriu o art. 17-B na LIA, dá margem a esse amadurecimento gradual do instituto, o que não é necessariamente ruim. Ao contrário, permite potencializá-lo. Mas algumas advertências são bem-vindas.

Tal como apontado ao longo deste estudo, o ANPC não deve ser equiparado *nem* à leniência, *nem* ao termo de ajustamento de conduta. Cada uma dessas ferramentas consensuais tem nuances e requisitos próprios. Confundi-los é comprometer suas potencialidades – tal como ocorre quando se exige a confissão para a celebração de ANPC.

Mas também é verdade que a disciplina minimalista do art. 17-B da LIA faz do acordo na improbidade uma espécie de "camaleão": pode atender a negociações estratégicas focadas na obtenção de provas pelo Estado, como pode simplesmente acelerar a recuperação de ativos. A LIA é norma de grande alcance e variabilidade nas condutas que visa a coibir, o que significa que o ANPC tem potencialidades (a depender dos requisitos exigidos e dos incentivos gerados) seja em casos de grandes esquemas de corrupção multifacetados e plurissubjetivos, (agindo, inclusive, como um importante coadjuvante dos acordos de leniência das pessoas jurídicas, ao conferir segurança jurídica e incentivos para a colaboração das pessoas físicas), seja em situações mais singelas, em que o ilícito praticado representou conduta isolada, gerou pouco ou nenhum dano ao patrimônio e/ou não guarda maiores complexidades. Se, na primeira hipótese, o ANPC pode ser usado para descortinar padrões de comportamento ilícito contumazes e organizados, na segunda, pode, simplesmente, representar uma forma de tornar o recolhimento de multas e ressarcimento ao erário mais eficiente, evitando processos administrativos ou judiciais prolongados.

Cabe aos intérpretes e aplicadores da Lei de Improbidade Administrativa avançar no desenho desses arranjos negociais – espera-se, o quanto antes, e com atenção para que haja coesão e motivação quanto aos critérios adotados em cada caso, em prol da isonomia e da segurança jurídica. Seja como for, a nova disciplina é, em si, um importantíssimo avanço. Comemoremos.

Referências

ANDRADE, Landolfo. *Acordo de não persecução cível*: primeiras reflexões. São Paulo: Gen jurídico, 2020. v. 5.

ARAGÃO, Alexandre Santos de. A consensualidade no Direito Administrativo: acordos regulatórios e contratos administrativos. *Revista de Informação Legislativa*, Brasília, n. 42, p. 293-310, jul./set. 2005.

BAPTISTA, Patrícia. *Transformações do direito administrativo*. 2. ed. rev. ampl. e atual. Rio de Janeiro: Lumen Juris, 2018.

BAPTISTA, Patrícia. Transformações do Direito Administrativo: 15 anos depois – reflexões críticas e desafios para os próximos quinze anos. *In*: BRANDÃO, Rodrigo; BAPTISTA, P. (Org.). *Direito Público*: livro em comemoração aos 80 anos da Faculdade de Direito da UERJ. 1. ed. Rio de Janeiro: Freitas Bastos, 2015.

BINENBOJM, Gustavo. A consensualidade administrativa como técnica juridicamente adequada de gestão eficiente de interesses sociais. *In*: *Revista Eletrônica da Procuradoria Geral do Estado do Rio de Janeiro – PGE-RJ*, Rio de Janeiro, v. 3, n. 3, p. 1-7, set./dez. 2020.

BINENBOJM, Gustavo. *Uma teoria do direito administrativo*: direitos fundamentais, democracia e constitucionalização. 3. ed. rev. e atual. Rio de Janeiro: Renovar, 2014.

BINENBOJM, Gustavo. *Poder de polícia, ordenação, regulação*: transformações político-jurídicas, econômicas e institucionais do direito administrativo ordenador. Belo Horizonte: Fórum, 2016.

BRASIL. Ministério Público do Estado de São Paulo. *Nota técnica nº 2/2020 PGJ/CAOPP*. Disponível em: https://biblioteca.mpsp.mp.br//PHL_img/PGJ/002-nt%202020.pdf. Acesso em 30 ago. 2022.

BRASIL. Ministério Público Federal. *Ata da octingentésima quinquagésima segunda sessão ordinária da 5ª CRR*. Fev. 2015.

BRASIL. Secretaria-Geral da Presidência da República. *Mensagem nº 726, de 24 de dezembro de 2019*. Disponível em: http://www.planalto.gov.br/ccivil_03/_ato2019-2022/2019/Msg/VEP/VEP-726.htm. Acesso em 21 ago. 2022.

BRASIL. Superior Tribunal de Justiça (2ª Turma). Recurso Especial nº 1.217.554/SP. Relatora: Ministra Eliana Calmon, 15 de agosto de 2013. *Lex:* jurisprudência do Superior Tribunal de Justiça, São Paulo, *DJ* 22.08.2013.

BRASIL. Superior Tribunal de Justiça (1ª Turma). Acordo no Agravo em Recurso Especial nº 1.314.581/SP. Relator Ministro Benedito Gonçalves, 23 de fevereiro de 2021, *DJ* 1.3.2021.

BRASIL. Superior Tribunal de Justiça (2ª Turma). Acordo no Agravo em Recurso Especial nº 1.570.781/RS. Relator Ministro Herman Benjamin, 19 de abril de 2022, *DJ* 27.06.2022.

BRASIL. Superior Tribunal de Justiça (1ª Turma). Acordo no Agravo em Recurso Especial nº 102.585/RS. Relator Ministro Gurgel de Faria, 09 de março de 2022, *DJ* 6.4.2022.

BRASIL. Superior Tribunal de Justiça (1ª Turma). Acordo no Agravo em Recurso Especial nº 1.610.631/PR. Relator Ministro Gurgel de Faria, 22 de junho de 2021, *DJ* 17.8.2021.

BRASIL. Supremo Tribunal Federal (Pleno). Recurso Extraordinário RE nº 852475/SP. Relator: Min. Alexandre de Moraes, 08 de agosto de 2018. *Lex*: jurisprudência do Supremo Tribunal Federal, São Paulo, *DJ* 25.03.2019.

BRASIL. Supremo Tribunal Federal (1ª Turma). Recurso Extraordinário nº 253.885/MG, Rel. Min. Ellen Gracie, 04 de junho de 2002, *DJ* 21.06.2002.

BRASIL. Supremo Tribunal Federal (2ª Turma). Mandado de Segurança nº 35.435/DF, nº 36.496/DF, nº 36.526, nº 36.173, Rel. Min. Gilmar Mendes, 26 de maio de 2020.

BRASIL. Tribunal de Contas da União. *Relatório e Parecer Prévio sobre as Contas do Governo da República.* Exercício 2013.

BRASIL. Tribunal de Contas da União. *Comunicado da Presidência.* Agosto de 2020, Disponível em: https://www.conjur.com.br/dl/tcu-aprova-termo-cooperacao.pdf. Acesso em 22 ago. 2022.

BRASIL. Tribunal de Contas da União (Plenário). Acórdão nº 1371/2022 – Relator Min. Weder de Oliveira, *j.* em 08.06.2022.

CANETTI, Rafaela Coutinho. *Acordo de leniência*: fundamentos do instituto e os problemas de seu transplante ao ordenamento jurídico brasileiro. 2. ed. Belo Horizonte: Fórum, 2019.

GUERRA, Sérgio; PALMA, Juliana Bonacorsi de. Art. 26 da LINDB – Novo regime jurídico de negociação com a Administração Pública. *Revista de Direito Administrativo*, Rio de Janeiro, Edição Especial: Direito Público na Lei de Introdução às Normas de Direito Brasileiro – LINDB (Lei nº 13.655/2018). p. 146-154, nov. 2018.

MERCURO, Nicholas; MEDEMA, Steven G. *Economics and the Law*: from posner to Postmodernism and Beyond. 2. ed. Princeton: Princeton University Press, 2006.

MEDAUAR, Odete. *O Direito Administrativo em Evolução*. 3. ed. Brasília: Gazeta Jurídica, 2017.

MILARÉ, Edis. *Direito Ambiental*. São Paulo: Revista dos Tribunais, 2004

PALMA, Juliana Bonacorsi de. *Sanção e Acordo na Administração Pública*. São Paulo: Malheiros Editores, 2015.

PALMA, Juliana Bonacorsi de. O autorrelato e o novo papel do particular na apuração de ilícitos administrativos. *In*: SALGADO, Daniel de Resende; KIRCHER, Luís Felipe Schneider; QUEIROZ, Ronaldo Pinheiro de (Org.). *Justiça Consensual. Acordos criminais, cíveis e administrativos.* 1. ed. São Paulo: JusPodivm, 2022. v. 1.

PICKER, Randal. *An Introduction to Game Theory and the Law*. [s.l: s.n.], 1993.

POSNER, Richard A. *The Economic Approach to Law*. Texas: Texas Law Review 757, 1975.

ROSE-ACKERMAN, Susan; PALIFKA, Bonnie J. *Corruption and government*: causes, consequences, and reform. 2. ed. Nova York: Cambridge university press, 2016.

SADDY, André; GRECO, Rodrigo Azevedo. Termo de ajustamento de conduta em procedimentos sancionatórios. *Revista de Informação Legislativa*, Brasília, a. 52, n. 206, p. 165-203, abr./jun. 2015.

SARMENTO, Daniel (Org.). *Interesses Públicos* versus *Interesses Privados*: desconstruindo o princípio da supremacia do interesse público. Rio de Janeiro: Lumen Juris, 2005.

SCHIRATO, Vitor Rhein; PALMA, Juliana Bonacorsi de. Consenso e legalidade: vinculação da atividade administrativa consensual ao direito. *Revista Brasileira de Direito Público*, Belo Horizonte, v. 7, n. 27, p. 1-26, out./dez. 2009.

TOJAL, Sebastião Botto de Barros. Interpretação do artigo 30 da Lei nº 12.846/2013. *Revista dos Tribunais*, v. 947, p. 281-294, 2014.

VORONOFF, Alice. *Direito Administrativo Sancionador no Brasil*. Belo Horizonte: Fórum, 2018.

Informação bibliográfica deste texto, conforme a NBR 6023:2018 da Associação Brasileira de Normas Técnicas (ABNT):

VORONOFF, Alice; CANETTI, Rafaela. ANPC, acordo de leniência e TAC: a que servem tais instrumentos no atual espaço mais *completo* – mas também mais *complexo* – de consensualidade? *In*: EIDT, Elisa Berton; GOULART, Juliana Ribeiro; SCHNEIDER, Patricia Dornelles; RAMOS, Rafael (Coord.). *Consensualidade na Administração Pública*. 2. ed. Belo Horizonte: Fórum, 2024. p. 157-181. ISBN 978-65-5518-800-4.

(IN)DISPONIBILIDADE DO INTERESSE PÚBLICO E A EFETIVAÇÃO DE DIREITOS TRANSINDIVIDUAIS: BREVES REFLEXÕES SOBRE A REALIZAÇÃO DE ACORDOS JUDICIAIS NO ÂMBITO DE AÇÕES CIVIS PÚBLICAS

THIAGO PRIESS VALIATI

SCARLETT WALEWSKA DOS SANTOS

1 Introdução

Muito tem se discutido no Direito Público brasileiro sobre a possibilidade de realização de acordos dentro do processo coletivo, sobretudo diante da sedimentação cada vez maior do denominado "sistema multiportas" introduzido pelo Código de Processo Civil de 2015.[1]

[1] A adequação do sistema processual brasileiro aos princípios e garantias da Constituição Cidadã é uma das mais relevantes inovações do Código de Processo Civil de 2015. Buscando harmonizar-se às normas constitucionais – sobretudo aos princípios do amplo acesso à justiça, da razoável duração do processo, da eficiência e do contraditório –, o CPC de 2015 alinha-se ao moderno conceito de Justiça Multiportas. Para além da via tradicional do processo judicial, o diploma estimula a utilização de métodos de solução consensual de conflitos, como a conciliação e a mediação, bem como reconhece a arbitragem como método válido de jurisdição. (COELHO, Marcus Vinicius Furtado. O sistema de Justiça multiportas no Novo CPC. *Portal Migalhas*, 6 jul. 2020. Disponível em: https://www.

Dentro desta arena de discussão, um dos maiores pontos de divergência consiste no debate em que a ideia de indisponibilidade do interesse público – aspecto estruturante do Direito Administrativo brasileiro sob a forma de um princípio – contrasta com a ideia de "liberdade de escolha" da Administração Pública e limita a multiplicidade de caminhos possíveis para a solução de conflitos pelo Poder Público.[2] A questão torna-se ainda mais sensível quando se debate a tutela dos chamados direitos transindividuais (como os difusos, coletivos e individuais homogêneos), tipicamente defendidos no âmbito de ações civis públicas.

Dessa forma, buscando entender a medida em que há espaço para a escolha de meios que não a deliberação judicial dentro do processo coletivo, passa-se a fazer um breve panorama do estado da arte desta discussão, para que, assim, seja possível discutir a viabilidade da realização de acordos em demandas que versem sobre direitos transindividuais, entendendo-se seus limites e possibilidades à luz do interesse público.

Assim, o desenvolvimento do presente estudo tem início com a análise da (in)disponibilidade do interesse público e o espaço para a realização de acordos dentro do processo coletivo (item 2). Posteriormente, o artigo faz uma análise da realização de acordos nas ações civis públicas, por meio da demonstração da prática atual e da ampliação das possibilidades em perspectiva (item 3). Na sequência, o trabalho trata da homologação judicial fundamentada e adequada como uma forma de legitimação dos acordos coletivos (item 4). Por fim, o trabalho apresenta conclusões a respeito do tema (item 5).

---

migalhas.com.br/coluna/cpc-marcado/330271/o-sistema-de-justiça-multiportas-no-novo-cpc. Acesso em 12 ago. 2023).

[2] A expressão multiportas decorre de uma metáfora: seria como se houvesse, no átrio do fórum, várias portas; a depender do problema apresentado, as partes seriam encaminhadas para a porta da mediação, ou da conciliação, ou da arbitragem, ou da própria justiça estatal". 1. Diferenciando-se do modelo de justiça tradicional, que era autocentrado e interventivo, o modelo multiportas considera também as soluções extrajudiciais, sejam elas: autocompositivas, por meio da mediação, conciliação ou outros métodos de solução consensual de litígios, a exemplo da negociação direta; ou heterocompositivas, como é o caso da arbitragem, apresentada pelo CPC/2015 como uma jurisdição extraestatal (CUNHA, Leonardo Carneiro da. *A Fazenda Pública em Juízo*. 13. ed. Rio de Janeiro: Forense, 2016. p. 637).

2 A (In)disponibilidade do interesse público e o espaço para a realização de acordos dentro do direito público brasileiro

A possibilidade de adotar a consensualidade para disputas envolvendo o Poder Público é, há muito, um ponto de divergência na doutrina brasileira (embora, é verdade, cada vez menos, diante das variadas alterações legislativas recentes).[3] Vale dizer, a discussão sobre os limites que o Poder Público possui na hora de resolver um conflito, tendo em vista o condicionador da indisponibilidade do interesse público, um aspecto estruturante do Direito Administrativo brasileiro.

Diogo de Figueiredo Moreira Neto lembra que "é indubitável que o progresso das relações sociais, notadamente beneficiadas com os avanços na educação, na informação, na comunicação e, destacadamente, na prática democrática, *tem substancialmente ampliado a atuação consensual do Poder Público*".[4] O autor chama atenção para uma profusão de novas relações negociadas admitidas, em que nelas se privilegia o *consenso* como método adequado para se atingir de modo mais fácil, célere e menos dispendioso o alcance do interesse público. Esta abertura em favor da *consensualidade* tem se dado em amplo espaço de atuação, abarcando a colaboração no planejamento, a tomada de decisão, a execução, o controle à solução dos conflitos, com a difusão da adoção dos meios de conciliação e da arbitragem como instrumentos à disposição da Administração Pública. Moreira Neto afirma, assim, que "a consensualidade vem se sobressaindo como uma válida alternativa para incrementar, através da negociação, a eficiência administrativa, plenamente suportada, assim, no art. 37, *caput*, da Constituição".[5]

---

[3] Como exemplo, em 2015, houve a aprovação da Lei de Mediação (Lei Federal nº 13.140/2015) e a reforma da Lei de Arbitragem (Lei nº 13.129/2015), para prever a "autocomposição de conflitos em que for parte pessoa jurídica de direito público" (Capítulo II, arts. 32 a 40) e a "possibilidade de utilização da via arbitral nos conflitos envolvendo a Administração Pública" (art. 1º, §1º e 2º e art. 2º da Lei nº 9.307/1996).

[4] MOREIRA NETO, Diogo de Figueiredo. O direito administrativo do século XXI: um instrumento de realização da democracia substantiva. *A&C – Revista de Direito Administrativo & Constitucional*, Belo Horizonte, a. 11, n. 45, p. 13-37, jul./set. 2011. p. 32.

[5] MOREIRA NETO, Diogo de Figueiredo. O direito administrativo do século XXI: um instrumento de realização da democracia substantiva. *A&C – Revista de Direito Administrativo & Constitucional*, Belo Horizonte, a. 11, n. 45, p. 13-37, jul./set. 2011. p. 32-33. O referido autor destaca, ainda, que "as ideias de participação e consensualidade contribuem para aprimorar a governabilidade, propiciam freios contra o abuso do poder, garantem a atenção de todos os interesses, possibilitam uma decisão mais prudente, desenvolvem a responsabilidade dos indivíduos e, finalmente, tornam os comandos do Estado mais aceitáveis". (MOREIRA NETO, Diogo de Figueiredo. *Mutações do Direito Administrativo*. 2. ed.

Juliana Bonacorsi de Palma, por sua vez, salienta que existem basicamente dois critérios no Direito Administrativo brasileiro para caracterizar a consensualidade: a consensualidade como acordo de vontades (tomada em sentido amplo) e a consensualidade como técnica de gestão administrativa (sentido restrito), "por meio da qual acordos são firmados entre Administração e administrado com vistas à terminação consensual do processo administrativo pela negociação do exercício do poder de autoridade estatal (prerrogativas públicas)".[6]

Com efeito, o cerne do debate em relação à atuação consensual do Poder Público está nos limites impostos em razão da existência do *princípio da indisponibilidade do interesse público*,[7] princípio consagrado no Direito Administrativo brasileiro por professores como Celso Antônio Bandeira de Mello. Segundo o autor, o referido princípio consiste em um dos pilares do regime jurídico-administrativo, ao lado do princípio da supremacia do interesse público sobre o privado, configurando uma de suas "pedras de toque". Nesse contexto, os dois princípios refletem, no contexto da construção do Direito Administrativo brasileiro, o tradicional binômio de prerrogativas e sujeições que caracteriza o Direito Administrativo pelo mundo, conferindo consistência lógica e

---

Rio de Janeiro: Renovar, 2001. p. 41). O autor evidencia, assim, que "a consensualidade é um enriquecimento do Direito Administrativo que a ele se incorpora permanentemente". (MOREIRA NETO, Diogo de Figueiredo. *Mutações do Direito Administrativo.* 2. ed. Rio de Janeiro: Renovar, 2001. p. 48). Odete Medauar, também nesse contexto, ao discorrer sobre a evolução do Direito Administrativo, destaca que o tema da *consensualidade* na Administração vem sendo tratada sob os nomes "Administração consensual, direito administrativo do consenso e transigibilidade". E destaca que "práticas consensuais geram, nos cidadãos, a sensação de confiabilidade, credibilidade e boa fé na Administração e levam à adesão de medidas projetadas". (MEDAUAR, Odete. *Direito Administrativo em Evolução.* 2. ed. São Paulo: Revista dos Tribunais, 2003. p. 352 e 355).

6 Juliana Bonacorsi de Palma, ademais, destaca que "em sentido amplíssimo, a atuação consensual também é verificada nos casos em que a Administração abre o seu procedimento para que o administrado participe, como nas hipóteses de instrumentos participativos a exemplo das audiências e consultas públicas". (DE PALMA, Juliana Bonacorsi. *Atuação administrativa consensual*: estudos de acordos substitutivos no processo administrativo sancionador. 481f. Tese (Doutorado em Direito) – Faculdade de Direito da Universidade de São Paulo, São Paulo, 2014. p. 127-128). Eurico Bitencourt Neto, por seu turno, em estudo sobre a concertação administrativa interorgânica, leciona que "no âmbito do Direito Administrativo, a expressão Administração concertada tem sido utilizada para caracterizar um modo de atuação por meio do consenso e da produção de acordos". (BITENCOURT NETO, Eurico. *Concertação administrativa interorgânica*: Direito Administrativo e organização no Século XXI. São Paulo: Almedina, 2017. p. 191).

7 Para uma análise sobre o princípio da indisponibilidade do interesse público no Direito Administrativo brasileiro, ver: FARIA, Luzardo. *O princípio da indisponibilidade do interesse público e a consensualidade no Direito Administrativo.* Belo Horizonte: Fórum, 2022.

uniforme ao regime jurídico-administrativo nacional.[8] Logo, com base no princípio da indisponibilidade do interesse público, por exemplo, defende-se a impossibilidade da adoção de meios autocompositivos pelo Estado, vez que a titularidade dos interesses públicos seria da coletividade. Assim, somente esta poderia dispor desse direito.[9]

Por sua vez, a ampliação e institucionalização dos meios adequados de solução de conflitos prevista pelo Código de Processo Civil de 2015 (mediação, arbitragem, conciliação etc.) tem influenciado sobremaneira rumo a uma flexibilização neste entendimento, o que vem sendo acompanhado por significativas alterações legislativas.[10]

Com efeito, especificamente quanto à utilização dos mecanismos integrantes do denominado "sistema multiportas" pela Administração Pública, é possível afirmar que as eventuais lacunas no ordenamento jurídico nacional têm sido cada vez mais preenchidas.[11] Como exemplo, em 2015, houve a aprovação da Lei Federal nº 13.140/2015 (Lei de Mediação) e a reforma da Lei nº 13.129/2015 (Lei de Arbitragem), para

---

[8] MELLO, Celso Antônio Bandeira de. *Curso de Direito administrativo.* 32. ed. São Paulo: Malheiros, 2015. p. 57. Para Celso Antônio Bandeira de Mello, o princípio da indisponibilidade do interesse público engloba a noção de que "sendo interesses qualificados como próprios da coletividade – internos ao setor público – eles não se encontram à livre disposição de quem quer que seja, por inapropriáveis" (...) o próprio órgão administrativo que os representa não tem disponibilidade sobre eles, no sentido de que lhe incumbe apenas curá-los – o que também é um dever – na estrita conformidade do que predispuser a *intentio legis*". (MELLO, Celso Antônio Bandeira de. *Curso de Direito administrativo.* 32. ed. São Paulo: Malheiros, 2015. p. 76). A indisponibilidade do interesse público traz como efeito a impossibilidade de transigência, por parte do administrador público, dos interesses públicos tutelados, cabendo aos gestores públicos gerir e conservar os bens e o interesse público em prol da coletividade.

[9] FARIA, Luzardo. A incidência do princípio da indisponibilidade do interesse público nas transações judiciais envolvendo a Administração Pública. *Revista Euro latino-americana de Derecho Administrativo,* [S. l.], v. 6, n. 1, p. 77–106, 2019. DOI: 10.14409/redoeda. v6i1.8851. Disponível em: https://bibliotecavirtual.unl.edu.ar/publicaciones/index.php/Redoeda/article/view/8851. Acesso em 13 set. 2023.

[10] PINHO, Humberto Dalla Bernardina de. Acordos em litígios coletivos: limites e possibilidades do consenso em direitos transindividuais após o advento do CPC/2015 e da Lei de Mediação. *Revista Eletrônica de Direito Processual,* Rio de Janeiro: UERJ, v. 19, mai./ago. 2018. Disponível em: www.e-publicacoes.uerj.br/index.php/redp. Acesso em 14 mar. 2024; PINHO, Humberto Dalla Bernardina de; VIDAL, Ludmilla Camacho Duarte. Primeiras reflexões sobre os impactos do novo CPC e da lei de mediação no compromisso de ajustamento de conduta. *Revista de Processo,* São Paulo: RT, v. 256, jun. 2016. p. 371-411; CUNHA, Leonardo Carneiro da; CABRAL, Trícia Navarro Xavier. A abrangência objetiva e subjetiva da mediação. *Revista de Processo,* São Paulo: RT, v. 287, jan. 2019. p. 531-552.

[11] VALIATI, Thiago Priess; SANTOS, Scarlett Walewska dos. Os meios alternativos de resolução de controvérsias e sua consolidação na Lei de Licitações e Contratos Administrativos: artigos 151 a 154 da Lei nº 14.133/2021. *In*: BUSCH, Eduardo Vieira (Org.). *Nova Lei de Licitações e Contratos Administrativos*: aspectos relevantes da Lei Nº 14.133/2021. 1. ed. São Paulo: Quartier Latin, 2023. v. 1. p. 22-33.

prever a "autocomposição de conflitos em que for parte pessoa jurídica de direito público" (Capítulo II, arts. 32 a 40) e a "possibilidade de utilização da via arbitral nos conflitos envolvendo a Administração Pública" (art. 1º, §1º e 2º e art. 2º da Lei nº 9.307/1996).[12]

Ainda, a Lei nº 13.655/2018 inseriu novos dispositivos na Lei de Introdução às Normas do Direito Brasileiro (LINDB), com o objetivo de melhorar a qualidade da decisão pública no país, conferindo maior segurança jurídica e eficiência para as relações de Direito Público. Especificamente em relação ao tema da consensualidade administrativa, o artigo 26 da referida lei, ao prever que a autoridade administrativa, "para eliminar irregularidade, incerteza jurídica ou situação contenciosa na aplicação do direito público (...) e presentes razões de relevante interesse geral", poderá "celebrar compromisso com os interessados", possibilita uma maior proximidade entre o Poder Público e os particulares. Reforça, ainda, a *relação de lealdade* entre as partes envolvidas, consagrando o tema da consensualidade administrativa no Direito Público brasileiro.[13] Da mesma forma, os parágrafos do art. 26 estabelecem diretrizes objetivas a serem seguidas para que os referidos acordos sejam válidos, a fim de prestigiar uma consensualidade efetiva e segura. Apesar de a LINDB funcionar como uma espécie de autorização geral para as soluções consensuais firmadas pela Administração, a Lei nº 13.655/2018 não revoga normas e regulamentos anteriores que tratam sobre a celebração de acordos. Conforme destacam Juliana Palma e Sérgio Guerra, o compromisso da LINDB respalda seus requisitos em

---

[12] Os arts. 1º e 2º da Lei nº 9.307/1996 restaram consolidados, então, com a seguinte redação: "Art. 1º. As pessoas capazes de contratar poderão valer-se da arbitragem para dirimir litígios relativos a direitos patrimoniais disponíveis. §1º A administração pública direta e indireta poderá utilizar-se da arbitragem para dirimir conflitos relativos a direitos patrimoniais disponíveis. §2º A autoridade ou o órgão competente da administração pública direta para a celebração de convenção de arbitragem é a mesma para a realização de acordos ou transações. Art. 2º. A arbitragem poderá ser de direito ou de equidade, a critério das partes. §1º Poderão as partes escolher, livremente, as regras de direito que serão aplicadas na arbitragem, desde que não haja violação aos bons costumes e à ordem pública. §2º Poderão, também, as partes convencionar que a arbitragem se realize com base nos princípios gerais de direito, nos usos e costumes e nas regras internacionais de comércio. §3º A arbitragem que envolva a administração pública será sempre de direito e respeitará o princípio da publicidade".

[13] Art. 26. Para eliminar irregularidade, incerteza jurídica ou situação contenciosa na aplicação do direito público, inclusive no caso de expedição de licença, a autoridade administrativa poderá, após oitiva do órgão jurídico e, quando for o caso, após realização de consulta pública, e presentes razões de relevante interesse geral, celebrar compromisso com os interessados, observada a legislação aplicável, o qual só produzirá efeitos a partir de sua publicação oficial.

previsões normativas anteriores,[14] tal como o art. 2º da Lei Federal de Processo Administrativo (Lei nº 9.784/1999)[15] e o art. 104 do Código Civil.[16]

Além disso, em 2021, a Nova Lei de Licitações e Contratos Administrativos (Lei nº 14.133/2021) dedicou um capítulo específico para tratar dos "Meios Alternativos de Resolução de Controvérsias",[17] abordando, para além dos tradicionais métodos da mediação, conciliação[18] e arbitragem,[19] também o chamado *dispute board*.[20] Este configura mecanismo composto por uma espécie de Comitê de Solução de Controvérsia (formado por técnicos especializados, como engenheiros e advogados), que participam da execução do contrato desde o seu início; o *dispute board* permite que esses técnicos disponham de condições favoráveis para compreensão de todas as etapas de execução do contrato e, por consequência, para percepção, avaliação e resolução dos conflitos que decorram do contrato. Portanto, classifica-se o *dispute board* como um

---

14 GUERRA, Sérgio; PALMA, Juliana Bonacorsi de. Art. 26 da LINDB: Novo regime jurídico de negociação com a Administração Pública. *Revista de Direito Administrativo – RDA*, Rio de Janeiro, Ed. Especial: Lei de introdução às Normas do Direito brasileiro, Editora FGV, 2018. p. 140.

15 Art. 2º. A Administração Pública obedecerá, dentre outros, aos princípios da legalidade, finalidade, motivação, razoabilidade, proporcionalidade, moralidade, ampla defesa, contraditório, segurança jurídica, interesse público e eficiência.

16 Art. 104. A validade do negócio jurídico requer: I – agente capaz; II – objeto lícito, possível, determinado ou determinável; III – forma prescrita ou não defesa em lei.

17 Para uma análise sobre a utilização dos meios alternativos de resolução de conflitos pela Administração Pública e sua consolidação na Lei de Licitações e Contratos Administrativos: VALIATI, Thiago Priess; SANTOS, Scarlett Walewska dos. Os meios alternativos de resolução de controvérsias e sua consolidação na Lei de Licitações e Contratos Administrativos: artigos 151 a 154 da Lei nº 14.133/2021. *In*: BUSCH, Eduardo Vieira (Org.). *Nova Lei de Licitações e Contratos Administrativos*: aspectos relevantes da Lei Nº 14.133/2021. 1. ed. São Paulo: Quartier Latin, 2023. v. 1. p. 22-33; e VALIATI, Thiago Priess; FERREIRA, Pedro Henrique. LINDB, consensualidade e seus impactos na aplicação da Lei de Licitações e Contratos Administrativos (Lei nº 14.133/2021). *In*: MAFFINI, Rafael; RAMOS, Rafael (Org.). *Nova LINDB – Proteção da confiança, consensualidade, participação democrática e precedentes administrativos*. 1. ed. Rio de Janeiro: Lumen Juris, 2021. v. 1. p. 91-108.

18 Modalidades autocompositivas em que o mediador/conciliador atua para promover um diálogo entre as partes no intuito da busca de uma solução de comum acordo.

19 Modalidade heterocompositiva em que um árbitro é escolhido para examinar os argumentos de ambas as partes, proferindo uma sentença arbitral.

20 Conforme conceitua Arnoldo Wald, os *dispute boards* são "painéis, comitês ou conselhos, para a solução de litígios cujos membros são nomeados por ocasião da celebração do contrato e que acompanham a sua execução até o fim, podendo, conforme o caso, fazer recomendações (no caso dos Dispute Review Boards – DRB) ou tomar decisões (Dispute Adjudication Boards – DAB) ou até tendo ambas as funções (Combined Dispute Boards – CDB), conforme o caso, e dependendo dos poderes que lhes foram outorgados pelas partes". (WALD, Arnoldo. A Arbitragem Contratual e os Dispute Boards. *Revista de Arbitragem e Mediação*, v. 2, n. 6, p. 9-24, jul./set. 2005).

método de gestão contratual preventivo e garantidor de uma atuação *ex ante* do próprio conflito.[21]

Assim, a percepção cada vez mais clara de que a justiça clássica estatal não atende mais de forma adequada os mais variados e complexos tipos de conflitos tem, portanto, demandado a reinterpretação de ideais clássicos, como a própria ideia de indisponibilidade do interesse público.[22] Inobstante os avanços legislativos, é certo que a postura usualmente mais adotada pela doutrina diz respeito majoritariamente às questões eminentemente patrimoniais[23] – ou seja, como destaca Elton Venturi, continua a "parametrizar como alvo de atuação dos mecanismos consensuais os conflitos envolvendo direitos disponíveis".[24] Isso fica evidente, por exemplo, no entendimento de Maria Sylvia Zanella Di Pietro acerca da flexibilização do princípio da indisponibilidade do interesse público, quando aponta que, por vezes, "a disponibilidade de um patrimônio público pode ser de mais interesse para coletividade do que a sua preservação".[25]

Já em relação aos eventuais direitos transindividuais (como os difusos, coletivos e individuais homogêneos, tipicamente defendidos no âmbito de ações civis públicas), é ainda muito presente a ideia de que estes não são transacionáveis, seja pela indisponibilidade propriamente

---

[21] Uma análise mais detida sobre os *dispute boards* foi realizada em: VALIATI, Thiago Priess. *Segurança jurídica e infraestrutura*: a segurança como dever dos poderes públicos e como direito dos agentes econômicos. Rio de Janeiro: Lumen Juris, 2018.

[22] Conforme destaca Floriano de Azevedo Marques Neto, o novo modelo de atuação estatal passa por um processo de fortalecimento dos instrumentos consensuais que demandam, necessariamente, pela revisão do velho paradigma do Direito Administrativo (pautado na bipolaridade autoridade/liberdade). Segundo o referido autor, "o cidadão deixa de cumprir um papel passivo em face do Estado-administração (como 'administrado', 'beneficiário' ou 'súdito') e passa a ser agente ativo da postulação dos seus direitos subjetivos públicos e partícipe da atuação administrativa". (MARQUES NETO, Floriano de Azevedo. *Concessões*. Belo Horizonte: Editora Fórum, 2015. p. 343).

[23] É por isso que, embora o momento de mudança paradigmática seja capaz de, como defende Elton Venturi, "provocar profundas reavaliações da filosofia e da prática da solução de conflitos, inclusive quando correlacionados aos direitos indisponíveis", a questão está longe de ser pacífica – sobretudo diante das inúmeras variáveis dentro do universo do processo coletivo. (VENTURI, Elton. Transação de direitos indisponíveis. *Revista de Processo*, v. 251, p. 391-426, jan. 2016).

[24] VENTURI, Elton. Transação de direitos indisponíveis. *Revista de Processo*, v. 251, p. 391-426, jan. 2016. p. 395.

[25] DI PIETRO, Maria Sylvia Zanella. Interesse público: as possibilidades de arbitragem em contratos administrativos. *Conjur*, 24 set. 2015. Disponível em: https://www.conjur.com.br/2015-set-24/interesse-publico-possibilidades-arbitragem-contratos-administrativos2/#:~:text=Por%20vezes%2C%20a%20disponibilidade%20de,equil%C3%ADbrio%20econ%C3%B4mico%2Dfinanceiro%20do%20contrato. Acesso em: 7 jul. 2024. p. 1088.

dita ou por uma alegada limitação de legitimidade daqueles que são responsáveis pelo ajuizamento das ações coletivas.[26] A posição defendida por Eduardo Cambi demonstra bem ambas as perspectivas. O autor assevera que o art. 841 do Código Civil permite transações apenas em relação aos direitos patrimoniais de caráter privado, já que os bens e interesses públicos não pertencem à Administração ou a seus agentes, a quem cabe apenas geri-los e conservá-los.[27]

Assim, se a exemplo dos diplomas legais citados anteriormente à adoção dos meios adequados de resolução de conflitos tem sido cada vez mais aceita dentro do Direito Público, a realização de acordos nas demandas coletivas em geral continua sendo vista com receio, sobretudo pelo Poder Judiciário, persistente a ideologia e a política da adjudicação pública como o único caminho.[28] Esta correlação automática entre "indisponibilidade" e "inegociabilidade" consiste em um grande estigma no contexto dos países do *civil law*.[29] Porém, o que se vê na prática é

---

[26] É possível encontrar alguns julgados do Superior Tribunal de Justiça nesse sentido: "A jurisprudência desta Corte Superior é no sentido de que os legitimados para o ajuizamento da ação coletiva não são titulares do direito material discutido em juízo, motivo pelo qual não podem renunciar ou dispensar direitos e obrigações, os quais constituem requisitos essenciais para a promoção de concessões mútuas relacionadas à transação. Logo, a disponibilidade que o legitimado coletivo possui e exercita por meio do acordo é restrita ao aspecto processual do procedimento judicial, não alcançando o conteúdo material da causa (princípio da indisponibilidade temperada da demanda coletiva) (BRASIL. Superior Tribunal de Justiça. Agravo Interno no Recurso Especial nº 1724754/SP. Ministro Ricardo Villas Bôas Cueva. *DJE* 01.12.2020).

[27] O art. 841 do Código Civil brasileiro assevera que somente quanto a direitos patrimoniais de caráter privado se permite a transação. Nesse aspecto, o objeto da transação é delimitado aos direitos com expressão patrimonial. Por outro lado, os direitos de conteúdo indisponível são insuscetíveis de serem tutelados por meio de transação, uma que vez que não integram a categoria dos direitos patrimoniais. Com isso, não podem ser objeto de transação os direitos de personalidade, o direito de família, as normas de ordem pública, os direitos difusos e coletivos, bem como os interesses públicos. Aliás, os bens da Administração Pública, embora de natureza patrimonial, são gravados de inalienabilidade, por força do regime jurídico administrativo ao qual se inserem. A indisponibilidade dos bens e dos interesses públicos se justifica, na medida em que eles não pertencem à Administração nem a seus agentes. Cabe-lhes apenas geri-los, conservá-los e por eles velar em prol da coletividade, que é a verdadeira titular dos direitos e interesses públicos. (CAMBI, Eduardo; SOUZA, Fernando Machado de. A disponibilidade do interesse público no Novo Código de Processo Civil e o princípio da eficiência na Administração. *Revista da AJURIS*, Porto Alegre, v. 44, n. 142, p. 129-153, jun. 2017).

[28] VENTURI, Elton. Transação de direitos indisponíveis. *Revista de Processo*, v. 251, p. 391-426, jan. 2016.

[29] "Non è forse meglio che vi sia una qualche forma di giustizia consensuale, dotata dei caratteri della flessibilità e della pubblicità, piuttosto che il diritto formale ad un processo, in pratica però inibito da costi elevatissimi e dall'estremo tecnicismo richiesto per trattare controversie complesse che coinvolgono centinaia o perfino migliaia di persone? Si prendano in seria considerazione le riflessioni di Lord Brougham, un Lord Chancellor del diciannovesimo Secolo, pronunciate in Parlamento nel 1830 durante l'approvazione della

que a interpretação literal desses conceitos (isto é, sem uma análise da *ratio* das demandas coletivas, que, afinal, é assegurar a efetividade de direitos e garantias sociais) tem gerado ausência de proteção adequada e mesmo o perecimento do direito que se busca assegurar.[30]

Nesse sentido, embora não se ignore que exista a necessidade de uma proteção diferenciada em relação aos direitos pertencentes à coletividade,[31] o cenário atual demonstra, de forma cada vez mais clara, que isso pode ser assegurado sem a necessidade de restrições/ proibições excessivas, que podem, inclusive, culminar no esvaziamento da própria tutela de direitos almejada.

É pensando nisso que parte da doutrina mais progressista a respeito da consensualidade dentro do processo coletivo,[32] inspirando-se na experiência do *common law*,[33] tem analisado algumas possibilidades para a realização de acordos nas demandas coletivas que tratem de direitos transindividuais (como é o caso das ações civis públicas), sempre com a devida segurança jurídica e adequação ao interesse público, como se passa a demonstrar no tópico seguinte deste trabalho.

3 A realização de acordos nas ações civis públicas: a prática atual e a ampliação das possibilidades

As ações civis públicas buscam tutelar os interesses difusos ou coletivos (também chamados de direitos transindividuais). Trata-se de um procedimento integrante de um microssistema jurídico complexo,

legge istitutiva delle County Courts: "better something of justice than nothing – it may be slovenly justice, but as precious a thing is justice (...) I should rather even slovenly justice than the absolute, peremptory, and inflexible denial of ". (ANDREWS, Neil. Controversie collettive, transazione e conciliazione in Inghilterra. *Revista de Processo*, São Paulo: Revista dos Tribunais, v. 169, p. 62, 2009).

30 VENTURI, Elton. A Homologação Judicial dos acordos coletivos no Brasil. *RJLB – Revista Jurídica Luso-Brasileira*, v. 8, p. 599-622, 2022.

31 Para aprofundamento com referências sobre o tema e apreciação crítica, ver: OSNA, Gustavo. *Direitos individuais homogêneos*: pressupostos, fundamentos e aplicação no processo civil. São Paulo: RT, 2014.

32 A exemplo: GIDI, Antônio. *Rumo a um código de processo civil coletivo*. Rio de Janeiro: Forense, 2008. p. 266-281. Consulte-se, também, ZANETI JR, Hermes; CABRAL, Trícia Navarro Xavier. *Justiça multiportas*. 2. ed. Salvador: Editora JusPodivm, 2018. Ainda, ZANETI JR, Hermes; DIDIER JR., Freddie. *Curso de direito processual civil*. 11. ed. Salvador: Editora JusPodivm, 2017. p. 339-341.

33 A respeito desse intercâmbio de ideias, para além do já citado Neil Andrews, permita-se remeter também, como obra brasileira, GRINOVER, Ada Pellegrini; WATANABE, Kazuo; MULLENIX, Linda S. *Os processos coletivos nos países de Civil law e Common law*: uma análise de direito comparado. São Paulo: Ed. Revista dos Tribunais, 2011.

que busca, em última finalidade, a proteção de direitos amplos e de importância ímpar para a sociedade,[34] dispostos no art. 1º da Lei nº 7.347/1985:

> Art. 1º Regem-se pelas disposições desta Lei, sem prejuízo da ação popular, as ações de responsabilidade por danos morais e patrimoniais causados: ao meio ambiente; ao consumidor; a bens e direitos de valor artístico, estético, histórico, turístico e paisagístico; à ordem urbanística; à ordem econômica; à honra e a dignidade de grupos raciais, étnicos ou religiosos, ao patrimônio público e social e a qualquer outro interesse difuso ou coletivo.

Inobstante a discussão relacionada ao princípio da indisponibilidade do interesse público, o procedimento das ACPs já era, historicamente, dotado de consensualidade. O §6º do art. 5º da Lei de Ação Civil Pública (Lei nº 7.347/1985) previa, desde 1990 (a partir das alterações legislativas impostas pela Lei nº 8.112/1990), a possibilidade de realização de Termo de Ajustamento de Conduta (TAC), desde que observados alguns requisitos específicos.[35] Os TACs são definidos como "negócio jurídico de direito administrativo classificável como *ato administrativo consensual*, celebrado entre um órgão público e, usualmente, uma pessoa privada, por meio do qual esta formalmente se compromete a, de modo geral, praticar (ou não) determinada conduta".[36]

---

[34] (...) diferentemente das categorias anteriores, sua defesa não se expressa pela tutela do direito de liberdade de um indivíduo em face de seu respectivo Estado, ou pela implementação dos direitos de uma determinada categoria desfavorecida. Aqui, já se trata de defender os direitos de toda humanidade, de modo que os Estados devem respeitá-los independentemente da existência de vínculo de nacionalidade com seus titulares (neste aspecto, estes podem ser considerados 'cidadãos do mundo', e não de um determinado país) e, de eles se encontrarem ou não em seu território. Aliás, por humanidade compreende-se, até mesmo, as gerações futuras, os seres humanos que ainda não nasceram ou sequer foram concebidos. (ANDRADE, Adriano; MASSON, Cleber; ANDRADE, Landolfo. *Interesses difusos e coletivos esquematizado*. 9. ed. Rio de Janeiro: Forense; São Paulo: Método, 2019).

[35] Quanto às vedações a o conteúdo do TAC, são proscritas determinadas cláusulas: i) impossibilidade de afastar o acesso dos lesados ao Judiciário, em razão da inevitabilidade da jurisdição, presente no art. 5º, inciso XXXV da Constituição Federal. Assim sendo, não se pode impedir que outro colegitimado firme novo compromisso com objeto mais amplo ou com outra obrigação não inclusa no primeiro ajuste, ou, até mesmo, ajuizar ação civil pública nas respectivas hipóteses de cabimento; e ii) vedação ao enfraquecimento do núcleo do direito material em jogo. (PINHO, Humberto Dalla Bernardina de. Acordos em litígios coletivos: limites e possibilidades do consenso em direitos transindividuais após o advento do CPC/2015 e da Lei de Mediação. *Revista Eletrônica de Direito Processual*, Rio de Janeiro: UERJ, v. 19, p. 5, mai./ago. 2018. Disponível em: www.e-publicacoes.uerj.br/index.php/redp. Acesso em 14 mar. 2024).

[36] MOREIRA, Egon Bockmann *et al*. *Comentários à Lei de Ação Civil Pública*. São Paulo: Editora RT, 2016. p. 370.

Especificamente em relação ao TAC, embora não se tenha dúvidas de que se trata de uma ferramenta conciliatória importante, e que propicia o acesso à justiça consensual, além de ser apta a colaborar com a desobstrução do Poder Judiciário por se evitar a propositura da ação coletiva competente,[37] é inegável que o modelo possui baixíssima "maleabilidade" diante de suas consideráveis limitações para negociação, o que faz, inclusive, com que grande parte da doutrina o classifique como "não transacionável".[38]

Aliás, a LINDB, como já dito supra, passou a prever em seu art. 26, a partir da edição da Lei nº 13.655/2018, que a autoridade administrativa "para eliminar irregularidade, incerteza jurídica ou situação contenciosa na aplicação do direito público, [poderá] celebrar compromisso com os interessados". Com efeito, o dispositivo em questão configura um *permissivo genérico* para a celebração dos acordos substitutivos na esfera da Administração Pública, como os referidos TACs. O artigo 5º, §6º, da Lei nº 7.347/1985, era tradicionalmente utilizado como referência legal para a utilização de instrumentos consensuais pela Administração, vez que inexistia na Lei de Processo Administrativo um dispositivo legal nesse sentido. Apesar de ter existido uma eventual e suposta controvérsia em relação à consensualidade, a Lei da Ação Civil Pública possibilita o uso do TAC pelo Poder Público em seus processos administrativos relacionados aos temas indicados no referido diploma legal.[39] Por seu turno, o artigo 26 da LINDB possui o mérito de superar quaisquer controvérsias em relação à possibilidade do Poder Público transacionar com particulares e *reforça* uma tendência por uma atuação

---

[37] PINHO, Humberto Dalla Bernardina de; FARIAS, Bianca Oliveira de. Apontamentos sobre o compromisso de ajustamento de conduta na Lei de Improbidade Administrativa e no Projeto de Lei da Ação Civil Pública. *In*: *Temas de Improbidade Administrativa*. Rio de Janeiro: Lumen Juris, 2010. v. 1, p. 99.

[38] Conforme esclarece Humberto Dalla Bernardina de Pinho, essa classificação se dá "porque o espectro conciliatório se manifesta quanto aos aspectos adjacentes, ou seja, circunstâncias instrumentais ou periféricas da obrigação, sempre com a observância da proporcionalidade e da razoabilidade, para não se afetar o dever principal. Exemplifica com a possibilidade de os legitimados pactuarem acordos sobre o modo, o tempo ou o lugar do cumprimento da conduta para a reparação do dano coletivo causado". (PINHO, Humberto Dalla Bernardina de. Acordos em litígios coletivos: limites e possibilidades do consenso em direitos transindividuais após o advento do CPC/2015 e da Lei de Mediação. *Revista Eletrônica de Direito Processual*, Rio de Janeiro: UERJ, v. 19, mai./ago. 2018. Disponível em: www.e-publicacoes.uerj.br/index.php/redp. Acesso em 14 mar. 2024).

[39] PALMA, Juliana Bonacorsi de. *Atuação administrativa consensual:* estudo dos acordos substitutivos no processo administrativo sancionador. São Paulo, 332f. Dissertação (Mestrado em Direito) – Faculdade de Direito da Universidade de São Paulo, 2010. p. 281.

consensual da Administração ao conferir o *mínimo regulamentar na celebração de acordos administrativos*.[40] É dizer, a LINDB, por meio do seu art. 26, confere maior autonomia ao Poder Público em relação à regra prevista no art. 5º, §6º, da Lei nº 7.347/1985. Assim, enquanto a norma da Lei de Ação Civil Pública se amolda mais ao microssistema das ações civis públicas, o dispositivo da LINDB funciona como um verdadeiro permissivo genérico para toda a Administração Pública transacionar.[41]

Em paralelo, recentemente, a Lei Anticrime (Lei nº 13.964/2019) passou a permitir a celebração de acordo de não persecução civil nas ações civis públicas por improbidade administrativa, desde que cumpridos os requisitos da lei específica que a regula (Lei nº 14.320/21). Sua prática, no entanto, ainda é tímida, considerando que a primeira homologação ocorreu apenas em 2022.[42]

Enfim, apesar da previsão disposta no artigo 5º, §6º, da Lei nº 7.347/1985, de uma forma geral, é possível afirmar que ainda não há um espaço de protagonismo e maior autonomia das partes para a celebração de acordos dentro do processo coletivo, sobretudo dentro do procedimento das ações civis públicas.

Embora esse possa ser entendido como o atual estado da arte, muito tem se escrito, nos últimos anos, a respeito da ampliação dessas possibilidades – seja através da conciliação, da mediação ou da pró-

---

40 Segundo Sérgio Guerra e Juliana Bonacorsi de Palma, o artigo 26 da LINDB criou uma nova espécie de acordo e trouxe o seu *mínimo regulamentar*, com os requisitos de validade essenciais à efetividade e à garantia dos interesses gerais. Para os autores, o permissivo do artigo 5º, §6º, da Lei da Ação Civil Pública pecava pela ausência de uma disciplina regulamentar mínima, resultando num cenário atentatório ao Estado de Direito: o Ministério Público, operacionalizador do referido diploma legal, terminou por dar os contornos regulamentares do TAC no bojo da ação civil pública. Assim, os autores destacam que "as previsões contidas no art. 26 da LINDB garantem os direitos na negociação e o atendimento ao fim público (...) sem incorrer no risco de subversão ou desnaturação pelo exercício do poder regulamentar". (GUERRA, Sérgio; PALMA, Juliana Bonacorsi de. Art. 26 da LINDB: Novo regime jurídico de negociação com a Administração Pública. *Revista de Direito Administrativo – RDA*, Rio de Janeiro, Ed. Especial: Lei de introdução às Normas do Direito brasileiro, Editora FGV, 2018. p. 147).

41 FARIA, Luzardo. O art. 26 da LINDB e a legalidade dos acordos firmados pela Administração Pública: uma análise a partir do princípio da indisponibilidade do interesse público. *In*: VALIATI, Thiago Priess; HUNGARO, Luis Alberto; CASTELLA, Gabriel Morettini (Coord.). *A lei de introdução e o direito administrativo brasileiro*. Rio de Janeiro: Lumen Juris, 2019. p. 158.

42 BRASIL. Superior Tribunal de Justiça. *Primeira Seção homologa acordo de não persecução cível em ação de improbidade na fase recursal*. 20 abr. 2022. Disponível em: https://www.stj.jus.br/sites/portalp/Paginas/Comunicacao/Noticias/20042022-Primeira-Secao-homologa-acordo-de-nao-persecucao-civel-em-acao-de-improbidade-na-fase-recursal.aspx. Acesso em 13 set. 2023.

pria transação (muito por influência da cultura do *common law*, que já implementa essa prática há muitos anos).[43]

Como dito anteriormente, a ideia da indisponibilidade do interesse público já tem sido flexibilizada em relação aos direitos patrimoniais disponíveis – o que, considerando a experiência positiva e a necessidade de reflexão sobre novas maneiras de ampliar a efetivação de direitos, abre margem para o debate envolvendo a utilização dos meios autocompositivos também nas demandas envolvendo direitos transindividuais (difusos e coletivos).

Com efeito, embora as características intrínsecas aos direitos transindividuais estejam atreladas a um tratamento mais sensível, pensando justamente neste fator é que se afirma que isso não implica, necessariamente, na sua indisponibilidade e, por consequência, a intolerabilidade de sujeição à negociação, mediação ou conciliação que eventualmente conduzam à sua transação.[44]

Nesse sentido, conforme destaca Robson Renault Godinho, é preciso ter em mente que mesmo em um contexto de limitação da autocomposição, o processo coletivo sofre com problemas que podem afetar a garantia dos direitos da coletividade. Dentre estes, é possível citar: a dissociação entre a apreciação do legitimado e dos titulares do direito sobre a situação conflituosa, o despreparo técnico para lidar com a situação específica, a ausência de diálogo e de participação do grupo ou da coletividade etc.[45]

Portanto, desde que pensados a partir de técnicas e regramentos que busquem o melhor interesse público, eventuais acordos (inclusive judiciais) poderiam, inclusive, amenizar esses aspectos[46] – por exemplo,

---

[43] A conciliação, a negociação e a mediação são os principais mecanismos que, empregados judicial ou extrajudicialmente, objetivam conquistar soluções consensuais para a controvérsia. Tais soluções consensuais podem assumir as mais variadas formas, incidindo sobre as próprias pretensões materiais em disputa ou tão somente sobre as pretensões processuais. Tanto a conciliação (em sentido amplo) como a transação (em sentido estrito) podem ser compreendidas seja como procedimento, seja como possível resultado de soluções consensuais. (VENTURI, Elton. Transação de direitos indisponíveis. *Revista de Processo,* v. 251, p. 391-426, jan. 2016. p. 396).

[44] Segundo anota Antônio Gidi, "[u]m direito não passa a ser indisponível simplesmente por ser difuso, coletivo ou individual homogêneo". (GIDI, Antônio. *Rumo a um código de processo civil coletivo.* Rio de Janeiro: Forense, 2008. p. 275).

[45] GODINHO, Robson Renault. A autocomposição no processo coletivo entre o discurso e a possibilidade. *In*: *Revista do Ministério Público do Estado do Rio de Janeiro,* n. 84, p. 171-206, abr./jun. 2022.

[46] A possibilidade de autocomposição, inclusive, pode amenizar algumas dessas questões, na medida em que possibilita, ao menos idealmente, a participação de colegitimados e de demais interessados, já que é sabido que, da forma como se dá a tutela coletiva tradicio-

através da ampliação da participação popular e da busca de soluções "ganha/ganha" para todos os envolvidos. Nesse cenário, Egon Bockmann Moreira e Leila Cuéllar destacam a possibilidade de ganhos efetivos com a aplicação de lógicas próprias da mediação no âmbito da Administração Pública, destacando que, com a mediação, o escopo é o de que todos vençam, de forma cooperativa e equânime.[47]

Embora este seja um formato implementado de forma mais madura em discussões envolvendo direitos patrimoniais, não há dúvidas de que um modelo mais cooperativo pode ser altamente eficaz na composição efetiva de danos coletivos, já que o objetivo principal da autocomposição é justamente a transformação individual e social.

Um dos exemplos emblemáticos que ilustra essa ideia diz respeito ao acordo celebrado entre o Ministério Público, a Defensoria Pública e o Estado de Minas Gerais com a Vale S.A. na demanda ambiental envolvendo o rompimento da barragem I em Brumadinho/ MG, celebrado e homologado em fevereiro de 2021. A autocomposição, nesse caso, foi marcada por uma série de sessões de mediação e reuniões preparatórias, as quais foram essenciais para estabelecer o diálogo entre os interessados e a própria comunidade. Com isso, o acordo realizado pôde resultar na elaboração conjunta de uma estrutura completa voltada à reparação socioambiental e socioeconômica, com o detalhamento de programas e projetos, disposições sobre auditorias independentes e garantias financeiras, previsão de eventuais penalidades, modo de quitação, entre outros aspectos.[48]

Analisando-se o resultado obtido, é inegável que a realização do acordo consistiu em uma solução muito mais rápida e adequada para o caso, atendendo ao critério finalístico "celeridade-eficiência"[49] que é

nalmente, imperam iniciativas individuais ou solipsistas, como se o legitimado ativo, em um misto de paternalismo e autoritarismo, detivesse a solução única para o problema transindividual. (GODINHO, Robson Renault. A autocomposição no processo coletivo entre o discurso e a possibilidade. *In*: *Revista do Ministério Público do Estado do Rio de Janeiro*, n. 84, p. 171-206, abr./jun. 2022. p. 181).

47 CUÉLLAR, Leila; MOREIRA, Egon Bockmann. Administração Pública e mediação: notas fundamentais. *Revista de Direito Público da Economia – RDPE*, Belo Horizonte, a. 16, n. 61, p. 119-145, jan./mar. 2018.

48 BRASIL. Governo de Minas. *Entenda o Acordo Judicial para reparação ao rompimento em Brumadinho*. 04 jun. 2024. Disponível em: https://www.mg.gov.br/pro-brumadinho/pagina/entenda-o-acordo-judicial-de-reparacao-ao-rompimento-em-brumadinho. Acesso em 15 jun. 2024.

49 Nesse sentido, ressalta-se que, no que concerne às ofensas aos demais interesses metaindividuais (v.g., meio ambiente, consumidor, patrimônio cultural, ordem urbanística), há de prevalecer o critério finalístico, que informa o binômio instrumentalidade/finalidade dos procedimentos, sendo preferível uma solução negociada, que se mostre idônea e efi-

próprio do processo coletivo. A Vale S.A., ao se comprometer em colocar em prática uma série de programas de reparação de danos, segurança hídrica, mobilidade e fortalecimento do serviço público, faz com que o acordo atinja, com segurança, a consecução dos objetivos daquelas ações civis públicas.

O caso demonstra, portanto, que o processo deve sempre ser encarado, em última instância, como um instrumento para a pacificação de litígios. Se estes fins podem ser alcançados de forma mais rápida e menos dispendiosa para todos os envolvidos, mesmo que em uma eventual via consensual, não há razões para que se insista injustificadamente tão somente na decisão de mérito.

Assim, em muitos casos, diante do ônus que é inerente à litigiosidade, negociar direitos (mesmo os transindividuais) pode se revelar a melhor e até mesmo a única opção para sua proteção efetiva.[50] A perspectiva de que a ampliação da possibilidade de realização de acordos dentro da ação civil pública pode ser extremamente positiva, portanto, revela-se cada vez mais acertada, especialmente como forma de promover a própria efetivação de direitos. Inobstante o entusiasmo em relação a estas questões, é certo, ainda, que a admissão da autocomposição nos conflitos coletivos suscita para análise uma série de outras questões, como a própria implementação de um devido processo legal que legitime os acordos sob os pontos de vista social e jurídico.[51]

Neste viés, a adoção de uma *lógica diferenciada* para a homologação desses acordos (que priorize não apenas o preenchimento dos requisitos de validade, mas uma análise efetiva e substancial) tem sido vista como um ponto-chave dentro desta mudança de paradigma. É o que se passa, em breves linhas, a explorar.

---

caz para resolver o conflito gerado pela lesão ou ameaça ao interesse indigitado, do que uma obstinada busca pela solução judicial, geralmente demorada, onerosa e de desfecho imprevisível". (MANCUSO, Rodolfo de Camargo. *Ação civil pública*: em defesa do meio ambiente, do patrimônio cultural e dos consumidores – Lei nº 7.347/1985 e legislação complementar. 11. ed. rev. e atual. São Paulo: Editora Revista dos Tribunais, 2009).

[50] GODINHO, Robson Renault. A autocomposição no processo coletivo entre o discurso e a possibilidade. *In*: *Revista do Ministério Público do Estado do Rio de Janeiro*, n. 84, p. 171-206, abr./jun. 2022.

[51] VENTURI, Elton. A Homologação Judicial dos acordos coletivos no Brasil. *RJLB – Revista Jurídica Luso-Brasileira*, v. 8, p. 599-622, 2022.

4 A homologação judicial fundamentada, adequada e substancial como forma de legitimação dos acordos coletivos

Conforme já dito, em que pese o debate a respeito da ampliação das hipóteses de acordo nas ações civis públicas esteja em evolução, boa parte da doutrina ainda é assente em afirmar que a sensibilidade dos direitos transindividuais os torna supostamente inegociáveis. Diante dessa perspectiva, mais do que discutir a respeito das vantagens que a consensualidade traria ao procedimento, é necessário pensar, também, em caminhos para legitimar a sua implementação, de forma segura e adequada, desmistificando-se a ideia de que transacionar direitos implica, necessariamente, em deles "abrir mão" (o que, logicamente, não seria coerente do ponto de vista do interesse público). Longe, é claro, de buscar uma solução definitiva para a questão, a denominada *homologação judicial fundamentada, adequada e substancial* pode ser um ponto central na superação deste problema.

Dessa forma, uma intervenção judicial "final" que, para além dos requisitos de validade (formal e procedimental), faça também um juízo de valor fundamentado a respeito do atendimento ao interesse público, pode equalizar a balança entre a cautela necessária no tratamento de direitos transindividuais e a otimização procedimental do cumprimento dos critérios finalísticos do litígio (como visto no caso da Vale S.A.).

É certo, todavia, que adaptações são necessárias. Um "simples transplante" dos pressupostos usualmente observados na homologação de acordos individuais (em regra, verificação formal da capacidade e livre manifestação de vontade das partes, licitude do objeto e inexistência de ofensa à ordem pública), como já ocorre no trato de direitos patrimoniais disponíveis, não é suficiente em se tratando de direitos tão complexos, como é o caso dos direitos transindividuais.

Além disso, a avaliação judicial, embora substancial, não pode usurpar a capacidade autocompositiva das partes. Diante do impasse e da tímida experiência brasileira no assunto, a inspiração do *common law* oferece um bom norte inicial.[52] Nas "*class actions*",[53] a aprovação

---

[52] Cabe reiterar que a experiência do *common law* em relação às *class actions* tem há muito sido utilizada para melhor compreender os conflitos coletivos no Brasil: seja em matéria de legitimação, representatividade ou mesmo de fundamentação.

[53] As *class actions* se assemelham à lógica das ações coletivas (e, assim, das ações civis públicas), na medida em que consistem em "um procedimento em que uma pessoa considerada individualmente, ou um pequeno grupo de pessoas, enquanto tal passa a representar um grupo maior ou classe de pessoas, desde que compartilhem, entre si, um

judicial de acordos está condicionada à verificação dos critérios de "justiça, razoabilidade e adequação",[54] o que pode ser adaptado para o modelo brasileiro, considerando a necessidade de que se estabeleçam parâmetros gerais cuja análise pode variar conforme o melhor interesse público envolvido no caso concreto. Este é um caminho que Elton Venturi reforça. Para o autor, mesmo diante da ausência de critérios pré-estabelecidos pelo ordenamento brasileiro para a homologação judicial de acordos coletivos e da rara atuação dos tribunais nacionais sobre o tema, a antiga experiência dos países de *common law* pode informar caminhos úteis a serem trilhados no Brasil, sobretudo quanto à aplicação destes critérios em específico.[55]

Em que pese não se olvide que os conceitos de justiça, razoabilidade e adequação sejam dotados de um grau considerável de abstração, tal característica pode ser aproveitada para garantir que o julgador analise e justifique a multiplicidade de fatores envolvidos em conflitos tão complexos como os submetidos às ações civis públicas, sempre à luz do interesse público. Em paralelo, exportando-se a ideia para o ordenamento brasileiro, a justificação destes conceitos no caso concreto pode (e deve) se valer de técnicas de fundamentação judicial já consagradas na processualística brasileira,[56] como a ponderação (art. 489, §2º, CPC) e a indicação das consequências jurídicas, fáticas, econômicas e sociais da decisão pública (art. 20, LINDB).[57]

É importante esclarecer, no entanto, que o que se pretende aqui não é esgotar (ou, ao menos, aventar), todas as discussões que podem

---

interesse comum. Seu cabimento restringe-se àquelas hipóteses em que a união de todos que poderiam ser partes em um mesmo processo (que se afirmam titulares da lide levada ao Estado juiz) não é plausível (até porque seu número poderia chegar a milhões) ou porque sua reunião, em um só processo, daria ensejo a dificuldades insuperáveis quanto à jurisdição e à competência". (FRIEDENTHAL, Jack H.; KANE, Mary Kay; MILLER, Arthur R. *Civil procedure.* 2. ed. Missouri: West, 1985).

54 23 (e)(2) *Approval of the Proposal. If the proposal would bind class members, the court may approve it only after a hearing and only on finding that it is fair, reasonable, and adequate* (...).

55 VENTURI, Elton. A Homologação Judicial dos acordos coletivos no Brasil. *RJLB – Revista Jurídica Luso-Brasileira,* v. 8, p. 599-622, 2022.

56 "O CPC trouxe outra inovação, importantíssima: a obrigação de todos os sujeitos do processo cooperarem entre si para que se obtenha, em tempo razoável, decisão de mérito justa e efetiva (art. 6º)". (ALVES, Francisco Glauber Pessoa. Fundamentação Judicial exauriente, argumentação Jurídica exauriente e concisão: um diálogo necessário. *Revista dos Tribunais,* São Paulo, p. 47-77, v. 274, dez. 2017. p. 51).

57 Para uma análise geral sobre o impacto da Lei nº 13.655/2018 sobre o Direito Administrativo brasileiro, ver: VALIATI, Thiago Priess; HUNGARO, Luis Alberto; CASTELLA, Gabriel Morettini e. *A Lei de Introdução e o Direito Administrativo brasileiro.* Rio de Janeiro: Lumen Juris, 2019.

ser postas acerca dos mecanismos a serem utilizados na busca de uma ampliação das possibilidades compositivas dentro da lógica das ações civis públicas. A fundamentação adequada e substancial da decisão judicial que homologa acordos, certamente, é apenas uma delas, cujo racional ainda deverá ser desenvolvido na medida em que o tema avança dentro da lógica brasileira.

Nesse sentido, o que se pretende pontuar aqui é que, feitas as devidas adaptações, é possível pensar na *homologação judicial fundamentada, adequada e substancial* como um mecanismo de validação e legitimação da implementação desta transacionalidade dos conflitos coletivos,[58] o que será essencial diante dos desafios crescentes que a busca pela efetivação de direitos tem trazido para debate na doutrina e na jurisprudência brasileiras.

5 Conclusão

O presente artigo analisou a flexibilização da ideia de indisponibilidade do interesse público, que muito se deve à recepção do paradigma multiportas implementado pelo Código de Processo Civil de 2015 dentro dos diversos microssistemas que compõem o processo civil brasileiro. Pontuou-se, porém, que inobstante os diversos avanços legislativos em prol da consensualidade, tal flexibilização se dá muito mais em relação às questões eminentemente patrimoniais, envolvendo, portanto, os chamados direitos patrimoniais disponíveis.

Por sua vez, nas demandas coletivas – e, sobretudo, naquelas que envolvem direitos transindividuais – há ainda muita resistência à realização de acordos por parte do Poder Público, diante da crença de que a ideia de indisponibilidade do interesse público tornaria tais espécies de direitos, em tese, inegociáveis. O que se percebe na prática administrativa nacional, no entanto, é que a correlação a ferro e fogo de tais conceitos tem gerado a ausência de uma proteção efetiva e adequada dos direitos transindividuais e mesmo o perecimento do direito que se buscava assegurar por meio de uma demanda coletiva.

58 Essa é uma ideia também defendida por Elton Venturi, com relação à ampliação de possibilidades dentro dos já consagrados termos de ajustamento de conduta: na medida em que o instrumento do ajustamento de conduta começa a ser gradativamente, manipulado com o intuito de prevenir ou solucionar conflitos coletivos a partir de processos de negociação que implicam verdadeira transação das pretensões substanciais tuteladas, parece indiscutível a necessidade de uma diferenciada intervenção jurisdicional para sua validação e legitimação. (VENTURI, Elton. A Homologação Judicial dos acordos coletivos no Brasil. *RJLB – Revista Jurídica Luso-Brasileira,* v. 8, p. 599-622, 2022).

Com efeito, as dificuldades presentes em um caso concreto (e na própria lógica do processo coletivo, como um todo) mostram que, em muitos casos, a abertura à autocomposição pode se revelar a melhor e até mesmo a única opção para sua proteção efetiva. Isto é, a sistemática acordada pode maximizar a participação popular e o implemento de programas de redução de danos com muito mais celeridade, como pode ser observado na experiência emblemática do acordo realizado entre o Ministério Público de Minas Gerais e a Vale S.A. a respeito do caso Brumadinho I.

É fato que conforme a temática vai se tornando cada vez mais frequente na pauta do Poder Judiciário brasileiro, diversas outras questões passam a surgir,[59] o que configura um evidente aspecto positivo, considerando a necessidade de que a implementação dessas técnicas seja feita de forma legítima e segura pelo Poder Público.

Embora as respostas para tais questionamentos ainda estejam sendo gradativamente construídas tanto pela doutrina quanto pela jurisprudência pátrias, parece claro que encarar a autocomposição dentro do processo coletivo como um caminho possível permite maximizar a efetivação dos direitos transindividuais, principalmente considerando a possibilidade de otimização de várias das dificuldades inerentes à tutela de direitos coletivos, a depender do caso concreto.

---

[59] Tal cenário acarreta fundadas dúvidas a respeito de qual seria precisamente o papel da intervenção jurisdicional diante de propostas de acordos nas demandas coletivas já instauradas. Dentre elas, exemplificamos: a) a homologação da proposta de acordo seria obrigatória para dar-lhe validade e eficácia?; b) a homologação do acordo seria necessária para a extinção da ação coletiva?; c) os critérios para a análise judicial chancelatória dos acordos coletivos seriam similares ou idênticos àqueles já seguidos pelo sistema de justiça nas demandas individuais?; d) a homologação se circunscreveria à verificação dos pressupostos formais de validade?; e) a intervenção judicial deveria ser mais ativa e vertical, no sentido de um verdadeiro escrutínio a respeito do próprio mérito do acordo coletivo, em prol da defesa dos interesses dos membros do grupo tutelado?; f) a manifestação de vontade das partes formais da relação processual bastaria para a chancela judicial ou os demais legitimados ativos para a tutela coletiva deveriam ser consultados?; g) para além da consulta dos representantes judiciais, os membros do grupo também deveriam ser de alguma forma ouvidos?; h) poderiam os membros do grupo optar por não aceitar o acordo? Quais as consequências disso?; i) a intervenção do Ministério Público seria obrigatória nos acordos coletivos, sob pena de nulidade?; j) seria admissível o acordo coletivo mesmo estando fundamentada a ação coletiva na inconstitucionalidade de lei ou ato normativo?; k) a decisão homologatória de acordos coletivos gera eficácia oponível *erga-omnes* ou interpartes? Sua abrangência poderia ser regional ou nacional?; l) a decisão homologatória de acordos coletivos pode gerar coisa julgada material?; m) a coisa julgada estaria condicionada à cláusula *rebus sic stantibus*?; n) quais são os meios impugnativos cabíveis para a revisibilidade da decisão homologatória?; o) seria possível liquidação e execução individual de um acordo coletivo inadimplido?; p) o objeto do acordo coletivo poderia transcender o objeto do processo coletivo dentro do qual será homologado?

Nesse sentido, pensar, por exemplo, na homologação judicial fundamentada, adequada e substancial como um modo de legitimar a adoção desses caminhos parece também permitir que a consensualidade, efetivamente, entre na lógica do processo coletivo (em especial, das ações civis públicas) sem que, para isso, seja necessário renunciar à chancela de mérito do Poder Judiciário, que, em última *ratio*, busca, ao menos em tese, um objetivo comum: assegurar a obtenção de soluções *justas, efetivas e adequadas ao caso concreto.*[60]

Referências

ALVES, Francisco Glauber Pessoa. Fundamentação Judicial exauriente, argumentação Jurídica exauriente e concisão: um diálogo necessário. *Revista dos Tribunais,* São Paulo, p. 47-77, v. 274, dez. 2017.

ANDRADE, Adriano; MASSON, Cleber; ANDRADE, Landolfo. *Interesses difusos e coletivos esquematizado.* 9. ed. Rio de Janeiro: Forense; São Paulo: Método, 2019.

ANDREWS, Neil. Controversie collettive, transazione e conciliazione in Inghilterra. *Revista de Processo,* São Paulo: Revista dos Tribunais, v. 169, 2009.

BITENCOURT NETO, Eurico. *Concertação administrativa interorgânica*: Direito Administrativo e organização no Século XXI. São Paulo: Almedina, 2017.

BRASIL. Governo de Minas. *Entenda o Acordo Judicial para reparação ao rompimento em Brumadinho.* 04 jun. 2024. Disponível em: https://www.mg.gov.br/pro-brumadinho/pagina/entenda-o-acordo-judicial-de-reparacao-ao-rompimento-em-brumadinho. Acesso em 15 jun. 2024.

BRASIL. Superior Tribunal de Justiça. Agravo Interno no Recurso Especial nº 1724754/SP. Ministro Ricardo Villas Bôas Cueva. *DJE* 01.12.2020.

BRASIL. Superior Tribunal de Justiça. *Primeira Seção homologa acordo de não persecução cível em ação de improbidade na fase recursal.* 20 abr. 2022. Disponível em: https://www.stj.jus.br/sites/portalp/Paginas/Comunicacao/Noticias/20042022-Primeira-Secao-homologa-acordo-de-nao-persecucao-civel-em-acao-de-improbidade-na-fase-recursal.aspx. Acesso em 13 set. 2023.

CAMBI, Eduardo; SOUZA, Fernando Machado de. A disponibilidade do interesse público no Novo Código de Processo Civil e o princípio da eficiência na Administração. *Revista da AJURIS,* Porto Alegre, v. 44, n. 142, p. 129-153, jun. 2017.

CUÉLLAR, Leila; MOREIRA, Egon Bockmann. Administração Pública e mediação: notas fundamentais. *Revista de Direito Público da Economia – RDPE,* Belo Horizonte, a. 16, n. 61, p. 119-145, jan./mar. 2018.

[60] "O CPC trouxe outra inovação importantíssima: a obrigação de todos os sujeitos do processo cooperarem entre si para que se obtenha, em tempo razoável, decisão de mérito justa e efetiva (art. 6º)". (ALVES, Francisco Glauber Pessoa. Fundamentação Judicial exauriente, argumentação Jurídica exauriente e concisão: um diálogo necessário. *Revista dos Tribunais,* São Paulo, p. 47-77, v. 274, dez. 2017. p. 51).

COÊLHO, Marcus Vinicius Furtado. O sistema de Justiça multiportas no Novo CPC. *Portal Migalhas*, 6 jul. 2020. Disponível em: https://www.migalhas.com.br/coluna/cpc-marcado/330271/o-sistema-de-justiça-multiportas-no-novo-cpc. Acesso em 12 ago. 2023.

CUNHA, Leonardo Carneiro da. *A Fazenda Pública em Juízo*. 13. ed. Rio de Janeiro: Forense, 2016.

CUNHA, Leonardo Carneiro da; CABRAL, Trícia Navarro Xavier. A abrangência objetiva e subjetiva da mediação. *Revista de Processo*, São Paulo: RT, v. 287, jan. 2019.

DE PALMA, Juliana Bonacorsi. *Atuação administrativa consensual*: estudos de acordos substitutivos no processo administrativo sancionador. 481f. Tese (Doutorado em Direito) – Faculdade de Direito da Universidade de São Paulo, São Paulo, 2014.

PALMA, Juliana Bonacorsi de. *Atuação administrativa consensual:* estudo dos acordos substitutivos no processo administrativo sancionador. São Paulo, 332f. Dissertação (Mestrado em Direito) – Faculdade de Direito da Universidade de São Paulo, 2010.

FARIA, Luzardo. A incidência do princípio da indisponibilidade do interesse público nas transações judiciais envolvendo a Administração Pública. *Revista Euro latino-americana de Derecho Administrativo*, [S. l.], v. 6, n. 1, p. 77–106, 2019. DOI: 10.14409/redoeda. v6i1.8851. Disponível em: https://bibliotecavirtual.unl.edu.ar/publicaciones/index.php/Redoeda/article/view/8851. Acesso em 13 set. 2023.

FARIA, Luzardo. O art. 26 da LINDB e a legalidade dos acordos firmados pela Administração Pública: uma análise a partir do princípio da indisponibilidade do interesse público. *In*: VALIATI, Thiago Priess; HUNGARO, Luis Alberto; CASTELLA, Gabriel Morettini (Coord.). *A lei de introdução e o direito administrativo brasileiro*. Rio de Janeiro: Lumen Juris, 2019.

FARIA, Luzardo. *O princípio da indisponibilidade do interesse público e a consensualidade no Direito Administrativo*. Belo Horizonte: Fórum, 2022.

FRIEDENTHAL, Jack H.; KANE, Mary Kay; MILLER, Arthur R. *Civil procedure*. 2. ed. Missouri: West, 1985.

GIDI, Antônio. *Rumo a um código de processo civil coletivo*. Rio de Janeiro: Forense, 2008.

GODINHO, Robson Renault. A autocomposição no processo coletivo entre o discurso e a possibilidade. *In*: *Revista do Ministério Público do Estado do Rio de Janeiro*, n. 84, p. 171-206, abr./jun. 2022.

GRINOVER, Ada Pellegrini; WATANABE, Kazuo; MULLENIX, Linda S. *Os processos coletivos nos países de Civil law e Common law*: uma análise de direito comparado. São Paulo: Ed. Revista dos Tribunais, 2011.

GUERRA, Sérgio; PALMA, Juliana Bonacorsi de. Art. 26 da LINDB: Novo regime jurídico de negociação com a Administração Pública. *Revista de Direito Administrativo – RDA*, Rio de Janeiro, Ed. Especial: Lei de introdução às Normas do Direito brasileiro, Editora FGV, 2018.

MANCUSO, Rodolfo de Camargo. *Ação civil pública*: em defesa do meio ambiente, do patrimônio cultural e dos consumidores – Lei nº 7.347/1985 e legislação complementar. 11. ed. rev. e atual. São Paulo: Editora Revista dos Tribunais, 2009.

MARQUES NETO, Floriano de Azevedo. *Concessões*. Belo Horizonte: Editora Fórum, 2015.

MEDAUAR, Odete. *Direito Administrativo em Evolução*. 2. ed. São Paulo: Revista dos Tribunais, 2003.

MELLO, Celso Antônio Bandeira de. *Curso de Direito administrativo.* 32. ed. São Paulo: Malheiros, 2015.

MOREIRA, Egon Bockmann *et al. Comentários à Lei de Ação Civil Pública.* São Paulo: Editora RT, 2016.

MOREIRA NETO, Diogo de Figueiredo. *Mutações do Direito Administrativo.* 2. ed. Rio de Janeiro: Renovar, 2001.

MOREIRA NETO, Diogo de Figueiredo. O direito administrativo do século XXI: um instrumento de realização da democracia substantiva. *A&C – Revista de Direito Administrativo & Constitucional,* Belo Horizonte, a. 11, n. 45, p. 13-37, jul./set. 2011.

OSNA, Gustavo. *Direitos individuais homogêneos*: pressupostos, fundamentos e aplicação no processo civil. São Paulo: RT, 2014.

PINHO, Humberto Dalla Bernardina de. Acordos em litígios coletivos: limites e possibilidades do consenso em direitos transindividuais após o advento do CPC/2015 e da Lei de Mediação. *Revista Eletrônica de Direito Processual,* Rio de Janeiro: UERJ, v. 19, mai./ago. 2018. Disponível em: www.e-publicacoes.uerj.br/index.php/redp. Acesso em 14 mar. 2024.

PINHO, Humberto Dalla Bernardina de; FARIAS, Bianca Oliveira de. Apontamentos sobre o compromisso de ajustamento de conduta na Lei de Improbidade Administrativa e no Projeto de Lei da Ação Civil Pública. *In*: *Temas de Improbidade Administrativa.* Rio de Janeiro: Lumen Juris, 2010. v. 1.

PINHO, Humberto Dalla Bernardina de; VIDAL, Ludmilla Camacho Duarte. Primeiras reflexões sobre os impactos do novo CPC e da lei de mediação no compromisso de ajustamento de conduta. *Revista de Processo,* São Paulo: RT, v. 256, jun. 2016.

VALIATI, Thiago Priess. *Segurança jurídica e infraestrutura*: a segurança como dever dos poderes públicos e como direito dos agentes econômicos. Rio de Janeiro: Lumen Juris, 2018.

VALIATI, Thiago Priess; FERREIRA, Pedro Henrique. LINDB, consensualidade e seus impactos na aplicação da Lei de Licitações e Contratos Administrativos (Lei nº 14.133/2021). *In*: MAFFINI, Rafael; RAMOS, Rafael (Org.). *Nova LINDB – Proteção da confiança, consensualidade, participação democrática e precedentes administrativos.* 1. ed. Rio de Janeiro: Lumen Juris, 2021. v. 1.

VALIATI, Thiago Priess; HUNGARO, Luis Alberto; CASTELLA, Gabriel Morettini e. *A Lei de Introdução e o Direito Administrativo brasileiro.* Rio de Janeiro: Lumen Juris, 2019.

VALIATI, Thiago Priess; SANTOS, Scarlett Walewska dos. Os meios alternativos de resolução de controvérsias e sua consolidação na Lei de Licitações e Contratos Administrativos: artigos 151 a 154 da Lei nº 14.133/2021. *In*: BUSCH, Eduardo Vieira (Org.). *Nova Lei de Licitações e Contratos Administrativos*: aspectos relevantes da Lei Nº 14.133/2021. 1. ed. São Paulo: Quartier Latin, 2023. v. 1.

VENTURI, Elton. A Homologação Judicial dos acordos coletivos no Brasil. *RJLB – Revista Jurídica Luso-Brasileira,* v. 8, p. 599-622, 2022.

VENTURI, Elton. Transação de direitos indisponíveis. *Revista de Processo,* v. 251, p. 391-426, jan. 2016.

WALD, Arnoldo. A Arbitragem Contratual e os Dispute Boards. *Revista de Arbitragem e Mediação,* v. 2, n. 6, p. 9-24, jul./set. 2005.

ZANETI JR, Hermes; CABRAL, Trícia Navarro Xavier. *Justiça multiportas*. 2. ed. Salvador: Editora JusPodivm, 2018.

ZANETI JR, Hermes; DIDIER JR., Freddie. *Curso de direito processual civil*. 11. ed. Salvador: Editora JusPodivm, 2017.

Informação bibliográfica deste texto, conforme a NBR 6023:2018 da Associação Brasileira de Normas Técnicas (ABNT):

VALIATI, Thiago Priess; SANTOS, Scarlett Walewska dos. (In)disponibilidade do interesse público e a efetivação de direitos transindividuais: breves reflexões sobre a realização de acordos judiciais no âmbito de ações civis públicas. *In*: EIDT, Elisa Berton; GOULART, Juliana Ribeiro; SCHNEIDER, Patricia Dornelles; RAMOS, Rafael (Coord.). *Consensualidade na Administração Pública*. 2. ed. Belo Horizonte: Fórum, 2024. p. 183-206. ISBN 978-65-5518-800-4.

OS DESAFIOS DA AUTOCOMPOSIÇÃO ENVOLVENDO ENTES PÚBLICOS: A EXPERIÊNCIA DA PROCURADORIA-GERAL DA UNIÃO

CLARA RACHEL BARROS NITÃO

ROBERTO DE ARAGÃO RIBEIRO RODRIGUES

1 Introdução

O Brasil enfrenta, indubitavelmente, uma crise de efetividade na prestação da função jurisdicional, já que sua entrega pelo Estado-juiz frequentemente se dá de forma intempestiva e, por vezes, inadequada. Tal fenômeno tem como uma de suas causas a cultura da judicialização e da perpetuação dos conflitos dentro da estrutura do Poder Judiciário.[1]

---

[1] O Poder Judiciário finalizou o ano de 2022 com 81,4 milhões de processos em tramitação, aguardando alguma solução definitiva. Desses, 17,7 milhões, ou seja, 21,7%, estavam suspensos, sobrestados ou em arquivo provisório, aguardando alguma situação jurídica futura. Dessa forma, desconsiderados tais processos, tem-se que, em andamento, ao final do ano de 2022, existiam 63 milhões de ações judiciais. (...) Em 2022, foram 12,3% sentenças homologatórias de acordo proferidas, valor que registrou sutil decréscimo em relação ao ano anterior. Na fase de execução, as sentenças homologatórias de acordo corresponderam, em 2022, a 9,1%. É notória a curva de crescimento, tendo mais que dobrado o valor ao longo da série histórica, com aumento em 5,5 pontos percentuais entre os anos de 2015 e 2022. Tal resultado pode decorrer do incentivo do CNJ para realizar conciliação na fase de execução. Na fase de conhecimento, a conciliação foi de 18%, um pouco abaixo (0,4 ponto percentual) do observado em 2021. (BRASIL. Conselho Nacional de Justiça. *Justiça em*

Ao analisar os problemas do efetivo acesso à justiça, Richard Susskind alerta que um dos entraves consiste na ausência de meios de *contenção* de disputas após o surgimento do conflito, em muito impulsionada pelos interesses patrimoniais dos advogados e da própria inclinação dos juízes a não se distanciar das formalidades do processo.[2]

A doutrina contemporânea entende que o acesso à justiça, garantia fundamental que precede a efetivação de todos os demais direitos consagrados constitucionalmente,[3] não pode mais corresponder exclusivamente ao direito de acesso ao Poder Judiciário.

Ao contrário, a garantia de acesso à justiça deve abarcar também meios autocompositivos, bem como heterocompositivos fora da estrutura do Judiciário, com o fim de alcançar a efetiva entrega de soluções justas e adequadas aos conflitos, dentro de prazo razoável.[4]

Além da necessidade pragmática de desobstrução dos tribunais do país, passou-se a reconhecer que a função jurisdicional prestada pelo Estado-juiz muitas vezes não se revela como a mais adequada à resolução de determinadas controvérsias.[5]

Números 2023. 01 set. 2023. p. 92 e 192. Disponível em: https://www.cnj.jus.br/wp-content/uploads/2023/09/justica-em-numeros-2023-010923.pdf. Acesso em 7 set. 2023).

2 "(...) we should also have better methods for dispute containment. Once disputes have arisen, we should want to be able to nip them in the bud. (...) Sadly, institutional incentives embedded deeply both in the legal profession and in the courts tend to encourage the escalation rather then the containment of disputes. (...) At the same, once in the court system, judges are generally (but not always) committed, by procedure and adversarial process, to tolerating combat, and to progressing cases according to the law rather than encouraging their resolution informally and pragmatically". (SUSSKIND, Richard. *Online courts and the future of justice*. Oxford: Oxford University Press, 2019. p. 67).

3 "O acesso à justiça pode, portanto, ser encarado como o requisito fundamental – o mais básico dos direitos humanos – de um sistema jurídico moderno e igualitário que pretenda garantir, e não apenas proclamar os direitos de todos". (CAPPELLETTI, Mauro; GARTH, Bryant. *Acesso à Justiça*. (Trad. e revisão de Ellen Gracie Northfleet). Porto Alegre: Sergio Antonio Fabris Editor, 1988. Reimpresso 2002. p. 12). Tais ideias reverberaram no Brasil, exercendo forte influência sobre a doutrina processual civil. Vide, por todos, o emblemático artigo: GRECO, Leonardo. Garantias fundamentais do processo: o processo justo. *In*: *Estudos de Direito Processual*. Faculdade de Direito de Campos, 2005. p. 225-286. Disponível em: https://processoemdebate.files.wordpress.com/2010/09/processo-justo_leonardo-greco.pdf. Acesso em 18 jan. 2021.

4 Constituição da República, art. 5º, inciso "LXXVIII – a todos, no âmbito judicial e administrativo, são assegurados a razoável duração do processo e os meios que garantam a celeridade de sua tramitação".

5 A característica da adequação entre o tipo de conflito e o respectivo método para a sua solução já se encontra consolidada na doutrina nacional como nota típica da jurisdição contemporânea. Confira-se, a respeito, as lições de Kazuo Watanabe: "Essa é a premissa que se deve ter em mente quando se pensa em meios consensuais de solução de conflitos: adequação da solução à natureza dos conflitos e às peculiaridades e condições especiais das pessoas envolvidas. A redução do número de processos a serem julgados pelos juízes, resultado que certamente ocorrerá com a adoção deles, será mera consequência. E,

Tais constatações conduzem à conclusão de que o acesso à justiça deve ser interpretado atualmente à luz da noção contemporânea de jurisdição, a qual traz consigo a exigência de multiplicidade de instrumentos mais apropriados, céleres e, em geral, menos custosos que a jurisdição estatal para a resolução de inúmeras espécies de litígios.[6]

Trata-se de fenômeno mundial[7] que reverberou no Brasil, em um primeiro momento, com a edição, pelo Conselho Nacional de Justiça, da Resolução nº 125/2010, que instituiu no Direito brasileiro o sistema de justiça multiportas.[8]

---

sendo esses meios utilizados também na solução dos conflitos ainda não judicializados, haverá até mesmo a redução do número de processos, e não apenas da quantidade de sentenças a serem proferidas. O que estamos querendo afirmar, com essas ponderações, é que os meios consensuais de solução de conflitos não devem ser utilizados com o objetivo primordial de se solucionar a crise de morosidade da justiça, com a redução da quantidade de processos existentes no Judiciário, e sim como uma forma de dar às partes uma solução mais adequada e justa aos seus conflitos de interesses, propiciando-lhes uma forma mais ampla e correta de acesso à justiça. Sabe-se, no entanto, pela experiência pessoal de cada um de nós, operadores do direito, e pelos resultados alcançados em vários outros países e nas inúmeras experiências em curso em nosso país, que da implementação adequada dos meios consensuais de solução de conflitos resultará, com toda a certeza, o importante benefício adicional consistente em grande redução do número de feitos a serem solucionados por meio de sentença". (WATANABE, Kazuo. Acesso à justiça e meios consensuais de solução de conflitos. *In*: ALMEIDA, Rafael Alves de; ALMEIDA, Tania; CRESPO, Mariana Hernandez (Orgs.). *Tribunal Multiportas*: investindo no capital social para maximizar o sistema de solução de conflitos no Brasil. Rio de Janeiro: Editora FGV, 2012. p. 89).

6 A necessidade de buscar correlação entre a espécie de litígio e o instrumento de resolução de conflito que lhe seja mais adequado remonta ao Projeto de Florença, capitaneado por Mauro Cappelletti e Bryant Garth, na década de 70: "(...) esse enfoque reconhece a necessidade de correlacionar e adaptar o processo civil ao tipo de litígio. Existem muitas características que podem distinguir um litígio de outro. Conforme o caso, diferentes barreiras ao acesso podem ser mais evidentes, e diferentes soluções, eficientes". (CAPPELLETTI, Mauro; GARTH, Bryant. *Acesso à Justiça.* (Trad. e revisão de Ellen Gracie Northfleet). Porto Alegre: Sergio Antonio Fabris Editor, 1988. Reimpresso 2002. p. 71). Tais ideias reverberaram no Brasil. Confira-se, por todos, GRINOVER, Ada Pellegrini. *Ensaio sobre a processualidade*: fundamentos para uma nova teoria geral do processo. São Paulo: Gazeta Jurídica, 2018. p 34.

7 "A ideia de adequar o acesso à justiça aos direitos é defendida internacionalmente. A justiça não estatal não é apenas alternativa, mas, em determinados casos, é a justiça mais adequada. O princípio que faculta essa possibilidade é justamente o princípio da adequação. Assim, do acesso à justiça dos tribunais passamos ao acesso aos direitos pela via adequada de composição, da mesma forma que, no campo do processo, migramos da tutela processual, como fim em si mesmo, para a tutela dos direitos, como finalidade do processo". (DIDIER JR., Fredie. ZANETI JR., Zaneti. *Curso de Direito Processual Civil. Processo Coletivo.* 14. ed. rev., atualizada e ampliada. Salvador: Editora JusPodivm, 2020. v. 4, p. 376).

8 "A ideia do sistema multiportas é justamente permitir que cada conflito tenha um tratamento adequado, funcionando o Judiciário como uma rede de proteção, para a hipótese de as partes não alcançarem uma solução consensual. Na verdade, o Judiciário deveria ser o último degrau de uma escalada conflituosa". (PINHO, Humberto Dalla Bernardina de; MAZZOLA, Marcelo. *Manual de mediação e arbitragem.* São Paulo: Saraiva Educação, 2019. p. 141).

O Código de Processo Civil de 2015, por sua vez, trouxe diversos estímulos expressos à resolução de litígios pela autocomposição,[9] bem como incluiu expressamente a arbitragem no rol de suas normas fundamentais.[10]

Praticamente de forma simultânea, foram publicadas as Leis nº 13.129, de 26 de maio de 2015, e 13.140, de 26 de junho de 2015, as quais tratam, respectivamente, da atualização do regramento da arbitragem (Lei nº 9.307/1996) e da atualização da lei que autoriza a celebração de acordos pela Administração Pública Federal (Lei nº 9.469/97), além dispor sobre o instituto da mediação.

Os entes que compõem a Fazenda Pública[11] contribuem com parcela significativa do estoque de processos judiciais em trâmite,[12] revelando-se acertadas tais diretrizes normativas, diante da premente necessidade de ampliação do emprego da via consensual também por parte dos entes públicos.

Exposto tal panorama, passa-se à delimitação do duplo objetivo deste artigo: o primeiro, de caráter teórico, consiste na busca da identificação, do aprimoramento e da fixação de *standards* necessários

---

[9] Confira-se, *v.g.*, seus artigos 3º, 90, §§3º e 4º e 165.

[10] Art. 3º. Não se excluirá da apreciação jurisdicional ameaça ou lesão a direito. §1º É permitida a arbitragem, na forma da lei.

[11] "À evidência, estão excluídas do conceito de Fazenda Pública as sociedades de economia mista e as empresas públicas. Embora integrem a Administração Pública Indireta, não ostentam natureza de direito público, revestindo-se da condição de pessoas jurídicas de direito privado, a cujo regime estão subordinadas. Então, quando se alude à Fazenda Pública, na expressão não estão inseridas as sociedades de economia mista nem as empresas públicas, sujeitas que estão ao regime geral das pessoas jurídicas de direito privado". (CUNHA, Leonardo Carneiro da. *A Fazenda Pública em juízo*. 15. ed. rev., atual. e ampl. Rio de Janeiro: Forense, 2018. p. 4).

[12] BRASIL. Conselho Nacional de Justiça. *100 maiores litigantes*. Brasília: Conselho Nacional de Justiça. p. 5. Disponível em: https://bibliotecadigital.cnj.jus.br/jspui/bitstream/123456789/65/1/100%20Maiores%20Litigantes.pdf. Acesso em 07 ago. 2021. O exagerado número de ações judiciais em curso que envolve o Poder Público decorre da enorme miríade de relações jurídicas travadas com particulares, drasticamente agravada pelas imprescindíveis funções sociais exercidas pelo Estado Democrático de Direito brasileiro. Neste particular, merece destaque o considerável número de ações que têm por objeto a condenação da Fazenda Pública a fornecer medicamentos e tratamentos médicos, bem como benefícios previdenciários e assistenciais de toda ordem (exatamente por tal razão o INSS desponta como o maior litigante na listagem do CNJ dos 100 maiores litigantes acima referenciada). A título de exemplo, pode-se citar, em âmbito federal, a recente onda de judicialização gerada pelos cidadãos que tiveram negado o pedido de recebimento do auxílio emergencial. Como se sabe, a pandemia gerada pela disseminação do vírus que causa a Covid-19, a partir de março de 2020, trouxe como uma de suas muitas nefastas consequências o empobrecimento da população brasileira em praticamente todos os níveis. Quanto aos mais vulneráveis, foi implementada a política pública do auxílio emergencial, que trouxe a reboque intensa judicialização por parte daqueles que tiveram o benefício negado por não preencherem os requisitos previstos na lei que o instituiu.

ao emprego seguro da autocomposição como método de resolução de conflitos que envolvam entes públicos. O segundo, de aspecto prático, consiste na apresentação da experiência autocompositiva da Procuradoria-Geral da União, órgão de direção superior da Advocacia-Geral da União.

Para cumprir o primeiro, buscar-se-á identificar as situações nas quais a Administração Pública se depara com dificuldades ou mesmo óbices materiais ou normativos à adoção do consenso para dirimir suas controvérsias e conflitos.[13]

Quanto ao segundo escopo do texto, serão apresentados o histórico e o estágio atual das práticas autocompositivas da Procuradoria-Geral da União, nos processos em que a União figura como devedora.

2 Limites e possibilidade de uso dos meios consensuais de solução de conflitos por entes públicos

Este tópico toma por premissa que o emprego dos meios autocompositivos de solução de conflitos que digam respeito ao Poder Público, a despeito da farta base normativa já referida na Introdução, revela-se, em algumas hipóteses, muito mais complexo se comparado à sua utilização por particulares.

No contexto da atual Administração Pública dialógica, em que a consensualidade e a cooperação despontam como características do Estado eficiente, os entes públicos, por intermédio dos procuradores que os representam, deverão avaliar qual a forma mais efetiva de redução da litigiosidade para entrega da prestação jurisdicional.

Superada a questão da plena possibilidade de uso de meios autocompositivos pela Fazenda Pública sobre seus direitos disponíveis e indisponíveis transacionáveis, cumpre investigar os seus limites, a partir de situações de tensão entre consenso, interesse público e observância ao princípio constitucional da impessoalidade.

Procurar-se-á indicar algumas hipóteses de vedação completa à solução consensual, bem como casos em que haja óbices parciais, nos quais deverão ser observados limites na utilização de meios autocompositivos.

---

[13] O recorte teórico proposto exclui a análise dos mecanismos autocompositivos em espécie. Sobre o tema, remete-se à recente obra fruto das pesquisas empreendidas neste Estágio Pós-Doutoral: RODRIGUES, Roberto de Aragão Ribeiro. *Justiça Multiportas e Advocacia Pública*. Editora GZ: Rio de Janeiro, 2021.

2.1 Direitos públicos indisponíveis não transacionáveis

A expressão "direitos públicos indisponíveis não transacionáveis" não consiste em truísmo, eis que a doutrina nacional há muito reconhece a diferença entre os atributos da indisponibilidade e da intransigibilidade.[14] A dissociação entre tais atributos hoje é, sem dúvida, muito mais nítida em razão da regra contida no parágrafo 1º do art. 3º da Lei nº 13.140/2015.

Feito este esclarecimento inicial, pode-se afirmar que o primeiro óbice à solução de controvérsias pela via consensual por parte da Fazenda Pública recai, evidentemente, sobre seus direitos indisponíveis que não admitem transação.

Os acordos sobre direitos indisponíveis *transacionáveis*, sejam eles públicos ou privados, dependem de homologação judicial precedida de manifestação do Ministério Público para produzirem efeitos, nos termos do parágrafo 2º do art. 3º da Lei nº 13.140/2015.[15]

A identificação das espécies de direitos indisponíveis – transacionáveis ou não – extrapola o interesse acadêmico, uma vez que, caso venha a ser celebrado acordo sobre direito indisponível não transacionável, seja ele titularizado por particular ou pelo Estado, a consequência será a sua não homologação pelo Poder Judiciário, com a consequente nulidade da avença.[16]

Uma primeira categoria de direitos públicos indisponíveis não transacionáveis seria os *materialmente* indisponíveis, muito raros, que, por sua natureza ou pela especial proteção jurídica que recebem, são titularizados por toda coletividade, *v.g.* o direito a um meio ambiente equilibrado.[17]

---

[14] SOUZA, Luciane Moessa de. Resolução de conflitos envolvendo o poder público: caminhos para uma consensualidade responsável e eficaz. *In*: MARRA, Thiago. *Direito administrativo*: transformações e tendências. 1. ed. São Paulo: Almedina, 2014. p. 491.

[15] Art. 3º Pode ser objeto de mediação o conflito que verse sobre direitos disponíveis ou sobre direitos indisponíveis que admitam transação.
§1º A mediação pode versar sobre todo o conflito ou parte dele.
§2º O consenso das partes envolvendo direitos indisponíveis, mas transigíveis, deve ser homologado em juízo, exigida a oitiva do Ministério Público.

[16] PINHO, Humberto Dalla Bernardina de. Limites e possibilidade do Acordo em Direitos Indisponíveis: exame do art. 3º, §2º da Lei nº 13.140/2015. *In*: *Diálogos sobre o Código de Processo Civil*: críticas e perspectivas. Santa Cruz do Sul: Essere nel Mondo, 2019. p. 172.

[17] SALLES, Carlos Alberto de. A indisponibilidade e a solução consensual de controvérsias. *In*: GABBAY, Daniela Monteiro; TAKAHASHI, Bruno (Coords.). *Justiça Federal*: inovações nos mecanismos consensuais de soluções de conflitos. Brasília: Gazeta Jurídica, 2014. p. 211-215.

A segunda categoria diz respeito a algumas situações nas quais a Administração Pública desempenha suas chamadas "funções de império".

Há circunstâncias em que não se revela possível à Administração Pública relacionar-se com os particulares de forma horizontal, ou seja, em pé de igualdade. Tal impossibilidade não se confunde, em absoluto, com uma visão tradicional, hierarquizada e opressora do Estado em relação aos administrados, marca dos modelos de Estado já ultrapassados, mas sim decorre da própria natureza de certas funções que lhe são típicas.

Quanto a essa segunda categoria, cabe desde já a advertência de que há espaço para dirimir controvérsias pela via da consensualidade mesmo sobre uma extensa gama de controvérsias decorrentes do exercício de tais poderes de império, nos quais a relação administração-particular se dá de maneira vertical, ou seja, em posição de superioridade em relação ao administrado.

É o que se passa, por exemplo, com a previsão expressa do Decreto-Lei nº 3.365/1941 (relativo a desapropriações por utilidade pública), cujo art. 10 admite acordos entre Poder Público e particulares desde a década de 1940,[18] tendo tal diretriz sido recentemente reforçada pelo art. 10-A, acrescentado pela Lei nº 13.867/2019;[19] a Lei nº 7.347/1985 (Lei da Ação Civil Pública), que prevê, em seu art. 5º, §6º, o Termo de Ajustamento de Conduta;[20] bem como o Decreto-Lei nº 4.657/1942, atualizado pela Lei nº 13.655/2018 (Lei de Introdução às Normas do Direito brasileiro – LINDB), cujo art. 26, mencionado linhas acima, possibilita a celebração de compromissos entre a Administração Pública e administrados nos casos em que especifica.

Feitas tais ressalvas, há casos em que a prática de atos decorrentes do *ius imperii* não deixa margem à consensualidade, tal como se verifica, *v.g.*, com o exercício do poder legiferante ou com a apreensão de drogas ilícitas ou medicamentos com prazo de validade expirado.

Em todos esses casos não existe a possibilidade de consensualidade – ainda que vertical – entre entes públicos e particulares, em razão da

---

[18] Art. 10. A desapropriação deverá efetivar-se mediante acordo ou intentar-se judicialmente, dentro de cinco anos, contados da data da expedição do respectivo decreto e findos os quais este caducará.

[19] Art. 10-A. O poder público deverá notificar o proprietário e apresentar-lhe oferta de indenização.

[20] §6º Os órgãos públicos legitimados poderão tomar dos interessados compromisso de ajustamento de sua conduta às exigências legais, mediante cominações, que terá eficácia de título executivo extrajudicial.

própria indisponibilidade inerente ao exercício de tais funções de natureza exclusivamente estatal.

2.2 Questões jurídicas pacificadas por precedentes judiciais vinculantes em favor da Fazenda Pública

Outra hipótese de limite ao uso dos meios consensuais diz respeito às controvérsias que tenham por base questões jurídicas pacificadas sob a forma de precedentes vinculantes em favor da Fazenda Pública.[21] Em princípio, a celebração de acordos por parte da Administração Pública em tais casos se distanciaria de seu escopo primordial de busca do interesse público.

Já em âmbito federal, a Procuradoria-Geral da União, órgão de direção superior da Advocacia-Geral da União, editou a Portaria PGU nº 11, de 08 de junho de 2020, que tem por objeto a regulamentação do procedimento para celebração de acordos, mediante negociação, destinados a encerrar, pela via autocompositiva, ações judiciais, bem como a prevenir a sua propositura.[22]

Ainda que a referida Portaria não contemple vedação expressa à celebração de acordos em ações que versem sobre temas já pacificados pelo Poder Judiciário – até porque não o faz, aprioristicamente, em hipótese alguma – dispõe, em seu art. 7º, que tal circunstância deve ser levada em consideração para a celebração de acordos.

Sustenta-se que tal circunstância, de existência de precedente vinculante favorável à tese defensiva do ente público, consiste, ao menos *a priori*, em óbice intransponível à adoção da via consensual. Excetuam-se a essa hipótese apenas os casos em que a análise concreta da demanda

---

[21] Vide o artigo 927 do Código de Processo Civil, que traz o rol de julgamentos qualificados de observância obrigatória por juízes e tribunais inferiores.

[22] Importante consignar que, além da evidente busca por benefícios mútuos para as partes da negociação, a celebração do acordo não implica o reconhecimento do direito em disputa, tampouco a desistência da tese defendida pela União em casos análogos. Eis a redação do art. 1º e parágrafos da Portaria que contemplam tais regras:
"Art. 1º Esta Portaria regulamenta, no âmbito da Procuradoria-Geral da União e de seus órgãos de execução, o procedimento para a celebração de acordos, mediante negociação, destinados a encerrar ações judiciais ou a prevenir a propositura destas, relativamente a débitos da União.
§1º O procedimento de negociação de que trata esta Portaria pressupõe a obtenção de benefícios mútuos para os envolvidos e obedecerá aos princípios da legalidade, da voluntariedade, da autonomia, da oralidade, da boa-fé, da desburocratização, da eficiência e da economicidade.
§2º A formalização do acordo não implica o reconhecimento do direito discutido no litígio, nem acarreta a desistência da tese defendida pela União em casos semelhantes".

demonstre que, a despeito da incidência do precedente vinculante, o acordo ainda se revele útil à Administração Pública.[23]

2.3 Questões jurídicas pacificadas por precedentes administrativos

Por precedente administrativo deve-se compreender a interpretação empregada pela Administração Pública a uma determinada questão jurídica que se apresente em uma pluralidade de casos semelhantes.[24]

A despeito de não ostentarem, em regra, o atributo da eficácia vinculante, tal como se verifica nos precedentes judiciais que compõem o rol do art. 927 do CPC,[25] parece intuitivo que a Administração não venha a transigir em conflitos sobre os quais já tenha se posicionado de forma contrária à pretensão do administrado.

Sustenta-se que, ao menos diante da existência de precedente administrativo qualificado – que em âmbito federal corresponde a Parecer do Advogado-Geral da União aprovado pelo Presidente da República – contrário à pretensão do administrado, há óbice absoluto à adoção da via autocompositiva pelos entes públicos.

Nas hipóteses de existência de precedentes administrativos contrários à pretensão do particular que não se revistam de tal característica, ainda restaria, em tese, margem para a celebração de acordos,

---

[23] Podemos exemplificar com o julgamento do RE nº 638.115 pelo STF pela sistemática da repercussão geral, que considerou inconstitucional a incorporação de quintos decorrentes do exercício de funções comissionadas e/ou gratificadas no período compreendido entre a edição da Lei nº 9.624/98 (02.04.1998) e a publicação da MP nº 2.225-45/2001 (04.09.2001). Em que pese a decisão do STF, com efeitos vinculantes, diversas execuções estavam em curso, haja vista que inúmeras coisas julgadas tinham sido formadas contrárias à Fazenda Pública. Nos processos com trânsito em julgado após o entendimento do Supremo (acórdão proferido em 19.03.2015), caberia – no CPC de 1973 – a alegação de inexigibilidade do título ou – no CPC/2015 – o ajuizamento de ação rescisória, com prazo a contar do trânsito em julgado do RE (e não do título a ser rescindido). No entanto, para os casos transitados antes de 19.03.2015, não caberia mais qualquer alegação, pois o CPC/73 não previa essa possibilidade. Por esta razão, a decisão do STF favorável à União, em sede de repercussão geral, que concluiu pela inconstitucionalidade da incorporação de quintos decorrentes do período de 98 a 2001, não obstou a elaboração, pela Procuradoria-Geral da União, do Plano Nacional de Negociação nº 21, para a formalização de acordos nos processos transitados em julgado antes de março de 2015.

[24] "(...) as ponderações e as interpretações empreendidas pela Administração Pública em casos semelhantes não podem ser contraditórias entre si, sob pena de violação aos primados do Estado Democrático de Direito". (OLIVEIRA, Rafael Carvalho Rezende. *Precedentes no direito administrativo*. Rio de Janeiro: Forense, 2018. p. 99).

[25] Sobre a temática dos precedentes judiciais vinculantes, remete-se à versão comercial da tese de doutorado de: RODRIGUES, Roberto de Aragão Ribeiro. *Precedente formado em casos repetitivos*: eficácia, *issue preclusion* e as teses jurídicas prejudiciais. Curitiba: Juruá, 2017.

mas estes exigiriam fundamentação robusta acerca da vantajosidade no caso concreto.

2.4 (Des)vinculação da Administração Pública à realização de acordos singulares em casos semelhantes

O último possível limite do consenso sobre direitos da Fazenda Pública a ser abordado neste artigo diz respeito à vinculação ou não da Administração Pública para celebrar acordos singulares semelhantes diante de situações análogas.[26]

Em outras palavras, seria possível, à luz do princípio constitucional da impessoalidade, firmar acordos com diferentes parâmetros ou diferentes concessões de deságio com particulares que se encontrem em situações semelhantes ou mesmo idênticas?

A questão não é simples, eis que o estabelecimento dessa vinculação poderia gerar um efeito desfavorável para a Administração sob o ponto de vista do gerenciamento das ações daquela espécie, diante do surgimento da expectativa, pelos administrados, de celebração de acordos nas mesmas bases. Além disso, tal vinculação acabaria por inviabilizar, na prática, a celebração de acordos em casos singulares, já que a Administração se veria fortemente desestimulada diante do provável "efeito cascata".

Em âmbito federal infralegal o tema foi abordado pela Portaria PGU nº 11, de 08 de junho de 2020, que em seu artigo 1º, parágrafo 2º, traça diretriz nítida no sentido da desvinculação da União a acordos anteriores, ao dispor que "[a] formalização do acordo não implica o reconhecimento do direito discutido no litígio, nem acarreta a desistência da tese defendida pela União em casos semelhantes".

Ora, se a celebração do acordo em um caso não acarreta a desistência da tese em casos semelhantes, com muito mais razão resta à União margem para celebração de acordos nas demais ações semelhantes.

Cabe ressaltar que tais considerações referem-se exclusivamente a acordos *singulares*, em contraposição aos acordos coletivizados

---

26 Pretende-se, com a expressão "acordos singulares", tratar de hipóteses nas quais haja uma prevalência de circunstâncias fáticas e não jurídicas, tais como os casos de danos sofridos em hospitais públicos que gerem para o particular o direito à indenização por danos materiais e/ou morais.

decorrentes da previsão contida no art. 35 da Lei de Mediação, de transação por adesão, objeto de estudo anterior.[27]

Conclui-se, portanto, não haver vinculação da Administração Pública a firmar acordos idênticos em casos singulares semelhantes, em momentos distintos, desde que respeitado o princípio da impessoalidade, a partir da devida fundamentação acerca da vantajosidade da opção pela via consensual no caso concreto.

3 A experiência da Procuradoria-Geral da União

A Advocacia-Geral da União regulamentou a diretriz de estímulo aos meios autocompositivos por diversos atos normativos, merecendo destaque as Portarias AGU nº 487 e 488, de 2016, respectivamente atualizadas pelas Portarias AGU nº 160 e 161, de 2020, as quais conferem aos membros da instituição importantes autorizações para abstenções de interposição de recursos, desistência de recursos e até mesmo para o não oferecimento de contestações nas hipóteses em que especifica.

Tais portarias são de extrema importância para o cenário de racionalização da administração da justiça no Brasil, eis que conferem concretude à transição da tradicional postura da litigância e recorribilidade quase que automática para a cultura da consensualidade e da pacificação, almejada pelo legislador brasileiro notadamente pelo CPC e pela Lei de Mediação.

Em tese, qualquer tipo de processo judicial (desde as demandas repetitivas, de massa, até as demandas altamente complexas e de grande valor) podem se tornar elegíveis à negociação ou conciliação, cabendo às Coordenações de Negociação,[28] sob a orientação da recém-criada Procuradoria Nacional da União de Negociação, unidade da Procuradoria-Geral da União, aferir as perspectivas de economicidade do acordo.[29]

---

[27] PORTO, José Roberto Sotero de Mello; RODRIGUES, Roberto de Aragão Ribeiro. A celebração de acordos em massa como potencialidade do IRDR. *In*: *Direito processual contemporâneo*: estudos em homenagem a Humberto Dalla Bernardina de Pinho. 1. ed. Rio de Janeiro: Editora GZ, 2018. p. 299-311.

[28] As Coordenações de Negociação foram instituídas pela Portaria PGU nº 26, de 14 de outubro de 2020, e funcionam em cada uma das cinco regiões do país.

[29] Decreto nº 11.328, de 1º de janeiro de 2023, criou a Procuradoria Nacional da União de Negociação (PNNE), unidade da Procuradoria-Geral da União (PGU) responsável por coordenar a atuação da União nas soluções autocompositivas que envolvam o pagamento de débito. (BRASIL. Advocacia-Geral da União. Procuradoria-Geral da União. Disponível em: https://agudf.sharepoint.com/sites/pgu/SitePages/dee-centrais-de-negociacao.aspx. Acesso em 29 ago. 2021).

No que concerne especificamente às negociações, a Procuradoria-Geral da União (PGU), órgão de direção superior da AGU, editou a Portaria PGU nº 11, de 08 de junho de 2021, que tem por objeto a regulamentação do procedimento para a celebração de acordos, mediante negociação, destinados a encerrar, pela via autocompositiva, ações judiciais, bem como a prevenir a sua propositura.[30]

Tal portaria contempla, ainda, o importante conceito de "Plano de Negociação", definindo-o, em seu art. 2º, inciso V, como "o documento que padroniza parâmetros de acordo sobre determinada matéria litigiosa". Tais formas de negociação em massa e com parâmetros previamente estabelecidos mostra-se eficiente não apenas pelo ganho de escala na celebração de acordos, mas também por viabilizar, de forma inequívoca, a observância do dever de impessoalidade e de igualdade de condições que devem ser oferecidas aos administrados que se encontrem em idênticas situações.

A formalização dos Planos Nacionais de Negociação exige que a Procuradoria Nacional da União de Negociação analise previamente a matéria sob os três aspectos fundamentais para a propositura do acordo: a probabilidade de êxito, a viabilidade jurídica e economicidade. Caso, ao final, a Procuradoria conclua pela inclusão da matéria nos Planos Nacionais de Negociação, o Advogado da União passará a ter o dever de apresentar proposta de acordo sempre que se deparar com um processo que preencha os requisitos do Plano. A Advocacia-Geral da União vem, portanto, moldando gradualmente suas posturas à noção contemporânea de jurisdição e à implementação de um sistema de justiça verdadeiramente multiportas, no qual a Administração Pública assume papel de destaque.[31]

---

[30] Importante consignar que, além da evidente busca por benefícios mútuos para as partes da negociação, a celebração do acordo não implica o reconhecimento do direito em disputa, tampouco a desistência da tese defendida pela União em casos análogos. Eis a redação do art. 1º e parágrafos da Portaria, que contemplam tais regras:
"Art. 1º Esta Portaria regulamenta, no âmbito da Procuradoria-Geral da União e de seus órgãos de execução, o procedimento para a celebração de acordos, mediante negociação, destinados a encerrar ações judiciais ou a prevenir a propositura destas, relativamente a débitos da União.
§1º O procedimento de negociação de que trata esta Portaria pressupõe a obtenção de benefícios mútuos para os envolvidos e obedecerá aos princípios da legalidade, da voluntariedade, da autonomia, da oralidade, da boa-fé, da desburocratização, da eficiência e da economicidade.
§2º A formalização do acordo não implica o reconhecimento do direito discutido no litígio, nem acarreta a desistência da tese defendida pela União em casos semelhantes".

[31] Tal assertiva ganha importância ainda maior nas hipóteses em que a controvérsia envolve exclusivamente entes públicos: "O Supremo Tribunal Federal, no intuito de preservar os

Esse processo evolutivo é bem representado no âmbito da Procuradoria-Geral da União, órgão da AGU responsável por representar a União em juízo,[32] excetuadas as matérias tributárias e fiscais que ficam a cargo da Procuradoria-Geral da Fazenda Nacional (PGFN).[33] Na PGU, a política de redução da litigiosidade, por meio da negociação, começou a ser sistematizada com a Ordem de Serviço PGU nº 13, de 09 de outubro de 2009, que traçava as diretrizes para a formalização de acordos em processos judiciais pelos Advogados da União.

O instrumento representou um avanço para a época, todavia continha diversas amarras que limitavam a atuação do advogado, como por exemplo: a) o valor máximo para que o advogado formalizasse o acordo sem a necessidade de autorização superior era de 60 (sessenta) salários mínimos; b) existia a proibição para a celebração de acordos quando o processo tratasse de alienação de patrimônio da União (previsão revogada apenas em dezembro de 2011); c) não era possível o acordo quando o processo discutisse penalidade aplicada a agente público; d) também era vedado o acordo quando se tratasse de dano moral.

Assim, nesses casos, a negociação era vedada, independentemente da jurisprudência, do estágio da demanda e da situação processual da União no feito. Para essas matérias, entendeu-se que não haveria possibilidade de diálogo com o particular e a União apenas cumpriria as decisões judiciais.

Ademais, até 2011, o normativo previa que, após a assinatura do acordo, o advogado deveria comunicar ao Corregedor-Geral da União sobre a avença. Desse modo, todo acordo formalizado deveria

valores de cooperação e solidariedade entre os entes federados, tem encaminhado conflitos envolvendo entes federativos que lhe são apresentados para a tentativa de resolução consensual. A CCAF – Câmara de Conciliação da Administração Federal – tem sido destinatária habitual desses processos pelos Ministros-Relatores. O Poder Judiciário, portanto, já reconhece a realidade de consensualidade e de autocomposição; os Estados federados podem ser conduzidos estrategicamente a eleger a autocomposição prioritariamente e deixar de provocar o Poder Judiciário em conflitos dessa natureza, no que poderão ser influenciados pelas suas estruturas autocompositivas". (FERREIRA, Kaline; CUELLAR, Leila. Federalismo autofágico e autocomposição como antídoto a esse apetite patológico. Tribuna da Advocacia Pública. *Portal Jota,* 26 dez. 2020. Disponível em: https://www.jota.info/opiniao-e-analise/colunas/tribuna-da-advocacia-publica/federalismo-autofagico-e-autocomposicao-como-antidoto-a-esse-apetite-patologico-26122020. Acesso em 27 dez. 2020).

[32] Art. 9ª da Lei Complementar nº 73/93: À Procuradoria-Geral da União, subordinada direta e imediatamente ao Advogado-Geral da União, incumbe representá-la, judicialmente, nos termos e limites desta Lei Complementar.

[33] Art. 12 da Lei Complementar nº 73/93: À Procuradoria-Geral da Fazenda Nacional, órgão administrativamente subordinado ao titular do Ministério da Fazenda, compete especialmente (...) representar privativamente a União, na execução de sua dívida ativa de caráter tributário; (...) representar a União nas causas de natureza fiscal.

ser submetido ao conhecimento do Corregedor-Geral, que avaliaria a pertinência de abrir procedimento administrativo em face do advogado.

A OS nº 13/09 foi aprimorada ao longo dos anos de 2011, 2017 e 2018. Apenas em 2020 foi publicada a Portaria PGU nº 11, de 08 de junho de 2020, que instituiu o procedimento para a celebração de acordos nos processos em que a União figura como devedora. O normativo se afastou da ideia de proibir a celebração de acordo em determinadas matérias e instituiu critérios que devem ser observados nos processos em que a União pretende formalizar os acordos. Desse modo, desde que se cumpram as diretrizes da Portaria PGU nº 11/20, qualquer processo que envolva débito da União é passível de acordo.

Ao tempo que os normativos eram construídos e aprimorados, a PGU também envidou esforços para criar equipes aptas a negociar os processos que envolviam débito da União. Em 14 de dezembro de 2012 foi publicada a Portaria PGU nº 02, que criou, em caráter permanente, as Centrais de Negociação como unidades da PGU, com o objetivo de: *i)* fomentar o paradigma da alternativa eficiente e diferenciada de solução e de prevenção de conflitos; *ii)* organizar e uniformizar os procedimentos e parâmetros para a celebração de acordos e transações envolvendo a União; *iii)* disseminar a prática da negociação; *iv)* coordenar as negociações nos órgãos de execução da PGU e *v)* identificar práticas que auxiliem na prevenção e na redução da litigiosidade, bem como matérias elegíveis à conciliação.

A estrutura das Centrais de Negociação era precária, em regra, apenas um Advogado da União era designado para atuar com a negociação em processos judiciais da União. A atuação não era exclusiva, ou seja, além de todo o trabalho do contencioso (adversarial), o advogado tinha a atribuição de pensar soluções autocompositivas. Diante dos obstáculos, os acordos eram formalizados apenas em matérias já pacificadas pelo Poder Judiciário, ou seja, em processos nos quais a União tinha certeza de que sairia perdedora ao final do litígio.

Mesmo diante das dificuldades operacionais, as negociações nos processos judiciais que envolviam débitos da União mostraram-se eficazes. No primeiro ano (2013), a União contabilizou uma economia total (direta e indireta)[34] com os acordos de débito no montante de R$141.864.237,72 (cento e quarenta e um milhões, oitocentos e sessenta

---

[34] A economia total é soma da economia direta e da economia indireta. A primeira é obtida com o deságio concedido pela parte contrária à União, já a economia indireta considera os gastos indiretos que a União tem com o prolongamento do processo judicial: juros de mora, correção monetária e honorários advocatícios.

e quatro mil, duzentos e trinta e sete reais e setenta e dois centavos). Nos anos seguintes, o número de acordos aumentou e, em 2017, a economia total alcançou o patamar de R$5.928.831.624,86 (cinco bilhões, novecentos e vinte e oito milhões, oitocentos e trinta e um mil, seiscentos e vinte e quatro reais e oitenta e seis centavos). Assim, a economia de recursos atrelada à necessidade de encerramento célere dos processos sedimentou a necessidade de estruturação da negociação na PGU.

A Portaria PGU nº 16, de 25 de julho de 2019, alterou a redação da Portaria PGU nº 02/12 para destacar pelo menos um Advogado da União em cada unidade de cada Procuradoria-Regional da União para atuar exclusivamente com a negociação de processos de débito. Esse sistema vigorou até a edição da Portaria PGU nº 26, de 14 de outubro de 2020, que criou Coordenações-Regionais de Negociação (CRNs) em cada uma das cinco Procuradorias-Regionais da União (PRU).

O normativo destacou uma equipe de Advogados da União para trabalhar exclusivamente com autocomposição em matérias que envolvem débitos da União. A instituição equiparou a atuação autocompositiva à atuação contenciosa (adversarial) dentro da PGU. A construção de soluções consensuais deixou de ser um encargo para o advogado que atuava no contencioso e passou a ser uma atuação ordinária dos advogados que aceitaram o desafio de compor as equipes de negociação.

Em 2021, primeiro ano de funcionamento das CRNs, o valor economizado atingiu o montante de R$13.003.141.348,37 (treze bilhões, três milhões, cento e quarenta e um mil, trezentos e quarenta e oito reais e trinta e sete centavos). Em 2022, com a consolidação da estrutura, as CRNs atingiram o patamar de 44.600 (quarenta e quatro mil e seiscentos) acordos homologados, com economia total de R$24.217.906.760,51 (vinte e quatro bilhões, duzentos e dezessete milhões, novecentos e seis mil, setecentos e sessenta reais e cinquenta e um centavos).

É importante destacar que para honrar com todos os acordos formalizados em 2022, a União irá pagar, por meio de precatórios ou requisição de pequeno valor, o montante de R$11.400.960.406,97 (onze bilhões, quatrocentos milhões, novecentos e sessenta mil, quatrocentos e seis reais e noventa e sete centavos). Assim, a política pública de consensualidade se revelou econômica e eficiente. Ao mesmo tempo em que o erário paga um valor menor para resolver os processos de forma antecipada, a negociação permite que as demais áreas da PGU se dediquem a processos relevantes, cujas teses devem ser construídas nas fases iniciais das demandas para aumentar a probabilidade de êxito da União no litígio.

Diante do cenário de crescimento das soluções negociadas (acordos), a atuação dos Advogados da União passou a necessitar de maior segurança. A Portaria PGU nº 11, de 08 de junho de 2020, foi um avanço ao regulamentar o procedimento de celebração de acordos destinados a encerrar, mediante negociação, ações judiciais ou a prevenir a propositura destas, relativamente a débitos da União.

A política de consensualidade impulsionou a criação, em 2023, da Procuradoria Nacional da União de Negociação – PNNE (Decreto nº 11.328, de 1º de janeiro de 2023), com o objetivo de expandir a autocomposição de litígios na Administração Pública Federal, nos processos que envolvem débito da União.

Os avanços estruturais da PGU se harmonizam com o conceito de Administração Pública eficiente, primordialmente focado na efetivação da cidadania e no atendimento ao interesse público.

Nesse ponto, mostra-se necessário distinguirmos os dois caminhos atualmente adotados pela Administração Pública para redução da litigiosidade. O primeiro consiste na formalização de acordos, por meio da negociação direta, da conciliação ou da mediação, em que se busca o entendimento recíproco das partes para eliminação dos conflitos.[35.] Em regra, após a formalização do acordo, todas as questões postas em juízo são solucionadas de forma consensual e o processo é extinto com julgamento do mérito.[36] O segundo caminho consiste na dispensa da propositura de ações, no reconhecimento da procedência do pedido ou na abstenção de atuação. Nesse caso, o pedido mostra-se legítimo, por estar perfeitamente embasado em lei e com seus aspectos fáticos indiscutivelmente comprovados, ou ainda alicerçado em precedente judicial vinculante no mesmo sentido da pretensão deduzida pelo administrado.[37]

---

[35] No âmbito da Advocacia-Geral da União, diversos normativos disciplinam a formalização de acordos quando a União ou a administração indireta figurarem como parte nos processos: a) Portaria PGU nº 11, de 8 de junho de 2020, que regulamenta, no âmbito da Procuradoria-Geral da União e de seus órgãos de execução, o procedimento de celebração de acordos destinados a encerrar, mediante negociação, ações judiciais ou a prevenir a propositura destas, relativamente a débitos da União; b) Portaria PGU nº 14, de 13 de julho de 2020, que regulamenta o procedimento para a transação por proposta individual do devedor dos créditos cuja cobrança compete à Procuradoria-Geral da União, nos termos da Lei nº 13.988, de 14 de abril de 2020, e da Portaria AGU nº 249, de 8 de julho de 2020. c) Portaria PGF nº 489, de 15 de setembro de 2020; d) Portaria PGFN nº 6.757, de 29 de julho de 2022, que regulamenta a transação na cobrança de créditos da União e do FGTS.

[36] Art. 487, III, b, do Código de Processo Civil.

[37] Sobre tal possibilidade, destaca-se a Portaria da Advocacia-Geral da União nº 487, de 27.07.2016, que, na esteira do fortalecimento da jurisprudência e dos precedentes vinculantes trazida pelo CPC/2015, passou a autorizar aos Membros da AGU a reconhecerem a

No primeiro momento, ao compararmos as duas formas de redução de litigiosidade no âmbito da Administração Pública, que pretende caracterizar-se como democrática, dialógica, cooperativa e que preza pela economicidade, poderemos pensar, irrefletidamente, que o reconhecimento do pedido formulado pelo autor sempre deverá preceder a tentativa de autocomposição.

Todavia, existem inúmeras nuances que precisam ser analisadas para que se conclua que a melhor alternativa à entrega da prestação jurisdicional é a mera desistência ou reconhecimento do pedido.

Com o objetivo de facilitar a compreensão, utilizaremos como exemplo um processo na fase de conhecimento em que um servidor público busca o recebimento de uma gratificação[38] e a União figura no polo passivo. Nesse caso, o reconhecimento do pedido finalizará a fase de conhecimento da demanda, ou seja, o ente político central reconhecerá que a verba é devida. Porém, o trânsito em julgado da fase inicial não implicará o imediato recebimento dos valores pelo autor, que ainda percorrerá toda a fase de cumprimento de sentença em busca da efetivação do seu direito.

Nessa fase, a União poderá alegar preliminares e impugnar os valores apresentados pelo autor, fazendo com que o processo perdure por anos.

Segundo relatório Justiça em Números 2022, do Conselho Nacional de Justiça, na Justiça Federal, o processo na fase de conhecimento dura em média 4 (quatro) anos e 4 (quarto) meses; já a fase de cumprimento de sentença demora em média 8 (oito) anos e 6 (seis) meses.

No contexto do exemplo citado, a autocomposição se mostra a solução mais efetiva, pois, enquanto o reconhecimento do pedido apenas abreviaria o trâmite processual, a formalização do acordo tem

---

procedência do pedido, deixarem de contestar, de interpor recursos, bem como de desistir de recursos já interpostos nos casos em que especifica, sendo a maioria deles justamente a existência de precedentes vinculantes contemplados no rol art. 927 do CPC no mesmo sentido da pretensão formulada contra a União.
Com escopo similar de redução da litigiosidade foi firmado entre a AGU e o STJ o Acordo de Cooperação Técnica nº 04/2020, que visa racionalizar a tramitação dos processos relacionados aos órgãos e às entidades públicas representados pela AGU, além da execução de projetos ou eventos de interesse comum ligados à prevenção de litígios, ao gerenciamento de precedentes qualificados e ao fomento da resolução consensual das controvérsias. Apesar de mencionar o fomento à resolução consensual de controvérsias, o foco do Acordo de Cooperação, após três anos de vigência, tem sido a desistência dos recursos interpostos e o gerenciamento de precedentes.

[38] Utilizamos o exemplo de processos envolvendo servidores públicos, mas a sistemática se aplica a qualquer demanda que discuta valores devidos pela Administração Pública, como o descumprimento de contratos, o pagamento de indenizações etc.

a capacidade de encerrar definitivamente o processo de modo célere, eficiente e econômico.[39]

Não olvidemos também que a Administração Pública diariamente reconhece valores devidos aos administrados, mas na falta de disponibilidade orçamentária deixa de quitar as dívidas, incluindo-as em restos a pagar. Tal fato corrobora o argumento explicitado no exemplo citado, de que o reconhecimento do direito por parte da Administração Pública não implica a efetiva solução dos problemas.[40]

Sob outra perspectiva, encontram-se os processos que estão em fase avançada, em que a Administração irá apenas concordar com os cálculos apresentados ou que pleiteiam tão somente a obrigação de fazer, sem qualquer condicionante que indique a necessidade de concessões recíprocas. Nesses casos, diante da ausência de elementos transacionáveis, o reconhecimento do pleito abreviará o tramite processual e solucionará o litígio.

Assim, caberá ao procurador, a partir da análise do caso concreto, avaliar qual a forma de redução de litigiosidade mais adequada, eficiente e econômica à solução do processo.

Pode-se sustentar, portanto, que a eleição da via autocompositiva insere-se no âmbito de discricionariedade da Administração,[41] calcada

---

[39] Atenta ao fato de que o reconhecimento do pedido não é necessariamente a forma mais adequada de resolução dos conflitos, a Procuradoria-Geral da União editou a Portaria PGU nº 160/2020, que alterou a Portaria PGU nº 487/2016, para dispor no parágrafo único do art. 1º que: "Esta Portaria não afasta a necessidade de utilização de métodos mais adequados à solução de controvérsias, quando estes resolverem definitivamente o litígio, com economia ao Erário, como a negociação direta ou a mediação para a formalização de acordos, nos termos do art. 1º da Lei nº 9.469, de 10 de julho de 1997".

[40] Diante da recorrente judicialização de demandas em que se busca o efetivo pagamento de verbas reconhecidas administrativamente, a PGU editou o Plano Nacional de Negociação nº 5, que orienta a negociação, em processos que tramitem na Justiça Federal ou nos Juizados Especiais Federais, e tratem sobre a cobrança, por servidores públicos federais vinculados ao Poder Executivo, de valores reconhecidos administrativamente e incluídos em restos a pagar.

[41] Discricionariedade que não pode ser confundida, naturalmente, com arbítrio da Administração ou autorizar sua atuação à margem da juridicidade. Eis a noção atual de discricionariedade administrativa, nas palavras de Gustavo Binenbojm: "As transformações recentes sofridas pelo direito administrativo tornam imperiosa uma revisão da noção de discricionariedade administrativa. Com efeito, pretende-se caracterizar a discricionariedade, essencialmente, como um espaço *carecedor de legitimação*. Isto é, um campo não de escolhas puramente subjetivas, mas de *fundamentação* dos atos e políticas públicas adotados, dentro dos parâmetros jurídicos estabelecidos pela Constituição e pela lei. A emergência da noção de *juridicidade administrativa*, com a vinculação direta da Administração à Constituição, não mais permite falar, tecnicamente, numa autêntica dicotomia entre atos vinculados e atos discricionários, mas isto sim, em *diferentes graus de vinculação dos atos administrativos à juridicidade*. A discricionariedade não é, destarte, nem uma liberdade decisória externa ao direito, nem um campo imune ao controle jurisdicional". (BINENBOJM, Gustavo. *Uma*

na busca devidamente fundamentada e no maior grau possível, da consecução de suas finalidades públicas traçadas, neste particular, pelo princípio constitucional da eficiência. O consenso também viabiliza a economicidade, eis que os dados revelados pelo Conselho Nacional de Justiça – CNJ no último relatório "Justiça em Números" não deixam dúvidas quanto a maior celeridade dos mecanismos autocompositivos em comparação com os processos judiciais,[42] que têm um tempo próprio.[43]

---

teoria do direito administrativo: direitos fundamentais, democracia e constitucionalização. 3. ed. revista e atualizada. Rio de Janeiro: Renovar, 2014. p. 39).

42 "As maiores faixas de duração estão concentradas no tempo do processo pendente, em específico, na fase de execução da Justiça Federal (8 anos e 7 meses) e da Justiça Estadual (6 anos e 11 meses)". (BRASIL. Conselho Nacional de Justiça. *Justiça em Números 2021*. 22 nov. 2021. Disponível em: https://www.cnj.jus.br/wp-content/uploads/2021/11/relatorio-justica-em-numeros2021-221121.pdf. Acesso em 15 mar. 2022). Ainda que tais estatísticas sejam aproximadas e sofram de imprecisões pela simplificação aplicada, conforme admitido pelo próprio texto do Relatório, os tempos de duração indicados superam, em muito, a média do desfecho de controvérsias pelas vias autocompositivas da conciliação, mediação e negociação direta.

43 Leonardo Greco observa que "a jurisdição necessita de um tempo, por menor que seja, para ser exercida", e que "curta demora que a tutela efetiva pode tolerar é apenas aquela que resulta da necessidade de assegurar ao adversário o pleno exercício de sua defesa, ainda assim na medida em que não se ultrapasse o limite em que seja lícito exigir o sacrifício do interesse cuja tutela se afigura urgente, e da necessidade de assegurar ao próprio juiz uma cognição adequada". (GRECO, Leonardo. Garantias fundamentais do processo: o processo justo. *In*: *Estudos de Direito Processual*. Faculdade de Direito de Campos, 2005. p. 269. Disponível em: https://processoemdebate.files.wordpress.com/2010/09/processo-justo_leonardo-greco.pdf. Acesso em 18 jan. 2021). Na mesma linha, Paulo Cezar Pinheiro Carneiro destaca que a celeridade processual sempre foi uma preocupação brasileira quando se fala em acesso à justiça. (CARNEIRO, Paulo Cezar Pinheiro. *Acesso à justiça*: juizados especiais cíveis e ação civil pública: uma nova sistematização da teoria geral do processo. 2. ed. rev. e atual. Rio de Janeiro: Forense, 2007. p. 48). "Observa-se que o tempo da ritualidade judiciária evoca o tempo do Direito. Assim como o tempo judiciário, o Direito, ao assimilar textos provenientes de épocas diferentes, parece ser insensível ao tempo. Sublima a perenidade para proporcionar à sociedade uma atualidade eterna. Integra o passado num presente eterno. Contra a corrupção do tempo, o Direito afirma a sua inesgotável capacidade de autorregeneração, de sublimação do caráter finito da História. Portanto, luta contra o abandono trazendo a cada grupo social a possibilidade de se reproduzir sem ser afetado pelo tempo. É o 'não tempo" do Direito'". (SPENGLER, Fabiana Marion. O tempo do processo e o tempo da mediação. *Revista Eletrônica de Direito Processual – REDP*, v. VIII, jul./dez. 2011). Há, porém, que se ter cautela com julgamentos açodados, como já advertia José Carlos Barbosa Moreira: "Um processo informado por preocupações garantísticas necessariamente será menos rápido que um processo que as ponha de lado. No terreno penal, por exemplo, alguém poderia ser tentado enxergar a imagem por excelência da rapidez no linchamento do suspeito: julgamento instantâneo e execução imediata; mas é muito duvidoso, felizmente, que se proponha com êxito semelhante modelo à consideração dos legisladores contemporâneos". (MOREIRA, José Carlos Barbosa. O problema da duração dos processos: premissas para uma discussão séria. *In*: *Temas de direito processual*. 9. série. São Paulo: Saraiva, 2007. p. 377).

4 Conclusão

Fixada a premissa geral de que a consensualidade tem plena aplicabilidade à Fazenda Pública, este artigo procurou identificar situações nas quais a Administração Pública enfrentará dificuldades ou mesmo impedimento à adoção de meios autocompositivos para dirimir suas controvérsias e conflitos.

Como visto, os fundamentos para tais vedações são absolutamente heterogêneos, indo desde a impossibilidade de transação sobre alguns direitos indisponíveis decorrentes de sua própria natureza ou do exercício do poder de império da Administração, até a existência de precedentes qualificados, sejam eles de natureza judicial ou administrativa.

O desafio atual consiste em sedimentar a cultura da consensualidade na Administração Pública, por meio de métodos que proporcionem o diálogo entre o cidadão e o Estado na construção de soluções juridicamente seguras, socialmente justas e capazes de agregar valor público à ação administrativa.

A segurança jurídica para os advogados e procuradores que se dispõem a pensar em soluções autocompositivas deve integrar a agenda de todos os órgãos e atores envolvidos na prestação jurisdicional. Apenas com a pavimentação de um caminho seguro será possível estimular e aprimorar os mecanismos autocompositivos nos casos em que há indefinição quanto ao posicionamento do Poder Judiciário.

A Procuradoria-Geral da União, como visto, tem desempenhado o seu papel, contribuindo para a construção de um protagonismo ainda maior da Advocacia-Geral da União no sistema de justiça multiportas, atualmente em vigor no Brasil.

Referências

BINENBOJM, Gustavo. *Uma teoria do direito administrativo*: direitos fundamentais, democracia e constitucionalização. 3. ed. revista e atualizada. Rio de Janeiro: Renovar, 2014.

BRASIL. Conselho Nacional de Justiça. *Justiça em Números 2023*. 01 set. 2023. Disponível em: https://www.cnj.jus.br/wp-content/uploads/2023/09/justica-em-numeros-2023-010923.pdf. Acesso em 7 set. 2023.

BRASIL. Conselho Nacional de Justiça. *Justiça em Números 2021*. 22 nov. 2021. Disponível em: https://www.cnj.jus.br/wp-content/uploads/2021/11/relatorio-justica-em-numeros2021-221121.pdf. Acesso em 15 mar. 2022.

BRASIL. Conselho Nacional de Justiça. *100 maiores litigantes*. Brasília: Conselho Nacional de Justiça. Disponível em: https://bibliotecadigital.cnj.jus.br/jspui/bitstream/123456789/65/1/100%20Maiores%20Litigantes.pdf. Acesso em 07 ago. 2021.

CAPPELLETTI, Mauro; GARTH, Bryant. *Acesso à Justiça*. (Trad. e revisão de Ellen Gracie Northfleet). Porto Alegre: Sergio Antonio Fabris Editor, 1988. Reimpresso 2002.

CARNEIRO, Paulo Cezar Pinheiro. *Acesso à justiça*: juizados especiais cíveis e ação civil pública: uma nova sistematização da teoria geral do processo. 2. ed. rev. e atual. Rio de Janeiro: Forense, 2007.

CUNHA, Leonardo Carneiro da. *A Fazenda Pública em juízo*. 15. ed. rev., atual. e ampl. Rio de Janeiro: Forense, 2018.

DIDIER JR., Fredie. ZANETI JR., Zaneti. *Curso de Direito Processual Civil. Processo Coletivo*. 14. ed. rev., atualizada e ampliada. Salvador: Editora JusPodivm, 2020. v. 4.

DIDIER JR., Fredie; ZANETI JR., Hermes. Justiça multiportas e tutela constitucional adequada: autocomposição em direitos coletivos. *In*: ZANETI JR., Hermes; CABRAL, Trícia Navarro Xavier. Coleção grandes temas do novo CPC. Coordenador Geral Fredie Didier Jr. *Justiça multiportas*. Salvador: JusPodivm, 2017.

FERREIRA, Kaline; CUELLAR, Leila. Federalismo autofágico e autocomposição como antídoto a esse apetite patológico. Tribuna da Advocacia Pública. *Portal Jota*, 26 dez. 2020. Disponível em: https://www.jota.info/opiniao-e-analise/colunas/tribuna-da-advocacia-publica/federalismo-autofagico-e-autocomposicao-como-antidoto-a-esse-apetite-patologico-26122020. Acesso em 27 dez. 2020.

GRECO, Leonardo. Garantias fundamentais do processo: o processo justo. *In*: *Estudos de Direito Processual*. Faculdade de Direito de Campos, 2005. Disponível em: https://processoemdebate.files.wordpress.com/2010/09/processo-justo_leonardo-greco.pdf. Acesso em 18 jan. 2021.

GRINOVER, Ada Pellegrini. *Ensaio sobre a processualidade*: fundamentos para uma nova teoria geral do processo. São Paulo: Gazeta Jurídica, 2018.

MOREIRA, José Carlos Barbosa. O problema da duração dos processos: premissas para uma discussão séria. *In*: *Temas de direito processual*. 9. série. São Paulo: Saraiva, 2007.

OLIVEIRA, Rafael Carvalho Rezende. *Precedentes no direito administrativo*. Rio de Janeiro: Forense, 2018.

PINHO, Humberto Dalla Bernardina de. Limites e possibilidade do Acordo em Direitos Indisponíveis: exame do art. 3º, §2º da Lei nº 13.140/2015. *In*: *Diálogos sobre o Código de Processo Civil*: críticas e perspectivas. Santa Cruz do Sul: Essere nel Mondo, 2019.

PINHO, Humberto Dalla Bernardina de; MAZZOLA, Marcelo. *Manual de mediação e arbitragem*. São Paulo: Saraiva Educação, 2019.

PORTO, José Roberto Sotero de Mello; RODRIGUES, Roberto de Aragão Ribeiro. A celebração de acordos em massa como potencialidade do IRDR. *In*: *Direito processual contemporâneo*: estudos em homenagem a Humberto Dalla Bernardina de Pinho. 1. ed. Rio de Janeiro: Editora GZ, 2018.

RODRIGUES, Roberto de Aragão Ribeiro. *Justiça Multiportas e Advocacia Pública*. Editora GZ: Rio de Janeiro, 2021.

RODRIGUES, Roberto de Aragão Ribeiro. *Precedente formado em casos repetitivos*: eficácia, *issue preclusion* e as teses jurídicas prejudiciais. Curitiba: Juruá, 2017.

SALLES, Carlos Alberto de. A indisponibilidade e a solução consensual de controvérsias. *In*: GABBAY, Daniela Monteiro; TAKAHASHI, Bruno (Coords.). *Justiça Federal*: inovações nos mecanismos consensuais de soluções de conflitos. Brasília: Gazeta Jurídica, 2014.

SOUZA, Luciane Moessa de. Resolução de conflitos envolvendo o poder público: caminhos para uma consensualidade responsável e eficaz. *In*: MARRA, Thiago. *Direito administrativo*: transformações e tendências. 1. ed. São Paulo: Almedina, 2014.

SPENGLER, Fabiana Marion. O tempo do processo e o tempo da mediação. *Revista Eletrônica de Direito Processual – REDP*, v. VIII, jul./dez. 2011.

SUSSKIND, Richard. *Online courts and the future of justice*. Oxford: Oxford University Press, 2019.

WATANABE, Kazuo. Acesso à justiça e meios consensuais de solução de conflitos. *In*: ALMEIDA, Rafael Alves de; ALMEIDA, Tania; CRESPO, Mariana Hernandez (Orgs.). *Tribunal Multiportas*: investindo no capital social para maximizar o sistema de solução de conflitos no Brasil. Rio de Janeiro: Editora FGV, 2012.

Informação bibliográfica deste texto, conforme a NBR 6023:2018 da Associação Brasileira de Normas Técnicas (ABNT):

NITÃO, Clara Rachel Barros; RODRIGUES, Roberto de Aragão Ribeiro. Os desafios da autocomposição envolvendo entes públicos: a experiência da Procuradoria-Geral da União. *In*: EIDT, Elisa Berton; GOULART, Juliana Ribeiro; SCHNEIDER, Patricia Dornelles; RAMOS, Rafael (Coord.). *Consensualidade na Administração Pública*. 2. ed. Belo Horizonte: Fórum, 2024. p. 207-228. ISBN 978-65-5518-800-4.

COMENTÁRIOS EM TORNO DA CÂMARA DE CONCILIAÇÃO E ARBITRAGEM DA ADMINISTRAÇÃO FEDERAL – ASPECTOS MATERIAIS E PROCESSUAIS

LUCIO PICANÇO FACCI

1 Introdução

Neste trabalho será feita a análise do contexto fático e jurídico da criação da Câmara de Conciliação e Arbitragem da Administração Federal, da sua estrutura, composição e atribuições, bem como dos métodos que utiliza para a composição dos conflitos.

Os dados dos processos aqui referidos constam dos "ementários de conciliação da Câmara de Conciliação e Arbitragem", disponibilizados pela Advocacia-Geral da União para livre consulta em seu sítio eletrônico.[1]

2 Histórico

A Câmara de Conciliação e Arbitragem da Administração Federal (CCAF) é um órgão da Consultoria-Geral da União (CGU) da Advocacia-Geral da União (AGU), cujo objetivo é resolver

---

1 Cf.: http://www.agu.gov.br/page/content/detail/id_conteudo/141676.

administrativamente os litígios entre os órgãos e entidades federais, evitando, assim, a judicialização desses conflitos.

A CGU é um dos órgãos de direção superior da AGU, à qual incumbe colaborar com o assessoramento jurídico da União. Ela é composta pelo Consultor-Geral da União e pela Consultoria da União. Cabe à CGU, ainda, participar do deslinde de controvérsia jurídica entre órgãos e entidades da Administração Federal, objetivando sua solução em sede administrativa, razão pela qual é dentro da estrutura da CGU que está inserida a CCAF.

O art. 4º da Lei Complementar nº 73/93 (Lei Orgânica da AGU) dispõe competir ao Advogado-Geral da União prevenir e dirimir as controvérsias entre os órgãos integrantes da Administração Pública (inc. XI).

A Medida Provisória nº 2.180-35/2001, por sua vez, conferiu à Advocacia-Geral da União a incumbência de adotar medidas na esfera administrativa para a solução de controvérsias entre entes da Administração indireta, e entre aqueles e a União (art. 11, parágrafo único).

O art. 8º-C da Lei nº 9.028/95, introduzido pela referida Medida Provisória, autorizou ao Advogado-Geral da União avocar, coordenar ou integrar a atividade exercida judicial e extrajudicialmente de empresa pública ou sociedade de economia mista, quando houver interesse da União e houver possibilidade de se trazer consequências econômicas ao erário federal, estendendo o poder conciliatório também quanto às empresas públicas e sociedades de economia mista.

Por força desses permissivos legais, foram iniciadas na Advocacia-Geral da União, dentro de sua Consultoria-Geral, algumas experiências conciliatórias. O resultado positivo das mesmas resultou na criação da Câmara de Conciliação e Arbitragem da Administração Federal pelo Ato Regimental nº 5, de 27 de setembro de 2007. A iniciativa de sua criação recebeu, em 2008, o Prêmio Innovare,[2] que tem por objetivo identificar e disseminar práticas jurídicas pioneiras e bem-sucedidas na Justiça brasileira, o que revela, em certa medida, o seu bom recebimento pelo meio jurídico.

Por meio da Portaria da AGU nº 1.099, de 28 de julho de 2008, a CCAF passou também a conciliar as controvérsias com os Estados e

---

[2] Participam das Comissão Julgadora do Innovare ministros do STF e STJ, desembargadores, promotores, juízes, defensores, advogados e outros profissionais de destaque interessados em contribuir para o desenvolvimento do nosso Poder Judiciário. Desde 2004, já passaram pela comissão julgadora do Innovare mais de cinco mil práticas, vindas de todos os estados do país. Disponível em: http://www.premioinnovare.com.br. Acesso em 9 de junho de 2020.

o Distrito Federal, visando, sobretudo, estreitar o relacionamento com esses entes políticos e, dessa maneira, propiciar, através da diminuição das demandas judiciais e administrativas envolvendo aqueles entes da Federação e a União, maior celeridade na implementação das políticas públicas.

Por fim, foi editado o Decreto nº 11.328, de 1º de janeiro de 2023, que estabelece a estrutura orgânica da Advocacia-Geral da União e, no art. 41 do seu anexo I, se refere expressamente às atribuições da CCAF, examinadas adiante, em tópico próprio.

A Câmara tem recebido, nos seus dez anos de funcionamento, especial atenção da AGU, o que pode ser notado pela ampla divulgação feita a respeito da atuação do órgão nos meios oficiais de comunicação da AGU[3] ao longo desta década, tendo sido publicadas sucessivas cartilhas sobre a CCAF,[4] onde constam informações gerais sobre o órgão.

Pode-se dizer que a iniciativa da instalação e funcionamento da CCAF teve como propósito implementar uma cultura de conciliação, fomentada, no plano *normativo*, desde a Lei Orgânica da AGU, e, no *concreto*, pelas experiências conciliatórias havidas na própria AGU. A criação da CCAF resultou do amadurecimento dessas experiências e o seu pleno funcionamento, pouco mais de dez anos depois do seu advento, tem sido estimulado pela grande importância que lhe tem sido conferida pela AGU.

3 Estrutura e composição

Atualmente, todo o trabalho desenvolvido pela CCAF e pelos demais órgãos da Advocacia-Geral da União se processam eletronicamente por meio do sistema SAPIENS, que é um gerenciador eletrônico de documentos que possui avançados recursos de apoio à produção de conteúdo jurídico e de controle de fluxos administrativos, integrado com os sistemas informatizados do Poder Judiciário e do Poder Execu-

---

[3] De que é exemplo a matéria publicada em 1º de dezembro de 2014 no sítio eletrônico da AGU e na qual se lê que "[n]as disputas judiciais envolvendo órgãos públicos, a Consultoria-Geral da União (CGU) tem como papel o enfrentamento das questões administrativas para afastar a judicialização entre eles. A solução ocorre por intermédio da Câmara de Conciliação e Arbitragem da Administração Federal (CCAF), que nos últimos quatro anos realizou mais de 170 conciliações em pendências patrimoniais, tributárias, orçamentárias, ambientais e agrárias. A homologação dos acordos ocorreu após 800 reuniões realizadas, em todo o território nacional". Disponível em: http://www.agu.gov.br/page/content/detail/id_conteudo/309372. Acesso em 26 de abril de 2018.

[4] V. 3ª edição, publicada em 2012.

tivo. A utilização desse sistema dispensa a utilização de documentos físicos e mesmo a necessidade de arquivos digitalizados. Os processos mais antigos que tramitavam por meio físico foram digitalizados e incluídos no SAPIENS, possibilitando a consulta de todos eles por intermédio do mencionado sistema.

Na CCAF não há especialização de Câmaras por tipo de conflito. Isso seria possível de ser realizado, pois, embora as controvérsias submetidas à CCAF sejam de fato bastante heterogênea,[5] podem ser agrupadas por tema, como matéria ambiental, patrimonial, de competência administrativa etc. Para ficar em um exemplo, são inúmeras as divergências conduzidas pela CCAF em tema fiscal. Poderia haver, assim, divisão do órgão por matéria.

Embora não haja especialização de Câmaras por matéria na sede, a CCAF delega, em muitos casos, a conciliação para as Câmaras Locais de Conciliação, que fazem parte da Consultoria Jurídica da União nos Estados, considerando, por exemplo, a proximidade com o fato objeto do processo em trâmite na CCAF.[6]

O processo poderá ser descentralizado para as unidades das Consultorias Jurídicas da União existentes em cada Estado, quando do exame prévio de admissibilidade do processo ou em qualquer fase do procedimento, por sugestão do Conciliador, e decisão do Diretor da CCAF, como assim determina a Portaria da Consultoria-Geral da União nº 41, de 22 de novembro de 2016.[7] Ainda que ocorra a delegação, as atividades conciliatórias são supervisionadas pela CCAF.

A CCAF possui Diretor, a quem compete dirigir as suas atividades institucionais em interface com os organismos de gestão e de suporte da execução da CGU e da AGU. Suas atribuições consistem

---

5 Como evidenciamos em: FACCI, Lucio Picanço. *Meios adequados de resolução de conflitos administrativos*. 2. ed. Rio de Janeiro: Lumen Juris, 2021, em especial nos capítulos 3 e 4.

6 De que é exemplo, dentre vários outros, controvérsia que envolveu o 10º Batalhão de Engenharia de Construção e o Conselho Regional de Enfermagem de Santa Catarina, cujo objeto era definir a forma de realização de ação fiscalizatória pelo Conselho em questão. O conflito foi instaurado no âmbito da Câmara Local de Conciliação no Estado de Santa Catarina, tendo sido realizada uma única reunião, na qual os participantes resolveram convergir e firmaram o acordo (Processo autuado na CCAF sob o nº 00552.004724/2014-90).

7 Cf.: artigo art. 2º do referido ato normativo: "Ficam delegadas aos Diretores dos Departamentos e da Câmara de Conciliação e Arbitragem da Administração Federal, aos Consultores da União responsáveis pelos Núcleos da Consultoria-Geral da União e ao Chefe de Gabinete da Consultoria-Geral da União as seguintes competências: (...) IV- ao Diretor da Câmara de Conciliação e Arbitragem da Administração Federal (CCAF/CGU/AGU): (...) b) decidir a respeito da submissão de procedimento conciliatório às Consultorias Jurídicas da União nos Estados, quando a questão controvertida for eminentemente local e não tiver repercussão nacional".

em gerenciar os procedimentos de conciliação no âmbito da CCAF e articulações institucionais que deles derivam para a solução de novas controvérsias envolvendo outros segmentos públicos; supervisionar as atividades desenvolvidas pelos conciliadores quando das etapas do processo conciliatório; atuar junto aos organismos do Governo Federal como facilitador e disseminador dos princípios do procedimento conciliatório; realizar interface das ações da CCAF com os demais segmentos da CGU e da AGU no âmbito das atribuições institucionais.[8]

Poderão atuar como Conciliadores, de acordo com o art. 13 da Portaria da AGU nº 1.281/2007, os integrantes das carreiras da Advocacia Pública Federal, a saber: Advogados da União, Procuradores Federais, Procuradores da Fazenda Nacional e Procuradores do Banco Central.

O Conciliador atua como um facilitador da negociação, criando, de acordo com a Cartilha da Câmara de Conciliação e Arbitragem da Administração Federal publicada pela própria AGU,[9] um contexto propício para o entendimento mútuo, aproximação dos interesses e harmonização das relações controvertidas. Sinaliza o documento para o dever do conciliador de buscar a melhor composição para a controvérsia jurídica e de observar as seguintes premissas básicas: manutenção de postura imparcial e adoção de visão prospectiva da controvérsia; delimitação da controvérsia jurídica existente entre os interessados por meio de diálogo cooperativo que evite a animosidade e estimule a efetiva participação e não a competição; viabilização da análise multidisciplinar do conflito, de forma a reconhecer e articular os diversos fatores que componham a controvérsia; e auxílio na identificação dos interesses preponderantes para a solução do conflito.

A exigência de que o Conciliador seja integrante da AGU, obviamente, não inibe a presença de representantes dos Estados e Municípios nas reuniões de conciliação. Atuarão estes últimos como partes interessadas no conflito objeto do processo na Câmara. Embora tenham funções diferentes do Conciliador, uma vez dentro do contexto de busca pelo entendimento mútuo que caracteriza as reuniões havidas na CCAF, e para que o propósito de construir consensualmente uma decisão para o caso seja alcançado, deverão os representantes dos Estados e Municípios estar pautados pelas mesmas premissas que informam a atuação do Conciliador, anteriormente referidas.

---

8 Cf.: AGU. *Referencial de Gestão da Câmara de Conciliação e Arbitragem da Administração Federal – CCAF*. Brasília: AGU, 2013, versão revista e atualizada. p. 12.

9 Cf.: 3ª edição, publicada em 2012.

Da mesma forma, nada impede a participação de órgãos de controle interno e externo, quando for o caso. Em se tratando de conflito administrativo, é recomendável que sejam informados representantes de órgãos como o Tribunal de Contas e o Ministério Público, por exemplo, sobre a instauração do processo na CCAF, convidando-os, inclusive, para participar das reuniões conciliatórias.

Quanto ao Tribunal de Contas, é notável a preocupação da CCAF em seguir sua orientação, sendo possível perceber em diversos casos a expressa indicação do entendimento da Corte de Contas. Em muitos casos, principalmente naqueles em que o conflito é gerado precisamente ao atender uma exigência daquele Tribunal,[10] recomenda-se a comunicação do Tribunal de Contas quanto à existência do processo no âmbito administrativo e das reuniões a serem realizadas.

A mesma postura merece ser atendida quanto ao Ministério Público. Dos processos que foram instaurados na CCAF a partir de conflitos já judicializados, grande parte se refere a demandas ajuizadas pelo *Parquet*. Nesses casos, há grande relação entre o objeto do processo judicial e o que está em questão no âmbito administrativo. Só por essa razão, já seria relevante que a Câmara comunicasse ao Ministério Público acerca do processo administrativo, com a solicitação de indicação de um dos seus representantes para que dele participe, se assim entender.

Outras razões estão, ainda, a amparar a medida. Com efeito, em se tratando de conflito envolvendo entes públicos, se recomenda a transparência adequada quanto aos entendimentos havidos para a sua solução. Nessas reuniões, verificou-se que ocorre produção de informações técnicas pelos órgãos e entidades públicas interessadas a respeito da matéria controvertida, de interesse comum das partes conflitantes. Além disso, o movimento em direção à participação do Ministério Público nessas hipóteses possibilita maior abertura ao diálogo entre as partes, com possibilidade de esclarecimento mais direto e informal sobre os fatos relativos ao conflito.

---

[10] Isso ocorreu, por exemplo, no Processo autuado na CCAF sob o nº 00405.002453/2009-64. Neste caso, o Ministério da Cultura – MinC, em atendimento à determinação do Tribunal de Contas da União no Acórdão 481/2005-Plenário, encaminhou expedientes à Fundação Universidade de Brasília para buscar o ressarcimento do valor original de R$131.706,13 mais encargos legais, correspondentes a pagamento realizado a maior no âmbito do Contrato nº 25/2000, celebrado com a Fundação Universidade de Brasília-FUB. Diante da negativa do ressarcimento pela FUB, a questão foi encaminhada para instauração de procedimento conciliatório. Os órgãos interessados chegaram a um consenso por ocasião da terceira reunião conciliatória, tendo a CCAF se comprometido a levar ao conhecimento do TCU o acordo celebrado.

Essa abertura de participação não deve ser restringida, obviamente, apenas ao Tribunal de Contas e ao Ministério Público, aqui destacados pela sua importância institucional e pertinência em muitos casos submetidos à CCAF. Assim, outros entes federativos, entidades de classe e outros órgãos, e não apenas entes/entidades afetados pelo conflito, merecem participar dos processos conduzidos pela Câmara, nos casos em que se verifique que possam contribuir para a construção consensual da melhor solução à controvérsia.

Isso é especialmente relevante quando se trata de conflitos coletivos, nos quais é de enorme importância a participação dos grupos afetados pela disputa, como veremos em alguns casos destacados no tópico seguinte. Essa participação confere legitimação ao processo e possibilita a construção democrática e informada da solução a ser eventualmente alcançada. A participação dos grupos afetados contribui, assim, para a efetivação das medidas acordadas, posto que construídas de forma consensual e esclarecida.

4 Admissibilidade: competência e legitimidade

É no recente Decreto nº 11.328, de 1º de janeiro de 2023,[11] que constam normatizadas as atribuições da Câmara de Conciliação e Arbitragem da Administração Federal. Com efeito, ao tratar, no capítulo III do seu anexo I, da competência da Consultoria-Geral da União, o art. 41 desse diploma legal versa sobre as atribuições da CCAF em sete incisos.

Da leitura desse ato normativo, extrai-se que caberá à Câmara, inicialmente, avaliar a admissibilidade dos pedidos de resolução de conflitos, por meio de conciliação, no âmbito da Advocacia-Geral da União. Vale dizer, uma vez submetida a controvérsia à CCAF, é preciso verificar se estão presentes os pressupostos para a instalação da Câmara de Conciliação para a condução da divergência.

Por força da Portaria da CGU nº 41/2016, compete ao Diretor da Câmara de Conciliação e Arbitragem da Administração Federal realizar o juízo de admissibilidade dos pedidos de resolução administrativa de controvérsias (art. 2º, IV, letra *a*); bem como arquivar os processos de

[11] Ato normativo que aprovou a Estrutura Regimental e o Quadro Demonstrativo dos Cargos em Comissão e das Funções de Confiança da Advocacia-Geral da União e remanejou cargos em comissão e funções de confiança.

composição extrajudicial quando não for possível dirimir o conflito (art. 2º, IV, letra *c*).

As condições necessárias para a instalação da CCAF e prosseguimento do processo na Câmara não são claramente descritas, sendo possível dizer que o exame de verificação dos pressupostos para a instauração de processo na CCAF pode ser extraído da interpretação que se faz das demais atribuições cometidas ao órgão pelo art. 41 do Decreto nº 11.328/2023, que prosseguiremos analisando neste tópico.

Assim, o inciso II do referido dispositivo legal determina que caberá à CCAF requisitar aos órgãos e às entidades da administração pública federal, envolvidos ou não no conflito submetido à Câmara, diligências, cooperação técnica e manifestação sobre a oportunidade e conveniência de sua atuação administrativa na solução do conflito. Tal medida é importante para que sejam trazidos elementos ao Conciliador e aos demais interessados a respeito da matéria controvertida, viabilizando os esclarecimentos necessários quanto à matéria fática e ao posicionamento jurídico de cada um dos entes envolvidos na divergência.

A vinda de tais informações ao processo contribuirá para fornecer aos seus atores uma maior compreensão do quadro fático e dos pontos de divergência, sendo possível cotejar as interpretações jurídicas lançadas pelos órgãos e entidades públicos federais sobre o mesmo fato. O exame de tais informações poderá, inclusive, tornar despicienda a designação de reunião de conciliação, se verificado, apenas através das manifestações trazidas previamente ao processo por escrito, que não há divergência a ser superada.

Ainda que das manifestações fique clara a existência de conflito a ser solucionado, as informações terão o condão de possibilitar ao Conciliador exercer a sua função no que se refere à delimitação da controvérsia jurídica existente entre os interessados, da viabilização da análise multidisciplinar do conflito, de forma a reconhecer e articular os diversos fatores que componham a controvérsia, e do auxílio na identificação dos interesses preponderantes para a solução da divergência.

Recomendável que a requisição de tais informações seja feita logo no início do processo conciliatório. Da análise da atuação concreta da Câmara, é possível perceber que tais manifestações são solicitadas pelo Conciliador logo em sua primeira nota no processo. Porém, entendemos que essa atitude, embora seja na maior parte dos casos a mais adequada, deve ser deliberada caso a caso, de forma a ser feita em conjunto com a verificação quanto à oportunidade da realização da primeira reunião conciliatória.

Isso porque, em alguns casos, o conflito pode ter sido submetido à CCAF apenas quando já judicializada a questão, em fase de julgamento no Poder Judiciário. Pode suceder, ainda, que o expediente encaminhado para a CCAF dando conta da existência da controvérsia esteja suficientemente instruído com manifestações recentes de órgãos e entidades no processo judicial, deixando clara a posição de cada um deles quanto à matéria controvertida. Pode ocorrer, também, de ser verificada alta litigiosidade entre os entes envolvidos, sendo que as manifestações por escrito antes de realizada a reunião de conciliação poderiam contribuir apenas para o acirramento da divergência, podendo ser indicada até mesmo, se for o caso, mediação para o restabelecimento do diálogo entre os atores envolvidos. Não se olvide, ainda, dos casos em que haja urgência para a solução da questão, de que são exemplos os conflitos relativos à construção de rodovias ou à invasão de terras públicas.

Em todos esses casos mencionados exemplificativamente, recomenda-se que a primeira reunião de conciliação[12] se realize de imediato, sem que a vinda das informações possa constituir embaraço para o início das atividades conciliatórias. Evidentemente, a designação de reunião de conciliação e a requisição de informações não são medidas excludentes, e se ficar evidenciada a necessidade de manifestações por escrito no curso da primeira reunião, as mesmas podem ser solicitadas pelo Conciliador, que consignará a requisição no termo de conciliação. O mesmo vale para a realização de estudos técnicos, pareceres de outros órgãos e/ou entidades etc.

O art. 41 do Decreto nº 11.328/2023, em seu inciso III, preceitua, ainda, que competirá à Câmara de Conciliação e Arbitragem da Administração Federal dirimir, por meio de mediação, as controvérsias (a) entre órgãos públicos federais, entre entidades públicas federais ou entre órgão e entidade pública federal; (b) que envolvam órgão ou entidade da administração pública federal e os Estados, o Distrito Federal ou os Municípios ou suas autarquias ou fundações públicas; (c) que envolvam órgão ou entidade da administração pública federal e empresa pública ou sociedade de economia mista federal; ou que (d) envolvam particular e órgão ou entidade da administração pública federal, nos casos previstos no regulamento de que trata o §2º do art. 32 da Lei nº 13.140, de 26 de junho de 2015 (Lei de Mediação).

---

[12] Nos referiremos genericamente às reuniões havidas na CCAF como reuniões de "conciliação", pois são assim referidas pela própria Câmara, muito embora também na CCAF possa-se, inegavelmente, realizar atividade de mediação.

O dispositivo deixa claro que na CCAF também é possível haver composição de conflitos que envolvam particulares e mesmo outros entes da Federação, o que se verificou ser bastante comum, inclusive em divergências nas quais a atuação da CCAF foi solicitada pelo próprio ente federativo. Isso ocorreu, por exemplo, em controvérsia jurídica acerca da edificação de ponte sobre o Rio Negro, no Estado do Amazonas.[13] Neste caso, o próprio Estado do Amazonas encaminhou ofício[14] ao Advogado-Geral da União solicitando, com fundamento na Portaria AGU nº 1.099/2008, a inauguração de processo de conciliação para solucionar a controvérsia mantida em face da Marinha (representada pela União, por sua Procuradoria no Estado do Amazonas), do Instituto Chico Mendes de Conservação da Biodiversidade – ICMBio, do Instituto do Patrimônio Histórico e Artístico Nacional – IPHAN e da Fundação Nacional do Índio – FUNAI, objeto de uma ação civil pública proposta pelo Ministério Público Federal, distribuída perante a Justiça Federal do Amazonas.[15]

Figurou como objeto do processo de conciliação e da demanda judicial a construção da Ponte sobre o Rio Negro, destinada à comunicação terrestre entre os municípios amazonenses de Manaus e Iranduba. Com o ajuizamento da ação civil pública, emergiu a possibilidade de um confronto jurídico entre os órgãos e entidades federais anteriormente elencados e o Estado do Amazonas, considerando a existência de restrições técnicas de natureza ambiental, indigenista, histórica e de navegação fluvial relacionadas com a edificação de interesse do Estado do Amazonas. Tendo verificado este ente federativo a iminência da possibilidade de ingresso de todos os órgãos e entidades no polo ativo da referida ação civil pública, ao lado do Ministério Público Federal, autor da demanda, o Estado do Amazonas se socorreu da AGU para solicitar a composição consensual do conflito no âmbito administrativo, tendo sido o acordo alcançado na CCAF.

Importante notar em casos como este, nos quais está presente ente da Federação, que a avença firmada irá obrigar a todos que a ela tenham acedido, e não apenas os órgãos e entidades públicas federais. Caso a conciliação não tivesse sido alcançada, a decisão do Advogado-Geral da União ao caso teria o efeito de vincular tão apenas a Administração Pública Federal, razão por que essa atividade não pode ser considerada

---

[13] Processo autuado na CCAF sob o nº 00400.012936/2008-36.

[14] Ofício nº 2.085/2008-GPGE, de 13 de outubro de 2008.

[15] Processo judicial autuado sob o nº 2008.32.00.006041-6, em trâmite perante a 7ª Vara Federal de Manaus/AM, especializada em matéria Ambiental e Agrária.

como arbitragem, pois não terá o condão de substituir a vontade de todas as partes envolvidas no objeto da questão decidida. Todavia, tendo sido construído o acordo, todos aqueles que com ele aquiesceram estarão obrigados a cumprir os seus termos. Pode-se dizer, assim, que a solução consensual, no âmbito da CCAF, quando presentes entes da Federação, terá um alcance subjetivo maior que aquela decidida pelo Advogado-Geral da União, caso frustrada a autocomposição.

O art. 41 do Decreto nº 11.328/2023, em seu inciso IV, atribui à CCAF o dever de buscar a solução de conflitos judicializados, nos casos remetidos pelos Ministros dos Tribunais Superiores ou por outros membros do Poder Judiciário, ou por proposta dos titulares dos órgãos de direção superior, de execução e vinculados à Advocacia-Geral da União.

O dispositivo se refere aos casos em que a controvérsia submetida à Câmara já está sendo objeto de processo judicial, cabendo à CCAF buscar a composição do conflito na via administrativa, seja consensualmente ou, quando assim não for possível, através de parecer do Advogado-Geral da União, que vinculará apenas os órgãos e entidades componentes da Administração Pública Federal.

Este inciso menciona, ainda, que os casos processados pela CCAF podem se iniciar com a provocação de membros do Judiciário, sem fazer qualquer distinção. Esta determinação está afinada com o que dispõe o art. 139, V, do Código de Processo Civil, que incumbe ao magistrado, na direção do processo judicial, promover, a qualquer tempo, a autocomposição, preferencialmente com auxílio de conciliadores e mediadores judiciais. Em se tratando de controvérsia que envolva órgãos e/ou entidades administrativas federais, o espaço adequado para a solução do conflito será a Câmara de Conciliação e Arbitragem da Administração Federal.

Sendo a conciliação a regra e nosso sistema, o que pode ser verificado a partir do que dispõem, por exemplo, os parágrafos 2º e 3º do art. 3º do CPC, pensamos que este inciso IV do art. 41 do Decreto nº 11.328/2023 deve ser interpretado de maneira extensiva, posto que a referência a membros do Judiciário está ali mencionada de forma meramente exemplificativa, pelo que à CCAF cumprirá processar, quando presentes os seus pressupostos, também as solicitações feitas por outros órgãos, como o Ministério Público, a Defensoria Pública, o Tribunal de Contas, as associações etc.

Percebe-se que, mesmo nas ocasiões em que o caso é remetido pelo Judiciário para exame da CCAF, tal determinação judicial estava, na realidade, acolhendo requerimento formulado pelas partes no processo judicial, ainda que não integrantes da Administração Pública.

A solicitação de instalação da CCAF pode ser formulada também pela Câmara dos Deputados Federais e pelo Senado Federal, quando existir controvérsia envolvendo estes órgãos componentes do Poder Legislativo e os da Administração Pública Federal. Embora não seja frequente, este tipo de conflito pode ser conduzido no âmbito da CCAF. Assim já ocorreu, por exemplo, em controvérsia jurídica havida entre o Instituto do Patrimônio Artístico Nacional (IPHAN) e o Senado Federal.[16] Neste precedente, o IPHAN, inicialmente, havia ajuizado ação civil pública em face do Senado,[17] com pedido liminar, a fim de condená-lo à obrigação de não afixar banner, faixas, painéis e similares, de qualquer conteúdo, nas fachadas dos edifícios da área tombada de Brasília, especialmente nos edifícios sede e anexo I do Senado Federal, sem a prévia autorização do IPHAN, sob pena de multa diária a ser fixada judicialmente. Foi autorizada a instauração de processo conciliatório no âmbito da CCAF.

A última parte do dispositivo ora analisado está a indicar que o conflito poderá ser instalado na CCAF também "por proposta dos titulares dos órgãos de direção superior", referindo-se à possibilidade de submissão dos casos pela direção dos órgãos de atuação da AGU nos processos judiciais. O dispositivo cuida, evidentemente, de conflitos já em trâmite no Poder Judiciário.

Quanto aos conflitos ainda não judicializados, a Portaria da AGU nº 1.281/2007, em seu art. 3º, determina que a solicitação de instalação da Câmara, em sendo a iniciativa de órgão ou entidade da Administração Pública Federal, poderá ser feita por Ministros de Estado; dirigentes de entidades da Administração Federal indireta; pelo Procurador-Geral da União, pelo Procurador-Geral da Fazenda Nacional, pelo Procurador-Geral Federal e pelos Secretários-Gerais de Contencioso e de Consultoria.

Em sendo a iniciativa de ente da Administração Pública Estadual, o art. 2º da Portaria da AGU nº 1.099/2008 preceitua que o pedido de atuação da Advocacia-Geral da União para início das atividades conciliatórias deverá ser apresentado pelos Governadores ou Procuradores-Gerais dos Estados e do Distrito Federal. Em sendo a iniciativa de ente

[16] Processo autuado na CCAF sob o nº 00407.009490/2008-01.

[17] Processo autuado sob o nº 2008.34.00.038316-1, e que tramitou perante a 17ª Vara Federal de Brasília-DF.

da Administração Pública Municipal, a solicitação caberá aos Prefeitos ou Procuradores-Gerais de Municípios.

Em relação às controvérsias envolvendo ente municipal, a Portaria da AGU nº 481/2009, em seu art. 1º, exige como condição para submissão da divergência perante a CCAF que os municípios envolvidos sejam Capital de Estado ou que possuam mais de duzentos mil habitantes. A exigência não nos parece razoável, porque o fato da municipalidade não ser Capital, assim como a quantidade de habitantes, não descaracteriza, necessariamente, a complexidade do conflito, razão pela qual deveria ser permitida a solicitação de instalação da Câmara de Conciliação por estes entes, cabendo à CCAF examinar, caso a caso, a viabilidade de instalar a controvérsia no âmbito administrativo.

O inciso V do art. 41 do Decreto nº 11.328/2023 atribui à CCAF, ainda, o dever de promover, quando couber, a celebração de termo de ajustamento de conduta nos casos submetidos a procedimento de mediação. Será cabível o TAC nas matérias que tenham sido submetidas preliminarmente a procedimento autocompositivo, e que no qual não tenha sido entabulado termo de conciliação, cabendo ao Advogado-Geral da União a decisão final sobre a celebração do TAC. O termo de conciliação é o documento firmado pelos interessados quando obtida a conciliação da controvérsia, onde constará a solução proposta para o deslinde do conflito; a discriminação das obrigações assumidas por cada órgão ou ente envolvido, com a indicação dos prazos para o cumprimento; a menção, quando possível, do valor do acordo; a indicação das estratégias processuais, quando a questão estiver judicializada etc. Todos os termos de conciliação são homologados pelo Advogado-Geral da União[18] e têm eficácia jurídica de título executivo extrajudicial, por força do art. 784, IV, CPC.

Quanto às controvérsias não solucionadas por autocomposição, deverá a CCAF propor ao Consultor-Geral da União o arbitramento da matéria, conforme disposto no inciso VI do art. 41 do Decreto nº 11.328/2023, dispositivo que segue a determinação contida no §1º do art. 36 da Lei de Mediação. A manifestação da Consultoria será feita através de parecer, o qual será submetido à aprovação do Advogado-Geral da União, nos termos do art. 11 da Portaria da AGU nº 1.281/2007.[19] Este

[18] Decreto nº 10.608/2023, art. 75. São atribuições do Advogado-Geral da União, órgão mais elevado de assessoramento jurídico do Poder Executivo federal: (...) XII – homologar termo de conciliação firmado no âmbito da Advocacia-Geral da União.

[19] Art. 11. A Consultoria-Geral da União, quando cabível, elaborará parecer para dirimir a controvérsia, submetendo-o ao Advogado-Geral da União nos termos dos arts. 40 e 41 da Lei Complementar nº 73, de 10 de fevereiro de 1993.

parecer, no qual constará a solução quanto à questão controvertida, vinculará a Administração Pública Federal[20] – e tão apenas ela.

Por fim, o art. 41 do Decreto nº 11.328/2023 atribui à CCAF, em seu inciso VII, o dever de coordenar, orientar e supervisionar as atividades conciliatórias no âmbito das Consultorias Jurídicas da União nos Estados. Como já mencionado, a CCAF pode delegar a conciliação às Câmaras Locais de Conciliação, que integram a Consultoria Jurídica da União nos Estados. Quando ocorrer a delegação, as atividades conciliatórias continuam a ser supervisionadas pela Câmara de Conciliação e Arbitragem da Administração Federal.

5 Dinâmica do procedimento

Tendo sido feita a solicitação para instalação de Câmara de Conciliação, a mesma é recebida por um dos Conciliadores, o qual irá aferir se o processo administrativo está devidamente instruído. O Conciliador poderá solicitar, a qualquer tempo, informações ou documentos complementares necessários ao esclarecimento da controvérsia.

Após, é feito exame prévio de admissibilidade dos pedidos de resolução de conflitos, por meio de conciliação, na Advocacia-Geral da União, momento em que são considerados os órgãos e entidades envolvidos no conflito e a matéria controvertida.

Caso seja admitido o conflito, o Conciliador designará data para uma primeira reunião de conciliação. Nesta reunião, este irá esclarecer o procedimento conciliatório e a controvérsia jurídica. Após, serão ouvidos os interessados. Ao final da reunião, será redigido o termo de reunião, com a participação e a colaboração dos interessados, onde constarão os registros das ocorrências e deliberações, com a indicação de tarefas, bem como seus responsáveis e prazos para o cumprimento, e, ainda, se for o caso, com designação de data para a reunião seguinte. Este documento será assinado por todos os presentes, que o receberão digitalizado por e-mail.

Não tendo sido obtido o acordo na primeira reunião, poderão ser designadas outras reuniões, tantas quantas forem necessárias para solucionar a questão ou para se concluir pela inviabilidade do acordo. Se for alcançada a conciliação, será firmado o Termo de Conciliação,

[20] Conforme arts. 40 e 41 da Lei Complementar nº 73, de 10 de fevereiro de 1993 – Lei Orgânica da Advocacia-Geral da União.

no qual constarão especificadas as obrigações assumidas por todos os interessados.

6 Vinculação administrativa quanto aos compromissos assumidos e aos acordos firmados

Em caso de frustração da conciliação, a controvérsia é solucionada pelo parecer do Consultor-Geral da União, aprovado pelo Advogado-Geral da União, que, uma vez publicado, deverá ser seguido não apenas pelos entes envolvidos no conflito, mas pelos demais órgãos e entidades federais. Assim, em divergência relativa à competência administrativa envolvendo dois órgãos públicos federais, por exemplo, a definição da competência pelo Advogado-Geral da União, não resolverá apenas o caso concreto, devendo a orientação quanto à competência firmada em parecer ser observada pela Administração Pública Federal nas situações futuras. A solução dada a um caso, portanto, pode servir como precedente nos demais casos semelhantes.

Aprofundando a questão, podemos indagar qual seria o grau de vinculação da Administração Pública Federal quanto ao conteúdo dos *acordos* firmados na CCAF. A título de exemplo, em um conflito – negativo ou positivo – de competência entre órgãos administrativos federais, se nas reuniões de conciliação chegassem aos seus representantes jurídicos, conjuntamente à conclusão quanto à definição da competência administrativa, é inegável que a mesma deveria ser respeitada pelos envolvidos no caso concreto. Mas seria razoável exigir observância a este acordo em situações futuras semelhantes? Em outras palavras: o respeito aos precedentes administrativos também englobaria as avenças firmadas entre entes públicos?

E quanto às manifestações anteriores dos interessados no mesmo processo, também não poderiam desconhecer tudo o que fora construído ao longo do tempo em que o feito tramitou na CCAF. Essa advertência também é de grande importância, pois agora o que se indaga é qual o grau de vinculação dos interessados quanto aos compromissos assumidos nas reuniões de conciliação já realizadas, mesmo aqueles não consignados em termo de conciliação.

Todas essas perguntas se relacionam à incidência da teoria das autolimitações administrativas,[21] que consubstancia a aplicação do

[21] Por todos, v. ARAGÃO, Alexandre Santos. Teoria das autolimitações administrativas: atos próprios, confiança legítima e contradição entre órgãos administrativos. *Revista de Direito do Estado*, Rio de Janeiro: Renovar, n. 4, p. 231-244, out./dez. 2006.

princípio de proibição de comportamento contraditório no âmbito da Administração Pública, impedindo que o Poder Público, ante os mesmos elementos de fato, adote entendimentos contraditórios ou em desacordo com os precedentes anteriormente firmados em sede administrativa.[22]

Com efeito, ainda que, por hipótese, se pretenda restringir a aplicabilidade da boa-fé objetiva às relações privadas, sob o argumento de que tal princípio seria normativamente tratado pelo vigorante Código Civil (arts. 113, 187, e 422) – entendimento que usamos apenas como recurso argumentativo, pois pensamos que o princípio da boa-fé objetiva rege todas as relações jurídicas, como expressão dos deveres de cooperação, respeito e lealdade que se impõem às partes de qualquer relação contratual, seja ela privada ou administrativa[23] – deve-se admitir a aplicação do princípio de vedação ao comportamento contraditório também nas relações jurídico-administrativas como decorrência da aplicação do princípio constitucional da segurança jurídica (art. 5º, *caput*, CRFB/88), bem como da observância dos princípios constitucionais dirigidos à Administração Pública, em especial a moralidade e a impessoalidade administrativas (art. 37, *caput*, CRFB/88).[24]

---

[22] Desenvolvemos o tema com maior alcance, principalmente sob a ótica da relação do Poder Público com os cidadãos, em: FACCI, Lucio Picanço. *Administração Pública e segurança jurídica*: a tutela da confiança nas relações jurídico-administrativas. Porto Alegre: Sergio Antonio Fabris, 2015, especialmente às p. 71-92.

[23] Sobre o tema da utilização de modelos do Direito Civil para a Administração Pública, Gustavo Tepedino assevera que "prevalece nessa tendência a saudável perspectiva finalística na gestão administrativa, perseguindo-se a simplicidade e a transparência peculiares do Direito Privado, cuja importação para o Direito Administrativo é presságio de maior preocupação ética no trato da coisa pública". Para o aludido civilista, este intercâmbio conceitual, longe de representar uma "civilização do Direito Administrativo", representa, na realidade, uma "saudável circulação de modelos jungidos sempre pela mesma tábua de valores, a confirmar, ainda uma vez, a perspectiva unitária do ordenamento". (TEPEDINO, Gustavo. *Temas de direito civil*. Rio de Janeiro: Renovar, 2009. t. III, p. 435-437).

[24] Vale transcrever, neste particular, as palavras de Anderson Schreiber que, ao cuidar da incidência da vedação de *venire contra factum proprium* no âmbito da Administração Pública, esclarece que "mesmo aqueles que restringem a aplicabilidade da boa-fé objetiva às relações privadas devem admitir a incidência do princípio de proibição do comportamento contraditório em relações de direito público, seja como expressão de institutos verdadeiramente publicísticos (como a moralidade administrativa e a igualdade dos administrados em face da Administração Pública) ou como resultado da direta aplicação do valor constitucional da solidariedade social. A análise de casos mostra que a tudo isto se conforma a nossa jurisprudência". (SCHREIBER, Anderson. *A proibição de comportamento contraditório – tutela da confiança e venire contra factum proprium*. 2. ed. Rio de Janeiro: Renovar, 2007. p. 212).

O princípio da moralidade administrativa, também consagrado pela Lei nº 9.784/99 como dever do Poder Público de "atuação segundo padrões éticos de probidade, decoro e boa-fé" (art. 2º, parágrafo único, IV), constitui pressuposto de juridicidade de todo e qualquer ato da Administração Pública. Amparando-se em lição de Maurice Hauriou, o mestre Hely Lopes Meirelles leciona que esse princípio impõe ao agente público um dever ético de honestidade e lisura na sua conduta, não se limitando a "decidir somente entre o legal e o ilegal, o justo e o injusto, o conveniente e o inconveniente, o oportuno e o inoportuno, mas também entre o honesto e o desonesto".[25] Na mesma direção, Paulo Modesto assevera que a moralidade administrativa abriga o princípio da boa-fé, vedando-se, nas relações administrativas, todo comportamento contrário à conduta reta, normal e honesta que se espera no tráfego jurídico.[26]

A vedação de *venire contra factum proprium* por parte da Administração Pública decorre também do princípio constitucional da impessoalidade administrativa (art. 37, *caput*, CRFB/88), fazendo com que as decisões administrativas sobre os mesmos fatos, ou fatos semelhantes, sejam congruentes entre si, independentemente da diferença quanto aos sujeitos que serão por ela alcançados.

Ressalte-se que a incidência dos aludidos princípios constitucionais no âmbito das relações jurídico-administrativas, bem como o inafastável dever de respeito pela Administração Pública dos direitos e garantias fundamentais dos cidadãos-administrados impedem que o Poder Público deixe de cumprir tais mandamentos constitucionais ao argumento da proteção do erário.[27] A incidência do princípio da proibição de comportamento contraditório no âmbito das relações jurídico-administrativas densifica os princípios consagrados pela nova ordem constitucional e cumpre o dever de respeito aos direitos e garantias fundamentais.

Os Tribunais Superiores compartilham desse entendimento, tendo em várias oportunidades aplicado os princípios da segurança

---

[25] MEIRELLES, Hely Lopes. *Direito Administrativo Brasileiro*. 25. ed. São Paulo: Malheiros, 2000. p. 83.

[26] MODESTO, Paulo. Controle jurídico do comportamento ético da Administração Pública no Brasil. *Revista Eletrônica sobre a Reforma do Estado (RERE)*, Salvador, Instituto de Direito Público da Bahia, n. 10, p. 7, jun./jul./ago. 2007. Disponível em: www.direitodoestado.com.br. Acesso em 10 mar. 2008.

[27] SILVA, José Afonso da. *Comentário contextual à Constituição*. São Paulo: Malheiros, 2005. p. 605.

jurídica e da proteção à confiança legítima[28] como limitadores da autotutela administrativa.[29]

Como instrumentos de concretização da teoria das autolimitações administrativas, foram construídas as subteorias dos *atos próprios* e dos *precedentes administrativos*.[30] A primeira pode ser arguida dentro da mesma relação jurídica, aplicada, assim, à mesma pessoa em favor da qual fora praticado o ato administrativo anterior, gerador da confiança legítima no seu beneficiário de que a Administração Pública não irá agir de modo contrário ao comportamento anterior. A segunda subteoria, por sua vez, aplica-se a relações jurídicas diversas.[31]

Portanto, diante do dever do Poder Público de observar no futuro a conduta esperada a partir dos atos administrativos anteriores, são de alta relevância as indagações suscitadas na reunião de conciliação a que participei como observador. Pensamos que estas são respondidas pela teoria da autolimitação administrativa, de inegável incidência na atividade de natureza administrativa desenvolvida na CCAF, seja pela subteoria dos atos próprios, seja pela subteoria dos precedentes administrativos.

Assim, pelo ângulo dos precedentes administrativos, entendemos que não apenas os pareceres aprovados pelo Advogado-Geral da União solucionando a questão controvertida vincularão a Administração Pública Federal, mas também as soluções consensualmente construídas pelos órgãos e entidades administrativas envolvidas no caso concreto deverão ser observadas. Essa conclusão nos parece a mais adequada: os acordos celebrados pelos entes públicos configuram precedente

---

28 A respeito da imprecisão terminológica adotada pela jurisprudência para aferir a incidência do princípio da vedação de comportamento contraditório, bem como a tutela da confiança legítima, registrou Rafael Maffini que "[a]nalisando-se a jurisprudência do STF e do STJ, é possível encontrar várias decisões que deram concreção ao princípio da proteção substancial da confiança, mesmo que não se o referisse explicitamente. Relegando-se a questão terminológica a um plano secundário, é possível encontrar decisões exaradas com base na proteção da confiança ora sob a designação da boa-fé, ora com referência à segurança jurídica". (MAFFINI, Rafael. *Princípio da proteção substancial da confiança no Direito Administrativo brasileiro*. Porto Alegre: Verbo Jurídico, 2006. p. 224-225). Segurança jurídica, boa-fé e confiança legítima não são expressões sinônimas: consubstanciam categorias jurídicas com significado próprio no âmbito do Direito, muito embora tenham em comum, dentre outros aspectos, constituírem fundamento para a incidência do princípio de proibição de comportamento contraditório.

29 Por todos, v. STF, MS nº 24.268/MG, Relator: Min. Gilmar Mendes, Pleno, *DJ* 05.02.2004.

30 Por todos, v. DÍEZ-PICAZO, Luis. Maria. El precedente administrativo. *Revista de Administración Pública*, Madrid, n. 98, may./ago. 1982, *passim*.

31 Aprofundamos o tema em: FACCI, Lucio Picanço. Autolimitações Administrativas: considerações sobre o dever de coerência da Administração Pública. *Revista da Procuradoria-Geral do Banco Central*, v. 5, n. 1, p. 69-100, jun. 2011.

administrativo e devem ser considerados pela Administração Pública, portanto, como parâmetro de juridicidade dos seus atos futuros.

Nessa direção, em conflito envolvendo matéria patrimonial, por exemplo, uma vez tendo os entes públicos envolvidos deliberado sobre a titularidade do bem público em questão, esta deliberação vincula não apenas as partes interessadas, mas toda a Administração Pública, que deverá se comportar de forma a respeitar a propriedade nos termos do acordo celebrado na CCAF. No campo ambiental, por exemplo, tendo os entes concluído consensualmente pela exigência de determinada licença ambiental para a prática de determinada atividade, não é possível a outros órgãos desconhecerem a restrição, sobre a qual deliberou a própria Administração Pública Federal. Em matéria fiscal, a solução é a mesma: tendo as entidades decidido que determinado tributo não era devido, à Administração Pública não será mais permitido cobrar a exação quando configurada a mesma situação de fato.

Dessa forma, pensamos que os interessados podem ser alertados sobre a projeção dos efeitos do acordo logo no início da reunião de conciliação. Se, por um lado, essa observação poderá inibir a liberdade dos presentes no desenvolvimento das atividades conciliatórias, por outro, provavelmente aumentará a responsabilidade dos envolvidos quanto à melhor solução para o conflito e o nível de informação quanto à extensão dos seus efeitos. Além disso, a advertência poderá provocar os interessados a pensar no acordo de forma a também evitar novos conflitos.

Pelas mesmas razões de segurança jurídica, mas sob a ótica da subteoria dos atos próprios, também os compromissos assumidos nas reuniões anteriores, ainda que não formalizados no termo de conciliação, devem vincular a atividade das partes envolvidas nas reuniões e demais atos futuros a serem praticados no processo em trâmite na Câmara de Conciliação, devendo os mesmos deixar de ser observados apenas se desfeitos de comum acordo entre os atores que os construíram.

As manifestações feitas no processo, além de realizadas por entes públicos, geram expectativas nos demais interessados. É preciso tutelar essas expectativas e, mais que isso, promover e garantir o elemento da confiança, essencial para o desenvolvimento da composição do conflito. Permitir que os entes públicos adotem postura incompatível com aquela adotada em momentos anteriores é o mesmo que tolerar o ambiente de incerteza no processo administrativo. Os entes públicos estão, assim, vinculados aos estudos apresentados, às propostas formuladas, isto é, ao sentido objetivo dos próprios atos que produziram no curso do procedimento.

Partindo do pressuposto de que os atos praticados no curso do processo administrativo devem ser respeitados por quem os produziu e, ainda, que as decisões firmadas no âmbito da Câmara de Conciliação passam a integrar o seu conjunto de precedentes administrativos, é de grande importância a verificação pela Câmara de conexão entre conflitos pendentes, que contenham a mesma matéria controvertida, de modo que sejam solucionados de forma congruente, evitando-se, assim, que sejam alcançados acordos baseados em intepretações jurídicas incompatíveis entre si sobre a mesma questão controvertida.

O CPC/2015 chega a dispensar a ocorrência de conexão quando verificado o risco de prolação de decisões conflitantes (§3º do art. 55). Embora o universo de processos submetidos à CCAF seja incomparavelmente menor do que os que atualmente tramitam no Judiciário, a razão de ser do dispositivo não está ligada apenas à preocupação de administração do acervo judiciário. A *ratio* do dispositivo é assegurar a previsibilidade das decisões judiciais, promover a segurança jurídica e preservar a confiança das pessoas na prestação jurisdicional.

As mesmas razões se aplicam no âmbito administrativo. A construção de acordos ou pareceres na Câmara de Conciliação com orientações jurídicas diversas sobre as mesmas situações de fato é igualmente perniciosa para a higidez do sistema jurídico que sustenta a Administração Pública, para a segurança jurídica, para a condução da atividade administrativa e, por essa razão, deve ser evitada.

Isso é facilmente percebido nas controvérsias envolvendo, por exemplo, matéria fiscal. Em um dos precedentes analisados, notamos que a Câmara de Conciliação, antes de iniciar as atividades conciliatórias, agrupou todos os processos que, no âmbito administrativo, apresentavam a mesma situação fática e a mesma matéria jurídica controvertida e que, por consequência, demandavam a mesma solução.[32]

7 Métodos utilizados para a composição dos conflitos

A CCAF realiza atividade predominantemente de conciliação, tendo sido verificado que a finalidade principal da Câmara é a de resolver o conflito com um acordo a respeito da questão controvertida.

---

[32] Vide processo autuado na CCAF sob o nº 00402.003296/2014-00 (principal), ao qual foram agrupados vinte e três outros processos, todos decididos consensualmente e com o mesmo encaminhamento jurídico.

Quando as partes envolvidas não logram alcançar a solução consensual, a matéria não é decidida por arbitragem, mas sim por arbitramento, eis que a questão passa a ser resolvida por parecer que tem eficácia vinculante apenas em relação à Administração Pública Federal, ao contrário do que ocorre na arbitragem, pois a sentença arbitral se impõe a todos os envolvidos no conflito. A arbitragem, contudo, pode se realizar na CCAF, conforme assim autorizam os §§1º e 2º do art. 1º e o §3º do art. 2º da Lei nº 9.307/96 – dispositivos incluídos pela Lei nº 13.129, de 26 de maio de 2015 – desde que exista convenção de arbitragem, na forma de cláusula compromissória ou compromisso arbitral.

Na CCAF, todavia, também se realiza mediação,[33] aplicada em controvérsias nas quais o simples acordo não seria suficiente para resolver o conflito, sendo necessário o reestabelecimento do diálogo entre os interessados, restabelecendo a relação por vezes muito desgastada entre os representantes dos órgãos interessados, o que compromete a comunicação e dificulta sobremaneira a construção de uma solução pronta para o conflito.

Nesses casos, muitas vezes será preciso realizar uma série de providências pelo mediador e pelos diversos órgãos interessados na efetiva solução do conflito, como, por exemplo, a realização de audiência pública para resolução de sobreposição de território quilombola em área de proteção ambiental. Em hipóteses como essa, o acordo ou a simples uniformização quanto à aplicação da legislação ao caso concreto não teria a capacidade de resolver a disputa.

8 Conclusão

Para além de evitar a agudização do conflito, a abertura da comunicação no âmbito administrativo exige uma postura ativa dos entes públicos interessados na busca do caminho adequado para a resolução do conflito, ainda quando a matéria controvertida for de direito estrito, pois não apenas o seu modo de cumprimento pode ser objeto de consenso, como também a aplicação dos meios adequados pode contribuir para a identificação das causas do litígio e mesmo da divergência interpretativa sobre as regras que regulam a questão em disputa.

De fato, a clareza do texto legal e mesmo da jurisprudência não impedem a sua problematização no plano administrativo pelos diversos órgãos de execução, sendo que o diálogo entre as partes conflitantes

[33] Expressamente referida nos incisos V e VI do art. 41 do anexo I do Decreto nº 10.608/2023.

para debater diretamente sobre a divergência confere maior concretude à resolução da questão divergente, na medida em que a sua solução é construída por elas próprias após diálogo conjunto a respeito da matéria conflituosa.

Referências

ANTUNES, Luís Filipe Colaço. *A teoria do acto e a justiça administrativa. O novo contrato natural*. Coimbra: Almedina, 2006.

ARAGÃO, Alexandre Santos. Teoria das autolimitações administrativas: atos próprios, confiança legítima e contradição entre órgãos administrativos. *Revista de Direito do Estado*, Rio de Janeiro: Renovar, n. 4, p. 231-244, out./dez. 2006.

DÍEZ-PICAZO, Luis. Maria. El precedente administrativo. *Revista de Administración Pública*, Madrid, n. 98, may./ago. 1982.

FACCI, Lucio Picanço. Autolimitações Administrativas: considerações sobre o dever de coerência da Administração Pública. *Revista da Procuradoria-Geral do Banco Central*, v. 5, n. 1, p. 69-100, jun. 2011.

FACCI, Lucio Picanço. *Administração Pública e segurança jurídica*: a tutela da confiança nas relações jurídico-administrativas. Porto Alegre: Sergio Antonio Fabris, 2015.

FACCI, Lucio Picanço. *Meios adequados de resolução de conflitos administrativos*. 2. ed. Rio de Janeiro: Lumen Juris, 2021.

MAFFINI, Rafael. *Princípio da proteção substancial da confiança no Direito Administrativo brasileiro*. Porto Alegre: Verbo Jurídico, 2006.

MEIRELLES, Hely Lopes. *Direito Administrativo Brasileiro*. 25. ed. São Paulo: Malheiros, 2000.

MODESTO. Paulo. Controle jurídico do comportamento ético da Administração Pública no Brasil. *Revista Eletrônica sobre a Reforma do Estado (RERE)*, Salvador, Instituto de Direito Público da Bahia, n. 10, p. 7, jun./jul./ago. 2007. Disponível em: www.direitodoestado.com.br. Acesso em 10 mar. 2008.

SCHREIBER, Anderson. *A proibição de comportamento contraditório – tutela da confiança e venire contra factum proprium*. 2. ed. Rio de Janeiro: Renovar, 2007.

SILVA, José Afonso da. *Comentário contextual à Constituição*. São Paulo: Malheiros, 2005.

TEPEDINO, Gustavo. *Temas de direito civil*. Rio de Janeiro: Renovar, 2009. t. III.

Informação bibliográfica deste texto, conforme a NBR 6023:2018 da Associação Brasileira de Normas Técnicas (ABNT):

FACCI, Lucio Picanço. Comentários em torno da Câmara de conciliação e arbitragem da Administração Federal – Aspectos materiais e processuais. *In*: EIDT, Elisa Berton; GOULART, Juliana Ribeiro; SCHNEIDER, Patricia Dornelles; RAMOS, Rafael (Coord.). *Consensualidade na Administração Pública*. 2. ed. Belo Horizonte: Fórum, 2024. p. 229-250. ISBN 978-65-5518-800-4.

A EXPERIÊNCIA DE PORTO ALEGRE COM A IMPLEMENTAÇÃO DAS CÂMARAS DE MEDIAÇÃO: REALIZAÇÕES E AVANÇOS

PATRÍCIA DORNELLES SCHNEIDER

1 Introdução

O Poder Público é, hoje, o maior usuário do Poder Judiciário, aparecendo como parte (autor ou réu) em 51% dos processos judiciais ativos no Brasil, segundo dados do Conselho Nacional de Justiça, restando claro que a taxa de congestionamento do Poder Judiciário ocorre em face do Poder Público.[1] No dizer de Karoline Busatto:

> Além da questão orçamentária que evidencia o elevado custo de manutenção dos processos pelos cofres públicos, necessário também aceitar que temos de deixar de pensar o Poder Judiciário como responsável único pela solução das demandas, atribuindo às partes envolvidas no conflito um poder de decisão e participação na sua resolução.[2]

---

1 CONSELHO NACIONAL DE JUSTIÇA. *100 maiores litigantes. Justiça em Números, 2021.* Brasília: CNJ, 2021. Disponível em: www.cnj.jus.br. Acesso em 01 mai. 2022.

2 BUSATTO, Karoline. Considerações sobre a Lei de Mediação e a Administração Pública. *In*: RODRIGUES, Roberto de Aragão Ribeiro; PINHO, Humberto Dalla Bernardina de. (Org.). *Mediação e Arbitragem da Administração Pública.* Curitiba: CRV, 2018. p. 170.

Uma série de reformas foram realizadas na legislação processual brasileira e no Judiciário, com o intuito de simplificar o processo e criar mecanismos de aceleração do julgamento, tudo com vistas a dar maior efetividade à tutela jurisdicional, ou seja, a busca pela justiça de uma forma mais efetiva e célere.

Nota-se que os esforços dos processualistas e do legislador foram no sentido de propor novas alternativas de solução dos conflitos em face da cultura de litigiosidade e do embate impregnado na sociedade brasileira e nos próprios operadores do direito.

2 O conflito e o acesso à Justiça

O conflito é intrínseco ou inerente à atividade humana. A diferença de ideias, posições e interesses leva os indivíduos ao estabelecimento natural de conflitos entre pessoas e grupos.

Aristóteles considerava a sociedade essencial para a vida do homem que, como ser político, não pode viver só, tendo em vista sua necessidade natural de associar-se para atingir seus objetivos pela cooperação da vontade humana.

Para José Luís Bolzan de Moraes e Fabiana Marion Spengler:

> Em resumo, o conflito é inevitável e salutar (especialmente se queremos chamar a sociedade na qual se insere de democrática), o importante é encontrar meios autônomos de manejá-lo, fugindo da ideia de que seja um fenômeno patológico e encarando-o como um fato, um evento fisiológico importante, positivo ou negativo, conforme os valores inseridos no contexto social analisado. Uma sociedade sem conflito é estática.[3]

O Estado, como atualmente é conhecido, decorreu da repartição de funções com base nos ideais de Montesquieu em *"L'Esprit dês Lois"*, criando órgãos independentes e separados. O Direito constituído visa então disciplinar a convivência humana, ordenando a vida em sociedade.

Entretanto, o monopólio da função jurisdicional, hoje atribuída ao Poder Judiciário, não era historicamente exigido.

Inicialmente, os conflitos eram decididos instintivamente pelas partes envolvidas, mediante negociação e/ou imposição de força – a

---

[3] MORAIS, José Luís Bolzan; SPENGLER, Fabiana Marion. *Mediação e Arbitragem*: alternativa à jurisdição. 4. ed. Porto Alegre: Livraria do Advogado, 2019. p. 47

chamada Autotutela. Nesses casos, o poder da coação era inegável. Sendo essas coações infrutíferas, buscava-se um terceiro, considerado sábio e imparcial para decidir a questão, sendo este o início da arbitragem voluntária.

Somente com a sofisticação das relações sociais o Estado tomou para si tal função, o *jus punitionis*, garantindo-lhe o poder coercitivo para que pudesse instituir a solução obtida através de seu judiciário e fazendo com que o Estado Moderno afastasse a chamada justiça privada, ou aquela que não advém do Estado.

O governo, então, evoluiu, buscando assumir funções fundamentais e tarefas ampliadas, por meio de estruturas burocráticas, a fim de permitir o exercício da atividade proposta de forma eficiente, e com a criação de regras norteadoras das decisões a serem proferidas e do procedimento para solução das disputas exercendo a jurisdição.

A teoria de que a justiça sendo um direito natural protegeria os cidadãos e que bastava o governo permanecer passivo até que fosse requerido o reconhecimento do direito demonstrou ser ineficaz, à medida que a sociedade cresceu em tamanho e complexidade.

A partir do movimento visando à declaração de direitos nos séculos XVIII e XIX e a proclamação destes na Constituição Francesa de 1946, deu-se início a uma nova fase na qual o Estado teria uma atitude mais ativa. O Estado Moderno, tendo como início um caráter liberal, passou, através do tempo, a abandonar sua ideal associação ordenadora para atuar regulatoriamente, visando ao controle do crescimento e desenvolvimento em progressão geométrica.

No Brasil, a adoção de um sistema civil e normativista, tradicionalmente pretendendo que o Código de Processo Civil regesse todas as soluções de disputas no âmbito procedimental, demonstrou-se incabível. O sistema procedimental hoje existente não é flexível e veloz o bastante para adequadamente cumprir com as garantias constitucionais existentes. Por outro lado, decisões judiciais absolutamente intocáveis repetidas vezes tornam-se inexequíveis, podendo impedir a efetividade dos direitos reconhecidos.

Os métodos autocompositivos como a mediação e a conciliação, onde a construção do consenso é feita pelas próprias partes, sendo o mediador ou o conciliador um terceiro que através de técnicas adequadas auxilia as partes a restabelecer a comunicação muitas vezes rompida pelo conflito e a construir caminhos para o acordo, surgem como formas alternativas ou adequadas de solucionar os conflitos, diferentemente das técnicas utilizadas pelo Poder Judiciário, por meio das quais o Estado-Juiz decide o conflito pela sentença.

Em se tratando de Administração Pública, a mediação aparece como forma de verdadeiro acesso à justiça e de possibilidade de aproximar o cidadão e a Administração, em busca de uma gestão pública mais horizontal e menos impositiva.

3 Breve evolução legislativa

No Brasil, a mediação e a conciliação envolvendo o Poder Público, como formas adequadas de solução de conflitos, foram inicialmente disciplinadas pela Lei Federal nº 13.140, de 26.06.2015, marco regulatório do tema no País, com capítulo específico para a autocomposição envolvendo a Administração Pública (capítulo II).

Antes, em 2010, a resolução nº 125 do Conselho Nacional de Justiça – CNJ abriu o caminho para a instituição de uma "Política Nacional de Tratamento dos Conflitos", atendendo à necessidade de disseminação social do sistema de resolução de conflitos. Mais do que a regulamentação de condutas e a fixação de procedimentos, seus dispositivos foram idealizados para exercer um papel predominantemente educativo, com a disseminação de uma "cultura da paz", em comparação à "cultura da sentença", que caracterizaria o perfil litigante da sociedade brasileira.

A Resolução nº 125 do CNJ trouxe também uma preocupação com o acesso à justiça, por meio de menções expressas como "acesso ao sistema de justiça", "responsabilidade social" e "direito constitucional ao acesso à justiça".

Além disso, trouxe uma preocupação com a criação, no âmbito do Judiciário, de um sistema diversificado de solução de conflitos – evidenciado pela menção à incumbência do Judiciário de organizar os serviços prestados via processo judicial e também através de outros mecanismos de solução, bem como o objetivo de uniformizar os serviços de conciliação e mediação, além da criação de juizados especializados de resolução alternativa de conflitos.

Posteriormente à edição da resolução nº 125 do CNJ, ocorreram alterações no processo civil brasileiro, inclusive com a aprovação do Novo Código (Lei nº 13.105, de 16.03.2015), prevendo a utilização de meios alternativos de solução de controvérsias e estimulando todos os operadores do Direito às práticas autocompositivas.

Já o Código de Processo Civil de 16.03.2015, em seu art. 174, disciplinou que todos os entes públicos deverão criar câmaras de conciliação e mediação para solucionar administrativamente conflitos envolvendo a Administração Pública.

O art. 175, *caput*, do CPC, disciplinou que não são excluídas outras formas de mediação e conciliação extrajudiciais, que podem ser feitas por profissionais independentes, nos termos de lei específica, sendo tais disposições aplicáveis às Câmaras de Conciliação e Mediação, de acordo com o parágrafo único do mesmo dispositivo.

A experiência somada à vasta produção acadêmica, jurisprudência e inovações legislativas criou um caminho jurídico para a utilização desses meios com segurança pelas partes.

O Novo Código de Processo Civil (NCPC) prevê expressamente que o Estado promoverá, sempre que possível, a solução consensual dos conflitos (art. 3º, §2º). Além disso, dispõe que a conciliação, a mediação e outros métodos de solução consensual de conflitos deverão ser estimulados por magistrados, advogados, defensores públicos e membros do Ministério Público, inclusive no curso do processo judicial (art. 3º, §3º).

Ainda sobre o Código de Processo Civil, o art. 139 prevê que incumbe ao juiz promover, a qualquer tempo, a autocomposição, preferencialmente com o auxílio de conciliadores e mediadores judiciais (inc. V).

Já a Lei nº 13.140, de 26 de junho de 2015, chamada de Lei Geral de Mediação, dispõe sobre a mediação entre particulares como meio de solução de controvérsias, dispondo também, em capítulo específico, sobre autocomposição de conflitos no âmbito da Administração Pública.

Portanto, o próprio diploma processual civil reconhece e autoriza a utilização de técnicas de negociação pelos mediadores e conciliadores judiciais, trazendo, portanto, as bases teóricas necessárias para se trilhar, com mais segurança e clareza, o caminho das práticas consensuais de resolução de conflitos.

Ada Pellegrini Grinover[4] afirma que hoje se pode falar de um *minissistema brasileiro de métodos consensuais de solução judicial de conflitos*, formado pela Resolução nº 125/2010 do CNJ, pelo Novo CPC e pela Lei de Mediação, naquilo em que não conflitarem.

A mediação e a conciliação são procedimentos autocompositivos e estruturados de resolução consensual de conflitos, reconhecidos recentemente pela legislação nacional, alçando a política judiciária nacional de tratamento adequado de conflitos – Resolução nº 125/2010 do Conselho Nacional de Justiça – CNJ. No caso, reforça-se a mudança de cultura do embate e do litígio, chamada também "cultura da

---

[4] GRINOVER, Ada Pellegrini. Os métodos consensuais de solução de conflitos no novo CPC. *In*: *O novo Código de Processo Civil*: questões controvertidas. São Paulo: Atlas, 2015. p. 1-2.

sentença" por Valéria Feriolli Lagrasta Luchiari,[5] nas apresentações da obra de Tania Almeida, para a cultura da pacificação social.

Para os que ainda encaram a mediação e a conciliação como modelo empírico de resolução de conflitos, antes, no curso ou fora do processo judicial, a importância da teoria para o suporte e sustentação da prática demonstra a sua segurança e solidez na busca de consensos.

A preservação do diálogo e da relação social subjacente são objetivos habitualmente trabalhados por instrumentos advindos de teorias da negociação, como é o caso da mediação e da conciliação.

Podemos pensar que mediar e conciliar passa, em alguma medida, por negociar os interesses das partes que se apresentam em conflito, daí a importância de utilizar a ferramenta da negociação com base em uma teoria estruturada.

Vários suportes teóricos sustentam o procedimento de mediação e conciliação e, aqui, em especial, a negociação baseada no modelo da Escola de Harvard, traz elementos objetivos e extremamente úteis aos mediadores, auxiliando as partes envolvidas no conflito a construírem o melhor consenso possível para a questão posta em discussão.

O conceito de conflito e como se dá o acesso à justiça em seu sentido mais amplo são fundamentais para se entender o contexto histórico atual, a chamada crise pela qual passa a prestação jurisdicional em seu modelo clássico e as novas alternativas de acesso à justiça, como são os meios autocompositivos de resolução de conflitos.

4 A mediação de conflitos como forma autocompositiva

A mediação e a conciliação surgem como uma possibilidade de restabelecer o diálogo entre as partes, sendo um lugar criado para auxiliar os próprios envolvidos a encontrar e construir a melhor solução para o conflito.

O mediador e o conciliador, neste processo, atuam como um terceiro imparcial que, através de técnicas adequadas, buscam construir a ponte perdida entre as partes, restabelecendo o diálogo, a fim de se chegar a um consenso.

Com a legislação dispondo e estimulando os meios adequados ou alternativos de resolução de conflitos, dentre eles a mediação e a conciliação, está normatizada a ideia de uma consensualidade, que é fenômeno recente e que leva a busca e o acesso à justiça em seu sentido

---

5 ALMEIDA, Tania. *Caixa de ferramentas em mediação*: aportes práticos e teóricos. São Paulo: Dash, 2014. p. 18.

mais amplo, a adotar mecanismos de diálogo, composição e engajamento de toda a sociedade na consecução de finalidades comuns.

Ada Pellegrini Grinover refere ainda que "vai ganhando corpo a consciência de que, se o que importa é pacificar, torna-se irrelevante que a pacificação venha por obra do Estado ou por outros meios, desde que eficientes".[6]

Daí a ideia de mediação como uma linha média ou intermediária entre forças em oposição. A mediação traz a ideia de centro, de meio ou de equilíbrio, compondo a ideia de um terceiro elemento que se encontra entre duas partes, não sobre, mas entre. Para Luís Alberto Warat,

> a mediação seria um salto qualitativo para superar a condição jurídica da modernidade, baseada no litígio e apoiada em um objetivo idealizado e fictício como é o de descobrir a verdade, que não é outra coisa que a implementação da cientificidade como argumento persuasivo, porque as partes, mais do que frequentemente se imagina, não conhecem suas próprias intenções, perdem-se nas fórmulas de seus próprios enunciados; são "armadilhas do inconsciente" que o mediador deve ajudá-los a trabalhar.[7]

O termo mediação deriva do latim "*mediare*", que, dentre outros significados, é o ato de intervir. Significa, então, intervir de maneira pacífica e imparcial na solução de conflitos.

A mediação já era praticada nos litígios bíblicos, como na Grécia e na civilização romana, especialmente nas comunidades judaicas, difundindo-se em outras culturas como a islâmica, a hindu, a chinesa e a japonesa.

Assim, desde a década de 50, a China aplica a mediação na resolução de conflitos familiares através do Comitê Popular de Conciliação e dos Tribunais de Conciliações.

No período pós-guerra, na segunda metade do século passado, os Estados Unidos, visando diminuir a grande quantidade de processos que abarrotavam o Poder Judiciário, criaram um modelo de meios alternativos de solução de conflitos, originando a ADR (*Alternative Dispute Resolution*), hoje internacionalmente conhecida para identificar os meios alternativos de solução de conflitos.

A partir dos anos 80, a mediação passou a ser disseminada nos moldes americanos para o Continente Americano, Europeu e Asiático,

---

[6] CINTRA, Antônio Carlos de Araújo; GRINOVER, Ada Pellegrini; DINAMARCO, Cândido R. *Teoria Geral do Processo*. 15. ed. São Paulo: Malheiros, 1999. p. 29-30.

[7] WARAT, Luís Alberto. *Em nome do acordo*: a mediação no Direito. Florianópolis, SC: Modara, 2018. p. 23-24.

trazendo os benefícios apresentados tanto pela agilidade na resolução dos conflitos, ou seja, o tempo de espera das partes pela resolução do conflito, quanto pela satisfação das partes que escolheram o mediador para intervir, apontando a melhor solução para ambas.

5 A mediação como forma de resolução de conflitos em que a Administração Pública for parte ou interessada

Convêm relembrar que o CPC/2015 e a Lei nº 13.140/2015 (Lei de Mediação) previram a criação, pela Administração Pública dos vários entes da Federação, das chamadas câmaras especializadas de prevenção e resolução administrativa de conflitos, com o objetivo de analisar e formular propostas de acordos ou transações para prevenir ou terminar litígios, inclusive os judiciais.

A lei também previu que o regulamento disporá sobre a forma de composição das câmaras, bastando que se estabeleça o procedimento adequado sobre a negociação como método de resolução desses litígios.

Ora, a mediação na Administração Pública é atualmente legislada e estimulada, faltando talvez a sua maior divulgação e disseminação entre gestores e operadores do Direito.

Antigos dogmas afetos ao Direito Administrativo, que antes não autorizavam que se falasse em qualquer espécie de negociação na Administração Pública, estão hoje superados.

Como é sabido, o interesse público é indisponível. Entretanto, isso não significa que o Poder Público não possa fazer concessões ou abdicar de certas pretensões sob certos condicionamentos. Como reflete Carlos Henrique Ramos:

> Do ponto de vista do interesse material, a indisponibilidade do interesse público é reflexo direto do princípio republicano. Se os bens públicos pertencem à coletividade, é natural que o Poder Público não possa dispor dos mesmos como o faz um particular livremente. Ocorre que tal afirmação comporta graduações, tendo em vista que, em alguns casos, embora o bem jurídico seja indisponível, outros valores constitucionais (como a eficiência, por exemplo), podem justificar que o Estado, mediante lei (como, por exemplo, quando o Estado renuncia a um crédito fiscal), renuncie a certas derivações do bem indisponível. O próprio marco legal da mediação é claro ao prever o procedimento mediatório para o caso de *direitos indisponíveis* que admita transação.[8]

[8] RAMOS, Carlos Henrique. O Novo CPC, Mediação e a Administração Pública. *In*: RODRIGUES, Roberto de Aragão Ribeiro; PINHO, Humberto Dalla Bernardina de. (Org.). *Mediação e Arbitragem da Administração Pública*. Curitiba: CRV, 2018. p.79.

Portanto, a indisponibilidade não pode significar a inegociabilidade do interesse público. Como nos ensinou Diogo de Figueiredo Moreira Neto,[9] não se negocia o interesse público, mas a melhor forma de alcançá-lo com mais eficiência.

Por isso, a Administração Pública e a advocacia pública municipal devem estar atentas e direcionadas a esses novos caminhos de acesso à justiça e ao atingimento do interesse público, desenvolvendo um olhar sistêmico e colaborativo em relação à resolução dos conflitos.

5.1 Criação das Câmaras de Mediação e Conciliação da PGM de Porto Alegre

Foi concretizando o que o art. 174 do CPC e a Lei de Mediação (13.140/2015) disciplinaram, instituindo um espaço e um mecanismo estruturado de resolução consensual e extrajudicial de seus conflitos, com mais autonomia para o gestor público e mais celeridade e efetividade dos processos, que a Procuradoria-Geral do Município de Porto Alegre, com a edição da Lei nº 12.003, de 27 de janeiro de 2016, criou a chamada Central de Conciliação, composta por três câmaras independentes entre si, a Câmara de Indenizações Administrativas, a Câmara de Conciliação de Precatórios e a Câmara de Mediação e Conciliação, esta última regulamentada pelo Decreto nº 19.519, de 30 setembro de 2016.

Veja-se que a Câmara de Mediação e Conciliação tem por competência a prevenção e a solução, de forma consensual, de conflitos decorrentes de processos administrativos ou judiciais no âmbito da Administração Pública Municipal, dirimindo conflitos envolvendo órgãos da Administração Pública direta e autárquica, além de avaliar a admissibilidade dos pedidos de resolução de conflitos, podendo ser proposta pela própria Administração Municipal ou por particulares.

Qualquer matéria ou conflito envolvendo a Administração Pública e terceiros, ou conflitos entre órgãos públicos, poderão ser encaminhados para a Câmara de Mediação, desde que exista o interesse da Administração em construir consenso para a resolução dos conflitos, sendo primordial a manifestação de interesse emitida pelo Procurador Municipal afeto à área de interesse do objeto em conflito.

---

[9] MOREIRA NETO, Diogo de Figueiredo. *Mutações do Direito Administrativo*. RJ: Renovar, 2003. p. 154.

A atuação dos mediadores, atualmente todos eles servidores públicos municipais, ativos ou inativos, com curso superior em qualquer área do conhecimento e com formação em curso de formação de mediadores extrajudiciais, conta com a supervisão constante da Casa de Mediação da OAB/RS, o que dá ao procedimento a segurança técnica e habilitada no tema.

O mediador atua como facilitador do diálogo entre as partes, sendo elemento neutro ou imparcial perante as partes e o conflito, e faz uso de técnicas e ferramentas próprias para oportunizar às partes a possibilidade de construir opções e alternativas de consenso. De qualquer forma, o mediador atua como ponte entre as partes, sendo o guardião da estrutura do procedimento de mediação e dos seus aportes teóricos e princípios, caracterizando-se como o elo que proporcionará que os envolvidos esclareçam as questões trazidas e melhorem a comunicação entre si, podendo daí ser identificados pontos em comum para a construção de consensos.

Conflitos que envolvam a Administração Pública Municipal e terceiros, ou entre órgãos públicos, são passíveis de serem mediados, desde que presente o interesse da Administração em negociar a melhor forma de se atingir o interesse público.

A submissão dos conflitos à Câmara de Mediação será sempre facultativa e dependerá da análise jurídica de sua possibilidade, além do interesse do gestor público.

Em caso de acordo, total ou parcial, acerca do objeto em conflito, o mesmo será reduzido a termo e encaminhado para homologação pelo Procurador-geral, constituindo um título executivo extrajudicial, nos termos do art. 4º da Lei nº 12.003/2016.

Os mediadores aptos a atuar na Câmara de Mediação e Conciliação da PGM são todos habilitados em curso de formação de mediadores extrajudiciais[10] e cadastrados pela Portaria PGM nº 029/2018.

Conforme nos ensina Fabiana Marion Spengler, é necessária

> uma adequada preparação profissional, que inclua não somente competências jurídicas, e também específico conhecimento das técnicas de mediação.[11]

---

[10] Termo de Cooperação firmado desde 2016 com a Casa de Mediação da OAB Seccional do RS.

[11] SPENGLER, Fabiana Marion. *Da jurisdição à mediação*: por uma outra cultura no tratamento dos conflitos. 2. ed. Ijuí: Ed. Unijuí, 2016. p. 195.

Portanto, concretizado o comando legal, o caminho da consensualidade foi recentemente estendido para a seara tributária, matéria antes vislumbrada como sendo aquela onde a legalidade estrita não daria espaço para negociação de qualquer espécie.

Foi exatamente pela experiência exitosa com a criação da Central de Conciliação no âmbito do Município de Porto Alegre (Lei nº 12.003/2016), que a construção e a edição da Lei da Mediação Tributária (Lei nº 13.028, de 11 de março de 2022) foi possível, trazendo o fisco municipal mais próximo do seu contribuinte. Em 16 de junho de 2022, foi publicado o Decreto nº 21.527, que regulamentou a Lei nº 13.028/2022.

Vale destacar que, em 28 de outubro de 2021,[12] o Conselho Nacional de Justiça – CNJ recomendou o tratamento adequado de conflitos de natureza tributária, quando possível pela via da autocomposição, tendo sido considerada a existência de 26,8 milhões de execuções fiscais em tramitação no Poder Judiciário e uma taxa de congestionamento de 87,3%, segundo o Relatório Justiça em Números 2021 do CNJ, com recomendação expressa para que os magistrados priorizassem a mediação e outros métodos autocompositivos, respeitados os princípios da Administração Pública.

Porto Alegre foi a primeira capital brasileira a criar Câmara de Mediação e Conciliação para conflitos tributários, tornando-se pioneira na mediação tributária envolvendo o Fisco Municipal e o contribuinte.

A mediação tributária tem por objetivo estimular a prática de prevenção e resolução de conflitos tributários envolvendo os tributos municipais, respeitando os princípios peculiares à Administração Pública e à tributação.

Importante aqui registrar os números que estampam as realizações das Câmaras de Mediação e Conciliação (Câmara de Mediação e Conciliação – CMC e Câmara de Mediação e Conciliação Tributária – CMCT) da Procuradoria-geral do Município de Porto Alegre, entre os anos de 2016 (ano de criação) até o momento atual:[13]

---

[12] Recomendação nº 120, do CNJ, de 28.10.2021. Ministro Luiz Fux.

[13] Dados atualizados até 31.08.2023.

Quantidade total	CMC	CMCT
Demandas encaminhadas	76	33
Demandas com procedimento de mediação iniciado	37	11
Demandas com mediação iniciada e COM acordo firmado	20	05
Demandas com mediação iniciada e SEM acordo firmado	07	04
Demandas com mediação iniciada e em andamento	06	02
Sessões realizadas	219	74
Percentual de mediações com acordo	54%	45,4%

Fonte: Elaborado pela Autora.

6 Conclusões

O acesso à justiça em seu sentido mais amplo pode ser atingido pela prática dos meios autocompositivos de resolução de conflitos, como é a mediação e a conciliação, inclusive no âmbito da Administração Pública.

A chamada crise pela qual percorre a prestação jurisdicional em seu modelo clássico, com o acúmulo de demandas judiciais e a complexidade da sociedade contemporânea, que demanda uma prestação mais célere e eficaz, passa pela oferta de novas alternativas de acesso à justiça, como são os meios autocompositivos de resolução de conflitos.

Ao autorizar a criação de câmaras públicas de mediação pelos entes da federação, o art. 174 do CPC possibilitou a criação das Câmaras de Mediação e Conciliação de Porto Alegre (Lei nº 12.003/2016 e Lei nº 13.028/2022). Suas regulamentações (Decreto nº 19.519/2016 e Decreto nº 21.527/2022) criaram critérios objetivos para que a consensualidade possa ser atingida de forma condizente com os princípios afetos ao Direito Público que, ao fim e ao cabo, têm na lei os limites à discricionariedade administrativa.

Os principais fundamentos jurídicos e constitucionais da adoção dos métodos consensuais pela Administração Pública, seja na esfera judicial ou extrajudicial, podem ser resumidos no acesso à justiça de forma mais ampla (resolução adequada dos conflitos), no princípio constitucional da eficiência e em uma Administração Pública mais dialógica e menos vertical.

A própria Lei nº 13.655 (Lei de Introdução às Normas de Direito Brasileiro – LINDB), de 25 de abril de 2018, também prestigia a consensualidade administrativa, convidando a Administração Pública a dialogar com a sociedade em busca de alcançar a melhor solução para a questão conflituosa, dentre aquelas opções possíveis e legalmente autorizadas por lei para a Administração Pública.

Portanto, as soluções negociadas ganham força, especialmente em se entendendo o princípio da juridicidade que vincula as decisões não apenas à legalidade estrita, mas ao bloco geral da legalidade, onde estão presentes os princípios, objetivos e valores constitucionais.

A mediação pode atuar como instrumento de verdadeira pacificação social e também de prevenção de litígios, além de contribuir substancialmente para a qualidade das relações humanas, seja do ponto de vista econômico, social ou emocional.

Para a Administração Pública, é crucial que se mantenha um quadro permanente de mediadores devidamente capacitados, sedimentando a instituição da política pública.

As demandas que aportaram nas Câmaras de Mediação e Conciliação de Porto Alegre, desde a sua criação, e as mediações realizadas demonstram que o caminho é possível e que os desafios são também motivadores para a constante qualificação e para os necessários avanços, sobretudo quando os métodos consensuais como a mediação e a conciliação são instituídos como verdadeiras políticas públicas.

Utilizando-se de ferramentas de negociação, constroem-se caminhos democráticos de pacificação social, consolidando o acesso à justiça em seu sentido mais amplo, resgatando e dando aos cidadãos e ao Poder Público (a quem as políticas públicas, ao final, se destinam) o protagonismo para a resolução de seus conflitos.

Porto Alegre se consolida assim como a capital brasileira que possui, de forma institucionalizada, a mediação como possível porta de acesso à resolução dos conflitos envolvendo o Poder Público Municipal e o cidadão ou contribuinte, fortalecendo a participação democrática da sociedade, na medida em que proporciona a autonomia individual e a participação dialógica na construção e solução dos conflitos envolvendo o Poder Público.

Referências

ALMEIDA, Tania. *Caixa de ferramentas em mediação*: aportes práticos e teóricos. São Paulo: Dash, 2014.

CINTRA, Antônio Carlos de Araújo; GRINOVER, Ada Pellegrini; DINAMARCO, Cândido R. *Teoria Geral do Processo*. 15. ed. São Paulo: Malheiros, 1999.

CONSELHO NACIONAL DE JUSTIÇA. *100 maiores litigantes. Justiça em Números, 2021*. Brasília: CNJ, 2021. Disponível em: www.cnj.jus.br. Acesso em 01 mai. 2022.

GRINOVER, Ada Pellegrini. Os métodos consensuais de solução de conflitos no novo CPC. *In*: *O novo Código de Processo Civil*: questões controvertidas. São Paulo: Atlas, 2015.

MORAIS, José Luís Bolzan; SPENGLER, Fabiana Marion. *Mediação e Arbitragem*: alternativa à jurisdição. 4. ed. Porto Alegre: Livraria do Advogado, 2019.

MOREIRA NETO, Diogo de Figueiredo. *Mutações do Direito Administrativo*. RJ: Renovar, 2003.

RODRIGUES, Roberto de Aragão Ribeiro; PINHO, Humberto Dalla Bernardina de. (Org.). *Mediação e Arbitragem da Administração Pública*. Curitiba: CRV, 2018.

SPENGLER, Fabiana Marion. *Da jurisdição à mediação*: por uma outra cultura no tratamento dos conflitos. 2. ed. Ijuí: Ed. Unijuí, 2016.

WARAT, Luís Alberto. *Em nome do acordo*: a mediação no Direito. Florianópolis, SC: Modara, 2018.

Informação bibliográfica deste texto, conforme a NBR 6023:2018 da Associação Brasileira de Normas Técnicas (ABNT):

SCMEIDER, Patrícia Dornelles. A experiência de Porto Alegre com a implementação das Câmaras de mediação: realizações e avanços. *In*: EIDT, Elisa Berton; GOULART, Juliana Ribeiro; SCHNEIDER, Patricia Dornelles; RAMOS, Rafael (Coord.). *Consensualidade na Administração Pública*. 2. ed. Belo Horizonte: Fórum, 2024. p. 251-264. ISBN 978-65-5518-800-4.

RESOLUÇÃO ADEQUADA DE CONFLITOS TRANSINDIVIDUAIS E A EXPERIÊNCIA DE PORTO ALEGRE COM A MEDIAÇÃO TRIBUTÁRIA

CRISTIANE DA COSTA NERY

1 Introdução

A cultura do litígio ainda é uma realidade, estimulada em grande parte pela formação jurídica no país que o privilegia, além da ausência por muito tempo de legislações que estimulassem a consensualidade e fomentassem a sua implementação, o que se deu de forma mais efetiva do ano de 2015 em diante, por meio das disposições do Código de Processo Civil (Lei nº 13.105/15), da Lei Nacional da Mediação (Lei nº 13.140/15), da Lei da Arbitragem (Lei nº 9.307/1996), com as alterações introduzidas pela Lei nº 13.129/15, pelas próprias modificações na LINDB pela Lei nº 13.655/18.

A litigiosidade pode gerar passivos judiciais e administrativos enormes, com um grande custo, principalmente no campo tributário. Tributos não pagos, créditos públicos não recuperados e ausência de tratamento adequado ao estoque da dívida ativa nas administrações públicas podem gerar estoques de créditos inadimplidos inadministráveis, sem retorno concreto à população, assim como podem gerar conflitos administrativos e judiciais que contribuem para um esgotamento de tais instâncias.

Referido esgotamento se dá tanto em termos de incapacidade de gerenciamento adequado dos processos, com ausência de julgamentos ou duração razoável, quanto em termos de recursos humanos empregados em casos insolúveis ou com escassa capacidade de solução satisfatória, gerando ainda maior custo financeiro, tanto para o público quanto para o privado.

Estima-se que, em média, uma execução fiscal no Brasil tem duração de oito anos.[1] Consequência lógica de tal fato é a preocupação com a demora de ingresso de recursos ou com a recuperação desse estoque de dívida que está judicializado, pois o Estado brasileiro não possui condições de discutir por tanto tempo sobre recursos que são essenciais para a implementação das políticas públicas.

Em 2020, os processos de execução fiscal representavam 36% do total de casos pendentes e 68% das execuções pendentes no Poder Judiciário, contribuindo muito para o crescimento da taxa de congestionamento. Desconsiderando esses processos, a taxa de congestionamento do Poder Judiciário cairia para 66,9%, o que significa que "a cada 100 processos que tramitaram em 2020, 66 teriam continuado pendentes".[2]

Em 2022, o Conselho Nacional de Justiça ratifica tais dados ao divulgar o Relatório do Contencioso Tributário Judicial Brasileiro, salientando que o tempo médio de tramitação de um processo tributário no país é superior a 18 anos, se forem somados os tempos de tramitação do contencioso administrativo e do contencioso judicial.[3]

Quando se analisa quem são os maiores litigantes nacionais, verifica-se que o Poder Público figura como indicado. A taxa de congestionamento judicial, por sua vez, divulgada nos Relatórios Justiça em Números do Conselho Nacional de Justiça, evidencia um percentual

---

[1] BRASIL. Conselho Nacional de Justiça. *A Execução Fiscal no Brasil e o Impacto no Judiciário.* Julho 2011. Disponível em: https://www.cnj.jus.br/wp-content/uploads/2011/02/2d53f36cdc1e27513af9868de9d072dd.pdf. Acesso em 14 mar. 2024.

[2] O maior impacto das execuções fiscais está na Justiça Estadual, que concentra 83% dos processos. Em 2020, a liquidação dessas dívidas correspondeu à arrecadação de R$5,1 bilhões. Atualmente, os processos de execução fiscal representam, aproximadamente, 36% do total de casos pendentes e 68% das execuções pendentes no Poder Judiciário. 76% dos processos pendentes de execução fiscal estão em varas exclusivas. No TJRJ, TJDFT, TJRN, TJAM e TJRR, os percentuais superam 90%. Desconsiderando esses processos, a taxa de congestionamento do Poder Judiciário cairia para 66,9%, ou seja, a cada 100 processos que tramitaram em 2020, 66 teriam continuado pendentes. A taxa de congestionamento total do Judiciário, em 2020, foi de 73%. (BRASIL. Conselho Nacional de Justiça. *Justiça em Números 2021, Sumário Executivo.* Set. 2021. p. 5. Disponível em: https://www.cnj.jus.br/wp-content/uploads/2021/09/justica-em-numeros-sumario-executivo.pdf. Acesso em 14 mar. 2024).

[3] BRASIL. Conselho Nacional de Justiça. *Diagnóstico do contencioso judicial tributário brasileiro*: relatório final de pesquisa. Instituto de Ensino e Pesquisa. Brasília: CNJ, 2022. p. 29.

de aproximadamente 70% no país. Avaliando-se somente os processos de execução fiscal em tramitação, esse índice de congestionamento eleva-se para 87%.[4]

Apenas a título exemplificativo, no Município de Porto Alegre, em março de 2022, a dívida ativa tributária era de R$2.454.328.066,35 e o contencioso administrativo era de R$175.038.929,12, sendo a soma de ambos 5,72 vezes o total investido na cidade no mesmo ano, ou seja, fica demonstrada a necessidade de tratar adequadamente o passivo com grande potencial nesse sentido. E essa realidade se multiplica país afora, conforme demonstram os dados antes mencionados.

Por outro lado, há evolução crescente na utilização da conciliação para solução dos conflitos submetidos ao Poder Judiciário, ainda que essa evolução se dê de forma lenta e ainda não consolidada como prática efetiva, já sendo uma política permanente do CNJ desde 2006.

Em 2019 houve aumento em 11,6% dos casos solucionados por conciliação em relação a 2018, chegando a 12,5% dos casos solucionados nessa via. Com a pandemia, tais percentuais não evoluíram nos anos de 2020 e 2021, mas o período foi atípico para esse fim.

Ao mesmo tempo há investimento do Poder Judiciário na conciliação, o que resta demonstrado pelo crescimento do número de Centros Judiciários de Solução de Conflitos e Cidadania (CEJUSCs) instalados, chegando a 1.382 unidades em 2020,[5] ao passo que eram 362 unidades em 2014 e 1.284 em 2019.

Assim, tais dados evidenciam a necessidade de que se mudem os paradigmas em relação ao processo judicial no país, avaliando-se a resolutividade e a efetividade dos conflitos submetidos ao crivo judicial. A solução alternativa ao processo judicial parece surgir como possibilidade positiva de redução e prevenção de conflitos.

Ao mesmo tempo fica evidente uma ineficiência na atuação estatal em um país com grandes desigualdades sociais e que necessita desse agir para garantia de condições dignas à população, em atenção ao Estado Democrático de Direito e ao Estado Social previstos na Constituição da República de 1988.

O presente estudo pretende abordar, a partir de tais premissas, os desafios e enfrentamentos possíveis para a adoção de métodos

---

4 BRASIL. Conselho Nacional de Justiça. *Justiça em Números 2021, Sumário Executivo*. Set. 2021. p. 5. Disponível em: https://www.cnj.jus.br/wp-content/uploads/2021/09/justica-em-numeros-sumario-executivo.pdf. Acesso em 14 mar. 2024.

5 BRASIL. Conselho Nacional de Justiça. *Justiça em Números 2021, Sumário Executivo*. Set. 2021. p. 8. Disponível em: https://www.cnj.jus.br/wp-content/uploads/2021/09/justica-em-numeros-sumario-executivo.pdf. Acesso em 14 mar. 2024.

adequados ou alternativos ao litígio judicial, em especial na área tributária, a partir do congestionamento constatado no andamento dos processos judiciais, formando passivos estagnados ou conflitos não solucionados que podem prejudicar tanto o cidadão quanto o Estado brasileiro, ou seja, a coletividade em geral.

Para tal enfrentamento, serão abordados conceitos e exemplos práticos na utilização de tais mecanismos, além dos desafios de implementação na Administração Pública, pretendendo-se concluir pela viabilidade e vantajosidade do sistema multiportas como espaço de consenso, a trazer maior eficiência na solução de conflitos e na gestão do Estado brasileiro.

2 Desafios e enfrentamentos – a viabilização de métodos adequados ou alternativos ao litígio judicial

Certamente são muitos os desafios e enfrentamentos a serem adotados para a atuação efetiva na resolução de conflitos de forma alternativa à judicial ou para trazer eficiência na atuação estatal.

É evidente que a concretização dos direitos fundamentais previstos na Constituição da República está longe de uma parte significativa da população. Há uma ineficiência estatal que muitas vezes passa pela ausência de tratamento adequado das demandas ou pela ausência de políticas públicas corretamente formuladas para a prestação de serviços.

Por outro lado, não é possível que toda a demanda ou direito não implementado ou violado seja remetido à resolução na via judicial. Essa concepção de solução não se mostra mais eficaz como talvez possa ter sido um dia, seja pelo volume, seja pela morosidade, seja pela ausência de solução adequada para as partes em grande parte dos casos.

Como refere Mancuso:

> À medida em que se vai evanescendo a ideia da distribuição monopolística da justiça pelo Estado e, em paralelo, vai ganhando corpo a ideia-força da prevenção ou resolução dos conflitos com justiça, ainda que por outros meios, auto e heterocompositivos (ditos equivalentes jurisdicionais), por certo tenderão a diminuir algumas mazelas que hoje comprometem a função judicial do Estado brasileiro: o retardo na resposta jurisdicional, a baixa efetividade prática das decisões condenatórias, a imprevisibilidade dos julgamentos; o desequilíbrio no custo-benefício.
> [...]
> Impende pois laborar para que o direito de ação não se converta, ao fim e ao cabo, num dever de ação, repassando à população a falaciosa ideia

de que todo e qualquer interesse contrariado ou insatisfeito deva ser de pronto judicializado, numa leitura tão atécnica como irrealista do que se contém na propalada garantia de acesso à justiça.[6]

E a função judicial do Estado efetivamente precisa de novo olhar, não havendo mais espaço para o monopólio na atuação da resolução dos conflitos, especialmente os transindividuais. É preciso traçar estratégias para a prevenção de litígios judiciais e para a solução eficaz dos conflitos.

Nesse sentido, o enfrentamento de tais questões nas administrações das três esferas da federação é medida que se impõe, com a atuação propositiva em políticas públicas, com o combate à corrupção, com a especialização de estruturas de estado permanentes nas administrações públicas e com investimento em centrais de conciliação e mediação.

A composição extrajudicial de conflitos, através da mediação e da conciliação, está prevista na Lei Federal nº 13.105, de 16 de março de 2015, novo Código de Processo Civil,[7] e na Lei Federal nº 13.140, de 26 de junho de 2015, Lei da Mediação, sendo inovação do Código de Processo Civil essa previsão, o que denota a mudança projetada para o sistema de justiça do país.

A Lei Federal nº 13.140, de 26 de junho de 2015, Lei da Mediação, estabelece, em seu artigo 32, a possibilidade de a União, os Estados, o Distrito Federal e os Municípios criarem câmaras de prevenção e resolução administrativa de conflitos, regrando no art. 33 as disposições, inclusive, para utilização da Mediação enquanto não criadas tais câmaras.[8]

---

6 MANCUSO, Rodolfo de Camargo. *A resolução dos conflitos e a função judicial no contemporâneo Estado de Direito*. 3. ed. Salvador. JusPodivm, 2020. p. 73 e 87.

7 Art. 3º Não se excluirá da apreciação jurisdicional ameaça ou lesão a direito.
§1º É permitida a arbitragem, na forma da lei.
§2º O Estado promoverá, sempre que possível, a solução consensual dos conflitos.
§3º A conciliação, a mediação e outros métodos de solução consensual de conflitos deverão ser estimulados por juízes, advogados, defensores públicos e membros do Ministério Público, inclusive no curso do processo judicial.
Art. 174. A União, os Estados, o Distrito Federal e os Municípios criarão câmaras de mediação e conciliação, com atribuições relacionadas à solução consensual de conflitos no âmbito administrativo, tais como:
I – dirimir conflitos envolvendo órgãos e entidades da administração pública;
II – avaliar a admissibilidade dos pedidos de resolução de conflitos, por meio de conciliação, no âmbito da administração pública;
III – promover, quando couber, a celebração de termo de ajustamento de conduta.

8 Art. 32. A União, os Estados, o Distrito Federal e os Municípios poderão criar câmaras de prevenção e resolução administrativa de conflitos, no âmbito dos respectivos órgãos da Advocacia Pública, onde houver, com competência para:

É atribuição dos Procuradores de Porto Alegre, por exemplo, nos termos do inciso III do art. 5º da Lei Complementar nº 701/12, atuar extrajudicialmente para a solução de conflitos de interesse do Município.[9]

Nesse contexto, desde 2016, o Município de Porto Alegre já possui a sua Câmara de Mediação e Conciliação, criada no âmbito da estrutura da Procuradoria-Geral do Município por meio da Lei nº 12.003/2016, vinculada à Central de Conciliação, como forma de ampliar e disseminar a cultura do consenso e da pacificação social.[10]

I – dirimir conflitos entre órgãos e entidades da administração pública;
II – avaliar a admissibilidade dos pedidos de resolução de conflitos, por meio de composição, no caso de controvérsia entre particular e pessoa jurídica de direito público;
III – promover, quando couber, a celebração de termo de ajustamento de conduta.
§1º O modo de composição e funcionamento das câmaras de que trata o caput será estabelecido em regulamento de cada ente federado.
§2º A submissão do conflito às câmaras de que trata o caput é facultativa e será cabível apenas nos casos previstos no regulamento do respectivo ente federado.
§3º Se houver consenso entre as partes, o acordo será reduzido a termo e constituirá título executivo extrajudicial.
§4º Não se incluem na competência dos órgãos mencionados no caput deste artigo as controvérsias que somente possam ser resolvidas por atos ou concessão de direitos sujeitos a autorização do Poder Legislativo.
§5º Compreendem-se na competência das câmaras de que trata o caput a prevenção e a resolução de conflitos que envolvam equilíbrio econômico-financeiro de contratos celebrados pela administração com particulares.
Art.33. Enquanto não forem criadas as câmaras de mediação, os conflitos poderão ser dirimidos nos termos do procedimento de mediação previsto na Subseção I da Seção III do Capítulo I desta Lei.
Parágrafo único. A Advocacia Pública da União, dos Estados, do Distrito Federal e dos Municípios, onde houver, poderá instaurar, de ofício ou mediante provocação, procedimento de mediação coletiva de conflitos relacionados à prestação de serviços públicos.
Art. 34. A instauração de procedimento administrativo para a resolução consensual de conflito no âmbito da administração pública suspende a prescrição.
§1º Considera-se instaurado o procedimento quando o órgão ou entidade pública emitir juízo de admissibilidade, retroagindo a suspensão da prescrição à data de formalização do pedido de resolução consensual do conflito.
§2º Em se tratando de matéria tributária, a suspensão da prescrição deverá observar o disposto na Lei nº 5.172, de 25 de outubro de 1966 – Código Tributário Nacional.

[9] Art. 5º Incumbe à PGM:
(...)
III – atuar extrajudicialmente para a solução de conflitos de interesse do Município;
(...)

[10] Art. 1º Fica instituída, nos termos desta Lei, a Central de Conciliação, que visa a estabelecer a conciliação e a mediação como meios para a solução de controvérsias administrativas ou judiciais que envolvam a Administração Municipal, nos termos do inc. III do caput do art. 5º da Lei Complementar nº 701, de 18 de julho de 2012, da Lei Orgânica do Município de Porto Alegre, do art. 32 da Lei Federal nº 13.140, de 26 de junho de 2015, e dos arts. 3º e 174 da Lei Federal nº 13.105, de 16 de março de 2015.
Parágrafo único. A Central de Conciliação ficará vinculada à Procuradoria-Geral do Município (PGM).

Portanto, a legislação nacional existente permite que os instrumentos de resolução dos conflitos em via que não a judicial sejam uma realidade a ser implementada e efetivada, sendo exemplo dessa prática o município de Porto Alegre.

3 O sistema multiportas na prática: abordagem de métodos adequados de resolução de conflitos

Conforme o informe do Conselho Nacional de Justiça, Relatório Justiça em Números do ano 2020, a taxa de congestionamento chegava a 68,5% à época.[11]

> Além dos relevantes avanços alcançados no último ano, o Relatório Justiça em Números 2020 apresenta também os gargalos da Justiça brasileira. A litigiosidade no Brasil permanece alta e a cultura da conciliação, incentivada mediante política permanente do CNJ desde 2006, ainda apresenta lenta evolução. Em 2019, apenas 12,5% de processos foram solucionados via conciliação. Em relação a 2018, houve aumento de apenas 6,3% no número de sentenças homologatórias de acordos, em que pese a disposição do novo Código de Processo Civil (CPC), que, em vigor desde 2016, tornou obrigatória a realização de audiência prévia de conciliação e mediação. Conforme registrado no presente Relatório, aproximadamente 31,5% de todos os processos que tramitaram no Poder Judiciário foram solucionados. No entanto, as conclusões do Relatório Justiça em Números 2020 fornecem razões para otimismo, dando novo fôlego aos magistrados, aos servidores e aos demais trabalhadores do sistema de justiça para continuarem trabalhando com afinco em prol de um Judiciário melhor para a sociedade.[12]

Como se verifica, a litigiosidade permanece alta no país, pois em 2021 essa taxa subiu para 73%, conforme o Relatório Justiça em Números 2021, sendo que o mesmo Relatório em 2022 demonstra que essa taxa segue no patamar de 70%, como já mencionado. Mas há evolução, ainda que lenta, na utilização da conciliação, sendo política permanente do Conselho Nacional de Justiça desde 2006.

---

[11] BRASIL. Conselho Nacional de Justiça. *Justiça em Números, 2020.* 25 ago. 2020. p. 5. Disponível em: https://www.cnj.jus.br/wp-content/uploads/2020/08/WEB-V3-Justi%C3%A7a-em-N%C3%BAmeros-2020-atualizado-em-25-08-2020.pdf. Acesso em 14 mar. 2024.

[12] BRASIL. Conselho Nacional de Justiça. *Justiça em Números, 2020.* 25 ago. 2020. p. 6. Disponível em: https://www.cnj.jus.br/wp-content/uploads/2020/08/WEB-V3-Justi%C3%A7a-em-N%C3%BAmeros-2020-atualizado-em-25-08-2020.pdf. Acesso em 14 mar. 2024.

Fato é que hoje vários são os instrumentos possíveis e previstos na legislação pátria para a reversão ou minimização desse impacto: a mediação, a ser destacada em capítulo próprio ao final, a conciliação, a negociação direta nos autos judiciais, a arbitragem, o compromisso de ajustamento de conduta, passando-se a citar algumas previsões legais e casos enfrentados.

3.1 A arbitragem

A arbitragem está prevista na Lei nº 9.307/96, atualizada pela Lei nº 13.192/15, estando assim prevista a legitimidade para sua concretização, a qual abrange também o poder público:

> Art. 1º As pessoas capazes de contratar poderão valer-se da arbitragem para dirimir litígios relativos a direitos patrimoniais disponíveis.
> §1º A administração pública direta e indireta poderá utilizar-se da arbitragem para dirimir conflitos relativos a direitos patrimoniais disponíveis.
> §2º A autoridade ou o órgão competente da administração pública direta para a celebração de convenção de arbitragem é a mesma para a realização de acordos ou transações.
> Art. 2º A arbitragem poderá ser de direito ou de eqüidade, a critério das partes.
> §1º Poderão as partes escolher, livremente, as regras de direito que serão aplicadas na arbitragem, desde que não haja violação aos bons costumes e à ordem pública.
> §2º Poderão, também, as partes convencionar que a arbitragem se realize com base nos princípios gerais de direito, nos usos e costumes e nas regras internacionais de comércio.
> §3º A arbitragem que envolva a administração pública será sempre de direito e respeitará o princípio da publicidade.[13]

Trata-se de mais um instrumento de resolução adequada de conflitos, ainda que heterocompositivo, sendo interessante citar o julgado do Tribunal de Justiça de São Paulo na Tutela Cautelar Antecedente nº 2090011-46.2020.8.26.0000, da 1ª Câmara Reservada de Direito Empresarial, a qual reforça o presente estudo e foi referida por Cruz e Tucci:

---

[13] BRASIL. Lei nº 9307, de 23 de setembro de 1996. Dispõe sobre a arbitragem. *Diário Oficial da União*, Brasília, 24 set. 1996. Disponível em: http://www.planalto.gov.br/ccivil_03/leis/l9307.htm. Acesso em 14 mar. 2024.

> [...] A admissibilidade do procedimento arbitral coletivo, portanto, merece reflexão... Reflexão acerca, por exemplo, do estímulo para que frutifiquem entre nós ações coletivas, com o fito de pacificação social, uniformidade na distribuição do direito etc. Trata-se da incessante busca de se ter um direito processual eficaz, ligado aos direitos materiais e às garantias que deve concretizar. No caso do mercado de capitais, vital para a economia do País, as ações coletivas são, realmente, de se cogitar... Plausível possa haver a arbitragem coletiva.[14]

3.2 O Compromisso de Ajustamento de Conduta

O compromisso de ajustamento de conduta está previsto na Lei de Introdução às Normas do Direito Brasileiro, Decreto-Lei nº 4.657/42, com as alterações trazidas pela Lei nº 13.655/18, conforme seu artigo 26:

> Art. 26. Para eliminar irregularidade, incerteza jurídica ou situação contenciosa na aplicação do direito público, inclusive no caso de expedição de licença, a autoridade administrativa poderá, após oitiva do órgão jurídico e, quando for o caso, após realização de consulta pública, e presentes razões de relevante interesse geral, celebrar compromisso com os interessados, observada a legislação aplicável, o qual só produzirá efeitos a partir de sua publicação oficial.
> §1º O compromisso referido no caput deste artigo:
> I – buscará solução jurídica proporcional, equânime, eficiente e compatível com os interesses gerais;
> II – (VETADO);
> III – não poderá conferir desoneração permanente de dever ou condicionamento de direito reconhecidos por orientação geral;
> IV – deverá prever com clareza as obrigações das partes, o prazo para seu cumprimento e as sanções aplicáveis em caso de descumprimento.
> §2º (VETADO).[15]

---

14 CRUZ e TUCCI, José Rogério. Considerações para a plena admissibilidade da tutela arbitral coletiva. *Consultor Jurídico*, 27 abr. 2021. Disponível em: https://www.conjur.com.br/2021-abr-27/paradoxo-corte-consideracoes-plena-admissibilidade-tutela-arbitral-coletiva. Acesso em 14 mar. 2024.

15 BRASIL. Decreto-Lei nº 4.657, de 04 de setembro de 1942. Lei de Introdução às Normas do Direito Brasileiro. *Diário Oficial da União*, Rio de Janeiro, 9 set. 1942, retificado em 17 jun. 1943. Disponível em: http://www.planalto.gov.br/ccivil_03/decreto-lei/del4657compilado.htm. Acesso em 14 mar. 2024.

Referida normativa traz a aplicação para o direito público, pela autoridade administrativa, após realização de consulta pública e presente relevante interesse geral, da celebração de compromisso para buscar solução jurídica para o conflito estabelecido. Ou seja, prevê expressamente a adoção de mecanismo consensual pelo poder público para dirimir incerteza jurídica ou conflito posto, certamente mais célere e com maior possibilidade de reparação do dano eventualmente causado.

Como referem Eidt e Cristóvam, ao enfrentar o compromisso previsto no art. 26 mencionado:

> Dito isso, a edição de uma lei que tem por finalidade viabilizar uma maior qualidade das decisões administrativas, por meio de dispositivos que trazem segurança jurídica para posturas mais inovadoras e experimentais, vem ocupando merecido espaço de debate e reflexões. Nesse sentido, a Lei nº 13.655/2018 (LINDB) é mesmo inovadora nos comandos que direciona, na medida em que busca conferir maior segurança e adequação decisória às decisões do gestor público, com incentivo à criatividade e sem prescindir do ônus motivador, o qual servirá de parâmetro tanto para o agente que decide quanto para as instâncias controladoras das atividades administrativas.[16]

E assim prosseguem:

> A justificativa para a concessão desta margem de liberdade para o gestor público realizar determinadas escolhas públicas reside, em boa medida, na própria incapacidade de o Parlamento prever *prima facie* todas as situações possíveis de ocorrer na dinâmica, complexa e multifacetada atividade administrativa. A complexidade das relações decorrentes das atividades do Poder Público e, em especial, na sua integração com a Sociedade, bem como a velocidade com que novas demandas lhes são apresentadas impõe o signo da flexibilidade de atuação como essencial à própria ideia de eficiência e boa administração pública.

Efetivamente estamos diante de uma mudança de paradigmas e que pretende trazer flexibilidade com segurança jurídica à nova realidade que demanda essa atuação inovadora e resolutiva.

---

[16] EIDT, Elisa Berton; CRISTÓVAM, José Sérgio da Silva. O compromisso do artigo 26 da LINDB e a sua celebração no âmbito das câmaras administrativas de prevenção e de solução de conflitos. *In*: RAMOS, Rafael (Coord.). *Nova LINDB. Proteção da confiança, Consensualidade, participação democrática e precedentes administrativos*. Rio de Janeiro: Ed. Lumen Juris, 2021. p. 74 e 77.

3.3 Conciliação e Negociação Direta nos autos

Uma iniciativa da Advocacia Geral da União e do Superior Tribunal de Justiça, em acordo de cooperação técnica, acabou racionalizando e otimizando a tramitação processual ao evitar 350 mil novos recursos à Corte em um ano:

> A parceria surgiu com o objetivo de racionalizar a tramitação de processos, além de prevenir litígios, por meio do intercâmbio de dados, documentos e informações de interesse recíproco.
>
> [...]
>
> Nos últimos 12 meses, 350.432 processos tiveram sua tramitação abreviada nas instâncias de origem (por desistência, acordo ou não interposição de recurso), deixando de ser enviados ao STJ. Além disso, houve uma redução de aproximadamente 11,2% do número de agravos em recursos especiais da AGU (total de 1.786 processos), em comparação com o período anterior equivalente. A taxa de decisões desfavoráveis foi reduzida em 14,15% e a AGU homologou 1.453 desistências no STJ.[17]

Trata-se de uma iniciativa de conciliação e acordo nos autos que vem ao encontro da utilização de métodos adequados para resolução de conflitos. A AGU, como grande litigante nacional, em função de sua representação, utilizou adequadamente a possibilidade de desistência, acordo ou não interposição de recurso, abreviando a tramitação e diminuindo a taxa de congestionamento de processos no STJ.

Essa parceria e mapeamento estratégico preveniu litígios, reduziu a tramitação de processos, otimizou a utilização de recursos humanos e materiais e aumentou o índice de decisões favoráveis à AGU, o que vem, por óbvio, em benefício da sociedade.

4 A racionalização da cobrança da dívida ativa como forma de minimizar o impacto das execuções fiscais e o contencioso tributário brasileiro

Um claro exemplo de possibilidade de adoção de meios de racionalização na atuação é em relação à cobrança da dívida ativa. Vários

---

[17] BRASIL. Superior Tribunal de Justiça. *Em um ano, acordo de cooperação STJ e AGU otimiza tramitação processual e evita 350 mil novos recursos à corte.* 25 jun. 2021. Disponível em: https://www.stj.jus.br/sites/portalp/Paginas/Comunicacao/Noticias/25062021-Em-um-ano--acordo-de-cooperacao-STJ-e-AGU-otimiza-tramitacao-processual-e-evita-350-mil-novos-recursos-a-corte.aspx. Acesso em 14 mar. 2024.

mecanismos têm sido adotados para prevenir a judicialização ou até mesmo para tornar mais efetiva a tramitação das execuções fiscais que hoje respondem pelo grande volume de processos em tramitação junto ao Poder Judiciário.

Há um evidente esgotamento das execuções fiscais enquanto instrumentos efetivos de satisfação do crédito público, as quais, em muitos casos, são mais onerosas que o próprio crédito em cobrança.

Pesquisar as melhores formas de recuperação do estoque da dívida ativa, seja a judicializada, seja a administrativa, pode contribuir para a melhoria do sistema tributário. A busca da eficácia na recuperação do crédito público e eficiência na sua utilização possuem relação direta com a maior eficiência na gestão pública e na aplicação de políticas públicas ao seu destinatário que é o cidadão.

Na Procuradoria-Geral do Município de Porto Alegre, a título exemplificativo, tramitam atualmente cerca de 55 mil execuções fiscais, além de cerca de 7 mil processos referentes ao contencioso tributário.[18] O número de execuções fiscais já chegou a quase 150 mil processos, sendo baixado ao longo dos anos pela adoção de mecanismos de cobrança administrativos mais efetivos, pela análise de prescrição e baixa de ofício, além de outros instrumentos de recuperação de créditos implementados que contribuem para a prevenção da judicialização: protesto extrajudicial de Certidões de Dívida Ativa, disponibilização de parcelamentos e atendimentos aos contribuintes, inclusive com possibilidade de utilização de cartão de crédito para pagamento de dívidas, limite mínimo de valores para ajuizamentos, a fim de evitar a tramitação de processos com custo baixo e que não compense a sua própria tramitação, adoção de súmulas administrativas para desistência de execuções fiscais sem viabilidade, entre outros.

Em Porto Alegre, o estoque total da dívida ativa judicializada fechou em aproximadamente R$2.4 bilhões no ano de 2022, sendo que não há créditos prescritos inseridos, pois são avaliados previamente nesse sentido. A capital mantém o melhor índice de recuperação dos créditos públicos no país, cerca de 11%, segundo informações da Secretaria Municipal da Fazenda.[19]

---

[18] Dados obtidos junto ao sistema e-pgm da Procuradoria-Geral do Município de Porto Alegre, gerenciado pela Coordenação Geral de Qualidade e Produtividade – CGQP/PGM.

[19] "A Prefeitura de Porto Alegre anunciou nesta quarta-feira, 27, novo recorde histórico de recuperação. Foram recuperados R$228 milhões da dívida ativa, sendo R$50 milhões referentes à cobrança judicial. Considerando apenas a cobrança de dívidas tributárias, o retorno é de 10,82% do total de créditos, melhor índice dentre as capitais do país". (PORTO ALEGRE. *Prefeitura recupera R$228 milhões em dívida ativa.* 27 jan. 2021. Disponível em:

A permanência de Porto Alegre dentre as capitais com melhor índice de recuperação do estoque da dívida ativa se deve, certamente, aos diversos instrumentos implementados ao longo dos anos que buscaram sempre a eficácia e a melhoria da arrecadação, o que comprova que a adoção de meios adequados para solução das demandas não prejudica, ao contrário, traz maior resolutividade.

Ainda que essa evolução tenha se efetivado na grande maioria dos entes da federação, nas três esferas de governo, conforme dados divulgados pelo Núcleo de Tributação do Instituto de Ensino e Pesquisa (INSPER), ainda chega a R$5 trilhões o total de dívidas tributárias em discussões judiciais e administrativas nas esferas federal, estadual e municipal no país. O montante representa 75% do Produto Interno Bruto (PIB) brasileiro.

> Os pesquisadores definiram como *contencioso tributário* o conjunto de créditos em disputa em processos judiciais e administrativos-créditos tributários são os pagamentos de tributos cobrados por União, estados ou municípios de uma empresa, por exemplo.
>
> Os R$5,4 trilhões retratam só uma parcela do contencioso, pois nem todos os dados sobre o tema estão disponíveis para consulta pública – grande parte dos números dos entes subnacionais que compõem o relatório foram obtidos por meio da *Lei de Acesso à Informação*. Além disso, a amostra não inclui processos nos quais contribuintes buscam deixar de pagar algum tributo ou reaver o que já foi pago – os valores destes casos são considerados de difícil mensuração.

https://prefeitura.poa.br/smf/noticias/prefeitura-recupera-r-228-milhoes-em-divida-ativa. Acesso em 14 mar. 2024).

Quando se compara o valor do contencioso de cada tributo à arrecadação gerada apenas por ele, as porcentagens sobem. Na esfera federal, as disputas relacionadas ao IRPJ correspondem a 813% da receita que a União teve com o imposto em 2019.

Relação entre contencioso de cada tributo e arrecadação tributária bruta*

Por nível federativo, em %

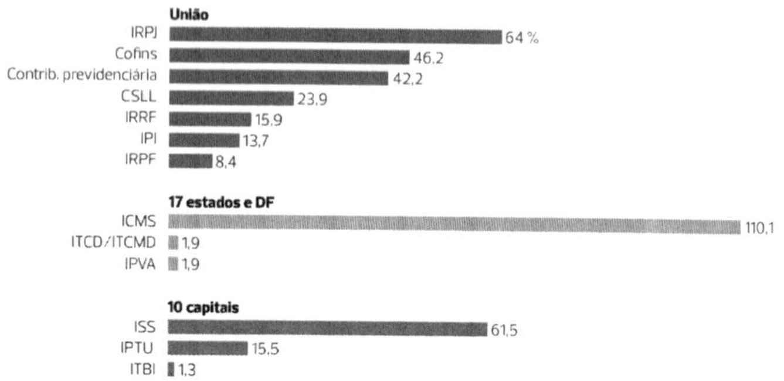

Fonte: Contencioso Tributário no Brasil: Relatório 2020 – Ano de Referência 2019. *Todos os tributos, em 2019.

O contencioso calculado representa um estoque de capital improdutivo na economia, segundo Lorreine Messias, uma das autoras do trabalho. "Trata-se de recursos que poderiam ser empregados na formação de capital produtivo, como qualificação de *mão de obra*, bens de capital e melhoria dos processos produtivos e de gestão".

"Em função da complexidade tributária e insegurança jurídica", explica a pesquisadora, "os recursos passam a ser direcionados à constituição de provisões tributárias, contratação de assessorias jurídicas e contábeis, despesas judiciais, oferecimento de garantias judiciais, entre outros custos de transação nos quais empresas acabam incorrendo para poder operar".

Os motivos que levaram à formação do contencioso não foram investigados no relatório. Mas estudos internacionais apontam alguns deles: imprevisibilidade das *leis tributárias*, superprodução legislativa, ausência de orientações claras e tempestivas da administração tributária, instabilidade jurisprudencial, retroatividade de interpretações, incerteza quanto ao tempo para resolução dos processos e não adoção das boas práticas internacionais de tributação.

"Também é possível trabalhar para melhorar a relação entre *Fisco* e contribuintes por meio de programas de conformidade que premiem os bons e punam somente os maus pagadores", acrescenta o pesquisador. Outra saída citada por ele é a implementação de governança nos procedimentos internos das administrações tributárias para criar bons incentivos e evitar conflitos na produção, aplicação e interpretação das normas.[20]

A capacidade de investimento e de implementação de políticas públicas de um ente da federação está diretamente relacionada à sua sanidade e capacidade financeiras e, portanto, traz um impacto significativo no interesse da coletividade.

Nesse contexto, a discussão sobre a viabilidade de resolução de conflitos extrajudiciais também na área tributária é medida que possui condições de ser avaliada.

4.1 A Recomendação nº 120/2021 e a Resolução nº 471/2022 do Conselho Nacional de Justiça

E nesse sentido, em 28 de outubro de 2021, foi editada e publicada a Recomendação 120 do Conselho Nacional de Justiça, que "[r]ecomenda o tratamento adequado de conflitos de natureza tributária, quando possível pela via da autocomposição, e dá outras providências".[21]

De forma inédita o CNJ incentiva e estimula que também na área tributária se possa utilizar mecanismos de autocomposição, estimulando expressamente a criação de CEJUSC Tributário pelos Tribunais e dispondo em seu art. 7º:

> Art. 7º O(A) juiz(a) ou relator(a), ao se deparar com demandas repetitivas de natureza tributária, informará essa circunstância ao CEJUSC Tributário do respectivo tribunal e poderá adotar medidas de tratamento adequado desses conflitos, como:
> I – atuar em cooperação jurisdicional, nos moldes dos arts. de 67 a 69 do CPC;
> II – suspender o processo pela admissão de incidente de resolução de demandas repetitivas de natureza tributária, consoante o art. 313, IV, do CPC, sem que isso signifique, necessariamente, suspensão da exigibilidade do crédito tributário;

20 INSPER. *Contencioso tributário no Brasil Relatório 2020 – Ano de referência 2019*. São Paulo, dez. 2020. Disponível em: https://www.insper.edu.br/wp-content/uploads/2021/01/Contencioso_tributario_relatorio2020_vf10.pdf. Acesso em 14 mar. 2024.

21 BRASIL. Conselho Nacional de Justiça. *Recomendação 120, de 28 de outubro de 2021*. Recomenda o tratamento adequado de conflitos de natureza tributária, quando possível pela via da autocomposição, e dá outras providências. Disponível em: https://atos.cnj.jus.br/files/original2329372021110361831b61bdfc3.pdf. Acesso em 14 mar. 2024.

> III – observar os precedentes federais e estaduais, conforme arts. 927 e 928 do CPC;
> IV – oficiar ao órgão competente para a instauração de incidente de resolução de demandas repetitivas, nos termos do art. 977, I, do CPC;
> V – propor aos órgãos da Advocacia Pública temas passíveis de serem objeto de transação no contencioso de relevante e disseminada controvérsia jurídica, ou de outras iniciativas de autocomposição; e
> VI – sugerir aos órgãos da Advocacia Pública a possibilidade de, conforme o caso, praticar atos de disposição, tais como desistência, renúncia ou reconhecimento do pedido, em situações de precedentes vinculantes desfavoráveis ao ente público litigante.

Efetivamente trata-se de um grande avanço, principalmente em matéria tributária. A referência à desistência, renúncia ou reconhecimento do pedido em ações de natureza tributária é uma construção importante já adotada em alguns locais e agora reconhecida como válida pelo CNJ.

Em 31 de agosto de 2022 foi publicada a Resolução 471 também pelo CNJ, que "[d]ispõe sobre a Política Judiciária Nacional de Tratamento Adequado à Alta Litigiosidade do Contencioso Tributário no âmbito do Poder Judiciário e dá outras providências", como reflexo também da Recomendação 120, anteriormente citada.[22]

Em 06 de setembro de 2022 foi apresentado o Parecer do Senado Federal (PS) nº 1, de 2022, elaborado pela comissão de juristas presidida pela Ministra Regina Helena Costa, do Superior Tribunal de Justiça (STJ), que traz vários anteprojetos tendentes a reduzir a litigiosidade no campo dos conflitos tributários.[23]

A mediação tributária, a seguir abordada, certamente se insere nesse contexto, alicerçada nos princípios constitucionais que regem a administração tributária e fiscal, podendo ser, inclusive, uma grande ferramenta para a recuperação de empresas após o período de pandemia por Covid-19 pelo qual o mundo passa. A recuperação depende muito da criação de condições para a capacidade de pagamento de empresas, o que interessa também ao Estado.

---

[22] BRASIL. Conselho Nacional de Justiça. *Resolução 471, de 31 de agosto de 2022*. Dispõe sobre a Política Judiciária Nacional de Tratamento Adequado à Alta Litigiosidade do Contencioso Tributário no âmbito do Poder Judiciário e dá outras providências. Disponível em: https://www.stj.jus.br/internet_docs/biblioteca/clippinglegislacao/Res_471_2022_CNJ.pdf. Acesso em 14 mar. 2024.

[23] BRASIL. Senado Federal. *Relatório Final da comissão de juristas para reforma do processo tributário e administrativo presidida pela Ministra Regina Helena Costa, do Superior Tribunal de Justiça*. Disponível em: https://legis.senado.leg.br/sdleg-getter/documento?dm=9198204&ts=1662471328151&disposition=inline. Acesso em 14 mar. 2024.

5 Autocomposição de conflitos tributários – a mediação tributária em Porto Alegre

O Relatório do Contencioso Judicial Tributário,[24] publicado em 2022 pelo CNJ, ratifica o entendimento quanto à necessidade de estudo sobre a implantação de métodos autocompositivos para os conflitos tributários no país, diante do cenário evidenciado na pesquisa realizada:

> Como divulgado pelo CNJ no relatório "Justiça em Números", edição 2021,[25] os processos de execução fiscal representam o maior fator de morosidade do Poder Judiciário: a classe processual representa 36% do total de casos pendentes e 68% das execuções pendentes, com taxa de congestionamento de 87%.
>
> Diante desse cenário, muito se tem discutido sobre a instituição de meios alternativos de solução de conflitos, a fim de propiciar a redução do estoque de contencioso, afastando determinadas controvérsias do Poder Judiciário, e assegurar maior celeridade na arrecadação.
>
> Recente relatório publicado em março de 2021 pelo Núcleo de Tributação do Insper indica a utilização das soluções alternativas de conflitos na esfera tributária ainda na fase pré-contenciosa como instrumento de governança no cenário internacional. Países como Alemanha, França, Estados Unidos e Itália preveem em sua legislação a possibilidade de transação, enquanto Portugal e Itália autorizam a arbitragem de débitos tributários.

A negociação demonstra ser uma das soluções possíveis para o contencioso tributário, entendendo-se este em todos os casos em que, tendo havido o lançamento do tributo, seja por homologação ou de ofício, o sujeito passivo da obrigação tributária deixa de realizar o seu correspondente e tempestivo pagamento, instaurando alguma discussão a respeito.

Dentro dos conceitos da mediação, que prima pelos princípios da impessoalidade, neutralidade, voluntariedade, legalidade, entre outros, pode-se evoluir para evitar esse contencioso, tanto na fase administrativa quanto na fase judicial. Além disso, a mediação nas questões tributárias estabelece meios de resolução que respeitam necessariamente a

---

[24] BRASIL. Conselho Nacional de Justiça. *Diagnóstico do contencioso judicial tributário brasileiro*: relatório final de pesquisa. Instituto de Ensino e Pesquisa. Brasília: CNJ, 2022. p. 40-41.

[25] BRASIL. Conselho Nacional de Justiça. *Justiça em Números 2021, Sumário Executivo*. Set. 2021. Disponível em: https://www.cnj.jus.br/wp-content/uploads/2021/09/justica-em-numeros-sumario-executivo.pdf. Acesso em 14 mar. 2024.

capacidade contributiva do contribuinte, sendo superável o conceito tradicional de que o interesse público é indisponível como ensina Heck:

> Em uma mediação em matéria administrativa, quem representa a administração terá de buscar a satisfação da parcela do interesse público que melhor atinja o bem comum, e em nome disso abrir mão da parcela do interesse que pode vir ao encontro do interesse da outra parte, seja ela administração ou particular, desde que essa renúncia não implique em anulação do bem comum. Em termos teóricos, seria essa a fórmula, que é muito mais complexa na sua aplicação prática. Aqui não cabe lugar para a visão, já superada, da indisponibilidade do interesse público. O que se tenta propor é a reflexão para o fato de que, tratando-se de mediação, a negociação é inexorável, e negociar implica necessariamente em fazer concessões.
>
> Assim, há reflexos do consensualismo em relação à indisponibilidade do bem público, vez que negociar é fazer concessões, há que se poder negociar acerca também do que é bem público.[26]

Nesse sentido, o Município de Porto Alegre avançou e instituiu por lei a Mediação Tributária em seu ordenamento, de forma pioneira no país, criando Câmaras de Mediação Tributária no âmbito da Secretaria Municipal da Fazenda, para os conflitos tributários administrativos, e no âmbito da Procuradoria-Geral do Município, para os conflitos tributários judicializados.

Trata-se da Lei nº 13.028, de 11 de março de 2022,[27] que pretende prevenir e resolver de forma consensual os conflitos em matéria tributária, fruto de um protocolo de parceria para estudos e desenvolvimento, firmado em 2021 com a Associação Brasileira de Direito Financeiro – ABDF, e a Associação Brasileira de Secretarias de Finanças das Capitais – ABRASF.

Em médio prazo, além de evitar se repetir conflitos que já foram objeto de autocomposição anterior, deve-se obter uma redução no número de demandas administrativas e judiciais, assim como uma

---

[26] HECK, Tatiana de Marsillac Linn. Perspectivas e Desafios da Mediação na Administração Pública. *Publicação da Escola da AGU*, v. 9, n. 4, out./dez. 2017. p. 291-312.

[27] PORTO ALEGRE. Lei nº 13.028, de 11 de março de 2022. Institui a Mediação Tributária no Município de Porto Alegre, cria a Câmara de Mediação e Conciliação Tributária da Secretaria Municipal da Fazenda (CMCT/SMF), vinculada à estrutura da Superintendência da Receita Municipal na SMF, e altera a Lei nº 12.003, de 27 de janeiro de 2016 – que institui a Central de Conciliação e dá outras providências, criando a Câmara de Mediação e Conciliação Tributária da Procuradoria-Geral do Município (CMCT/PGM) e a incluindo no rol das Câmaras da Central de Conciliação. *Diário Oficial da União*, Porto Alegre, 11 mar. 2022. Disponível em: https://leismunicipais.com.br/prefeitura/rs/porto-alegre. Acesso em 14 mar. 2024.

diminuição nos gastos públicos, na medida em que os processos podem ser mais céleres, além da diminuição de custos com deslocamentos para audiências, custas e honorários sucumbenciais, possuindo como resultado a resolução efetiva de conflitos em espaços de consenso que retornarão em benefícios a todas as partes envolvidas, principalmente ao coletivo que se beneficiará da possibilidade de maior investimento em políticas públicas.

Afora isso, a existência de um relacionamento contínuo entre o contribuinte e a Administração Pública, com base na transparência fiscal, entendida esta como política pública permanente, e na legalidade, como bases para a segurança jurídica entre as partes, tende a demonstrar benefícios aos envolvidos, com o aprimoramento das instâncias de solução.

Para a Administração Pública, no caso das execuções fiscais, são recursos que deixam de ingressar nos cofres públicos para aplicação direta em políticas públicas, fim precípuo do Estado. Para o cidadão ou para a empresa, é a vida que se traduz paralisada em um conflito tributário, não permitindo venda de bens, negócios e inviabilizando, muitas vezes, a capacidade financeira pelo crescimento da dívida com os ônus financeiros incidentes ano após ano. Resta claro que métodos adequados para a resolução dos conflitos mostram-se com grande viabilidade de resultados positivos.

O projeto de lei que propôs a mediação tributária em Porto Alegre foi enviado ao Parlamento municipal em setembro de 2021 e tramitou sob o número 33/21.[28] O que se propôs foi justamente a ampliação e a disseminação da cultura da pacificação social e da possibilidade de estabelecer consenso agora especificamente na área tributária, servindo como canal de comunicação entre o Fisco e o contribuinte na busca de consensos por meio de uma negociação assistida. A Recomendação nº 120/21 do CNJ, antes mencionada, ratificou o trabalho aqui desenvolvido, assim como a posterior Resolução nº 471/22.

Como mencionado na exposição de motivos do projeto de lei, *as atuais instituições procedimentais são estimuladoras do contencioso, sendo destinadas a disciplinar contendas entre argumentos (direitos) e fatos (provas), de caráter adversarial, nas esferas administrativas e judiciais,* provocando congestionamento de processos e oneração desnecessários a todos, contribuintes e Poder Público, seja no Judiciário, seja no Executivo.

---

[28] PORTO ALEGRE. *Inteiro teor do Projeto de Lei enviado ao Parlamento Municipal de Porto Alegre*. Porto Alegre, 23 set. 2021. Disponível em: https://www.camarapoa.rs.gov.br/draco/processos/137049/Oficio_15675043_Of._2288___PLE_033_21.pdf.

Como bem refere Ricardo Almeida Ribeiro da Silva em estudo sobre a prevenção de litígios tributários:

> A falta de diálogo ou mesmo de debate aberto e interativo entre Fiscos e contribuintes tem sido a tônica de um processo administrativo-tributário que escamoteia razões e acirra litígios, renovando as enxurradas anuais de execuções fiscais e de ações dos contribuintes junto aos Tribunais. É preciso que se encerre esse diálogo de surdos, onde os silêncios e gritos apenas prorrogam e exacerbam a ignorância sobre os motivos da tributação, encetados pelo Fisco, ou da não tributação, defendidos pelos contribuintes.[29]

A instituição da Mediação Tributária em Porto Alegre pela Lei nº 13.028/22, com a criação das Câmaras especializadas e aplicação subsidiária da Lei municipal nº 12.003/2016 e da Lei nacional nº 13.140/15, faz a diferença ao Município de Porto Alegre e aos contribuintes, sendo, portanto, um projeto de máximo relevo para a coletividade, pois inovador, pioneiro e a servir de parâmetro para as demais municipalidades e entes da federação.

5.1 A Lei nº 13.028/22 – o procedimento e a experiência da implementação da Mediação Tributária

A opção pela mediação foi concebida para implementar um canal de acesso com amplas possibilidades. Entendendo-se a relação que se estabelece entre o Poder Público e o contribuinte como uma relação continuada, pela própria existência do Estado como garantidor de políticas públicas pelo pagamento de tributos, pagamento este feito pelo cidadão e, portanto, participante ativo na concretização das tarefas públicas, o instituto da mediação demonstra, também, ser o que melhor se adequa. O conhecimento aprofundado dos interesses em conflito pelas partes que participam da mediação permite o aprimoramento das relações que se mantêm no tempo, sendo essencial para o futuro a superação dos conflitos postos. A preservação da convivência e da confiança, a prevenção de conflitos futuros, gerando aprimoramento nos serviços, da legislação e das relações daí decorrentes, são resultados de uma mediação. A solução extraída do acordo firmado irá concretizar tais

[29] SILVA, Ricardo Almeida Ribeiro da. Prevenção dos litígios tributários: uma nova proposta. Efetividade do consenso ao tributo. *Revista Brasileira de Direito Público – RBDP*, Belo Horizonte, a. 16, n. 60, p. 43-57, jan./mar. 2018.

medidas, sendo que mesmo nos casos em que não houver finalização com acordo, a relação estabelecida sairá fortalecida pelo aprofundamento do conhecimento dos interesses de cada uma das partes ante o diálogo estabelecido.[30]

A via consensual deve ser colaborativa, objetivando a prevenção de litígios, o que deve se dar observando-se a legalidade e a transparência, respeitando-se o princípio da publicidade dos atos administrativos, o sigilo fiscal e o sigilo inerente ao conteúdo das sessões de mediação, garantindo-se, assim, a segurança jurídica a todos os envolvidos.

A redução de passivos financeiros e do próprio custo da máquina pública também deve ser objetivo buscado na implantação da mediação de conflitos tributários, pois ao Estado cabe implementar políticas públicas essenciais à sociedade e, para tal, necessita de sanidade financeira.

A voluntariedade, a autonomia das partes e a isonomia de tratamento também são conceitos que devem permanecer presentes na mediação tributária.

Com essa compreensão, a instituição por lei do instituto, a fim de garantir a legalidade e a segurança jurídica, deve trazer essa representação e assim foi o trabalho desenvolvido em Porto Alegre na elaboração da Lei nº 13.028/22.

Conforme Franco:

> De fato, o enfrentamento das deficiências dos métodos de resolução das controvérsias envolve a necessidade de adoção, pela Administração Pública, de um modelo de comportamento pautado na prevenção, na gestão e na solução dos conflitos por meio de técnicas integradas e complementares ao processo judicial tradicional. Nessa seara, a expansão do emprego dos meios *adequados* de solução de disputas no âmbito da administração pública é de fundamental importância – seja na esfera judicial ou extrajudicial – e utilizados tanto na fase anterior ou posterior à judicialização.[31]

Importante aqui um recorte sobre a questão da mediação no Poder Público e a dúvida muitas vezes suscitada sobre a indisponibilidade do interesse e do crédito públicos, a fim de salientar a perfeita compatibilidade do instituto.

---

30 NERY, Cristiane da Costa. *Mediação Tributária*: estabelecendo novos paradigmas para a eficiência na gestão fiscal. São Paulo: Editora Dialética, 2023. p. 111-112.

31 FRANCO, Marcelo Veiga. *Administração pública como litigante habitual*: a necessária mudança jurídica de conflitos. Londrina: Thoth, 2021. p. 35.

De forma preliminar, não se está a tratar de negociar interesses públicos, mas de adotar os meios para atingi-los da forma mais eficiente, como bem refere o professor Moreira Neto quando enfatiza a necessária visão inovadora da Administração Pública, a fim de fazer frente aos desafios que surgem com o avanço da consensualidade, referindo que a concepção do direito administrativo quanto à indisponibilidade pode ter sido a causa no atraso da utilização da autocomposição no setor público.[32] Efetivamente, a demora na tramitação de um processo de execução fiscal, de um processo no contencioso administrativo tributário, e o montante estagnado de valores em demandas no país, já relatados no presente estudo, evidenciam que o interesse público não está sendo atingido, o que legitima a busca de formas resolutivas a estabilizarem as relações com atuação colaborativa e com maior eficiência na recuperação de créditos.

Quanto ao crédito público, o próprio Código Tributário Nacional, em seu artigo 171, expressamente dispõe sobre a possibilidade de que a lei estabeleça as condições de negociação, com concessões mútuas, importando em "determinação de litígio e consequente extinção de crédito tributário". A transação está prevista como forma de sua extinção no art. 156, III. Assim, havendo previsão legal, o crédito público pode ser transigível, pois observado o princípio da legalidade.[33]

Assim, vencendo-se tais questões relativas à impossibilidade de disposição do crédito público e do interesse público, deve-se implementar a via consensual da mediação com bases transparentes, legais e atendendo às disposições constitucionais.

Assim dispõe o artigo 1º da Lei nº 13.028/22: "Fica instituída a Mediação Tributária no Município de Porto Alegre como meio de prevenção e resolução consensual de conflitos em matéria tributária administrativa e judicial entre a Administração Tributária Municipal e o contribuinte". Pelo instrumento normativo em questão, foram criadas duas Câmaras de Mediação e Conciliação Tributárias, sendo uma delas vinculada à Secretaria Municipal da Fazenda, para os conflitos não

---

[32] MOREIRA NETO, Diogo de Figueiredo. Novas tendências da democracia: consenso e direito público na virada do século – o caso brasileiro. *Revista Eletrônica sobre a Reforma do Estado – RERE*, Salvador, n. 13, mar./maio, 2008. Disponível em: http://www.direitodoestado.com.br/codrevista.asp?cod=264. Acesso em 14 mar. 2024.

[33] BRASIL. Lei nº 5.172, de 25 de outubro de 1966. Dispõe sobre o Sistema Tributário Nacional e institui normas gerais de direito tributário aplicáveis à União, Estados e Municípios. Brasília, DF: Presidência da República, 1966. *Diário Oficial da União*, Brasília, 27 out. 1966, retificado em 31 out. 1966. Disponível em: http://www.planalto.gov.br/ccivil_03/leis/l5172compilado.htm. Acesso em 14 mar. 2024.

judicializados, e a outra vinculada à Procuradoria-Geral do Município, como a 4ª Câmara da Central de Conciliação, já existente para os conflitos judicializados.

A lei não traz limitação quanto aos tipos de tributos que podem ser objeto da mediação, assim como traz os conceitos relativos à consensualidade e voluntariedade das partes, imparcialidade e neutralidade do mediador, autodeterminação procedimental e informativa, empoderamento das partes, discricionariedade técnica, boa-fé, oralidade e informalidade, respeito mútuo, sigilo e confidencialidade.

O requerimento para instauração do procedimento pode ser feito pelo contribuinte, pelo fisco ou pelo procurador que atua na demanda, sendo que os mediadores que participam das sessões poderão ser externos ou internos. Porto Alegre possui um grande diferencial neste segmento: investe na formação de mediadores extrajudiciais desde a criação de sua Central de Conciliação na PGM em 2016. Assim, a cultura interna dos servidores é formada também com base na consensualidade, permitindo mais facilmente a resolução de conflitos por essa via, já que seu corpo técnico permanente se torna habilitado a participar das sessões.

Uma das previsões trazidas pela legislação em comento e que traz segurança e tranquilidade aos participantes da mediação é a suspensão dos processos administrativos ou judiciais quando da instauração do procedimento de mediação tributária (art. 28), pois fica garantido que os prazos de prescrição ou decadência não estarão correndo enquanto perdurar a negociação, equivalendo-se à suspensão prevista no inciso III do art. 151 do CTN.[34]

O procedimento pode ser requerido em qualquer fase do processo tributário, ou seja, na consulta fiscal, no pré-lançamento, no contencioso administrativo-tributário e na inscrição em Dívida Ativa, ou no contencioso judicial tributário.

A sua regulamentação pelo Decreto nº 21.527/22 explicita o procedimento, a composição das Câmaras de Mediação e Conciliação Tributárias criadas, a estrutura e o funcionamento, referindo expressamente que se aplicam subsidiariamente a Lei Federal nº 13.105/15 (Código de Processo Civil), a Lei Federal nº 13.140/15 (Lei Nacional da Mediação), a Lei Complementar Municipal nº 790/16 (Lei do processo

---

[34] Art. 151. Suspendem a exigibilidade do crédito tributário:
[...]
III – as reclamações e os recursos, nos termos das leis reguladoras do processo tributário administrativo;

Administrativo de Porto Alegre) e a Lei Municipal nº 12.003/16 (Lei que cria a Central de Conciliação na PGM de Porto Alegre).

A abertura do procedimento de mediação se dá com a formalização da instauração já com a designação dos mediadores que atuarão em cada caso, bem como com as indicações dos representantes da PGM e SMF que representarão o Município. São realizadas sessões de pré-mediação com as partes de forma individualizada, seguindo-se uma sessão conjunta em que é apresentado o procedimento e o Termo de Aceite da mediação, nos termos do art. 15 do Decreto nº 21.527/22. Os prazos administrativos são suspensos, encaminhando-se petição de suspensão nos processos judiciais respectivos, sendo o caso.

Havendo acordo, parcial ou integral, é efetuada a redação conjunta do Termo de Entendimento, observada a participação dos advogados de ambas as partes, o qual, após assinaturas, segue para homologação e publicação, surtindo efeitos de título executivo extrajudicial. Todos os acordos firmados são monitorados até a finalização do cumprimento integral do acordado entre as partes.

Em 1 (um) mês de sua regulamentação foram realizadas 12 sessões, o que demonstra a aceitação imediata do instrumento pela comunidade jurídica e pelas partes diretamente envolvidas.

5.2 O Sandbox de Porto Alegre e os resultados em 1 (um) ano de implementação

O primeiro caso submetido à mediação tributária em Porto Alegre envolveu Autos de Lançamento de cobrança de IPTU sobre o complexo aeroportuário que estavam sendo discutidos na via administrativa.

O requerimento foi feito pela concessionária prestadora do serviço público de infraestrutura aeroportuária, envolvendo imóvel de propriedade da União sobre o qual a concessionária detém a posse precária. A discussão envolveu o valor venal e a existência de restrições do imóvel a refletir na sua base de cálculo, sendo que não havia qualquer pagamento de tributos em função do contencioso administrativo estabelecido.

A mediação foi parcialmente exitosa, finalizando-se em 6 (seis) meses e firmando-se Termo de Entendimento em que se consolidou a incidência do IPTU sobre as áreas em que exercidas atividades econômicas com fins lucrativos em sentido estrito, aprovação da Lei Complementar nº 948/22 para remissão dos créditos relativos a IPTU e anistia de multas para as áreas utilizadas para a prestação do serviço público pelo período contratual, às quais foi concedida isenção, a incidência de Taxa de Coleta de Lixo em todo o complexo, mantendo-se o entendimento pela incidência de IPTU nas áreas em que exploradas atividades tipicamente privadas.

PROCURADORIA-GERAL DO MUNICÍPIO

EXTRATO DE TERMO DE ENTENDIMENTO
PROCESSO 21.0.000075040-6

MEDIANDOS: Município de Porto Alegre, representado pela Procuradora Adjunta de Assuntos Fiscais, CRISTIANE DA COSTA NERY, e pela Procuradora Municipal ANA CATARINA DANTAS FONTES DA CUNHA LEXAU, lotada na ASSEAEI da Procuradoria-Geral do Município, acompanhadas do Secretário Municipal da Fazenda RODRIGO FANTINEL e do Auditor-Fiscal CLAUDIO LOPES DE ALMEIDA.
MEDIANDOS: FRAPORT BRASIL S.A. AEROPORTO DE PORTO ALEGRE (FRAPORT), com sede no Município de Porto Alegre, Estado do Rio Grande do Sul/RS, na Av. Severo Dullius, 90010, Anchieta, CEP 90200-310, inscrita no CNPJ/MF sob o nº 27.059.460/0001-41, representada nesta mediação na forma de seus atos constitutivos e por seus Procuradores Marcela Ciccotti Hernandes, OAB/SP nº 261.379, Fernando Villela de Andrade Vianna, OAB/RJ nº 134.601, e Helena Vicentini de Assis, OAB/SP nº 276.685.
OBJETO: Incidência do Imposto Predial e Territorial Urbano (IPTU) e da Taxa de Coleta de Lixo (TCL) sobre bens imóveis concedidos, correspondentes às áreas territoriais e prediais do Aeroporto Internacional de Porto Alegre Salgado Filho, de propriedade da União Federal, sob a posse da FRAPORT por força de contrato de concessão, sendo mantida a incidência do imposto nas áreas em que exerce atividade econômica em sentido estrito e a TCL em toda a área do complexo aeroportuário. No Processo SEI nº 21.0.000075040-6 constam os fundamentos que embasaram o consenso a respeito da tributação sobre as Inscrições nº 100172000, nº 100172001, nº 100171999 e nº 11381868, exceto a Inscrição nº 11381841 (estacionamento), que não faz parte do Termo de Entendimento.
BASE LEGAL: Art. 150, § 6º e 156, I, da CF; art. 32, art. 33, art. 34, art. 77, art. 156, IV, art. 175, I e art. 176, todos do CTN; art. 3º, I, "a", II, "a", e art. 4º da Lei Complementar Municipal nº 007/1973.

Porto Alegre, 18 de março de 2022

ROBERTO SILVA DA ROCHA, Procurador-Geral do Município.

Conforme extrato publicado e aqui colacionado, constam especificados o objeto da mediação, o resultado do procedimento e a base legal que motivou o consenso a respeito da tributação do IPTU nas áreas relacionadas por inscrições municipais, atendendo aos princípios da publicidade e transparência, assim como preservando o sigilo fiscal e a confidencialidade dos atos da mediação em si.[35]

Há previsão expressa na lei assegurando a publicidade dos motivos e do objeto do acordo, preservando-se o conteúdo das sessões para não descaracterizar o próprio instituto da mediação.

Em outros casos já submetidos às Câmaras foram tratadas grandes dívidas com potencial de dação em pagamento de imóveis (art. 156, XI do CTN); fixação de teses pelo Supremo Tribunal Federal que passaram a permitir revisão de interpretação conferida em consulta

[35] Além da previsão da publicização dos motivos e do objeto do acordo, a Lei nº 13.028/22, em seu art. 32, dispõe expressamente sobre o que implica o dever de sigilo, inclusive com possibilidade de aplicação de multa pelo descumprimento, sem prejuízo de sanções administrativas, cíveis e penais cabíveis: o dever de sigilo impede a utilização de fatos, atos, documentos, declarações, informações, dados ou quaisquer elementos que tenham sido revelados durante a mediação e que não sejam adotados como motivos e definição do objeto para conclusão de acordo conclusivo.

fiscal baseada em entendimento jurisprudencial anterior; pedidos de revisões de enquadramentos de serviços de empresas em contratos firmados com órgãos públicos de outras esferas da federação; pedidos de revisão de valor venal de IPTU por existência de restrições nos imóveis, entre outros.

Em pouco mais de 1 (um) ano de vigência da lei foram realizadas mais de 70 sessões de mediação tributária, envolvendo recursos na ordem aproximada de R$240 milhões (duzentos e quarenta milhões de reais).

O tempo de cada procedimento é em muito menor que o tempo de tramitação de um processo judicial, assim como o custo é infinitamente menor.

Ao final de cada mediação é realizada uma pesquisa com as partes participantes em que se questiona sobre a forma do procedimento adotado para o caso, o grau de satisfação com a solução dada, o grau de participação na construção da solução, o grau de acolhimento vivenciado pelas partes, o ambiente disponibilizado e se a mediação poderia evitar conflitos futuros. As respostas que retornaram foram de grande satisfação com o procedimento, sem nenhum grau de descontentamento, sendo que 100% das respostas foi no sentido de que há prevenção de litígios futuros.

6 Conclusão

O mundo está mudando, e muda de forma rápida. É preciso posicionamento atualizado e avaliação do que os operadores do direito e responsáveis pelas políticas públicas estão fazendo para acompanhar essas mudanças a ponto de tornar o direito efetivo enquanto parte do sistema de justiça.

É preciso também rever o modelo atual e avaliar o modelo multiportas. Dentro da legalidade, com critérios objetivos, transparentes, com punição adequada para desvios, mas gerando transparência e confiança nos novos instrumentos, pois a inovação e a transformação pelas quais a sociedade vem passando exigem menos formalidade.

Abrir o sistema jurídico para ouvir os demais segmentos da sociedade, independentemente dos cargos, dos títulos e das idades, para gerar ambiente propício à criatividade e à geração de ideias, com mudança cultural e disposição de aprender novas formas de colaborar, é salutar e necessário. Sem isso a tecnologia não será nada e não garantirá avanços.

A busca por meios alternativos ou de soluções extrajudiciais e preventivas, em um sistema multiportas de acesso para resolução de disputas, parece evidenciar um caminho menos oneroso, produtivo e eficaz, na medida em que pode prevenir conflitos desnecessários ou solucionar de forma mais célere os conflitos estabelecidos. Além disso, gera estabilidade, segurança jurídica e boa-fé nas relações jurídicas e administrativas, garantindo a concretização da democracia e do estado de direito, a partir da disponibilização de acesso a todas as formas de efetivação de direitos.

Essa alternativa mais econômica e eficaz certamente se traduz no interesse de todos, pois a quem interessa prolongar um conflito ou não solucioná-lo? Nem ao Estado, nem ao cidadão. Os ônus financeiros decorrentes acabam atingindo a ambos, as consequências da indefinição acabam por inibir novos negócios, prejudicando, assim, a todos os envolvidos.

Os conflitos podem e, na maioria dos casos, devem ser submetidos a métodos adequados de resolução, não necessitando da jurisdição estatal. Há vários meios que se adequam a essa resolutividade, como os citados ao longo do presente estudo, com vantagens constatadas como celeridade, o que garante o resguardo do bem jurídico tutelado para uma pronta reparação, menor onerosidade e melhor solução conclusiva.

É preciso mudar a cultura da litigiosidade para se avançar e quebrar paradigmas no sistema judicial do país, aliado à evolução do ordenamento jurídico, para que se consiga ampliar com novos instrumentos, investindo-se, principalmente, na formação jurídica com esse viés. Esse alinhamento e as consequências antes referidas levam a crer que deve haver um aumento do apoio ao desenvolvimento de instrumentos adequados de resolução de conflitos, inclusive no campo tributário, como agora recomendado pelo próprio Conselho Nacional de Justiça.

E a legislação pátria traz a segurança necessária para que se implementem e se concretizem tais iniciativas nos entes da federação, como mencionado ao longo do presente estudo, concluindo-se que, em especial, a implementação da mediação para resolução dos conflitos tributários é alternativa que vem ao encontro da eficiência na gestão fiscal e atuação colaborativa dentre os métodos autocompositivos, sendo a iniciativa de Porto Alegre, pela inovadora Lei nº 13.028/22, uma construção clara nesse sentido.

A consensualidade, o diálogo, a transparência, a impessoalidade e a segurança jurídica são valores que a cada dia mais aparecem como necessários para o equilíbrio nas relações sociais, principalmente em um país com alta taxa de congestionamento judicial, o que se traduz em falta de resolutividade, e com alta desigualdade social a demandar célere e eficaz atuação estatal em atendimento às disposições da Constituição da República.

Referências

BRASIL. Conselho Nacional de Justiça. *Justiça em Números 2021, Sumário Executivo*. Set. 2021. Disponível em: https://www.cnj.jus.br/wp-content/uploads/2021/09/justica-em-numeros-sumario-executivo.pdf. Acesso em 14 mar. 2024.

BRASIL. Conselho Nacional de Justiça. *Justiça em Números, 2020*. 25 ago. 2020. Disponível em: https://www.cnj.jus.br/wp-content/uploads/2020/08/WEB-V3-Justi%C3%A7a-em-N%C3%BAmeros-2020-atualizado-em-25-08-2020.pdf. Acesso em 14 mar. 2024.

BRASIL. Conselho Nacional de Justiça. *A Execução Fiscal no Brasil e o Impacto no Judiciário*. Julho 2011. Disponível em: https://www.cnj.jus.br/wp-content/uploads/2011/02/2d53f36cdc1e27513af9868de9d072dd.pdf. Acesso em 14 mar. 2024.

BRASIL. Conselho Nacional de Justiça. *Recomendação 120, de 28 de outubro de 2021*. Recomenda o tratamento adequado de conflitos de natureza tributária, quando possível pela via da autocomposição, e dá outras providências. Disponível em: https://atos.cnj.jus.br/files/original2329372021110361831b61bdfc3.pdf. Acesso em 14 mar. 2024.

BRASIL. Conselho Nacional de Justiça. *Diagnóstico do contencioso judicial tributário brasileiro*: relatório final de pesquisa. Instituto de Ensino e Pesquisa. Brasília: CNJ, 2022.

BRASIL. Conselho Nacional de Justiça. *Resolução 471, de 31 de agosto de 2022*. Dispõe sobre a Política Judiciária Nacional de Tratamento Adequado à Alta Litigiosidade do Contencioso Tributário no âmbito do Poder Judiciário e dá outras providências. Disponível em: https://www.stj.jus.br/internet_docs/biblioteca/clippinglegislacao/Res_471_2022_CNJ.pdf. Acesso em 14 mar. 2024.

BRASIL. Senado Federal. *Relatório Final da comissão de juristas para reforma do processo tributário e administrativo presidida pela Ministra Regina Helena Costa, do Superior Tribunal de Justiça*. Disponível em: https://legis.senado.leg.br/sdleg-getter/documento?dm=9198204&ts=1662471328151&disposition=inline. Acesso em 14 mar. 2024.

BRASIL. Lei nº 5.172, de 25 de outubro de 1966. Dispõe sobre o Sistema Tributário Nacional e institui normas gerais de direito tributário aplicáveis à União, Estados e Municípios. Brasília, DF: Presidência da República, 1966. *Diário Oficial da União*, Brasília, 27 out. 1966, retificado em 31 out. 1966. Disponível em: http://www.planalto.gov.br/ccivil_03/leis/l5172compilado.htm. Acesso em 14 mar. 2024.

BRASIL. Lei nº 9307, de 23 de setembro de 1996. Dispõe sobre a arbitragem. *Diário Oficial da União*, Brasília, 24 set. 1996. Disponível em: http://www.planalto.gov.br/ccivil_03/leis/l9307.htm. Acesso em 14 mar. 2024.

BRASIL. Decreto-Lei nº 4.657, de 04 de setembro de 1942. Lei de Introdução às Normas do Direito Brasileiro. *Diário Oficial da União*, Rio de Janeiro, 9 set. 1942, retificado em 17 jun. 1943. Disponível em: http://www.planalto.gov.br/ccivil_03/decreto-lei/del4657compilado.htm. Acesso em 14 mar. 2024.

BRASIL. Lei nº 13.140, de 26 de junho de 2015. Dispõe sobre a mediação entre particulares como meio de solução de controvérsias e sobre a autocomposição de conflitos no âmbito da administração pública; altera a Lei nº 9.469, de 10 de julho de 1997, e o Decreto nº 70.235, de 6 de março de 1972; e revoga o §2º do art. 6º da Lei nº 9.469, de 10 de julho de 1997. *Diário Oficial da União*, Brasília, 29 jun. 2015. Disponível em: http://www.planalto.gov.br/ccivil_03/_ato2015-2018/2015/lei/l13140.htm. Acesso em 14 mar. 2024.

BRASIL. Lei nº 13.105, de 16 de março de 2015. Código de Processo Civil. *Diário Oficial da União*, Brasília, 17 mar. 2015. Disponível em: http://www.planalto.gov.br/ccivil_03/_ato2015-2018/2015/lei/l13105.htm. Acesso em 14 mar. 2024.

BRASIL. Superior Tribunal de Justiça. *Em um ano, acordo de cooperação STJ e AGU otimiza tramitação processual e evita 350 mil novos recursos à corte.* 25 jun. 2021. Disponível em: https://www.stj.jus.br/sites/portalp/Paginas/Comunicacao/Noticias/25062021-Em-um-ano--acordo-de-cooperacao-STJ-e-AGU-otimiza-tramitacao-processual-e-evita-350-mil-novos-recursos-a-corte.aspx. Acesso em 14 mar. 2024.

CRUZ e TUCCI, José Rogério. Considerações para a plena admissibilidade da tutela arbitral coletiva. *Consultor Jurídico*, 27 abr. 2021. Disponível em: https://www.conjur.com.br/2021-abr-27/paradoxo-corte-consideracoes-plena-admissibilidade-tutela-arbitral-coletiva. Acesso em 14 mar. 2024.

EIDT, Elisa Berton; CRISTÓVAM, José Sérgio da Silva. O compromisso do artigo 26 da LINDB e a sua celebração no âmbito das câmaras administrativas de prevenção e de solução de conflitos. *In*: RAMOS, Rafael (Coord.). *Nova LINDB. Proteção da confiança, Consensualidade, participação democrática e precedentes administrativos*. Rio de Janeiro: Ed. Lumen Juris, 2021.

FRANCO, Marcelo Veiga. *Administração pública como litigante habitual*: a necessária mudança jurídica de conflitos. Londrina: Thoth, 2021.

HECK, Tatiana de Marsillac Linn. Perspectivas e Desafios da Mediação na Administração Pública. *Publicação da Escola da AGU*, v. 9, n. 4, out./dez. 2017.

INSPER. *Disputas envolvendo cobrança de tributos somam R$5,4 trilhões no Brasil.* 22 jan. 2021. Disponível em: https://www.insper.edu.br/conhecimento/conjuntura-economica/disputas-envolvendo-cobranca-de-tributos-somam-r-54-trilhoes-no-brasil/. Acesso em 22 jan. 2021.

INSPER. *Contencioso tributário no Brasil Relatório 2020 – Ano de referência 2019.* Dez. 2020. Disponível em: https://www.insper.edu.br/wp-content/uploads/2021/01/Contencioso_tributario_relatorio2020_vf10.pdf. Acesso em 14 mar. 2024.

MANCUSO, Rodolfo de Camargo. *A resolução dos conflitos e a função judicial no contemporâneo Estado de Direito.* 3. ed. Salvador. JusPodivm, 2020.

MOREIRA NETO, Diogo de Figueiredo. Novas tendências da democracia: consenso e direito público na virada do século – o caso brasileiro. *Revista Eletrônica sobre a Reforma do Estado – RERE*, Salvador, n. 13, mar./maio, 2008. Disponível em: http://www.direitodoestado.com.br/codrevista.asp?cod=264. Acesso em 14 mar. 2024.

NERY, Cristiane da Costa. *Mediação Tributária*: estabelecendo novos paradigmas para a eficiência na gestão fiscal. São Paulo: Editora Dialética, 2023.

PORTO ALEGRE. *Prefeitura recupera R$228 milhões em dívida ativa.* 27 jan. 2021. Disponível em: https://prefeitura.poa.br/smf/noticias/prefeitura-recupera-r-228-milhoes-em-divida-ativa. Acesso em 14 mar. 2024.

PORTO ALEGRE. Lei nº 12.003, de 27 de janeiro de 2016. Instituiu a Central de conciliação e dá outras providências. *Diário Oficial da União*, Porto Alegre, 27 jan. 2016. Disponível em: https://leismunicipais.com.br/a1/rs/p/porto-alegre/lei-ordinaria/2016/1200/12003/lei-ordinaria-n-12003-2016-institui-a-central-de-conciliacao-e-da-outras-providencias. Acesso em 14 mar. 2024.

PORTO ALEGRE. Lei nº 13.028, de 11 de março de 2022. Institui a Mediação Tributária no Município de Porto Alegre, cria a Câmara de Mediação e Conciliação Tributária da Secretaria Municipal da Fazenda (CMCT/SMF), vinculada à estrutura da Superintendência da Receita Municipal na SMF, e altera a Lei nº 12.003, de 27 de janeiro de 2016 – que institui a Central de Conciliação e dá outras providências, criando a Câmara de Mediação e Conciliação Tributária da Procuradoria-Geral do Município (CMCT/PGM) e a incluindo no rol das Câmaras da Central de Conciliação. *Diário Oficial da União*, Porto Alegre, 11 mar. 2022. Disponível em: https://leismunicipais.com.br/prefeitura/rs/porto-alegre. Acesso em 14 mar. 2024.

SILVA, Ricardo Almeida Ribeiro da. Prevenção dos litígios tributários: uma nova proposta. Efetividade do consenso ao tributo. *Revista Brasileira de Direito Público – RBDP*, Belo Horizonte, a. 16, n. 60, p. 43-57, jan./mar. 2018.

Informação bibliográfica deste texto, conforme a NBR 6023:2018 da Associação Brasileira de Normas Técnicas (ABNT):

NERY, Cristiane da Costa. Resolução adequada de conflitos transindividuais e a experiência de Porto Alegre com a mediação tributária. *In*: EIDT, Elisa Berton; GOULART, Juliana Ribeiro; SCHNEIDER, Patricia Dornelles; RAMOS, Rafael (Coord.). *Consensualidade na Administração Pública*. 2. ed. Belo Horizonte: Fórum, 2024. p. 265-294. ISBN 978-65-5518-800-4.

CONSENSUALIDADE NO TRIBUNAL DE CONTAS DA UNIÃO: EVOLUÇÃO, INOVAÇÕES E PERSPECTIVAS

ODILON CAVALLARI

1 Introdução

No final do ano de 2022, o Tribunal de Contas da União tomou duas iniciativas que, inequivocamente, revelaram o prestígio que a Corte de Contas quis conferir às soluções consensuais como importante estratégia de controle, quais sejam: a criação de uma unidade técnica específica para incentivar e analisar possíveis soluções consensuais para conflitos existentes entre a Administração Pública e as empresas contratadas, de um lado, e, de outro, a edição de uma norma que estabeleceu um procedimento específico tanto para a atuação do TCU quanto para as partes interessadas na adoção de soluções consensuais com a interveniência do Tribunal.

Trata-se, como se verá, de iniciativa que decorre de um processo de aproximação do Tribunal de seus jurisdicionados, desenvolvido nas duas últimas décadas, a partir, em um primeiro momento, da intensificação do diálogo processual e, em um segundo momento, de uma maior abertura para que gestores cooperassem com a construção de decisões cada vez mais consistentes.

2 Evolução da jurisprudência do TCU sobre soluções consensuais como técnica de decisão

Uma primeira evolução da jurisprudência do TCU em direção a um maior diálogo com o gestor decorreu da forma como passou a exercer a sua competência corretiva prevista no art. 71, incisos IX e X, e parágrafos 1º e 2º, da Constituição Federal, que autoriza o Tribunal de Contas a assinar prazo para que o órgão ou a entidade adote as providências necessárias ao exato cumprimento da lei, se verificada ilegalidade, e a sustar, se não atendido, a execução do ato impugnado, comunicando a decisão à Câmara dos Deputados e ao Senado Federal.

No caso de contrato, conforme previsto no citado dispositivo constitucional, o ato de sustação será adotado diretamente pelo Congresso Nacional, que solicitará, de imediato, ao Poder Executivo as medidas cabíveis. Mas, se o Congresso Nacional ou o Poder Executivo, no prazo de noventa dias, não efetivar as medidas necessárias, o Tribunal decidirá a respeito.

Considerando, no entanto, a vedação constitucional para anular um contrato, cuja providência depende de decisão do Congresso Nacional, o TCU tem optado por determinar ao gestor que anule o contrato. Em face de mandados de segurança impetrados contra decisões do TCU dessa natureza, entendeu o Supremo Tribunal Federal, em mais de uma oportunidade, que o TCU, embora não tenha poder para anular ou sustar contratos administrativos, tem competência para determinar à autoridade administrativa que promova a anulação do contrato e, se for o caso, da licitação de que se originou.[1]

Com base nessa competência corretiva, os Tribunais de Contas expedem inúmeras determinações e recomendações aos jurisdicionados. As determinações têm natureza mandamental e, se não cumpridas, autorizam a aplicação de multa ao gestor faltoso, nos termos das respectivas leis orgânicas de cada Tribunal. As recomendações, a seu turno, dizem respeito a questões inseridas no âmbito da discricionariedade do gestor, razão pela qual não têm natureza mandamental e admitem que o administrador público opte por não adotar a providência recomendada pelo Tribunal.

---

[1] Cf.: BRASIL. Supremo Tribunal Federal (Tribunal Pleno). Mandado de Segurança nº 23.560. Relator: Min. Marco Aurélio. Redator para o acórdão: Min. Nelson Jobim. Julgado em 20.09.2000. *DJ* de 20.02.2004. Em sentido idêntico: BRASIL. Supremo Tribunal Federal (Tribunal Pleno). Mandado de Segurança nº 23.550. Relator: Min. Marco Aurélio. Redator para o Acórdão: Min. Sepúlveda Pertence. Julgado em 04.04.2001. *DJ* de 31.10.2001.

Os procedimentos anteriormente descritos decorrem, como se viu, de comandos expressos na Constituição Federal. No entanto, o TCU, em certas circunstâncias, passou a aplicar referido procedimento de maneira mais dialógica com o gestor, pois, ao constatar irregularidades relativas a questões complexas cuja correção requer tempo, estudo e planejamento, a fim de que sejam avaliadas as melhores opções e as respectivas consequências, o TCU, em vez de determinar ao gestor que faça ou deixe de fazer algo, expede uma determinação na qual fixa prazo para que o gestor apresente ao Tribunal um plano de ação, que demonstre como pretende corrigir a situação irregular, e também um cronograma no qual propõe as etapas e prazos de implementação das medidas corretivas.

Com essa estratégia de atuação o TCU cobra do administrador público a solução para o problema detectado, sem, no entanto, lhe impor os meios a serem adotados para tanto. Ao contrário, admite que o gestor escolha os caminhos que lhe pareçam os mais adequados, desde que o faça de modo fundamentado e desde que o Tribunal entenda que as escolhas do gestor estão de acordo com os princípios e as regras da Administração Pública.

Por outro lado, caso o Tribunal entenda não ser viável o plano de ação ou o cronograma apresentado pelo gestor, fixará novo prazo para a apresentação de outro plano de ação ou outro cronograma, ou, ainda, o próprio Tribunal determinará ao gestor a adoção de medidas específicas para a correção do ato.

Essas decisões adotadas pelo Tribunal nas hipóteses de irregularidades decorrentes de falhas ou carências estruturais são denominadas de decisões estruturais, cujo surgimento no Poder Judiciário se deu com o paradigmático julgamento do caso *Brown versus Board of Education* (II), em 1954, pela Suprema Corte Norte-Americana.[2]

Tratava-se de ação coletiva ajuizada em face do município de Topeka, situado no Estado do Kansas, na qual treze pais de alunos negros questionaram a então política de segregação racial admitida nas escolas fundamentais da cidade e alinhada à jurisprudência até então em vigor que chancelava a doutrina dos "separados, mas iguais". Na citada decisão, a Suprema Corte passou a considerar inconstitucional a segregação questionada, por entender violadora da 14ª Emenda à Constituição dos Estados Unidos da América – EUA.

[2] ARENHART, Sérgio Cruz. Decisões estruturais no direito processuais civil brasileiro. *Revista de Processo*, v. 225. p. 389-410, nov. 2013.

No entanto, passado um ano, aludida decisão ainda carecia de implementação satisfatória, em virtude da resistência de alguns estados norte-americanos de abandonarem a segregação racial e se ajustarem à decisão judicial, o que deu origem ao caso *Brown versus Board of Education* II, no qual a Suprema Corte norte-americana admitiu que a implementação da sua decisão poderia se dar de forma progressiva, a fim de permitir a superação das dificuldades decorrentes de anos de segregação.

Para tanto, porém, a Suprema Corte concordou com a elaboração de planos que estabelecessem estratégias e procedimentos com vistas ao abandono da segregação racial nas escolas, consideradas as peculiaridades de cada uma e o tempo necessário para a sua implementação. Adicionalmente, a Suprema Corte delegou ao Poder Judiciário local a tarefa de fiscalizar a execução desses planos.

No Poder Judiciário brasileiro as decisões estruturais ainda são muito raras. O STF, somente no ano de 2023, prolatou decisão na qual expressamente admite e incentiva a sua adoção em relação a questões que envolvam a realização de políticas públicas.[3]

No TCU, no entanto, assim como em vários Tribunais de Contas, as decisões estruturais são uma prática de longa data. Na Corte de Contas Federal, as decisões estruturais começaram a ser adotadas no ano de 2003, em um primeiro momento apenas em auditorias operacionais, mas atualmente têm sido usadas nos mais variados processos nos quais é requerida diante da complexidade da matéria e da solução a ser implementada.[4]

Como se vê, em virtude da complexidade da solução, essas decisões podem fixar prazos relativamente longos, tais como seis meses, um ano, dois, ou até mais. Ou seja, na prática são decisões que modulam os efeitos da declaração de irregularidade do ato identificado pelo Tribunal como carente de correção, pois, enquanto não implementada a solução, a irregularidade ainda continuará sendo praticada, sob pena de comprometimento do bom funcionamento da Administração Pública, caso o ato irregular seja anulado imediatamente.

O fundamento para tanto, como se disse, é o inciso IX do art. 71 da Constituição Federal, que previu a competência do Tribunal de

---

[3] BRASIL. Supremo Tribunal Federal (Tribunal Pleno). Recurso Extraordinário nº 684.612. Relator: Min. Ricardo Lewandowski. Redator para o acórdão: Min. Roberto Barroso. Julgado em 03.07.2023. *DJe* de 07.08.2023.

[4] BRASIL. Tribunal de Contas da União (Plenário). Acórdão nº 36/2003. Relator: Min. Ubiratan Aguiar. Julgado em 29.01.2003.

Contas para "assinar prazo para que o órgão ou a entidade adote as providências necessárias ao exato cumprimento da lei, se verificada ilegalidade", ou seja, referido dispositivo não disse qual é o prazo, o que significa reconhecer que outorgou ao Tribunal de Contas a competência para, diante do caso concreto, fixar prazo razoável e proporcional.

Enfatize-se: o fundamento para a modulação dos efeitos da declaração de ilegalidade do ato pelo Tribunal de Contas é de estatura constitucional, estampado no inciso IX do seu art. 71. A ênfase é necessária em face da superveniência do art. 26 da LINDB, com o seguinte teor:

> Art. 26. Para eliminar irregularidade, incerteza jurídica ou situação contenciosa na aplicação do direito público, inclusive no caso de expedição de licença, a autoridade administrativa poderá, após oitiva do órgão jurídico e, quando for o caso, após realização de consulta pública, e presentes razões de relevante interesse geral, celebrar compromisso com os interessados, observada a legislação aplicável, o qual só produzirá efeitos a partir de sua publicação oficial. (Incluído pela Lei nº 13.655, de 2018).

Referido artigo de lei nada acrescenta à competência do Tribunal de Contas, que, como demonstrado, tem autorização constitucional para modular os efeitos de suas decisões. A rigor, sequer se aplica o art. 26 da LINDB aos Tribunais de Contas, porquanto se refere à "autoridade administrativa", ao passo que, quando quis alcançar os Tribunais de Contas, aludida lei sempre fez menção expressa à "esfera controladora".

Uma segunda questão importante a ser ressaltada sobre as decisões estruturais adotadas pelos Tribunais de Contas é que não se confundem com os denominados Termos de Ajustamento de Gestão (TAGs), adotados por diversos Tribunais de Contas. O TCU não adota o TAG, cuja proposta de implantação foi rejeitada em 2011, quando da revisão do Regimento Interno.[5]

A marca distintiva da decisão estrutural para o TAG é o fato de este depender de um acordo entre a Corte de Contas e o fiscalizado, ou seja, é preciso que o auditado concorde com os termos do ajuste, diferentemente da decisão estrutural que, apesar de poder ter origem o seu conteúdo em um plano de ação proposto pelo gestor, é proferida de modo absolutamente autônomo pelo Tribunal de Contas, embora possa convergir com as expectativas do gestor, pode também delas divergir, se o Tribunal não concordar com o plano de ação.

---

[5] BRASIL Tribunal de Contas da União (Plenário). Acórdão nº 3.194/2011. Relator: Min. Augusto Nardes. Julgado em 30.11.2011.

Desse modo, embora não se possa atribuir às decisões estruturais a qualificação de solução consensual, é de se reconhecer que a sua adoção pelo TCU representou um primeiro e importante passo de aproximação com o gestor e de intensificação do diálogo processual, pois trata-se de técnica de decisão que permite ao gestor construir a melhor solução para o caso concreto, o que evita uma atuação unilateral e cogente do Tribunal de Contas.

Um segundo passo ocorreu com a edição da Resolução nº 315/2020, que introduziu o conceito de "construção participativa das deliberações" do Tribunal, assentado no comando do seu art. 14, segundo o qual a unidade técnica instrutiva deve oportunizar aos destinatários das deliberações a apresentação de comentários sobre as propostas de determinação e/ou recomendação, solicitando, em prazo compatível, informações quanto às consequências práticas da implementação das medidas aventadas e eventuais alternativas.[6]

Para operacionalizar esse novo ato processual acrescido pela referida norma, o §1º do aludido art. 14 previu que, antes de o processo ser submetido ao ministro-relator, a própria unidade técnica do Tribunal deve enviar ao jurisdicionado o relatório preliminar da fiscalização ou da instrução que contenha as propostas de determinação ou recomendação.

E o art. 15 dispõe que as propostas finais de deliberação devem considerar as manifestações das unidades jurisdicionadas e, em especial, justificar a manutenção das propostas preliminares caso apresentadas consequências negativas ou soluções de melhor custo-benefício.

Desse novo procedimento inaugurado pelo TCU a partir da Resolução nº 315/2020 é possível extrair, ao menos, três constatações.

Primeira: trata-se de norma alinhada com o art. 20 da Lei de Introdução às Normas do Direito Brasileiro (LINDB), segundo o qual nas esferas administrativa, controladora e judicial, não se decidirá com base em valores jurídicos abstratos sem que sejam consideradas as consequências práticas da decisão. E seu parágrafo único ainda dispôs que a motivação demonstrará a necessidade e a adequação da medida imposta ou da invalidação de ato, contrato, ajuste, processo ou norma administrativa, inclusive em face das possíveis alternativas.

Segunda: a construção participativa das deliberações prevista na Resolução nº 315/2020 ampliou, substancialmente, a avaliação das consequências práticas das decisões, muito além do exigido pelo art. 20

---

[6] BRASIL. Tribunal de Contas da União. Resolução nº 315/2020. Aprovada em 22.04.2020.

da LINDB. E o fez em dois sentidos: primeiro, ao prever essa avaliação não apenas em relação às decisões do TCU tomadas com base em valores jurídicos abstratos, mas sim, para todas as propostas de determinações e recomendações, inclusive, portanto, aquelas amparadas em regras apenas; segundo, inseriu o gestor nesse processo de avaliação das consequências práticas, a fim de evitar que se dê apenas com a visão do controlador.

Terceira: embora, uma vez mais, a construção participativa das deliberações do TCU não seja uma solução consensual *stricto sensu*, sem dúvida representa mais um avanço no aperfeiçoamento do devido processo legal naquele Tribunal, a partir da intensificação do diálogo processual e do chamamento do gestor a participar ativamente da construção da melhor solução para o caso concreto.

3 A prática das novas soluções consensuais a partir da IN/TCU nº 91/2022

A inovação mais representativa do TCU relativamente à consensualidade foi a Instrução Normativa nº 91/2022 que instituiu, no âmbito daquela Corte de Contas, procedimentos de solução consensual de controvérsias relevantes e prevenção de conflitos afetos a órgãos e entidades da Administração Pública Federal.

Como é possível depreender da definição apresentada, referida solução consensual diz respeito a alguma controvérsia envolvendo a Administração Pública Federal e um particular, em regra, uma empresa contratada pelo Poder Público. O TCU não é parte da solução consensual, pois atua como interveniente, em posição assemelhada à do mediador.

Nos termos da citada Instrução Normativa, a solicitação de solução consensual pode ser formulada ao TCU pela própria Administração Pública ou ainda pelo relator do processo no Tribunal (art. 2º). Admitida a solicitação, será constituída Comissão de Solução Consensual (CSC) da qual participarão, obrigatoriamente, Auditores da Corte de Contas e um representante de cada órgão ou entidade da administração pública federal que tenha solicitado a solução consensual e, facultativamente, um representante dos particulares envolvidos na controvérsia (art. 7º).

A proposta de solução consensual somente avançará dentro do Tribunal se houver deliberação unânime nesse sentido da Comissão de Solução Consensual, que tem o prazo de 90 dias para decidir (art. 7º, §4º, e art. 8º). Aprovada na CSC a proposta de solução consensual, o processo será submetido ao Ministério Público junto ao TCU, que deve emitir parecer no prazo de 15 dias (art. 8º). Após, o processo é encaminhado ao relator sorteado para a matéria que dispõe do prazo de 30 dias para apresentar o processo em Plenário para julgamento (arts. 9º e 10).

O Plenário poderá sugerir alterações na proposta de solução elaborada pela CSC, acatá-la integralmente ou recusá-la. Se o Plenário fizer sugestões, mas não forem acolhidas, por unanimidade, pela CSC, o processo é arquivado, sem a adoção de qualquer solução consensual. Por outro lado, se o Plenário aprovar a proposta de solução consensual, será lavrado Termo de Autocomposição assinado pelas partes interessadas e, na condição de interveniente, pelo TCU.

A primeira proposta de solução consensual foi julgada pelo TCU na Sessão Plenária de 7 de junho de 2023, que a homologou o que, segundo o Tribunal, representou uma economia de R$579 milhões para os consumidores.[7]

Tratou-se de solicitação de solução consensual formulada pelo Ministro de Minas e Energia junto ao TCU em face das controvérsias relativas aos Contratos de Energia de Reserva (CER) decorrentes do Procedimento de Contratação Simplificado (PCS) 01/2021, concernentes às usinas da Karpowership Brasil Energia Ltda (KPS). Referida contratação emergencial foi realizada em condições excepcionais e motivada pelo risco de desabastecimento energético decorrente da crise hídrica e drástica redução do nível dos reservatórios ocorrida de 2020 a 2021.

No entanto, o aumento do volume de água dos reservatórios das usinas hidroelétricas, em 2022, tornou o contrato extremamente oneroso, assim como todos os demais celebrados no mesmo período, com a mesma finalidade e também sob as mesmas condições excepcionais, pois passou a exigir da União que continuasse efetuando os pagamentos, ainda que não mais fosse necessária a geração de energia contratada. Daí a necessidade de revisão dos termos desses contratos.

Essa situação motivou o TCU, em dezembro de 2022, a fixar o prazo de 30 dias para que o Ministério de Minas e Energia realizasse avaliação individualizada e conclusiva dos contratos decorrentes do PCS, comparando-se as vantagens e desvantagens quanto às possibilidades de sua manutenção, rescisão ou solução negociada.[8] Foi nesse

---

[7] BRASIL. Tribunal de Contas da União (Plenário). Acórdão nº 1.130/2023. Rel. Min. Benjamin Zymler. Julgado em 07.06.2023.

[8] BRASIL. Tribunal de Contas da União (Plenário). Acórdão nº 2.699/2022. Rel. Min. Benjamin Zymler. Julgado em 07.12.2022.

cenário que o Ministério de Minas e Energia solicitou ao Tribunal a solução consensual.

A atuação do TCU como interveniente em soluções consensuais entre a Administração Pública e a empresa contratada enseja, no mínimo, três questões de ordem jurídica e uma quarta, de ordem prática: a primeira, saber qual a natureza jurídica da solução consensual entre as partes; a segunda, saber qual a natureza jurídica da atuação do TCU; a terceira, saber se a Corte de Contas tem competência para tanto; a quarta, saber quais as suas consequências práticas.

Quanto à primeira questão, a natureza jurídica da solução consensual é a de acordo extrajudicial, que se formaliza no mundo jurídico por meio de termo aditivo ao contrato em andamento ou por termo de rescisão amigável.

No tocante à segunda questão, relativa à natureza jurídica da atuação do TCU, é importante afastar, desde logo, qualquer equiparação com os denominados Termos de Ajustamento de Gestão (TAG), adotados por vários Tribunais de Contas Estaduais, e com os Acordos Substitutivos de Sanção (ASS).

A razão é simples: tanto os TAGs quanto os ASSs são soluções alternativas para o tratamento a ser dado ao autor de uma conduta ilícita, a fim de se evitar a aplicação imediata de uma sanção.

Como se vê, não é a hipótese prevista para a atuação do TCU em soluções consensuais, por, no mínimo, dois motivos: primeiro, aludidas soluções consensuais não se referem à avaliação de condutas de autores de ilícitos, mas sim a conflito de interesse entre a Administração Pública contratante e a empresa contratada; segundo, o TCU não é parte na solução consensual, mas apenas interveniente.

Portanto, a Corte de Contas não celebra nenhum acordo. O que o TCU faz é incentivar as partes contratantes a celebrarem um acordo. Para tanto, participa da mesa de discussões e, ao final, antecipa o seu juízo sobre a solução consensual que as partes contratantes pretendem adotar. Em outras palavras, a atuação do TCU nada mais é do que o resultado de um controle preventivo e concomitante. Preventivo em relação à celebração do acordo. Concomitante em relação às discussões sobre as condições do acordo e em relação também à formalização do acordo, na qualidade de interveniente.

Desse modo, é possível analisar a atuação do TCU sob duas perspectivas: a primeira, quanto ao procedimento; a segunda, quanto ao objeto. E, conforme se demonstrará, não há novidade no procedimento (controles preventivo e concomitante) nem no objeto (soluções consensuais), quando considerados isoladamente. A novidade reside na junção de um com o outro. Explica-se.

No tocante ao procedimento, os controles preventivo e concomitante são há muito tempo adotados pelo TCU, particularmente nos processos de acompanhamento das desestatizações. Nesses casos, o Tribunal envida esforços para, antes da realização do leilão, analisar a documentação pertinente e prolatar uma decisão sobre o edital, exigindo, quando for o caso, as correções necessárias, de modo a não interferir no cronograma da desestatização.

Quanto ao objeto, as soluções consensuais também há muito tempo são examinadas pelo TCU. Basta lembrar dos vários acordos extrajudiciais celebrados em anos anteriores pela Administração Pública com a empresa contratada e sobre os quais o Tribunal, posteriormente, exerceu o controle que lhe compete e prolatou decisão sobre o atendimento ou não dos princípios que regem a matéria, com especial destaque para os da legalidade e da economicidade.

Ou seja, o controle exercido pelo TCU sobre acordos extrajudiciais sempre existiu, mas sempre foi *a posteriori*. A novidade, portanto, está na atuação preventiva e concomitante do Tribunal sobre as soluções consensuais, ao incentivá-las e contribuir para a sua celebração.

Trata-se, a rigor, de atuação no mesmo sentido do que prevê a Resolução 125/2010 do Conselho Nacional de Justiça, que "[d]ispõe sobre a Política Judiciária Nacional de tratamento adequado dos conflitos de interesses no âmbito do Poder Judiciário e dá outras providências", e o §3º do art. 2º do Código de Processo Civil, de 2015, segundo o qual "[a] conciliação, a mediação e outros métodos de solução consensual de conflitos deverão ser estimulados por juízes, advogados, defensores públicos e membros do Ministério Público, inclusive no curso do processo judicial". É possível citar, ainda, no mesmo sentido, a Lei da Mediação (Lei nº 13.140/2015) e, mais recentemente, o art. 26 da LINDB, inserido pela Lei nº 13.655/2018.[9]

Relativamente à terceira questão, ou seja, saber se a Corte de Contas tem competência para tanto, é preciso dividir a análise em três tópicos: primeiro, quanto ao procedimento; segundo, quanto ao objeto; terceiro, quanto à junção de um com o outro.

[9] Ada Pellegrini Grinover sustenta haver, hoje, no direito brasileiro, um verdadeiro microssistema de métodos consensuais de solução judicial de conflitos. Cf.: GRINOVER, Ada Pellegrini. Os métodos consensuais de solução de conflitos no novo CPC. *In*: *O novo Código de Processo Civil*: questões controvertidas. São Paulo: Atlas, 2015. p. 1-2.

No tocante ao primeiro tópico, a competência do TCU para exercer os controles preventivo e concomitante tem respaldo no art. 71, inciso IX, da Constituição Federal, segundo o qual compete ao TCU "assinar prazo para que o órgão ou a entidade adote as providências necessárias ao exato cumprimento da lei, se verificada ilegalidade". Ora, se o Tribunal pode determinar a correção de ilegalidades, pode, *ex ante*, orientar para evitar que essas ilegalidades ocorram ou, até mesmo, adotar medidas cautelares para evitá-las de modo cogente, conforme competência reconhecida pelo STF, no MS nº 24.510, julgado em 2003.[10]

Cuida-se de estratégia de controle prestigiada na Nova Lei de Licitações (Lei nº 14.133/2021), especialmente no art. 169,[11] e enaltecida pelo Ministro Gilmar Mendes, que fez a seguinte afirmação em trabalho doutrinário, posteriormente reproduzida também em decisões monocráticas que proferiu no STF:

> Por outro lado, o controle externo da ação administrativa, quanto a critérios de legalidade, legitimidade e economicidade, é realizado pelo Poder Legislativo com o auxílio dos Tribunais de Contas. Nos anos recentes, nota-se significativo incremento da atuação das Cortes de Contas, em especial do Tribunal de Contas da União, no controle externo das atividades da Administração Pública. São duas as novas vertentes que têm contribuído para a ampliação do tradicional espectro do controle externo: o controle da eficiência da aplicação dos recursos públicos com fundamento em critérios técnico-especializados; *e o controle preventivo das ações administrativas, com o acompanhamento sistemático dos programas governamentais, inclusive ao longo da sua formulação.*[12] (grifos meus)

É importante observar que a solução consensual buscada pelas partes não está condicionada à manifestação do TCU. Ou seja, não se

[10] BRASIL. Supremo Tribunal Federal (Tribunal Pleno). Mandado de Segurança nº 24.510. Rel. Min. Ellen Gracie. Julgado em 19.11.2003. *DJ* de 27.08.2004.

[11] "Art. 169. As contratações públicas deverão submeter-se a práticas contínuas e permanentes de gestão de riscos e de controle preventivo, inclusive mediante adoção de recursos de tecnologia da informação, e, além de estar subordinadas ao controle social, sujeitar-se-ão às seguintes linhas de defesa".

[12] MENDES, Gilmar Ferreira. *Curso de direito constitucional*. 11. ed. São Paulo: Saraiva, 2016. p. 890-891; BRASIL. Supremo Tribunal Federal (Decisão monocrática). Embargos à Execução na Execução contra a Fazenda Pública na Ação Cível Originária 1.226. Relator: Min. Gilmar Mendes. Julgado em 02.06.2017. *DJe* de 12.06.2017; BRASIL. Supremo Tribunal Federal (Decisão monocrática). Execução contra a Fazenda Pública na Ação Cível Originária 2.643. Relator: Min. Gilmar Mendes. Julgado em 27.02.2019. *DJe* de 01.03.2019; BRASIL. Supremo Tribunal Federal (Decisão monocrática). Embargos à Execução na Execução contra a Fazenda Pública na Ação Rescisória 2.529. Relator: Min. Gilmar Mendes. Julgado em 26.06.2020. *DJe* de 01.07.2020.

trata do controle prévio que era exercido até 1967, mas foi abolido pela Constituição Federal daquele ano. Significa dizer, portanto, que as partes podem celebrar o acordo sem a interveniência do TCU. Todavia, neste caso poderá o Tribunal, posteriormente, prolatar decisão contrária ao acordo.

No que concerne ao segundo tópico acerca da competência do TCU para exercer o controle externo sobre soluções consensuais, o STF já decidiu que a Corte de Contas, ao examinar um acordo extrajudicial firmado entre particulares e a Administração Pública, pode determinar a sua anulação, se não tiver sido homologado judicialmente.[13]

Quanto ao terceiro tópico, concernente à junção dos dois anteriores, a competência do TCU para exercer controle preventivo e concomitante sobre soluções consensuais decorre naturalmente da sua competência, tanto para um quanto para o outro, mas aqui com uma cautela importante: não poderá o Tribunal impor às partes qualquer tipo de solução, pois, como o próprio nome diz, a solução tem que ser consensual.

Por fim, no que concerne às consequências práticas dessa nova atuação do TCU, é possível cogitar ao menos três: primeira, incremento das soluções consensuais, com redução da litigiosidade; segunda, aumento da segurança jurídica; e, terceira, repercussão nas arbitragens relativas a contratos públicos.

No tocante à primeira consequência prática, é provável que a nova atuação do TCU estimule a Administração Pública e as empresas contratadas a buscarem soluções consensuais junto ao Tribunal, com a consequente redução da litigiosidade e dos custos de transação para todos os envolvidos.

Essa consequência ficou evidenciada nesse caso julgado recentemente em virtude da previsão constante do Termo de Autocomposição no sentido de suspender, durante a sua vigência, os processos administrativos da Aneel tendentes à aplicação de multa à empresa contratada, assim como as ações judiciais, com liminares deferidas que discutem a eficácia do contrato de outorga.

Em relação à segunda consequência prática, é de se esperar que haja um significativo aumento da segurança jurídica para todos os envolvidos, tanto os agentes públicos quanto as empresas contratadas.

No que concerne aos agentes públicos responsáveis por conduzir as negociações que antecedem a solução consensual, está previsto

---

[13] BRASIL. Supremo Tribunal Federal (Primeira Turma). Mandado de Segurança nº 24.379. Rel. Min. Dias Toffoli. Julgado em 07.04.2015. *DJe* de 08.06.2015.

no Termo de Autocomposição que não poderão ser, posteriormente, responsabilizados pelo TCU por sua atuação no caso, exceto na hipótese de prática de ato fraudulento ou doloso.

Quanto às empresas contratadas, consta do Termo de Autocomposição que o TCU arquivará, por perda de objeto, os processos em tramitação relativos a fatos que tenham expressamente sido objeto da solução consensual.

Tanto em relação aos agentes públicos quanto no tocante às empresas privadas, trata-se de consequência prática absolutamente inevitável e obrigatória, sob pena de ofensa à vedação de comportamento contraditório (*venire contra factum proprium*), tratado no direito administrativo pela Teoria dos Atos Próprios, cujos principais fundamentos são o princípio da boa-fé objetiva e o princípio da confiança na qualidade de face subjetiva do princípio da segurança jurídica.

A terceira consequência prática que se pode cogitar diz respeito à potencial repercussão que as soluções consensuais no TCU podem produzir nas arbitragens relativas a contratos públicos, em virtude da possibilidade de tanto a Administração Pública quanto as empresas contratadas optarem por provocar o Tribunal em vez de submeterem suas controvérsias ao Juízo Arbitral, muito mais oneroso e demorado.

Pode-se levantar a objeção de que a atuação do TCU nas soluções consensuais poderia imprimir visão excessivamente publicista ao acordo. No entanto, a mesma objeção pode ser apresentada em relação à Arbitragem, mas com sinal trocado, ou seja, de ser marcada por visão excessivamente privada.

Há duas diferenças significativas entre a atuação do TCU nos acordos e a Arbitragem em relação aos contratos públicos. Primeira, a atuação do TCU não é impositiva, mas apenas de contribuição para o acordo, de maneira assemelhada à do mediador, neste ponto. Segunda, o TCU é especialista em contratos públicos, ou seja, tem a denominada "capacidade institucional", o que não necessariamente ocorre com o Árbitro.

Por fim, é importante reconhecer que as soluções consensuais no TCU, como toda inovação, certamente comportam aperfeiçoamentos que o tempo e a experiência irão revelar, mas abrem novas possibilidades ao proporcionarem a opção de serem resolvidos conflitos de interesse a um baixo custo, em prazo curto, com resultados satisfatórios para as partes envolvidas e para a sociedade, e com alto prestígio à segurança jurídica tão almejada no direito brasileiro.

4 Perspectivas para as soluções consensuais promovidas pelo TCU

Em análise prospectiva, uma questão ainda não discutida diz respeito a se saber se os Tribunais de Contas podem celebrar acordo substitutivo de sanção. A matéria envolve, ineludivelmente, o princípio da culpabilidade e a finalidade da pena.

A doutrina reconhece três funções do princípio da culpabilidade, quais sejam: a) impeditivo da responsabilidade objetiva; b) fundamento da pena; e c) limite e medida da pena.[14] As duas últimas funções andam juntas, sendo uma decorrente da outra, o que, na prática, significa dizer que, reconhecida a culpabilidade do agente, há fundamento para se aplicar a pena que, consequentemente, deve ser aplicada.

No entanto, a partir do surgimento da teoria funcional da culpabilidade, passou-se a defender a cisão dessas funções, a fim de permitir que, mesmo diante do reconhecimento da culpabilidade do agente, o que significa, portanto, haver fundamento para a imposição da pena, seja possível um segundo juízo autônomo, desta feita relativo ao limite ou medida da pena, a partir de considerações político-criminais.[15]

Isso porque a teoria normativa pura da culpabilidade, em virtude da teoria finalista da ação, embora tenha realizado o deslocamento do dolo e da culpa para a conduta e não mais como elemento da culpabilidade, trata a culpabilidade exclusivamente como juízo de valor, sem qualquer consideração político-criminal, e com características marcadamente retributivas.

O tratamento autônomo dessas duas funções da culpabilidade, quais sejam, como fundamento da pena, de um lado, e como limite e medida de pena, de outro, trouxe duas consequências: a primeira, a manutenção da teoria normativa pura no tocante à primeira função, como fundamento da pena; a segunda, o desafio de encontrar um critério consistente para a aplicação da pena segundo considerações político-criminais.

Em decorrência, a doutrina aponta propostas de vários autores funcionalistas, tais como Claus Roxin, segundo o qual o critério deve ser a necessidade preventiva da pena, e Günther Jakobs, que também

---

[14] BITENCOURT, Cezar Roberto. *Tratado de direito penal*: parte geral. 27. ed. São Paulo: Saraiva Educação, 2021. p. 73-74; GRECO, Rogério. *Curso de direito penal. Parte geral*. Rio de Janeiro: Impetus, 2006. p. 94-96.

[15] BITENCOURT, Cezar Roberto. *Tratado de direito penal*: parte geral. 27. ed. São Paulo: Saraiva Educação, 2021. p. 490-493.

na perspectiva da necessidade preventiva da pena sustenta que a decisão sobre punir ou não deve ser tomada a partir da avaliação sobre a necessidade de se manter a confiança na norma violada por parte da sociedade, o que condicionaria essa decisão a uma avaliação sobre as "expectativas sociais para o restabelecimento da confiança normativa". As teorias funcionalistas, no entanto, não têm sido bem aceitas no direito penal, dado o seu viés pragmático ou até mesmo utilitarista, na visão de alguns.[16]

Contudo, a aplicação do princípio da culpabilidade ao direito administrativo sancionador é amplamente admitida pela doutrina, tanto nacional quanto estrangeira, por se reconhecer que se trata de princípio não exclusivo do direito penal, mas pertencente ao direito público sancionador, como necessário instrumento jurídico a pautar o exercício do *jus puniendi* estatal em suas mais variadas manifestações.[17]

Mas aqui parece ser mais um caso no qual a importação de institutos do direito penal tem merecido ajustes, em face das distintas características do direito administrativo sancionador. Especialmente no campo regulatório, a doutrina tem ressaltado uma diferença importante entre o direito administrativo sancionador e o direito penal, no sentido de que aquele se preocupa com a conformação das condutas dos particulares, ao passo que este tem por finalidade castigar o autor da ofensa, o que significa dizer que o direito administrativo sancionador tem um olhar "eminentemente prospectivo e conformativo, dissociado de um juízo de condenação moral", ao passo que o direito penal tem um olhar retrospectivo, fundado na "reprovação ético-social da conduta do infrator".[18]

Por essa razão, a doutrina nacional e estrangeira do direito administrativo sancionador tem admitido o tratamento funcional da sanção, por considerar que, antes de tudo, o direito administrativo sancionador é direito administrativo que rege uma Administração Pública voltada às finalidades públicas, motivo pelo qual os instrumentos colocados à sua disposição, inclusive a sanção administrativa, devem ser usados

---

[16] BITENCOURT, Cezar Roberto. *Tratado de direito penal*: parte geral. 27. ed. São Paulo: Saraiva Educação, 2021. p. 493.

[17] NIETO, Alejandro. *Derecho administrativo sancionador*. 4. ed. Madrid: Tecnos, 2006. p. 371 e ss; OSÓRIO, Fábio Medina. *Direito administrativo sancionador*. 2. ed. São Paulo: Editora Revista dos Tribunais, 2005. p. 425 e ss; MELLO, Rafael Munhoz de. *Princípios constitucionais de direito administrativo sancionador*: as sanções administrativas à luz da Constituição Federal de 1988. São Paulo: Malheiros Editores, 2007. p. 184 e ss.

[18] VORONOFF, Alice. *Direito administrativo sancionador no Brasil*. Belo Horizonte: Fórum, 2018. p. 102.

considerada essa perspectiva, a fim de que sejam produzidos os "incentivos adequados à conformação da conduta dos particulares em vista desses interesses, sob os menores custos".[19]

Resta saber se no caso dos Tribunais de Contas essa nova leitura da culpabilidade poderia ser aplicada, de modo a permitir o seu uso funcional, o que repercutiria na resposta a ser dada pela Corte de Contas, que passaria a contar com a possibilidade de celebração de acordo substitutivo de sanção.

A pergunta se justifica pelo fato de os Tribunais de Contas não se encaixarem comodamente nem na realidade do direito penal nem na daquela do direito administrativo sancionador regulatório, mas, ao mesmo tempo, as Cortes de Contas terem alguns pontos de identificação com essas duas realidades, porquanto suas decisões atingem particulares que contratam com o Poder Público e afetam também agentes públicos em virtude da prática de atos reprováveis.

Ou seja, as decisões dos Tribunais de Contas que imputam responsabilidade ao agente público decorrem de um juízo de reprovação da sua conduta que atrai os olhares internos e externos à Administração Pública a quem foi considerado, no mínimo, negligente, imprudente, imperito ou até mesmo inidôneo. Situação semelhante ocorre, de certo modo, com a empresa privada atingida por decisão condenatória de Tribunal de Contas à reparação de dano ao erário, o que a submete ao risco de ser vista pelo mercado como ineficiente, de pouca credibilidade ou inidônea também.

Por outro lado, em virtude de sua competência para a realização de auditorias de natureza operacional, Tribunais de Contas têm um compromisso constitucional com o aperfeiçoamento da Administração Pública, seu funcionamento e suas relações com terceiros, das quais é fortemente dependente em virtude dos inevitáveis contratos que celebra com empresas privadas para a realização de obras públicas e prestação de serviços variados. E a colaboração dos Tribunais de Contas se dá por meio das determinações e recomendações que expedem.

Não obstante os Tribunais de Contas disporem da possibilidade de exarar determinações corretivas e recomendações, por vezes a sanção é o instrumento que se revela mais necessário, adequado e proporcional para produzir os efeitos de prevenção específica e de prevenção geral

---

[19] VORONOFF, Alice. *Direito administrativo sancionador no Brasil*. Belo Horizonte: Fórum, 2018. p. 117. No mesmo sentido: NIETO, Alejandro. *Derecho administrativo sancionador*. 4. ed. Madrid: Tecnos, 2006. p. 182.

relativamente à repetição do ilícito.[20] Conforme bem observa José Maurício Conti, "[p]unir nem sempre é o melhor caminho para melhorar as coisas, mas, muitas vezes, é necessário, e os Tribunais de Contas têm muitos instrumentos para isso".[21] O desafio é encontrar o equilíbrio entre essas possibilidades.

Consideradas essas características e analisada a matéria à luz das leis orgânicas dos Tribunais de Contas e da sua prática, é forçoso reconhecer que, de certo modo, o uso funcional da culpabilidade já vem sendo feito há algum tempo, ainda que timidamente. Isso porque, nos termos do inciso II do art. 16 da Lei Orgânica do TCU, por exemplo, as contas serão julgadas regulares com ressalva, "quando evidenciarem impropriedade ou qualquer outra falta de natureza formal de que não resulte dano ao Erário".

No entanto, a compreensão que tem sido dada pelo TCU a esse dispositivo é de maior alcance, a fim de contemplar não apenas falhas formais, mas também irregularidades de menor relevância e materialidade ou que envolvam soluções de maior complexidade sobre as quais se requer tempo mais longo. Nesse sentido, o TCU já decidiu, diversas vezes, que, para fins de avaliação do julgamento das contas, as irregularidades constatadas em uma gestão devem ser consideradas em conjunto e, ainda quando não tiverem sido cabalmente elididas, podem não ser suficientes para conduzir ao julgamento pela sua irregularidade, se não forem graves o bastante para macular toda a gestão da responsável.[22]

O procedimento anteriormente descrito, no qual o TCU deixa de punir o gestor faltoso em certas circunstâncias e deixa de julgar suas contas irregulares nesses casos, revela que o Tribunal, de certo modo, adota prática que se aproxima da teoria funcional da culpabilidade, com a diferença de que, em vez de celebrar um acordo substitutivo de sanção, a Corte de Contas opta por apenas não impor qualquer sanção ao autor da conduta ilícita.

---

[20] Estudo realizado no âmbito do departamento de economia da Universidade de Berkeley concluiu que o aumento das sanções e da probabilidade de os autores de ilícitos serem descobertos são as medidas mais eficazes no combate à corrupção. (AVIS, Eric; FERRAZ, Cláudio; FINAN, Frederico. *Do government audits reduce corruption? Estimating the impacts of exposing corrupt politicians*. [s.d.]. Disponível em: https://eml.berkeley.edu/~ffinan/Finan_PoliticalSelection.pdf. Acesso em 14 mar. 2024).

[21] CONTI, José Maurício. *Levando o direito financeiro a sério*: a luta continua [livro eletrônico]. 3. ed. São Paulo: Blucher, 2019. p. 320.

[22] BRASIL. Tribunal de Contas da União (Plenário). Acórdão nº 156/2020. Relator: Min. Vital do Rêgo. Julgado em 29.01.2020.

Diante dessa realidade, parece ser juridicamente viável a adoção, pelo TCU, de acordos substitutivos de sanção, pelos mesmos fundamentos decorrentes da teoria funcional da culpabilidade. A questão, no entanto, certamente demanda regulamentação própria na qual sejam definidos critérios consistentes para a aplicação desses acordos.

5 Conclusão

As soluções consensuais vieram para ficar. E o TCU decidiu incorporá-las aos seus métodos de trabalho como resultado de um longo processo de aperfeiçoamento de suas estratégias de controle. Primeiro, a partir da adoção de decisões estruturais. Depois, pela construção participativa das deliberações, por meio do chamamento do gestor a colaborar para a melhor avaliação das consequências práticas das determinações que a Corte considera expedir. Mais recentemente, pela criação de procedimento específico de solução consensual de controvérsias relevantes e prevenção de conflitos afetos a órgãos e entidades da Administração Pública Federal. Resta, por fim, saber se o TCU adotará ou não os acordos substitutivos de sanção em seus processos.

De qualquer modo, o que se percebe é a contínua aproximação entre Tribunal e gestores públicos, a partir de um processo mais democrático, com a intensificação do diálogo processual e a busca conjunta de soluções mais adequadas e proporcionais aos casos concretos e à realidade da Administração Pública.

Referências

ARENHART, Sérgio Cruz. Decisões estruturais no direito processuais civil brasileiro. *Revista de Processo*, v. 225. p. 389-410, nov. 2013.

AVIS, Eric; FERRAZ, Cláudio; FINAN, Frederico. *Do government audits reduce corruption? Estimating the impacts of exposing corrupt politicians.* [s.d.]. Disponível em: https://eml.berkeley.edu/~ffinan/Finan_PoliticalSelection.pdf. Acesso em 14 mar. 2024.

BITENCOURT, Cezar Roberto. *Tratado de direito penal*: parte geral. 27. ed. São Paulo: Saraiva Educação, 2021.

CONTI, José Maurício. *Levando o direito financeiro a sério*: a luta continua [livro eletrônico]. 3. ed. São Paulo: Blucher, 2019.

GRECO, Rogério. *Curso de direito penal. Parte geral.* Rio de Janeiro: Impetus, 2006.

GRINOVER, Ada Pellegrini. Os métodos consensuais de solução de conflitos no novo CPC. *In*: *O novo Código de Processo Civil*: questões controvertidas. São Paulo: Atlas, 2015.

MENDES, Gilmar Ferreira. *Curso de direito constitucional*. 11. ed. São Paulo: Saraiva, 2016.

MELLO, Rafael Munhoz de. *Princípios constitucionais de direito administrativo sancionador*: as sanções administrativas à luz da Constituição Federal de 1988. São Paulo: Malheiros Editores, 2007.

NIETO, Alejandro. *Derecho administrativo sancionador*. 4. ed. Madrid: Tecnos, 2006.

OSÓRIO, Fábio Medina. *Direito administrativo sancionador*. 2. ed. São Paulo: Editora Revista dos Tribunais, 2005.

SCHREIBER, Anderson. *A proibição de comportamento contraditório – tutela da confiança e venire contra factum proprium*. 2. ed. Rio de Janeiro: Renovar, 2007.

VORONOFF, Alice. *Direito administrativo sancionador no Brasil*. Belo Horizonte: Fórum, 2018.

Informação bibliográfica deste texto, conforme a NBR 6023:2018 da Associação Brasileira de Normas Técnicas (ABNT):

CAVALLARI, Odilon. Consensualidade no Tribunal de Contas da União: evolução, inovações e perspectivas. *In*: EIDT, Elisa Berton; GOULART, Juliana Ribeiro; SCHNEIDER, Patricia Dornelles; RAMOS, Rafael (Coord.). *Consensualidade na Administração Pública*. 2. ed. Belo Horizonte: Fórum, 2024. p. 295-313. ISBN 978-65-5518-800-4.

Alice Voronoff
Doutora e Mestre em Direito Público pela Universidade do Estado do Rio de Janeiro (UERJ). Procuradora do Estado e Advogada.

Clara Rachel Barros Nitão
Mestre em Administração Pública pela Fundação Getulio Vargas (FGV). Advogada da União. Procuradora Nacional da União de Negociação.

Cristiane da Costa Nery
Procuradora Municipal de Porto Alegre, no exercício da Procuradoria-Geral Adjunta de Assuntos Fiscais. Graduada em Direito pela PUC-RS. Pós-Graduada em Direito Municipal pela UFRGS/ESDM. Mestre em Direito pela Fundação Escola Superior do Ministério Público do Rio Grande do Sul. Conselheira Pedagógica da ESA/OAB-RS. Membro efetivo e integrante do Conselho Administrativo da FESDT. Membro efetivo e integrante do Conselho Superior do IARGS. Coordenadora científica da *Revista Brasileira de Direito Municipal*, periódico da Editora Fórum. Autora do livro "Mediação Tributária: estabelecendo novos paradigmas para a eficiência na gestão fiscal", Editora Dialética. E-mail: cris@nerycunha.com.br.

Elisa Berton Eidt
Procuradora do Estado do Rio Grande do Sul. Doutora em Direito Público pela Universidade Federal de Santa Catarina (UFSC). Membro da Comissão de Mediação da OAB/RS.

Flávia Pereira Hill
Doutora e mestre em Direito Processual pela Universidade do Estado do Rio de Janeiro (UERJ). Professora Associada de Direito Processual Civil da UERJ (graduação, pós-graduação *lato sensu*, mestrado e doutorado). Pesquisadora visitante da Università degli Studi di Torino, Itália. Membro da Associazione Italiana di Diritto Comparato, do Instituto Brasileiro de Direito Processual, da Associação Brasileira de Editores Científicos, do Instituto dos Advogados Brasileiros e da Comissão de Mediação de Conflitos da OAB/RJ. Delegatária de cartório extrajudicial no estado do Rio de Janeiro. E-mail: flaviapereirahill@gmail.com.

Gustavo Henrique Justino de Oliveira
Pós-Doutor em Direito Administrativo pela Universidade de Coimbra. Doutor em Direito Administrativo pela Universidade de São Paulo (USP). Professor

de Direito Administrativo da Faculdade de Direito da USP, vinculado ao Departamento de Direito do Estado, e do IDP-Brasília. Advogado, árbitro, consultor jurídico e fundador do escritório Justino de Oliveira Advogados.

Juliana Bonacorsi de Palma
Professora e pesquisadora da Fundação FGV Direito SP. Coordenadora do Grupo Público da FGV Direito SP. Colaboradora da Sociedade Brasileira de Direito Público (SBDP). Mestre e doutora pela Faculdade de Direito da Universidade de São Paulo (USP). Master of Laws pela Yale Law School.

Juliana Ribeiro Goulart
Doutora e Mestra em Direito pela Universidade Federal de Santa Catarina (UFSC). Professora da disciplina Mediação, Conciliação e Negociação da UNICESUSC. Advogada, Mediadora Judicial e Assistente jurídica da PGE/SC. E-mail: juligoulart@hotmail.com

Lucio Picanço Facci
Professor Adjunto de Direito Civil e Processo Civil da Universidade Federal Fluminense (UFF). Professor da Escola da Magistratura do Estado do Rio de Janeiro (EMERJ). Procurador Federal (AGU). Pós-doutorando em Direito pela Pontifícia Universidade Católica do Rio de Janeiro (PUC-Rio). Doutor e Mestre em Ciências Jurídicas e Sociais pela Universidade Federal Fluminense (PPGSD-UFF). Especialista em Direito Público pela Universidade de Brasília (UnB). Bacharel em Direito pela Universidade Federal do Rio de Janeiro (UFRJ). E-mail: lucio.facci@live.com.

Marcelo Veiga Franco
Doutor e Mestre em Direito pela Universidade Federal de Minas Gerais (UFMG). Visiting Scholar na University of Wisconsin-Madison. Professor de Direito Processual Civil da Faculdade Milton Campos. Procurador do Município de Belo Horizonte/MG. Advogado. Diretor Científico do Instituto de Direito Processual (IDPro).

Matheus Teixeira Moreira
Advogado e Coordenador Jurídico em Justino de Oliveira Advogados.

Mauricio Morais Tonin
Doutor e Mestre em Direito Processual Civil pela Universidade de São Paulo (USP). Bacharel em Direito pela Universidade de São Paulo (USP). Procurador do Município de São Paulo. Coordenador do Núcleo de Desjudicialização e Arbitragem da PGM/SP. Autor de livros, obras coletivas e artigos sobre mediação e arbitragem com a Administração Pública. Professor de cursos de pós-graduação de direito processual civil. Sócio da MMT Advocacia. Mediador de conflitos. Atuação como árbitro.

Murilo Teixeira Avelino
Bacharel e Mestre em Direito pela Universidade Federal de Pernambuco (UFPE). Doutorando em Direito pela Universidade Federal da Bahia (UFBA). Membro da ANNEP e do IBDP. Autor. Procurador da Fazenda Nacional.

Odilon Cavallari
Doutor em Direito pelo Centro Universitário de Brasília (CEUB). Mestre em Direito Constitucional pelo Instituto Brasileiro de Ensino, Desenvolvimento e Pesquisa (IDP). Professor convidado do IDP e da Universidade de Brasília (UnB), em cursos de pós-graduação *lato sensu*. Auditor Federal de Controle Externo e Assessor de Ministro do Tribunal de Contas da União. Advogado.

Patrícia Dornelles Schneider
Procuradora Municipal de Porto Alegre. Especialista em Direito Municipal pela Escola Superior de Direito Municipal (ESDM). Coordenadora da Central de Conciliação da PGM de Porto Alegre.

Rafaela Canetti
Mestre em Direito Público pela Universidade do Estado do Rio de Janeiro (UERJ). Advogada.

Ravi Peixoto
Doutor em direito processual pela Universidade do Estado do Rio de Janeiro (UERJ). Mestre em Direito pela Universidade Federal de Pernambuco (UFPE). Professor da Faculdade de Direito do Recife (FDR). Procurador do Município do Recife. Advogado. Membro da ANNEP, do CEAPRO e do IBDP.

Roberto de Aragão Ribeiro Rodrigues
Pós-Doutor, Doutor e Mestre em Direito Processual pela Universidade do Estado do Rio de Janeiro (UERJ). Professor Titular de Direito Processual Civil do IBMEC-RJ e da Escola da AGU. Membro do IBDP. Advogado da União. Diretor Adjunto da Escola da AGU no Rio de Janeiro.

Scarlett Walewska dos Santos
Mestranda em Direito das Relações Sociais na Universidade Federal do Paraná (UFPR). Bacharel em Direito pela Universidade Federal do Paraná (UFPR, 2021). Advogada especialista em Direito Administrativo e Direito Ambiental no Razuk Barreto Valiati. Pós-Graduada em Advocacia Cível pela Fundação Escola Superior do Ministério Público (FMP, 2023).

Thiago Priess Valiati
Doutor em Direito do Estado pela Faculdade de Direito da Universidade de São Paulo (FD/USP). Mestre e Bacharel em Direito do Estado pela Faculdade de Direito da Universidade Federal do Paraná (UFPR). Especialista em Direito Administrativo pelo Instituto de Direito Romeu Felipe Bacellar (IDRFB). Especialista em Direito Empresarial pela Faculdade da Indústria do Estado

do Paraná (FIEP). Membro da Comissão de Infraestrutura e Desenvolvimento Sustentável da OAB/PR. Vice-Presidente e Diretor-Executivo do Instituto Brasileiro de Direito Regulatório (IBDRE). Professor de Direito Administrativo em cursos de pós-graduação. Advogado e Consultor nas áreas de Direito Administrativo e Infraestrutura.

FSC
www.fsc.org
MISTO
Papel | Apoiando uma gestão florestal responsável
FSC® C092828

2023
CARBON NEUTRAL
SAVE cerrado

Esta obra foi composta em fonte Palatino Linotype, corpo 10
e impressa em papel Offset 75g (miolo) e Supremo 250g (capa)
pela Formato Artes Gráficas.